认真作好出版工作

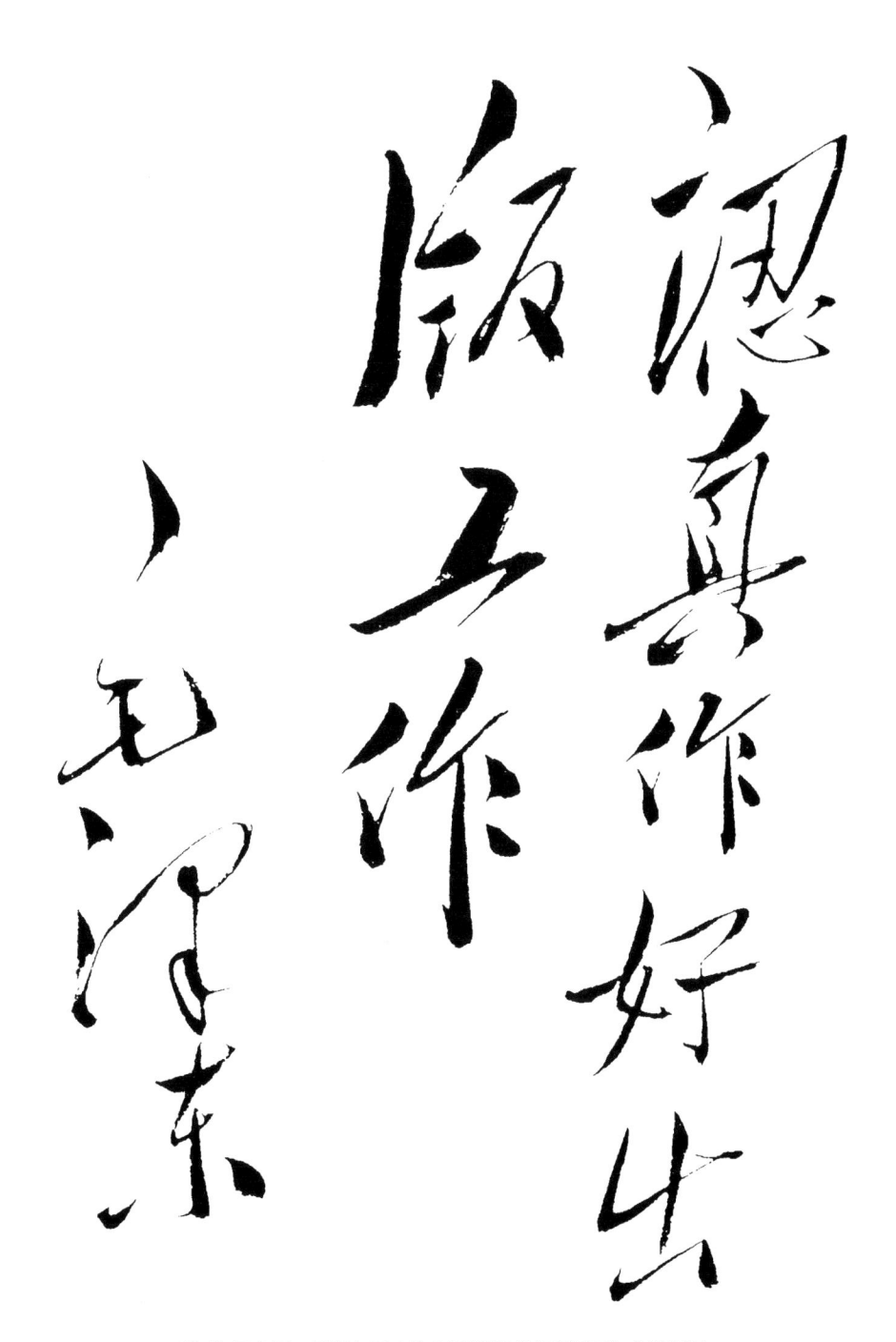

毛泽东

1949年9月，毛泽东同志为全国新华书店出版工作会议题词。

1949年10月3日至19日，全国新华书店出版工作会议在北京举行。图为会议代表的合影（局部）。

1949年12月10日，出版总署胡愈之署长、叶圣陶和周建人副署长，以及总署有关领导与上海出版业华北、东北参观团全体团员合影。

1950年7月1日,国际书店北京门市部在北京市王府井开业。

1957年11月1日至10日,新华书店北京分店在北京市劳动人民文化宫举办了新中国成立后的第一次大型书市。图为时任文化部部长沈雁冰参加售书活动。

1959年10月1日,少年儿童书店在上海市开业。国家副主席、中国人民保卫儿童委员会主席、中国福利会会长宋庆龄为该店题写了店名。

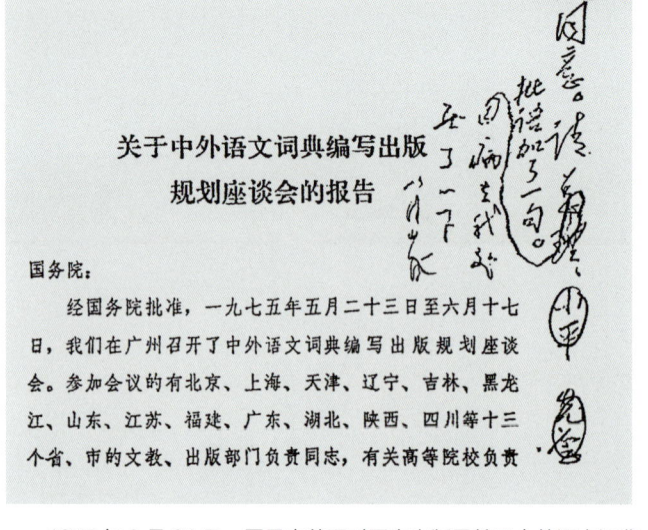

1975年8月21日,周恩来总理对国家出版局关于中外语文词典编写出版规划座谈会报告的批示。这是他生前对出版工作所批的最后一份文件。

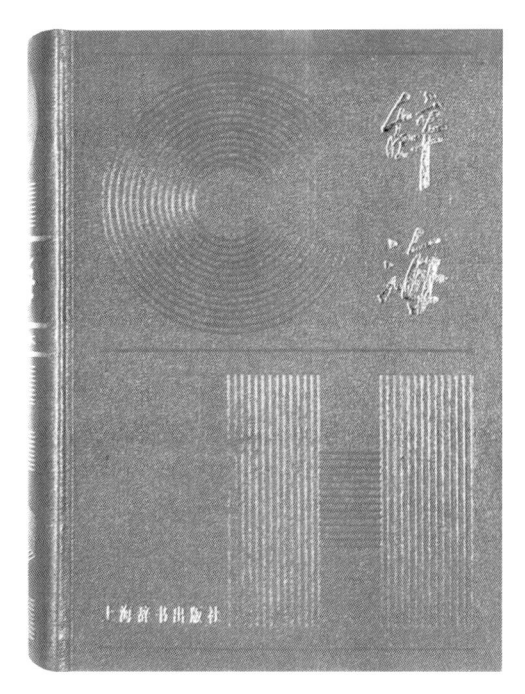

1979年9月21日，为庆祝新中国成立30周年，上海辞书出版社出版了《辞海》1979年修订本。

1979年12月20日至21日，中国出版工作者协会在湖南省长沙市成立。图为出席成立大会的代表合影（局部）。

1983年1月,中华人民共和国图书展览在法国里昂主办。图为中国书展随展人员向观众介绍中国出版物。

1983年6月6日,中共中央、国务院印发《关于加强出版工作的决定》。

1984年7月10日，1983年度全国优秀科技图书奖颁奖大会在北京举行。

1987年5月，由出版界自发组织的社科书市订货会，被称为第一届"北京图书订货会"在北京举办。从第五届起改由中国出版协会主办，第十届起增加中国书刊发行业协会为主办单位，同时更名为北京图书订货会。1999年（第12届）北京图书订货会首次在国家级正规展馆——全国农业展览馆举办。

1988年4月20日，中华版权代理总公司在北京成立。

1988年11月24日，用原刻木板重新刷印的《乾隆版大藏经》出版发行。

1989年8月19日至30日,"第二届全国书展"在北京举行。

1991年3月6日,中国书刊发行业协会在北京成立。

专门印刷盲文出版物的印刷机。

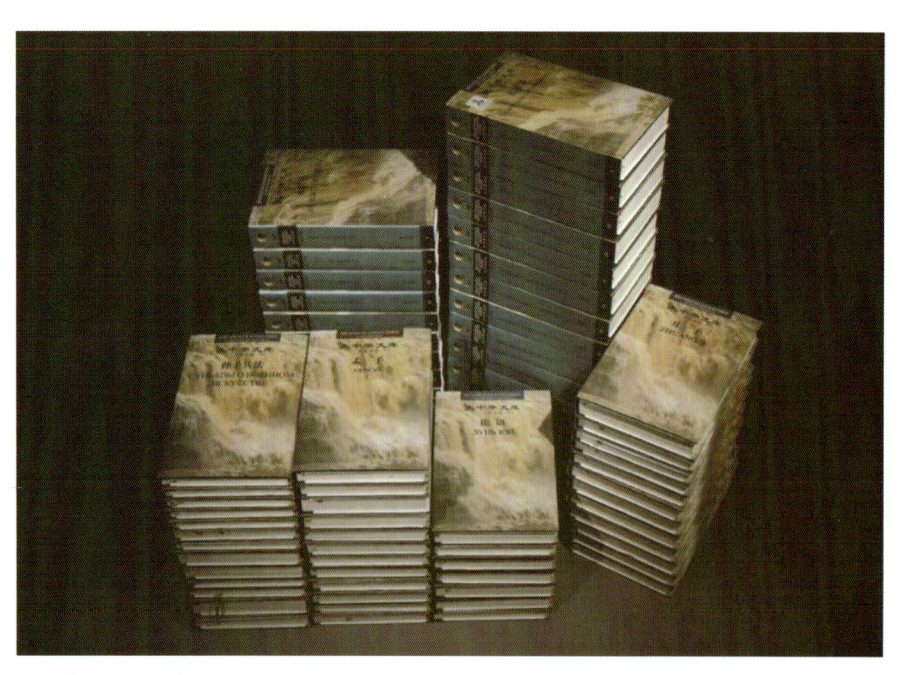

《大中华文库》首次采用中外文对照形式，从浩若烟海的中国古代文化典籍中选取最有影响、最有代表性的作品，上自先秦、下至近代，内容涵盖政治、经济、军事、历史、文学、艺术、医学以及科技等各个方面，全面展示中国文化的基本面貌和灿烂成就。

1998年5月18日开业的北京图书大厦，是北京市国有书店中规模最大、经营品种最丰富、最早运用信息化技术和管理模式的旗舰书城，堪称全国"第一书城"。

2014年4月23日，在世界读书日之际，生活·读书·新知 三联书店24小时书店开业。

《人民日报》《求是》《光明日报》《新华文摘》。

2019年8月21日至25日，新中国成立70周年精品出版物展在中国国际展览中心（新馆）举办。

新中国
新闻出版业

范军 ◎ 主编
李晓晔 王平 ◎ 副主编

70年

1949 1950 1951 1952 1953 1954
1955 1956 1957 1958 1959 1960
1961 1962 1963 1964 1965 1966
1967 1968 1969 1970 1971 1972
1973 1974 1975 1976 1977 1978 1979
1980 1981 1982 1983 1984 1985 1986
1987 1988 1989 1990 1991 1992 1993
1994 1995 1996 1997 1998 1999 2000
2001 2002 2003 2004 2005 2006 2007 2008
2009 2010 2011 2012
2013 2014 2015 2016 2017 2018 2019

中国书籍出版社
China Book Press

目录 | 新中国新闻出版业 70 年

绪论　新中国新闻出版业：波澜壮阔的 70 年 …………… 1
　一、奠基：新中国成立初期的出版业 ………………… 1
　二、曲折：社会主义建设时期的出版业 ……………… 4
　三、挫折："文革"时期的出版业 …………………… 7
　四、重构：十一届三中全会前后的新闻出版业 ……… 8
　五、优化：市场经济体制构建时期的新闻出版业 …… 12
　六、转型：文化体制改革中的新闻出版业 …………… 15
　七、创新：新时代的新闻出版业 ……………………… 18

第一章　新中国图书出版业 70 年 ……………………… 24
　一、图书出版机构稳中有升 …………………………… 24
　二、图书出版总量平稳增长 …………………………… 30
　三、对国民经济社会发展贡献显著 …………………… 40
　四、精品图书引领思想文化 …………………………… 44
　五、图书出版业发展的主要经验 ……………………… 53

第二章　新中国报业 70 年 ……………………………… 59
　一、党报系统形成，市场化尝试 ……………………… 59
　二、螺旋式上升、媒体"供给制" …………………… 63
　三、解放思想，迎来春天 ……………………………… 64
　四、报业市场的形成与繁荣 …………………………… 74

五、报业的鼎盛时期 …………………………………… 84
　　六、移动互联网冲击报业，报业融合转型 …………… 93

第三章　新中国期刊出版业 70 年 …………………………… 97
　　一、期刊出版业的发展历程 …………………………… 97
　　二、期刊出版业取得的主要成就 ……………………… 105
　　三、期刊出版业发展的主要经验 ……………………… 115

第四章　新中国印刷业 70 年 ………………………………… 120
　　一、印刷业的调整与奠基期 …………………………… 121
　　二、印刷业的快速发展期 ……………………………… 133
　　三、印刷业发展的主要经验 …………………………… 151

第五章　新中国出版物发行业 70 年 ………………………… 156
　　一、出版物发行业的发展历程 ………………………… 156
　　二、出版物发行业取得的主要成就 …………………… 163
　　三、出版物发行业发展的主要经验 …………………… 171

第六章　新中国出版技术与形态变革 70 年 ………………… 173
　　一、技术发展推动出版业变革 ………………………… 176
　　二、新介质的广泛应用和数字化出版时代的到来 …… 183
　　三、数字出版产业迅猛发展 …………………………… 188
　　四、新技术对出版业的巨大影响 ……………………… 197

第七章　新中国出版公共服务 70 年 ………………………… 202
　　一、改革开放前具有出版公共服务性质的探索 ……… 202
　　二、对出版公共服务从自在到自为的探索 …………… 207
　　三、新时代对出版公共服务体系建设的自觉阶段 …… 219
　　四、出版公共服务体系建设的成就和历史性作用 …… 224

第八章　新中国出版法制建设 70 年 …………… 231
　　一、出版法规框架的创建 ………………… 231
　　二、出版法制建设迅速发展 ……………… 236
　　三、出版法律法规不断完善 ……………… 239
　　四、中国特色出版法律体系形成及主要特征 …… 242

第九章　新中国出版科研 70 年 ………………… 249
　　一、出版科研的发展历程 ………………… 249
　　二、出版科研取得的主要成就 …………… 258
　　三、出版科研的突出特色 ………………… 263
　　四、出版科研的主要经验 ………………… 274

第十章　新中国出版专业教育 70 年 …………… 278
　　一、出版专业教育的发展历程 …………… 278
　　二、出版专业教育的发展现状 …………… 287
　　三、出版专业教育取得的主要成就 ……… 300

第十一章　新中国新闻出版人才队伍建设 70 年 …… 306
　　一、新闻出版人才队伍建设的发展历程 …… 307
　　二、新闻出版人才队伍建设取得的主要成就 …… 311
　　三、新闻出版人才队伍建设的主要经验 …… 319

第十二章　新中国出版对外交流合作 70 年 …… 325
　　一、书报刊实物出口的发展历程 ………… 325
　　二、对外翻译出版的基本情况 …………… 336
　　三、出版国际化发展 ……………………… 351

附录一　新中国新闻出版业大事记 ……………… 363
附录二　新中国新闻出版业 70 年统计数据摘要 …… 474
后　　记 ……………………………………… 498

绪论
新中国新闻出版业：波澜壮阔的 70 年

范 军

70 年前的 1949 年 10 月 1 日，毛泽东主席在天安门城楼上庄严宣告："中华人民共和国中央人民政府[1]今天成立了！"自此，新中国新闻出版业翻开了崭新的一页。70 年来，在中国共产党领导下，新闻出版业与共和国同声相应、同气相求、同步相随，走过了波澜壮阔的发展历程。

一、奠基：新中国成立初期的出版业（1949 年 10 月—1956 年 12 月）

党中央和中央人民政府对新闻和出版工作高度重视。新中国成立伊始，旋即谋求建立共和国的出版业。在中央人民政府政务院 34 个委、部、会、院、署、行中专门设立新闻总署和出版总署，作为领导全国新闻和出版事业的管理机关。在新中国成立的第三天，即 1949 年 10 月 3 日，全国新华书店出版工作会议[2]在北京召开。会前，中央人民政府主席毛泽东特为会议题词："认真作好出版工作"，并在中南海颐年堂接见了来自各大行政区[3]新华书店、各地公私合营书店等 33 个单位的 116 名代表。[4]中央人民政府副主席朱德出席开幕式并发表重要讲话，他指出："出版工作者，豪无疑问是文化战线上不可缺少的重要部队之一。

[1] 从 1949 年 10 月 1 日中华人民共和国建立到 1954 年 9 月 15 日，第一届全国人民代表大会召开前的最高国家政权机关。

[2] 由于是时的新华书店是集出版、发行、印刷于一体的出版机构，因此这次会议不仅是新华书店第一次全国性会议，从某种意义上说，也可以说是建国以来召开的第一次全国出版工作会议。

[3] 当时全国分为东北、华东、西南、西北、中南和华北六大行政区。

[4] 中国出版科学研究所、中央档案馆：《中华人民共和国出版史料（1）》，中国书籍出版社，1995 年版，第 474 页。

通过这一系列方针政策的出台和实施，新中国出版体系基本构建完成，出版物品种和数量实现大幅度增长。1950年至1956年间，共出版各类图书12.9万种，其中1956年出书2.87万种，是1950年的2.4倍；总印数为17.84亿册（张），是1950年的6.5倍；总印张为43.57亿印张，是1950年的7.4倍[1]。在这些图书中，既有马恩列斯经典著作和毛泽东著作，又有《鲁迅全集》第一卷、第二卷和"五四"以来其他著名作家的作品多种，如《子夜》《家》等，还有中外文学作品，如描写中国革命斗争的《太阳照在桑干河上》《暴风骤雨》《吕梁英雄传》《王贵与李香香》《白毛女》等，反映抗美援朝的《谁是最可爱的人》以及苏联文学作品《钢铁是怎样炼成的》等。古籍整理出版工作也卓有成效，《水浒》《三国演义》《红楼梦》《西游记》等古典小说经整理校注出版发行。少数民族图书、各级课本的出版数量和品种都有很大增长。报纸出版从1950年的382种、7.98亿份、6.51亿印张，到1956年尽管种数减少到347种，但总印数却增至26.12亿份、总印张数增至24.47亿印张，分别比1950年增长3.4倍和3.8倍。到1956年，期刊出版增加到484种、3.53亿册、7.63亿印张，比1950年分别增长1.7倍、10.1倍和7.9倍。[2]其中，《人民中国》《中国青年》《解放军画报》《解放军文艺》《中国文学》《大众电影》《中国建设》《民族画报》等期刊分别创刊出版。

[1] 根据1995年12月新闻出版署计划财务司编的《新闻出版统计历史资料简明手册（1949—1994）》整理。

[2] 根据1995年12月新闻出版署计划财务司编的《新闻出版统计历史资料简明手册（1949—1994）》整理。

二、曲折：社会主义建设时期的出版业（1957年1月—1965年12月）

1956年，我国基本完成对生产资料所有制的社会主义改造，进入全面建设社会主义的阶段。毛泽东主席提出"百花齐放、百家争鸣"的重要方针，文艺创作出现十分活跃的局面，也带动了出版业的繁荣发展。人民文学出版社出版的《青春之歌》《林海雪原》《上海的早晨》，作家出版社出版的《三家巷》，中国青年出版社出版的《红日》《红旗谱》《创业史》等优秀作品脍炙人口，深受广大读者的欢迎。《星火燎原》《红旗飘飘》等一批革命回忆录的出版，对广大青少年进行革命传统教育，发挥了积极的作用。

但接下来1957年反右斗争严重扩大化，出版界一大批知识分子被错划为右派，受到不公正的待遇。1958年开展的"大跃进"又片面追求高指标，出版业出现许多粗制滥造的现象。1958年3月10日至15日，"全国出版工作跃进会议"在上海举行。会议通过了"全国出版工作跃进会议倡议书""向全国科技出版工作者的倡议书""向全国图书发行工作人员的倡议书"和"向全国地方出版社跃进竞赛书"等，[1]提出开门办社、搞发行，缩短出书发书时间。一时间，许多出版社和新华书店纷纷提出"跃进"指标，展现"跃进"速度，结果片面追求数量而忽视质量的现象层出不穷，造成大量的浪费。

1959年至1961年三年自然灾害，更使出版业出现萎缩甚至倒退。"大跃进"和自然灾害造成国民经济比例失调，纸张供给严重不足，从1960年6月开始，除马列著作、毛泽东著作、大专教材、影印外文科技书籍、民族文字图书和外文图书等可以基本保证用纸外，其他各类图书用纸被大幅度削减，有些门类和品种，如文艺类书籍削减更为严重。

1963年至1965年间，在意识形态领域开展的一系列斗争，错误地批判了一批有价值的文艺作品和学术著作，造成学术著作日趋减少，文艺作品中公式化现象日趋严重，涉及外国当代学术思潮、文学流派的作品几乎绝迹。

从1957年至1965年间，全国共出版图书23.13万种。[2]这其中马列著作尤其是毛泽东著作占据相当大的比重，先后出版了《毛泽东选集》一至四卷和英、法、西班牙、俄、日等5种文字版以及盲文版，蒙古、藏、维吾尔、哈萨克、朝鲜5种民族文字版。1964年7月，分别由人民出版社和中国青年出版社出版了《毛泽东著作选读》甲种本和乙种本，到1965年底，在一年多

[1] 中国出版科学研究所、中央档案馆：《中华人民共和国出版史料（9）》，中国书籍出版社，2004年版，第388-398页。

[2] 根据1995年12月新闻出版署计划财务司编的《新闻出版统计历史资料简明手册（1949—1994）》整理。

的时间里，甲种本就印制了2291万部，乙种本印出5602万册。从1964年5月到1965年，解放军总政治部编印的《毛主席语录》共印了2800万册。[1]

尽管如此，这一时期还是有一些其他重要图书得以出版发行。根据毛泽东主席的指示，中华书局组织点校了"二十四史"中的前四史，（《史记》《汉书》《后汉书》《三国志》），《全唐诗》《全宋词》《全元散曲》《文苑英华》《明经世文编》等文学、历史、哲学名著出版。在社会科学和科学技术方面，出版了侯外庐的《中国思想通史》、胡乔木的《中国共产党的三十年》、薛暮桥的《政治经济学》、范文澜的《中国通史简编》、华罗庚的《数论引导》、钱学森的《工程控制论》等。在中外文辞书方面，1965年4月，上海的中华书局辞海编辑所出版了内部发行的《辞海·未定稿》上下两卷；商务印书馆出版了《英汉大辞典》（修订本）、《俄汉大辞典》以及外汉双语辞书和专科辞书20余种。

从1957年到1965年间，报纸从364种减至343种。[2] 这一时期，报纸在鼓舞人民斗志、扩大社会影响方面发挥了重要作用，如对武汉长江大桥通车、第一颗原子弹爆炸等重大事件的报道都载入了史册；对雷锋、焦裕禄等典型人物的宣传有力地推动了社会主义精神文明的建设。但同时，在五六十年代"左"的思想影响下，不可避免地在反右扩大化、大跃进等的宣传上出现过重大失误。期刊从634种增加到790种。[3] 这其中的一些期刊至今还是很有影响。如时政类的《红旗》（后更名《求是》）、学术理论类的《哲学研究》《历史研究》《经济研究》《文学遗产》《考古》《文物》、文学类的《人民文学》《收获》、少儿类的《儿童文学》《少年文艺》、科技类的《中国科学》《中华医学杂志》、科普类的《大众医学》《天文爱好者》等。

到1965年，我国已初步建立起比较完整的印刷工业体系，全国书刊印刷厂发展到76家，职工3.6万人；各类印刷厂1800家，职工17万人；主要产品产量排字30.7亿字，书刊印刷472万令，

[1] 刘昶：《红星照耀下的出版发行之路》，《出版商务周报》，2009年8月23日。

[2] 根据1995年12月新闻出版署计划财务司编的《新闻出版统计历史资料简明手册（1949—1994）》整理。

[3] 根据1995年12月新闻出版署计划财务司编的《新闻出版统计历史资料简明手册（1949—1994）》整理。

多色印刷444万令，装订507万令，工业总产值3.07亿元。[1]图书销售点从1958年的6843处发展到1965年的52198处。1965年销售图书185837万册、42589万元，比1957年分别增加56140万册、14238万元。[2]

三、挫折："文革"时期的出版业（1966年1月—1976年9月）

1967年1月19日，文化部被"造反派"夺权，出版事业局也随之瘫痪，出版界成为"文化大革命"开始后最早受到冲击、最早被"夺权"的领域。

随后，许多出版机构或被合并或被撤销，大批出版工作者被遣散，许多中外优秀出版物被当作"封、资、修毒草"付之一炬。图书、报纸、期刊分别从1966年的1.11万种、49种和191种降至1967年的0.30万种、43种和27种。[3]到1971年全国出版社由1966年的87家降至46家，职工4693人，其中编辑人员仅有1355人。[4]

"文革"时期出版业的主要任务就是出版毛泽东著作。从1966年至1970年底，毛泽东著作语录、画像等的出版量已占到全国图书出版量的80.7%。[5]此外，还大量出版了《红灯记》《红色娘子军》《沙家浜》《智取威虎山》等"革命样板戏"剧本、曲谱、画册。仅北京地区，从1970年至1972年6月底，不包括战士出版社和各省、市、自治区的租型印数，《红灯记》等6种"样板戏"图书总印数就高达3000多万册。

这种状态一直持续至1970年5月23日国务院"出版口"成立才有所缓解。在周恩来总理关怀下，《新华字典》（修订本）于1971年出版，征订数达8482万册。同年，中断五年之久的"二十四史"整理工作得以继续进行。1973年9月26日，经国务院批准，"出版口"撤销，国家出版事业局成立，各省、自治区、直辖市也相继恢复或成立出版局，商务印书馆、荣宝斋、人民音乐出版社、文物出版社、人民教育出版社也陆续恢复了出版

[1] 钟楚：《闪光的足迹 光荣的历程——半个世纪新中国出版业回眸》，《中国出版》，2001年第1期。

[2] 根据1995年12月新闻出版署计划财务司编的《新闻出版统计历史资料简明手册（1949—1994）》整理。

[3] 根据1995年12月新闻出版署计划财务司编的《新闻出版统计历史资料简明手册（1949—1994）》整理。

[4] 中国出版科学研究所、中央档案馆：《中华人民共和国出版史料（14）》，中国书籍出版社，2007年版，第368页。

[5] 钟楚：《闪光的足迹 光荣的历程——半个世纪新中国出版业回眸》，《中国出版》，2001年第1期。

业务。"文革"后期还出版了《马恩列斯毛论哲学史》《中国哲学史》《欧洲哲学史》《中国通史简编》《三国演义》《红楼梦》《水浒》《李白与杜甫》《柳文指要》《阿登纳回忆录》《戴高乐回忆录》《林肯传》等。《人民文学》《文物》《考古》《考古学报》等期刊也纷纷复刊。这些出版物的面世,为"文革"中几近荒芜的出版业涂上了一抹绿色。

"文革"期间,印刷生产能力没有能够充分发挥,也造成书刊印刷的畸形发展。据初步估计,"文革"十年使我国印刷业与世界发达国家的差距拉大了20年。当发达国家已普及激光照排、电子分色、高速胶印、装订机械化联动化的时候,我国还仍使用手工铅排、铅印,手工装订。就连数十亿册的毛泽东著作、语录等也都要靠人工加班加点来完成。

这期间,新华书店主要发行毛泽东著作和少量政治读物,其他图书品种很少。出版物进出口贸易也受到严重影响。除少数几种外文报刊可供出口外,专营书刊进出口业务的国际书店[1]基本无书向外提供。许多单位停止或大量减少外国书刊的订购,国家使用宝贵外汇进口的许多书刊或被销毁或被查封。

四、重构:十一届三中全会前后的新闻出版业(1976年10月—1991年12月)

1976年10月6日,粉碎了"四人帮","文革"宣告结束。"文革"结束后,人们思想异常活跃,求知若渴,对出版物的需求日益旺盛,这造成全国人民争读一本书的独特景象。对出版业来说,解决人民群众投身现代化建设所迸发出的对出版物的渴望与图书数量品种严重不足的矛盾,就成为一个紧迫的课题。

为此,1978年3月初,国家出版事业管理局决定重印35种中外文学名著,包括郭沫若、茅盾、巴金、曹禺的代表作,《红旗谱》《铁道游击队》《苦菜花》《唐诗选》《宋词选》《古文观止》《儒林外史》《悲惨世界》《高老头》《牛虻》以及契诃夫、

---

[1] 国际书店,后又称中国国际书店,中国国际图书贸易总公司和中国图书进出口总公司的前身。我国创办最早的图书进出口公司。1949年12月1日成立于北京。建立初期,除主要经营书刊进出口业务外,还承担进口书刊的国内发行工作。

莫泊桑、莎士比亚、易卜生等大作家的作品选集等。这35种中外文学名著的重见天日，在社会上引起巨大轰动。同年5月1日在各大城市销售时，现场人头攒动、摩肩接踵，读者排起长队抢购，仅北京市就零售发行了30多万册。这在余悸未尽的年代，是一项非同寻常的举措，成为出版界思想解放的先声。

1978年12月18日至22日，党的十一届三中全会召开，作出实行改革开放的重大战略决策。出版业逐步从"左"的禁锢中解放出来，面貌焕然一新。党中央、国务院对三中全会以后的出版业十分关心，1983年6月6日，中共中央、国务院印发《关于加强出版工作的决定》。这是新中国成立后第一个由中共中央和国务院发布的关于出版工作的决定。它指明了出版工作的地位、作用和任务，强调"出版事业的发展，既是社会主义精神文明建设的重要方面，又是物质文明建设的组成部分和重要条件"；我国出版事业"必须坚持为人民服务、为社会主义服务的根本方针"，彻底否定了以阶级斗争为纲的"左"的方针；第一次明确了出版物的双重属性，要求出版工作正确处理社会效益与经济效益的关系。这一纲领性的文件，对于之后出版业的繁荣发展，具有极其重大的意义。

1979年12月8日至19日，全国出版工作座谈会在湖南长沙召开。会议原定讨论关于提高书籍质量的议题，但与会代表围绕着地方出版社"地方化、通俗化、群众化"的规定进行了热烈讨论。会议最终决定，要解放思想、大胆实践，打破计划体制下地方出版社只能向本地作者组稿、出版"字大、图多、本薄、价廉"通俗小册子的窠臼，将具备条件的地方综合出版社分设为文艺、科技、教育、少儿等若干专业出版社，提出"立足本地，面向全国"的出书方针，一下子解放了出版生产力。这次会议虽然没有形成正式文件，但它对于恢复出版业的生产，具有不可估量的贡献。会后，一批在"文革"中停办或合并的出版社恢复重建，如春风文艺出版社、科学普及出版社、石油工业出版社、中国电影出版社、纺织工业出版社、北京出版社、世界知识出版社、电子工业出版社等33家。同时，又新设立了一批出版社，如中国大百科全书出版社、新华出版社、中国社会科学出版社、北京大学出版社、中共中央党校出版社等。到1991年，全国出版社已增至465家，是1976年的6.2倍。[1]

随着我国经济体制改革、政治体制改革的深入，出版管理体制的弊端暴露无遗，严重妨碍了出版业的繁荣发展。1984年6月21日至27日，全国地方出版社工作会议在哈尔滨召开，1988年5月6日，中宣部和新闻出版署[2]印发《关于当前出版社改革的若干意见》。由此，新闻出版业改革大戏一幕幕上演。许多出版社实行自主开发、自主经营、自负盈亏，推行社长负责制以及多种形式的责任制，出版社由纯事业单位逐渐转变为事业单位企业化管理，由生产型向生产经营型转变，出版物品种和总量呈现出大幅度增长。到1991年底，出版图书达到9.0万种，总印数61.39亿册，总印张266.11亿印张，分别是1976年的7.0倍、2.1倍和3.0倍。[3]一批代表国家水准的图书出版发行，如《马克思恩格斯全集》、新版《列宁全集》、《毛泽东文集》、《邓小平文选》（1–3卷）、《中国大百科全书》、《中国美术全集》、《汉语大字典》、《汉语大词典》、《当代中国丛书》、《乾隆版大藏经》、《中国历史地图集》、《中国通史》（10卷本）、《机械工程手册》、《杂交水稻育种栽培学》、《中国医学百科全书》、《中国农业百科全书》、《茅盾全集》、《郭沫若全集》、《汉译世界学术名著丛书》、《外国文学名著丛书》等。这一时期，出版报纸1524种、236.51亿份、205.77亿印张，分别是1976年的8.4倍、1.9倍和1.8倍；出版期刊6056种、20.62亿册、54.44亿印张，分别是1976年的11.2倍、3.7倍和3.0倍。[4]一批之前停办的报刊纷纷复刊，并创办了一大批新报刊。如《工人日报》《中国青年报》《经济参考》《中国法制报》《中国日报》《北京大学学报》《江海学刊》等。

1979年长沙会议的改革精神也很快扩展到图书发行领域。

[1] 根据1995年12月新闻出版署计划财务司编的《统历史资料简明手册（1949—1994）》整理。

[2] 1982年5月5日，成立于1973年9月26日的国家出版事业局与文化部等四部委合并组成新的文化部，内设出版事业管理局。1985年7月25日，文化部出版事业局改称国家出版局，仍由文化部领导。1986年10月6日，国务院恢复国家出版局为国务院直属局建制。1986年12月18日，中央书记处决定撤销国家出版局，组建国家新闻出版局，统管新闻出版工作。1987年1月13日国务院正式决定成立中华人民共和国新闻出版署，作为国务院的直属机构。由此，出版业业务扩展，称之为新闻出版业。

[3] 根据1995年12月新闻出版署计划财务司编的《统历史资料简明手册（1949—1994）》整理。

[4] 根据1995年12月新闻出版署计划财务司编的《统历史资料简明手册（1949—1994）》整理。

在没有行政规定的情况下，不少出版社办起邮购，开办门市，受到读者的欢迎。1980年8月29日，国家出版事业局印发《关于出版社和新华书店业务关系的若干原则规定（试行草案）》，对此给予充分肯定。1980年12月2日，国家出版事业局发出通知，提出各省、自治区、直辖市出版局可有计划分步骤发展集体所有制和个体所有制的书店、书亭、书摊和书贩。为改变过分集中、统得过死的图书发行管理体制和经营形式，国家对新华书店独家经营，出版社和书店之间实行的征订包销制度进行了改革。1982年3月28日，文化部向中宣部提交《关于图书发行体制改革问题的报告》，提出在图书市场放开批发渠道，打破图书发行业国有经济一统天下的局面。经过几年的实践，在全国初步形成了以新华书店为主体，多种经济成分、多条流通渠道、多种购销形式的新的图书发行网络，基本理顺了图书生产、供应、销售三者的关系。在此基础上，1988年5月6日，中宣部和新闻出版署联合印发《关于当前图书发行体制改革的若干意见》，提出在国营书店推行放权承包，进一步放开批发渠道、购销形式和发行折扣以及集体书店参与图书二级批发，通过推行横向经济联合，发展出版发行企业群体和企业集团。到1991年底，全国发行网点增至100346处，比1978年多出14237处，[1]其中所增出部分多为1984年以后出现的集体、个体书店、书摊和书亭等。一批报刊也相继开展经营活动，走上自办发行的道路。

[1] 根据1995年12月新闻出版署计划财务司编的《统计历史资料简明手册（1949—1994）》整理。

与此同时，出版界开始注重通过版权转让、合作出版等多种方式，开展出版对外贸易。一批反映中国传统文化的中医药、烹饪、武术、养生、语言类图书版权被输出到海外，如《中国佛教史》《中国哲学大纲》《中医辨证学》等。《什么是社会主义市场经济》《中国民工潮》等关于我国当代经济、政治、文化发展的图书也有输出。尤其是，1984年10月8日，英国培格曼出版社购买了《邓小平文选》英文版权，第一次把邓小平理论传播到西方。同时，一大批国外科技出版物以及教育、商业、法律类图书被引入国内，其中反映世界信息、能源、材料和生物科技最新水平的出版物是重中之重。像1985年6月中国大百科全书出版社从美国不列颠百科全书公司购入版权出版的大型工具书《简明不列颠百科全书》，全书10卷，收录条目7万余条，约2400万字，附图5000多幅，[1]以及《爱因斯坦全集》《第二次世界大战丛书》等。对外合作出版，更是改革开放初期常用的合作方式。1979年，经国家科委和国家出版局批准，中国少年儿童出版社与美国时代生活图书公司合作出版了《少儿百科全书》，这是新中国成立以来我国出版社与外国出版社首次合作出书。[2]1981年，上海人民出版社与南斯拉夫评论出版社合作出版了大型摄影画册《中国》，其内容由中方提供，南方与欧洲、美洲、亚洲12个国家合作，在意大利印刷，以英、意、法、德、日等多种文字出版发行10多万册。该书通过300多幅照片，[3]再现了我国古代文明和现代化建设的成就，为世界了解我国提供了生动的素材。此外，像商务印书馆、外语教学与研究出版社分别和英国牛津大学出版社合作出版的《精选英汉汉英词典》《英汉双解牛津初级英语学习词典》，在我国都很有影响。1986年9月5日至11日，建国以来规模最大的北京国际图书博览会在北京举办，有来自亚洲、欧洲、北美洲、南美洲和大洋洲35个国家和地区、1055家出版单位参展。[4]北京国际图书博览会的举行，使更多国外优秀出版物进入我国，对于我国改革开放初期的社会主义现代化建设，缓解"书荒"，发挥了积极作用。

五、优化：市场经济体制构建时期的新闻出版业（1992年1月—2001年12月）

1992年1月18日至2月21日，邓小平同志视察南方发表重要谈话。同年10月12日至18日，党的十四大召开，以此为标志，新闻出版业进入构建社会主义市场经济体制的新阶段。

在经历重构时期的高速增长后，粗放型的发展模式也带来一

---

[1]郝振省：《中国新闻出版业改革开放30年》，人民出版社，2008年版，第39页。

[2]仲辉：《我国出版物进出口贸易发展概况》，《出版史料》，2002年第4期。

[3]王华：《中国出版业对外交流与合作专题报告》，《2007—2008中国出版业发展报告》，2008年版，第147页。

[4]张延华：《中外出版界的一次盛会——记首届"北京国际图书博览会"》，《中国出版年鉴（1987）》，中国书籍出版社，1988年版，第38页。

些弊病。由于出版单位数量增长过快，而合格的编辑专业人才和经营管理人才衔接不上，致使图书、报纸、期刊出版质量总体水平下滑；部分出版单位片面追逐经济效益而损害社会效益，抢夺"热门"选题，重复交叉出版现象严重；内容相近、质量不高的书报刊品种过多过滥，使得承担党和国家方针政策宣传任务的重要报刊和优秀图书发行量下降；个别出版单位内部管理制度不健全、责任不落实，出卖书号、刊号、版号，拱手出让和放弃管理权，出版格调不高、粗制滥造、宣扬色情暴力和封建迷信乃至有严重政治问题的出版物。针对所出现的一系列问题，新闻出版署提出，要深化改革，从以总量增长为主要特征向以优质高效为主要特征转移，并制定了出版物重点规划，重新对出版社和报刊社以及书店、批发市场、印刷厂等进行总体规划布局，治理整顿"小报小刊小印刷厂"，基本扭转了单纯数量扩张、盲目铺摊子、低效运行的局面。这一时期，图书品种有所增长，但总印数却出现回落，并呈现出分众化、多层次的特点。1994年国家停止出版内部报刊2000余家；1996年又压缩了行业报刊，逐步取消了省市行业报刊；1999年继续对全国报刊结构进行调整，对中央国家机关各部门和省、自治区、直辖市内容重复的报刊予以合并，精简报纸300种、期刊443种。[1]

与此同时，还加强立法工作，将新闻出版政策措施纳入法治轨道。《出版管理条例》《印刷业管理条例》《音像制品管理条例》以及一些部门规章相继出台。1997年1月2日，国务院以第210号令的形式，颁布了《出版管理条例》，并自1997年2月1日起实施。《出版管理条例》首次以国务院法规形式确定了我国出版业的基本构成和基本范畴，明确了出版单位设立与管理，出版物的出版、印刷或复制和发行，保障与资助，法律责任等条款。作为新中国成立后第一部比较系统全面的出版行政法规，在《出版法》尚未出台的情况下，《出版管理条例》起着出版管理基本法律规范的作用，成为出版活动和出版管理的基本准绳和重要

[1] 范军：《中国新闻出版业改革开放40年》，中国书籍出版社，2018年版，第73页。

遵循。

这期间，出版集团试点工作也陆续开展，上海世纪出版集团、广东省出版集团、北京出版社出版集团、辽宁出版集团、中国科学出版集团以及湖北新华书店集团、辽宁省发行集团、河北省新华书店集团等相继成立。另外，许多出版单位通过借鉴国企改革的成功经验，在单位内部实行劳动、人事和分配三项制度改革，形成了单位员工能上能下、能进能出、收入能增能减的运行机制，调动了员工的积极性，增强了企业的竞争意识。

在出版市场流通方面，1996年6月1日，新闻出版署印发《关于培育和规范图书市场的若干意见》，提出"三建二转一加强"，即重视批发市场建设，推行多种购销形式建立新型购销关系，建立和完善市场规则，转换出版社自办发行的观念和机制，转换国有书店的经营机制，加强农村发行。随后，以新华书店为骨干，以大中城市为重点的连锁经营网络和物流配送迅速起步，出版物市场地区封锁逐步被打破，各地纷纷成立图书批发市场，一批民营书店被授以"二级图书批发权"，就此催生了数千家民营书店，形成了长沙黄泥街、武汉武胜路、西安东六路和北京金台路等四大书刊批发市场。[1]

在书报刊印刷、音像制作、光盘复制领域，上海、北京、天津等地先后成立一批中外合资印刷企业。这段时间，也是台资印刷企业进入大陆最为密集的时期。仅1992年至1994年3年间，上海市就有14家台资印刷企业陆续成立。中国唱片总公司与镭联美国有限公司合资成立新大陆音像制品有限公司，与日本JVC公司合资成立光盘复制公司，人民教育出版社与新西兰谢博特集团有限公司合资成立中新文化教育有限公司。在书报刊和音像制品发行领域，1994年，佛山青年服务公司、中华商务贸易公司与香港三联书店合资创办佛山联合图书有限公司，销售内地版出版物和联合出版集团（香港）的出版物。在报刊出版领域，许多国外科技、医疗、时尚、生活类期刊通过合资方式进入我国市场。

[1]范军：《我国出版业改革开放40年的探索与实践》，《中国出版史研究》，2018年第4期。

上海译文出版社与法国阿歇特出版集团合作出版了《世界时装之苑》，1992年，中国科学院与美国IDG集团出资出版发行了《中国计算机报》《计算机世界》；1994年，人民邮电出版社与丹麦艾格蒙国际集团合资成立的童趣出版公司出版了中文连环画月刊《米老鼠》等。天津市的《今晚报》与北美、南美、欧洲有关国家合资创办了《今晚报·美国版》《今晚报·南美版》《今晚报·欧洲版》等。

进入21世纪，随着社会主义市场经济的不断完善和经济全球化的深入发展，特别是加入世界贸易组织后，我国文化市场进入全方位多层次宽领域对外开放的新阶段。按照有关承诺，入世后我国将开放书报刊零售市场，乃至全面开放出版物批发市场。由此，60多家外资企业在我国设立了办事机构[1]，包括德国的贝塔斯曼、美国的西蒙·舒斯特、英国的朗曼和日本的讲谈社等国际出版巨头。在印刷领域，基本实现全面开放，允许外方在华投资设立中外合资、中外合作企业，从事出版物和其他印刷品印刷；允许外方在华投资设立中外合资、中外合作、外商独资企业，从事包装装潢印刷业务。随着印刷市场的放开，大量外资和港台资本进入内地市场，尤其集中于珠三角和长三角地区，我国俨然成为国际印刷的重镇。

【1】郝振省：《中国新闻出版业改革开放30年》，人民出版社，2008年版，第49页。

六、转型：文化体制改革中的新闻出版业（2002年1月—2012年12月）

从2002年开始，在党的十六大和十六届三中全会大力推进文化体制改革的精神指引下，新闻出版业发展进入快车道，以企业化、市场化和产业化为重点的新闻出版体制改革开始破题。为抵御国外大型出版传媒企业抢滩我国出版市场，组建集团进入高潮，绝大多数省市和行业都纷纷将本系统的出版、发行、印刷、物资供应等企事业单位乃至专业学校整合到一起组建集团。

组建出版集团是我国出版组织结构的重大调整，旨在通过"有形的手"将资产、设备、技术、人员和信息等生产要素进行资源整合、合理配置、优化结构,形成规模化、集约化、专业化,以提高新闻出版单位的整体实力。但随着改革的深入和社会主义市场经济的发展,这些集团体制性的弊端和机制性的障碍也随之显现。它们中的大多数尽管实行的是企业化管理,但还是事业单位。这种把公益性出版事业与经营性出版产业性质与功能混同在一起的法人体制,使得其在组织结构、内在动力和运行方式上游离于社会主义市场经济体制之外,既难以为社会提供有效的公共出版文化服务,又难以在市场经济发展的土壤中扎根成长,成为自主经营、自我发展的新型市场主体,也使得跨媒体、跨地区、跨行业、跨所有制战略重组困难重重,融资渠道堵塞,严重制约新闻出版事业和产业的发展。

2003年6月27日至28日,中央召开全国文化体制改革试点工作会议,确定了35个文化体制改革试点单位,其中出版发行单位就占到21家。大众日报报业集团等8家报业集团和报社,中国出版集团等7家出版集团和出版社,新华发行集团总公司等6家发行集团先期进行了改革试点。在总结试点单位经验的基础上,2005年12月23日,中共中央、国务院颁布了《关于深化文化体制改革的若干意见》。由此,新闻出版业体制改革全面推开。

除保留人民出版社、民族出版社、藏文出版社、盲文出版社和公益性报刊以及少数民族地区新华书店等为公益性出版事业单位外,按照创新体制、转换机制、面向市场、壮大实力的要求,经营性新闻出版单位由事业单位转为企业,并按照现代企业制度的要求,初步建立了法人治理结构,成为新闻出版领域战略投资者和出版市场的主导力量。截至2012年9月,580家出版社、3000家新华书店、38家党报党刊发行单位、3041种非时政类报刊完成转企。[1]

同时,新闻出版总署[2]还积极构建覆盖城乡的新闻出版公共服务体系,包括农家书屋工程、民族文字出版工程、全民阅读工程等。特别是农家书屋工程的建设,在社会上产生了很大的影

---

[1] 李长春:《文化强国之路——文化体制改革的探索与实践(上)》,人民出版社,2013年版,第273页。

[2] 2001年4月30日,新闻出版署升格为新闻出版总署。

响。到2012年8月，已建立农家书屋60.05万家，投入资金180多亿元，配备图书9.4亿册，报刊5.4亿份，音像制品和电子出版物1.2亿（盒）张，覆盖了60多万个行政村。[1]

在对外开放方面，2003年5月1日，《外商投资图书、报纸、期刊分销企业管理办法》开始实施，我国正式向外资开放图书发行领域。同年9月1日，《出版物市场管理规定》生效，取消了包括图书批发特别是总发行所有制、上级主管单位和行政法规及新闻出版部门规定其他条件的限制，同时提高了资金门槛和专业资格门槛。2003年9月19日，文德广运发行集团成立，成为我国第一家获得报刊总发行权的民营企业。翌年4月10日，北京世纪天鸿书业有限公司首获出版物国内总发行权和全国性连锁经营权许可证。2005年1月7日，香港联合出版集团独资创办广东联合图书有限公司，成为第一家获准进入内地的图书发行公司。同年5月8日，德国贝塔斯曼集团与辽宁出版集团合资组建辽宁贝塔斯曼图书发行有限公司，成为第一家国有资本与外资共同组建的图书批销企业。

在开放国内印刷和发行市场的同时，新闻出版业把走出去作为对外开放的重大战略，分别出台了扶持新闻出版走出去的8项政策措施，《新闻出版业"十二五"时期走出去发展规划》和《关于加快我国新闻出版走出去的若干意见》，与国务院新闻办共同制订"中国图书对外推广计划"，与50多个国家和地区签署"中外图书互译计划"，接连实施"经典中国国际出版工程""重点新闻出版企业海外发展扶持计划""边疆地区新闻出版走出去扶持计划""中国出版物国际营销渠道拓展工程"。在这些政策措施的支持和鼓舞下，许多新闻出版单位积极推行走出去的战略布局。在图书版权输出方面，长江文艺出版社北京图书中心出版发行的小说《狼图腾》，被译成30多种语言，在全球110多个国家和地区发行。人民出版社将反映中国改革发展的《中国经济体制改革30年：回顾与展望》等35种图书版权出让给英国、俄罗斯、

[1] 印刷发行管理司：《2012年全国印刷发行管理工作》，《中国出版年鉴（2013）》，中国出版年鉴社，2013年版，第36页。

绪 论 新中国新闻出版业：波澜壮阔的70年

土耳其等国。在图书合作出版方面,外语教学与研究出版社先后和牛津大学出版社等10多家国际出版企业合作,出版了100多种学习汉语的教材,销往全世界100多个国家和地区,应用人数超过一亿人。[1]在报刊输出方面,《中国》《读者》《知音》《国家地理杂志》《新民晚报》《中国日报》等我国的品牌报刊分别进入美洲、澳洲市场。在电子出版物、网络出版物输出方面,2007年至2011年间,"中国知网"机构用户遍布42个国家和地区,数量达1200多家,用户类型包括高等学校、科研机构、政府机关、公共图书馆、企业等。[2]在出版物发行方面,上海新闻出版发展有限公司与法国拉加代尔集团合作,将我国精品外文图书在该集团遍布欧洲、北美洲、亚洲和大洋洲的100多个机场、350多个火车站、330多个地铁站和450多个商业中心落地销售。[3]自2005年我国第一次组团参加在德国举办的法兰克福国际书展以来,参展人数和版权输出数量逐年增长。特别是,2009年我国在法兰克福书展上设立了中国主宾国活动。这是新中国成立以来在海外举办的规模和影响最大的一次出版交流活动,参展的我国出版机构有272家,展品上万种。[4]在2012年伦敦书展中国主宾国活动中,来自我国的180余家出版社、1万多种图书、300多场活动、1859项版权输出汇聚于2019平方米的展区,在英伦半岛刮起了"中国旋风"。[5]北京国际图书博览会经过多年培育,已成为与纽约书展、伦敦书展和法兰克福书展并列的世界四大书展之一。尤为可喜的是,世界重要书展纷纷邀请我国以主宾国的身份参展,我国在国际出版界的影响力愈来愈大。

七、创新:新时代的新闻出版业(2013年1月至今)

党的十八大以来,新闻出版业以扎实推进社会主义文化强国建设为目标,守正创新、攻坚克难,在巩固壮大主流思想舆论、增强文化自信、满足人民精神文化需求、提升国家软实力等方面取得重要进展。

---

[1] 范军:《我国新闻出版"走出去"的理论与实践(上)》,《出版发行研究》,2011年第12期。

[2] 张福海、范军:《新闻出版走出去工作指南(下)》,高等教育出版社,2014年版,第149页。

[3] 张福海、范军:《新闻出版走出去工作指南(下)》,高等教育出版社,2014年版,第225页。

[4] 张福海、范军:《新闻出版走出去工作指南(上)》,高等教育出版社,2014年版,第82页。

[5] 息慧娇:《"十二五"时期出版业走出去发展概况》,《"十二五"时期中国出版业发展报告》,中国书籍出版社,2017年版,第219页。

针对一些国有文化企业改革不到位，两个效益相统一的问题没有很好地解决，片面追求经济效益、忽视社会效益的情况，中共中央办公厅、国务院办公厅于2015年9月14日印发《关于推动国有文化企业把社会效益放在首位、实现社会效益和经济效益相统一的指导意见》。随后，2018年12月，中宣部又印发了《图书出版单位社会效益考核评价试行办法》，明确了可量化的标准，包括出版质量、文化和社会影响、产品结构和专业特色、内部制度和队伍建设等指标。该办法自2019年1月1日起施行。许多出版发行企业按照两个文件的精神，积极探索党委领导与法人治理结构相结合的管理模式，实行企业党委成员以双向进入、交叉任职的方式进入董事会、监事会和经营管理层，党委书记兼任董事长，保证了党委对出版导向、重要人事和资产配置的决策权，也保证了董事会把党委的决定贯彻到企业的运营和管理之中。同时，还在出版集团和上市公司设立总编辑岗位，建立健全编辑委员会，统筹重大选题策划，组织重点产品生产，履行内容把关终审职责。由此，一批传承中华文明、传播中国声音、培育民族精神、凝聚社会共识、提高公民素质、促进经济发展、推动社会全面进步的精品力作不断涌现。《习近平总书记系列重要讲话读本》《习近平用典》《习近平谈治国理政》《习近平新时代中国特色社会主义思想三十讲》《毛泽东年谱》《邓小平传》《理论热点面对面》《抗日战争》《中国共产党90年史话》等主题图书成果丰硕；王安忆的《匿名》、贾平凹的《极花》、毕飞宇的《医生》、格非的《听音》、严歌苓的《芳华》、徐则臣的《王城如海》、张炜的《狮子崖》等原创文学作品深受读者欢迎；《一百个孩子的中国梦》《沐阳上学记》《我的影子在奔跑》等成为儿童文学中的佼佼者；《基因传》《当自然赋予科技灵感》等科技及科普类图书具有较高的质量。

2017年中央文化体制改革和发展工作领导小组印发《关于加快推进国有文化企业公司制股份制改革有关工作的通知》，提出在国有企业改革大框架下，充分体现文化例外要求，积极推动国有文化企业公司制股份制改革。2018年2月26日，财政部和中宣部又联合印发《中央文化企业公司制改制工作实施方案》。许多已转企的出版社、非时政类报刊出版单位进行了国有独资或国有文化企业控股下国有多元的探索与实践。这一时期，在坚持出版权特许经营前提下，江苏、北京、湖北等三省市探索了制作与出版分开试点工作。一些出版物印刷发行企业尝试引入其他领域国有资本或非公有资本，开展了混合所有制改革。青岛城市传媒股份有限公司、南方出版传媒有限公司、中国科技出版传媒有限公司、山东出版传媒有限公司和新华文轩出版传媒股份有限公司等相继在深圳证券交易所和上海证券交易所上市。

随着以数字化、网络化为代表的现代信息技术的突飞猛进，人类生产和传播方式发生了巨大变革。互联网打破了传统媒体的时空界限，成为覆盖广泛、快捷高效、影响巨大、发展势头强劲的大众传媒。这无疑对传统出版业提出了全新的挑战，出版生产和传播，尤其是都市类报刊、实体书店的数量较以往都呈现出明显下滑趋势。传统出版如何拥抱网络，与其融合发展，成为新闻出版业发展的不可回避的重大课题。2014年4月24日，国家新闻出版广电总局[1]和财政部印发了《关于推动新闻出版业数字化转型升级的指导意见》，推动新闻出版单位数字化转型升级。中国出版集团、中国工信出版传媒集团、辽宁出版集团、浙江日报报业集团、中文传媒等新闻出版企业不断改革创新，努力打破时空和终端界限，在内容、产品、载体等方面融通融合，运用大数据、云计算、区块链等网络技术激活多年所累积的内容资源，进行多种创意与多次开发，生产多种产品，实现出版内容、技术应用、平台终端、管理手段、人才队伍的共融互通，努力形成一体化的组织机构、传播体系和管理机制。新华书店总店、安徽新华发行集团、新华文轩等国有发行企业在巩固传统发行主渠道地位的同时，加快网上发行主渠道建设，运用现代化数字技术、网

---

[1] 2013年3月，根据《国务院机构改革和职能转变方案》，国家新闻出版总署与国家广播电影电视总局合并组建成立国家新闻出版广电总局。随后，全国31个省区市中，除上海、天津、青海3个省市广电与文化部门进行了合并外，其余28个省级新闻出版、广播影视行政部门完成整合。

络技术形成新的出版传播力。为支持实体书店的发展，2016年6月16日，中宣部、国家新闻出版广电总局、国家发改委、教育部、财政部、住房和城乡建设部、商务部、文化部、国家税务总局等11部委联合印发《关于支持实体书店发展的指导意见》，提出到2020年，要基本建立以大城市为中心、中小城市相配套、乡镇网点为延伸、贯通城乡的实体书店建设体系，形成大型书城、连锁书店、中小特色书店及社区便民书店、农村书店、校园书店等合理布局、协调发展的良性格局。此举开创了国家支持实体书店发展的先河。随后，安徽、浙江、四川等省纷纷出台相关政策，支持实体书店的发展。

为配合"一带一路"建设，2014年12月5日，"丝路书香"工程获批立项，成为新闻出版业唯一进入国家"一带一路"战略的重大项目。由此，我国新闻出版走出去的目标对象，不再仅仅聚焦于欧美主要发达国家，同时也关注"一带一路"沿线国家。随着丝路书香工程的实施，在英文版权贸易不断增长的基础上，其他语种特别是小语种版权贸易实现较快增长，语种结构不断改善。一批解读中国梦、传播当代中国核心价值观、发出中国声音、讲述中国故事的主题、文学、少儿、历史、对外汉语教材等类型的图书占据了重要位置。这包括蒙语、越南语、泰语的《习近平谈治国理政》，马来语的《中国经济发展的轨迹》，阿拉伯语、希伯来语、土耳其语的《双赢的未来：全球化时代的中国经济》，印地语、僧伽罗语、乌尔都语的《中国梦与中国道路》等。目前，至少有16家出版企业在"一带一路"沿线国家设立了分支机构或引入本土化运作机制，通过当地的翻译、出版人才来推广我国优秀的出版物。在这些走入丝路国家的主体中，既有国内大型出版集团，如长江出版传媒集团、浙江出版联合集团等；也有单体出版社，如中国人民大学出版社、中国社会科学出版社等；还有民营出版机构。同时，新闻出版界还通过参加国际书展主宾国活动和北京国际图书博览会等，加大了对周边国家和"一带一路"

沿线国家交流的力度和广度。这一阶段，我国除继续参加法兰克福书展、伦敦书展、美国书展、意大利博洛尼亚儿童书展、巴黎图书沙龙、莫斯科国际书展等综合性和专业性国际书展外，还先后参加了伊斯坦布尔国际书展、新德里世界书展、开罗国际书展、加尔各答国际书展、突尼斯国际书展、阿布扎比国际书展、布拉格国际书展、贝尔格莱德书展、罗马尼亚高迪亚姆斯国际图书与教育展等。

  经过70年特别是改革开放40多年的艰辛探索、砥砺奋进，新闻出版业发生了翻天覆地变化，党委领导、调控适度，运行有序、促进发展的新闻出版宏观领导体制不断完善；坚持正确导向、富有活力的新闻出版微观运行机制初步形成；保障人民群众基本文化权益、覆盖全社会的公共出版服务体系大致构建；以公有制为主体、多种所有制共同发展的出版产业体系初步确立；传播健康出版产品，促进资源优化配置、竞争有序的出版市场环境进一步净化；推动新闻出版走出去的对外开放格局基本形成。70年来，新闻出版业之所以能发生翻天覆地变化，十分重要的一点就是不断探索、不懈实践，积极适应社会主义精神文明建设和社会主义生产经济发展"两个规律"，妥善把握文化意识形态属性和商品属性"两个属性"，不断深化对人民"两个文化需求"的认识，坚持新闻出版事业和产业"两轮驱动、两翼齐飞""两手抓、两加强"，把社会效益放在首位，实现社会效益和经济效益相统一，不断以思想的新解放、理论的新发展，推动新闻出版业发展实践的新创造。

  今天，站在新的历史节点上，回顾我国新闻出版业70年波澜壮阔的发展历程，一幅幅生动的历史画卷浮现在眼前，令人心潮澎湃、思绪万千。党的十九大为新时代中国特色社会主义新闻出版业指明了方向，也提出了新的更高的要求。有理由相信，在习近平新时代中国特色社会主义思想的指引下，新闻出版业必将紧紧围绕统筹推进"五位一体"总体布局和协调推进"四个全面"

战略布局，坚持中国特色社会主义文化发展道路，坚持"二为"方向、"双百"方针，坚持创造性转化、创新性发展，坚持把社会效益放在首位、实现社会效益和经济效益相统一，加强内容建设，深化改革创新，完善出版管理，推动新闻出版业持续健康发展，为决胜全面建成小康社会、夺取新时代中国特色社会主义伟大胜利、实现中华民族伟大复兴的中国梦、实现人们对美好生活的向往去谱写更新更美的篇章，做出更新更大的贡献。

（范军：中国新闻出版研究院副院长、研究员）

第一章
新中国图书出版业70年

刘兰肖　王　曦

新中国成立以来，在党和政府的领导下，中国图书出版业紧密围绕为人民服务、为社会主义服务的出版方针，坚持正确出版舆论导向，弘扬时代发展主旋律，推动精品力作不断涌现，促进文化积累和知识传播，满足了广大人民群众的文化需要。70年来，中国图书出版业在曲折中不断探索，总量规模和社会影响日益扩大，整体呈现出健康有序、蓬勃发展的繁荣景象。

一、图书出版机构稳中有升

70年来，我国国营图书出版机构数量经历了从先升后降，到急剧扩张，再到稳中有升的三段发展历程。1950—2018年，我国国营出版社数量由27家[1]（其中，中央级出版社6家，地方出版社21家）增至561家[2]（其中，中央级出版社206家，地方出版社355家），增加了534家（其中，中央级出版社200家，地方出版社334家），增长了19.8倍（其中，中央级出版社增长了33.3倍，地方出版社增长了15.9倍），年均增长4.6%（其中，中央级出版社年均增长5.3%，地方出版社年均增长4.3%），中央级出版社增长速度整体快于地方出版社。改革开放以后，我国出版社数量平稳增长，覆盖门类齐全（见表1和图1）。

【1】不包括私营出版社。
【2】不包括副牌社。

新中国成立初期的1949—1956年，我国国营图书出版机构与私营图书出版机构数量对比悬殊。据统计，1950年[1]全国图书出版机构数量为211家，其中国营出版社仅27家，私营出版社有184家。是时出版总署采取了一系列措施，不断增加国营出版机构数量，对私营出版社进行了必要调整和初步改造。按照统筹兼顾、分工合作的原则，相继成立了人民出版社、人民文学出版社、中国青年出版社、人民教育出版社、人民美术出版社、人民卫生出版社和科学出版社等。据统计，到1955年，全国图书出版社96家，其中国营出版社77家，私营出版社仅剩19家，国营出版社数量大大超过私营出版社数量，调整和改造工作成效明显。

1957—1965年，全国图书出版机构数量虽有进一步的调整合并，数量有所下降[2]，但基本维持了上一阶段的整体格局。1966—1977年，受"文革"的影响，全国图书出版机构和出版工作处于停滞状态，期间的1971年，全国出版社仅剩46家，职工4693人，其中编辑人员仅有1355人。

1978年，党的十一届三中全会召开，就此开启了改革开放的征程，图书出版机构数量成倍增长，规模急剧扩张，部分出版社恢复了"文革"前的建制，同时新建了一大批图书出版机构。出版行政管理机关也逐渐放宽了部分出版社的专业分工，并将地方出版社长期执行的"地方化、通俗化、群众化"方针改为"立足本地、面向全国"的方针，大大释放了图书出版生产力，出版机构数量实现了前所未有的飞速发展。1978—1991年，全国图书出版机构数量由105家增至465家，增长了3.4倍，年均增长12.1%。其中，地方出版社的增长速度快于中央级出版社，由52家增至287家，增长了4.5倍，年均增长14.0%。

1992年，社会主义市场经济体制确立，全国图书出版机构布局基本形成，出版社数量与今天已相差不大。1992年，全国图书出版社有480家（其中，中央级出版社183家，地方出版社

【1】受统计数据的局限，1949年图书出版机构数量未统计。

【2】比如，建筑、冶金、机械、煤炭、石油、化工、水利和地质8家出版社合并成立了中国工业出版社。

297家）；1993年达到505家（其中，中央级出版社196家，地方出版社309家），全国数量首次超过500家，地方数量首次超过300家；2018年全国共有图书出版机构561家（其中，中央级出版社206家，地方出版社355家）。1992—2018年，我国图书出版社数量增加了81家（其中，中央出级版社23家，地方出版社58家），增长了16.9%（其中，中央级出版社增长了12.6%，地方出版社增长了19.5%），年均增长0.6%（其中，中央级出版社年均增长0.5%，地方出版社年均增长0.7%），全国图书出版机构数量整体稳中有升。

表1 新中国成立70年来图书出版机构数量发展状况

年份	全国出版社机构数量（家）	中央级出版社机构数量（家）	地方出版社机构数量（家）
1950—1956年			
1950年	27	6	21
1955年	77	37	40
1956年	97	50	47
1950—1956年整体增速（倍）	2.59	7.33	1.24
1950—1956年年均增速（%）	23.76	42.39	14.37
1957—1965年			
1957年	103	55	48
1965年	87	38	49
1957—1965年整体增速（%）	−15.53	−30.91	2.08
1957—1965年年均增速（%）	−2.09	−4.52	0.26
1966—1977年			
1966年	87	38	49
1977年	82	41	41

续 表

年份	全国出版社机构数量（家）	中央级出版社机构数量（家）	地方出版社机构数量（家）
1966—1977年整体增速（%）	-5.75	7.89	-16.33
1966—1977年年均增速（%）	-0.54	0.69	-1.61
1978—1991年			
1978年	105	53	52
1991年	465	178	287
1978—1991年整体增速（倍）	3.43	2.36	4.52
1978—1991年年均增速（%）	12.13	9.77	14.04
1992—2001年			
1992年	480	183	297
2001年	525	202	323
1992—2001年整体增速（%）	9.38	10.38	8.75
1992—2001年年均增速（%）	1.00	1.10	0.94
2002—2011年			
2002年	532	204	328
2011年	547	207	340
2002—2011年整体增速（%）	2.82	1.47	3.66
2002—2011年年均增速（%）	0.31	0.16	0.40
2012—2018年			
2012年	547	207	340
2018年	561	206	355
2012—2018年整体增速（%）	2.56	-0.48	4.41

续　表

年份	全国出版社机构数量（家）	中央级出版社机构数量（家）	地方出版社机构数量（家）
2012—2018年年均增速（%）	0.42	−0.08	0.72
1950—2018年整体增速（倍）	19.78	33.33	15.90
1950—2018年年均增速（%）	4.56	5.34	4.25

说明：1. 出版社机构数量不含私营出版社和副牌社。

2. 数据系由历年《中国新闻出版统计资料汇编》及相关资料整理而得。

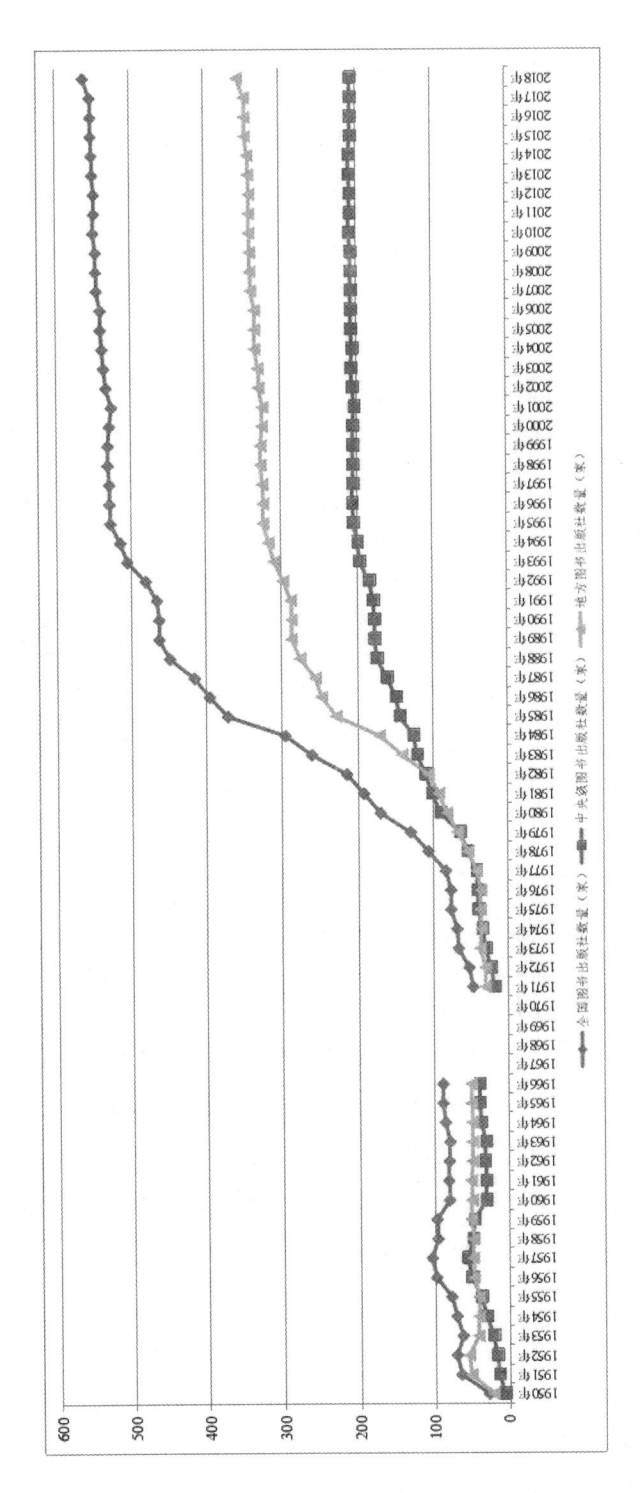

图 1 新中国成立 70 年来图书出版机构数量发展趋势

说明：受统计数据的局限，1967—1970 年出版社数量未统计，故图中曲线有间断。

第一章 新中国图书出版业 70 年

二、图书出版总量平稳增长

新中国成立70年来,我国图书出版总量规模经历了由升转降、快速增长、优化结构和稳中有升的发展历程。新中国成立初期到"文革"前,图书出版业尽管经历了一些曲折,但整体实现了较快发展,摆脱了图书匮乏的局面,基本适应了社会经济和文化生活的需要。"文革"十年,我国图书出版业受到了极大影响,基本处于停滞状态。改革开放以后,图书出版总量规模进入一个前所未有的飞速发展时期,但同时,也出现了总量过多、结构失衡、重复建设和忽视质量等一些亟待解决的问题。1994年,新闻出版署针对上述问题,提出了出版业发展要"从以规模数量增长为主要特征的阶段向以优质高效为主要特征的阶段转移"的思路,为行业未来发展提供强劲动力。2002年,党的十六大首次将文化发展分为文化事业和文化产业,图书出版业牢牢把握发展机遇,实行了一系列卓有成效的改革举措。2012年,党的十八大召开,在以习近平同志为核心的党中央的高度重视和正确领导下,图书出版业继续深化改革、加快发展,取得了明显实效,我国出版总量平稳增长,出版能力不断增强,整体规模和综合实力持续提升,成为名副其实的出版大国。

（一）图书出版品种规模

1950—2018年[1],我国图书出版总品种数由1.2万种增加到51.9万种,增加了50.7万种,增长了41.7倍,年均增速5.7%。其中,重印品种的发展速度整体快于新出品种,新出品种数由0.7万种增至24.7万种,增长了34.1倍,年均增速5.4%;重印品种数由0.5万种增至27.2万种,增长了51.4倍,年均增速6.0%,高于新出品种数的年均增速0.6个百分点（见图2和表2）。

新中国成立70年,根据不同历史时期的发展特点和主要问题,国家适时推行了一系列针对性很强的政策措施,取得显著成效,具体数据分述如下。

[1] 受统计数据的局限,1949年的图书出版总品种数根据不完整资料估算而得,且当年新出和重印品种数未估算。

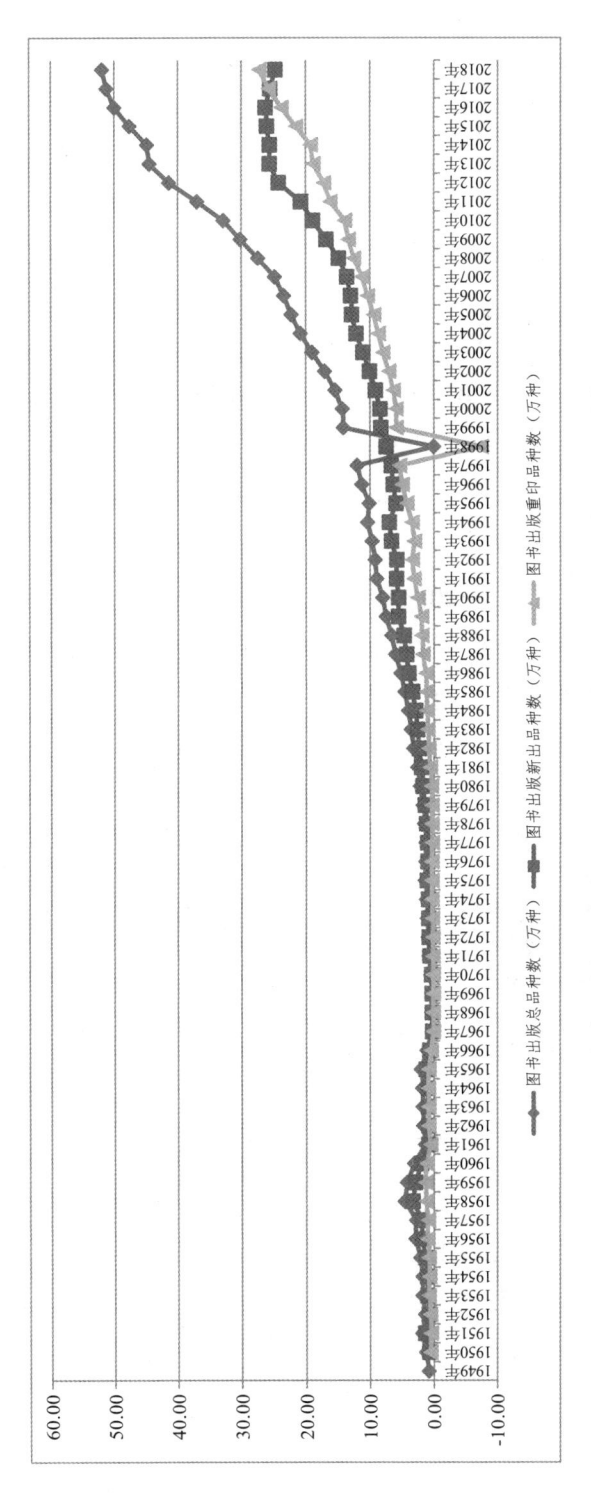

图 2 新中国成立 70 年来图书出版总品种、新出品种和重印品种数量发展趋势

第一章 新中国图书出版业 70 年

据统计，1950—1956年，我国图书出版总品种数由1.2万种增至2.9万种，增长了1.4倍，年均增速15.5%，新出品种增长较快；1957—1965年，总品种数由2.8万种降至2.0万种，下降了26.9%，年均降幅3.9%，新出品种下滑较快；1966—1977年，总品种数由1.1万种增至1.3万种，上升了16.6%，年均增幅1.4%，新出品种上升较快，重印品种出现下跌；1978—1991年，这一时期是70年来图书出版品种规模增长最快的阶段，总品种数由1.5万种增至9.0万种，增长了5.0倍，年均增速14.8%，重印品种增长较快；1992—2001年，总品种数由9.2万种增至15.5万种，增长了67.7%，年均增速5.9%，重印品种增长较快；2002—2011年，总品种数由17.1万种增至37.0万种，增长了1.2倍，年均增速8.9%，重印品种增长较快；2012—2018年，总品种数由41.4万种增至51.9万种，增长了25.4%，年均增速3.9%，重印品种增长明显快于新出品种，年均增速高出7.6个百分点。

表2 新中国成立70年来图书出版品种数量发展状况

年份	总品种数（万种）	新出品种数（万种）	重印品种数（万种）
1949—1956年			
1949年	0.80（估算）	—	—
1950年	1.22	0.70	0.52
1956年	2.88	1.88	1.00
1950—1956年整体增速（倍）	1.37	1.67	0.92
1950—1956年年均增速（%）	15.45	17.77	11.46
1957—1965年			
1957年	2.76	1.87	0.89
1965年	2.01	1.24	0.77
1957—1965年整体增速（%）	−26.94	−33.80	−13.59
1957—1965年年均增速（%）	−3.85	−5.03	−1.81
1966—1977年			

续 表

年份	总品种数（万种）	新出品种数（万种）	重印品种数（万种）
1966 年	1.11	0.68	0.43
1977 年	1.29	1.02	0.27
1966—1977 年整体增速（%）	16.56	49.91	−36.53
1966—1977 年年均增速（%）	1.40	3.75	−4.05
1978—1991 年			
1978 年	1.50	1.19	0.31
1991 年	8.96	5.85	3.11
1978—1991 年整体增速（倍）	4.98	3.92	9.05
1978—1991 年年均增速（%）	14.75	13.04	19.42
1992—2001 年			
1992 年	9.21	5.82	3.39
2001 年	15.45	9.14	6.31
1992—2001 年整体增速（%）	67.69	57.16	86.17
1992—2001 年年均增速（%）	5.91	5.15	7.15
2002—2011 年			
2002 年	17.10	10.07	7.03
2011 年	36.95	20.75	16.20
2002—2011 年整体增速（倍）	1.16	1.06	1.31
2002—2011 年年均增速（%）	8.94	8.37	9.73
2012—2018 年			
2012 年	41.40	24.20	17.20
2018 年	51.93	24.71	27.22
2012—2018 年整体增速（%）	25.43	2.11	58.24
2012—2018 年年均增速（%）	3.85	0.35	7.95

续表

年份	总品种数（万种）	新出品种数（万种）	重印品种数（万种）
1950—2018年70年整体增速（倍）	41.73	34.05	51.35
1950—2018年70年年均增速（%）	5.68	5.37	5.99

说明：数据系由历年《中国新闻出版统计资料汇编》及相关资料整理而得。

（二）图书出版总印数、单品种平均印数和总印张规模

1950—2018年[1]，我国图书出版总印数由2.8亿册增加到100.1亿册，增加了97.3亿册，增长了35.4倍，年均增速5.4%；由于总品种数的增长快于总印数的增长，因此单品种平均印数规模有所下降，由1950年的2.3万册/种降至2018年的1.9万册/种，减少了0.4万册/种，下降了0.2倍，年均降幅0.2%；总印张数由1950年的5.9亿印张增加到882.5亿印张，增加了876.6亿印张，增长了148.3倍，年均增速7.6%（见图3和表3）。

同样地，国家在70年间推行了一系列政策举措并取得成效。数据显示，在图书出版总印数方面，新中国成立70年来，除1966—1977年和1992—2001年两个时期外，总印数规模均保持上升态势，自2002年开始实现平稳、较快发展，2002—2011年，总印数由68.7亿册增至77.1亿册，增加了8.4亿册，增长了12.2%，年均增速1.3%。党的十八大以来，2012—2018年，总印数由79.3亿册增至100.1亿册，增加了20.8亿册，增长了26.3%，年均增速4.0%，年均增速较上一时期高出2.7个百分点。在控制品种、提高质量的前提下，党的十八大以来，单品种平均印数开始有所回升，2012—2018年增长了0.7%，年均增速0.1%。

在图书出版总印张方面，70年间的各个时期整体持续上升，1950—1956年，由5.9亿印张增至43.6亿印张，增长了6.4倍，

[1] 受统计数据的局限，1949年的图书出版总印数根据不完整资料估算而得，且当年总印张数未估算。

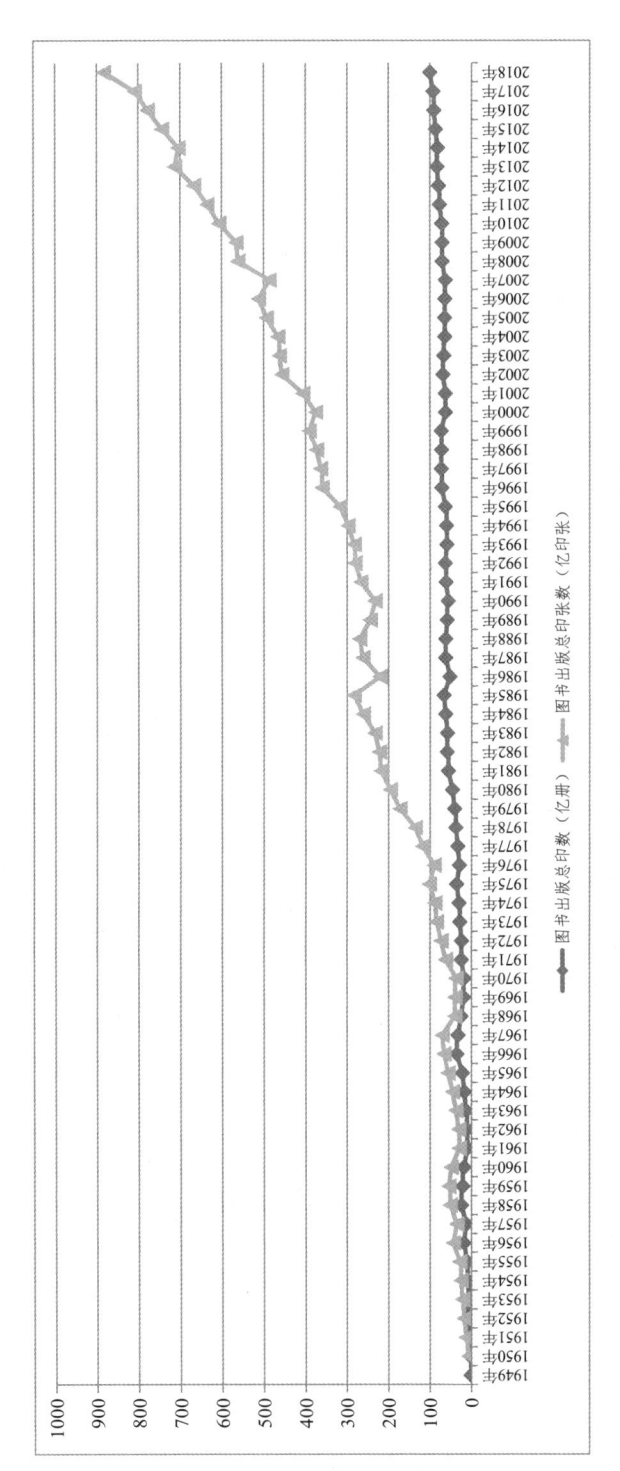

图 3 新中国成立 70 年来图书出版总印数和总印张数发展趋势

年均增速39.5%；1957—1965年，由35.0亿印张增至56.2亿印张，增长了60.5%，年均增幅6.1%；1966—1977年，由66.0亿印张增至117.7亿印张，增长了78.4%，年均增幅5.4%；1978—1991年，由135.4亿印张增至266.1亿印张，增长了1.0倍，年均增速5.3%；1992—2001年，由280.4亿印张增至406.1亿印张，增长了45.0%，年均增速4.2%；2002—2011年，由456.5亿印张增至634.5亿印张，增长了39.0%，年均增速3.7%；2012—2018年，由667.0亿印张增至882.5亿印张，增长了32.3%，年均增速4.8%。

表3 新中国成立70年来图书出版总印数、单品种平均印数和总印张数发展状况

年份	总印数（亿册）	单品种平均印数（万册/种）	总印张数（亿印张）
1949—1956年			
1949年	1.05（估算）	1.31（估算）	—
1950年	2.75	2.26	5.91
1956年	17.84	6.20	43.57
1950—1956年整体增速（倍）	5.49	1.74	6.37
1950—1956年年均增速（%）	36.57	18.29	39.51
1957—1965年			
1957年	12.75	4.62	35.00
1965年	21.71	10.78	56.16
1957—1965年整体增速（%）	70.27	133.07（1.33倍）	60.46
1957—1965年年均增速（%）	6.88	11.16	6.09
1966—1977年			
1966年	34.96	31.62	65.99
1977年	33.08	25.67	117.71
1966—1977年整体增速（%）	-5.38	-18.82	78.38
1966—1977年年均增速（%）	-0.50	-1.88	5.40
1978—1991年			
1978年	37.74	25.18	135.43
1991年	61.39	6.85	266.11

续 表

年份	总印数（亿册）	单品种平均印数（万册/种）	总印张数（亿印张）
1978—1991年整体增速（倍）	0.63	−0.73	0.96
1978—1991年年均增速（%）	3.81	−9.53	5.33
1992—2001年			
1992年	63.38	6.88	280.38
2001年	63.10	4.08	406.08
1992—2001年整体增速（%）	−0.44	−40.63	44.83
1992—2001年年均增速（%）	−0.05	−5.63	4.20
2002—2011年			
2002年	68.70	4.02	456.45
2011年	77.05	2.09	634.51
2002—2011年整体增速（%）	12.15	−48.11	39.01
2002—2011年年均增速（%）	1.28	−7.03	3.73
2012—2018年			
2012年	79.25	1.91	666.99
2018年	100.09	1.93	882.52
2012—2018年整体增速（%）	26.30	0.69	32.31
2012—2018年年均增速（%）	3.97	0.11	4.78
1950—2018年70年整体增速(倍)	35.40	−0.15	148.33
1950—2018年70年年均增速(%)	5.43	−0.24	7.64

说明：1.1949年的总印数根据不完整的资料估算而得，当年总印张数未估算。

2.数据系由历年《中国新闻出版统计资料汇编》及相关资料整理而得。

（三）图书出版定价规模

1988—2018年[1]，我国图书出版定价总金额由62.2亿元增加到2002.9亿元，增加了1940.7亿元，增长了31.2倍，年均增速12.3%；单册定价由1988年的1.0元增至2018年的20.0元，

[1] 受统计数据的局限，1988年以前图书出版定价总金额未统计。

每册增加了 19.0 元，增长了 19.0 倍，年均增长 10.5%；单印张定价由 1988 年的 0.2 元增至 2018 年的 2.3 元，每印张增加了 2.1 元，增长了 8.8 倍，年均增长 7.9%，单册定价的增长较快（见表 4 和图 4）。

新中国成立 70 年来，我国出版业迅速发展，伴随着出版体制和发行体制改革，图书定价制度也经历了几次重大调整，其演变和发展大致可划分为印张定价时期、利润率定价时期和市场定价时期三个阶段，具体分述如下。

新中国成立初期，社会主义出版体制初步建立，图书依"成本＋利润＋税收"的原则自行定价。1954 年以前，当时以上海书业同业公会确定的以"页"为单位计算的定价方式为代表[1]。1954 年 12 月，根据周恩来总理提出的图书定价要"保本微利"的指示，文化部对中央级国营、公私合营出版社出版的一般书籍和课本的定价标准予以规范；1956 年 2 月，《全国出版社一般书籍、课本正文定价标准表》和《全国出版社一般书籍、课本封面、插页定价标准表》相继出台，标志着印张定价模式的确立，这一模式一直沿用近 30 年。

1984 年 11 月，文化部下发《关于调整图书定价的通知》，提出在"保本微利"的原则下，调整图书定价的管理体制和定价标准；1988 年 3 月和 8 月，《同意印数在 3000 册以下学术著作和专业著作可参照成本定价的通知》《关于改革书刊定价办法的意见》相继出台，标志着沿袭了近 30 年的印张定价模式被利润率定价模式取代——图书定价的利润率控制在 5%~10% 的范围内。据统计，1988—1992 年，我国图书出版定价总金额由 62.2 亿元增加到 110.8 亿元，增加了 48.6 亿元，增长了 78.0%，年均增速 15.5%；单册定价由 1988 年的 1.0 元增至 1992 年的 1.8 元，每册增加了 0.8 元，增长了 74.8%，年均增幅 15.0%；单印张定价由 1988 年的 0.23 元增至 1992 年的 0.39 元，每印张增加了 0.16 元，增长了 70.8%，年均增长 14.3%。

---

[1] 是指一本书的定价即正文页数加封面（每一封面折成正文 5—10 页计算）乘每页价格。资料来源 周正兵.重思《1956 年图书印张定价制度》,《出版发行研究》，2009 年第 10 期。

1993年4月，国家物价局、新闻出版署联合下发了《关于改革书刊价格管理的通知》，规定除大中专教材、中小学课本以及党和国家重要文献外，一般图书的价格自行确定，标志着符合市场经济规律的市场定价模式正式建立，并沿用至今。据统计，1993—2018年的25年间，我国图书出版定价总金额由136.7亿元增加到2002.9亿元，增加了1866.2亿元，增长了13.7倍，年均增速11.3%；单册定价由1993年的2.3元增至2018年的20.0元，每册增加了17.7元，增长了7.7倍，年均增幅9.0%；单印张定价由1993年的0.5元增至2018年的2.3元，每印张增加了1.8元，增长了3.7倍，年均增长6.4%。诚然，市场定价模式并非万能，也会存在市场失灵的现象，因此政府会适时采取措施调控市场，比如2010年1月颁布的《图书公平交易规则》则针对折扣战、回款账期等问题进行了约束和管理。市场定价模式符合社会经济发展规律，充分调动了出版社生产积极性，实现了出版资源合理配置，满足了人民群众日益增长的精神文化需求。

表4　1988—2018年图书出版定价总金额、单册定价和单印张定价发展状况

年份	定价总金额（亿元）	单册定价（元/册）	单印张定价（元/印张）
1988—1992年			
1988年	62.22	1.00	0.23
1992年	110.75	1.75	0.39
1988—1992年整体增速（%）	77.99	74.82	70.79
1988—1992年年均增速（%）	15.50	14.99	14.32
1993—2018年			
1993年	136.74	2.30	0.48
2018年	2002.90	20.01	2.27
1993—2018年整体增速（倍）	13.65	7.68	3.68
1993—2018年年均增速（%）	11.33	9.03	6.37

续 表

年份	定价总金额（亿元）	单册定价（元/册）	单印张定价（元/印张）
1988—2018年整体增长速度（倍）	31.19	19.02	8.81
1988—2018年年均增长速度（%）	12.27	10.51	7.91

说明：数据系由历年《中国新闻出版统计资料汇编》及相关资料整理而得。

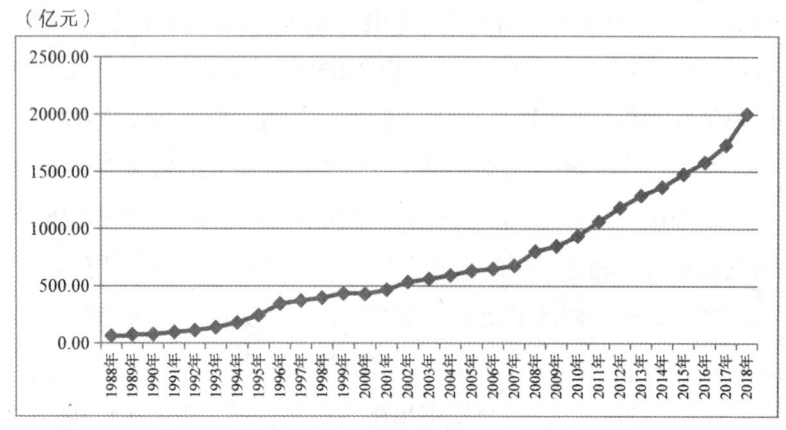

图4 1988—2018年图书出版定价总金额发展趋势

三、对国民经济社会发展贡献显著

新中国成立70年来的图书出版业，尽管历经沧桑、曲折前行，但总体来看，始终贯穿着为人民服务、为社会主义服务的方针，在实践与探索中不断成熟、壮大。尤其是改革开放以后，图书出版业有力推动了国民经济和社会发展，在政治、经济、文化等方面发挥着不可替代的作用。党的十八大以来，我国图书出版业在确保把社会效益放在首位的前提下，努力实现社会效益和经济效益的有机统一，产业经济规模不断扩大，整体实力显著增强。

（一）图书出版产业规模持续壮大

2009—2018年[1]，我国图书出版营业收入由462.8亿元增

【1】受统计数据的局限，2009年以前图书出版营业收入和利润总额未统计。

至937.3亿元，增加了474.5亿元，整体增长了102.5%，年均增长速度为8.2%，实现了平稳、较快增长；利润总额也由2009年的74.8亿元增至2018年的141.3亿元，增加了66.5亿元，整体增长了88.9%，年均增长速度为7.3%（见表5和图5）。

表5　2009—2018年图书出版经济规模发展状况

年份	营业收入（亿元）	利润总额（亿元）
2009年	462.80	74.80
2010年	537.90	77.15
2011年	644.40	94.24
2012年	723.51	115.22
2013年	770.78	118.58
2014年	791.18	117.07
2015年	822.55	125.29
2016年	832.31	134.29
2017年	879.60	137.48
2018年	937.30	141.28
2009—2018年整体增长速度（%）	102.53	88.88
2009—2018年年均增长速度（%）	8.16	7.32

说明：数据系由历年《新闻出版产业分析报告》及相关资料整理而得；《报告》自2009年开始发布，故2009年以前相关数据难以获得。

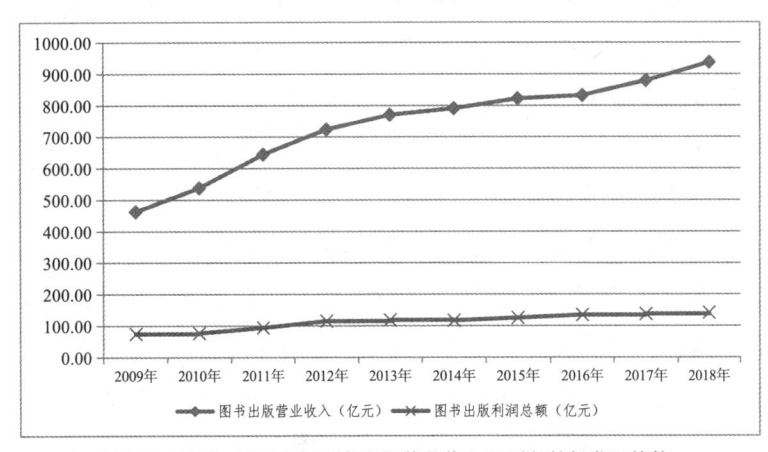

图5　2009—2018年图书出版营业收入和利润总额发展趋势

自2013年至今，我国图书出版业经济规模始终居于传统出版业之首，据《2018年新闻出版产业分析报告》的最新结果显示，2018年，图书出版实现营业收入937.3亿元，较2017年增加了57.7亿元，增长了6.6%，占全行业营业收入的5.0%（见图6），较2009年的4.5%提升了0.5个百分点；2018年图书出版营业收入的增长贡献率[1]为10.2%，较2010年的3.7%提高了6.5个百分点。

【1】图书出版营业收入增长贡献率=（当年图书出版营业收入−上年图书出版营业收入）÷（当年全行业营业收入−上年全行业营业收入）×100%。

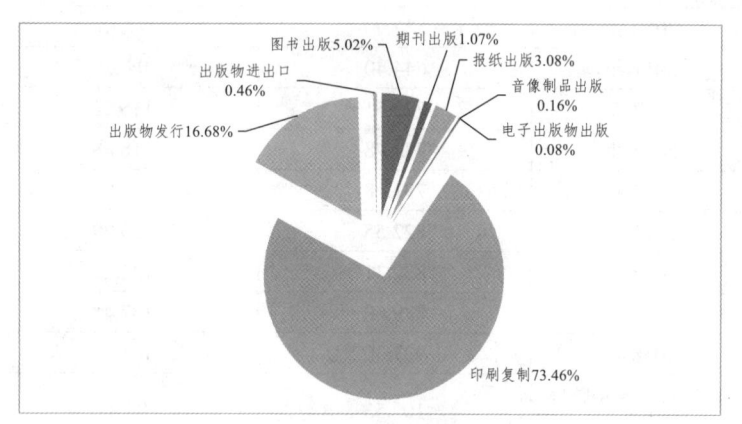

图6 2018年新闻出版业营业收入构成

（二）图书出版集团经济规模不断扩大，集聚作用日益凸显

图书出版集团适应文化体制改革发展的需要，对整合出版资源、优化出版结构发挥着重要作用。1986年、1987年相继出台的《关于进一步推动横向经济联合若干问题的规定》和《关于组建和发展企业集团的几点意见》，标志着出版集团建设开始起步；自1992年开始，山东、四川、辽宁、江西等出版总社纷纷成立了出版集团，集团化建设进入新的发展阶段；1998年，广东省出版集团和上海世纪出版集团被批准成为全国出版改革试点单位。自2002年开始，出版集团化进程加快，各地出版集团通过创新体制、灵活机制，实现了资源整合的规模效益和整体实力的显著提升，充分发挥了集团的龙头示范作用。据《2018年新闻出版产业分析报告》显示，2018年，图书出版集团共实现主营

业务收入1990.7亿元，较上年增长了0.7%；利润总额195.7亿元，增长了9.4%；拥有资产总额3929.8亿元，增长了6.4%。

2010年，出版集团规模整体相对较小，资产总额超过百亿的集团只有江苏凤凰出版集团、湖南出版投资控股集团和浙江联合出版集团3家；到2018年，出版集团规模整体持续扩大，行业集中度有所提高。截至2018年底，全国共有经国家出版行政管理部门或省级出版行政管理部门批准的图书出版集团40家，其中"三百亿"集团[1]5家，分别是江苏凤凰出版集团、江西省出版集团公司、湖南出版投资控股集团、浙江联合出版集团和中国出版集团公司；"双百亿"集团[2]3家，分别是安徽出版集团有限责任公司、湖北长江出版传媒集团有限公司和中原出版传媒投资控股集团有限公司；另有中国教育出版传媒集团有限公司、山东出版集团有限公司、河北出版传媒集团有限责任公司、贵州出版集团有限公司和广东省出版集团有限公司5家集团组成"百亿"集团[3]阵营。

（三）图书出版单位上市步伐加快，经济效益显著提升

2000年以前，国有出版单位属于事业体制，不能上市融资[4]。随着文化体制改革的不断深入，尤其是党的十八大以来，出版公司上市步伐加快，阵容持续壮大。截至2018年12月31日，在中国内地和香港上市的出版公司有14家，其中在中国内地上市13家，在中国香港上市1家。与2015年[5]同期相比，增加了4家。

2018年，出版上市公司主题出版成果丰硕，社会效益显著，各公司围绕庆祝改革开放40周年、纪念马克思诞辰200周年等主题，策划出版了一批高质量的主题图书。2018年，13家在中国内地上市的出版公司实现营业收入864.5亿元，较2015年的606.8亿元增加了257.7亿元，增长了42.5%，年均增速12.5%；拥有资产总额1441.2亿元，较2015年的852.9亿元增加了588.3亿元，增长了69.0%，年均增速19.1%；实现利润总额101.8亿元，

【1】"三百亿"集团是指资产总额、主营业务收入和所有者权益均超过100亿元的出版集团。

【2】"双百亿"集团是指资产总额和主营业务收入均超过100亿元的出版集团。

【3】"百亿"集团是指资产总额超过100亿元的出版集团。

【4】范军：《出版传媒企业上市录》，《中国新闻出版报》，2011年12月29日。

【5】2015年以前，未对出版公司数量进行单独统计。

较2015年的60.8亿元增加了41.0亿元，增长了67.4%，年均增速18.7%；2018年，13家中国内地上市的出版公司平均净资产收益率11.0%，与2015年基本持平，高出出版传媒公司整体水平（3.5%）7.5个百分点。2018年，13家出版上市公司编印发主业收入增加，主业收入占比整体72.3%，较上年提高3.0个百分点，同时，各公司努力探索转型升级、融合发展之路，积极开拓新业务领域，取得新进展。（见图7）

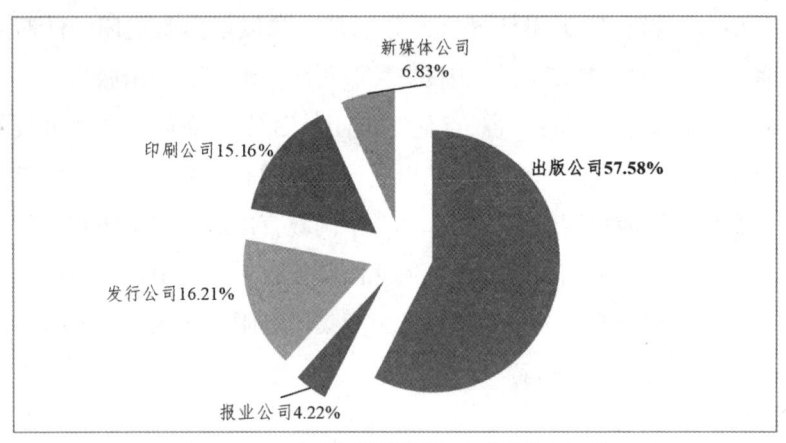

图7 2018年出版传媒上市公司营业收入构成

四、精品图书引领思想文化

70年来，我国图书出版业不断发展，基本上可以满足人民群众对图书的不同需要，而且出版了一批可以反映我国科学技术、文化艺术等领域巨大发展，体现中国文化多样性的标志性图书，在壮大主流舆论、启迪人民思想、弘扬民族精神、坚定文化自信、凝聚中国力量方面都起到了不可替代的重要作用。

（一）坚守主流意识形态阵地，弘扬社会主义核心价值观

70年来，图书出版业不忘初心、不辱使命，不断壮大积极向上的主流思想舆论，巩固全党全国人民团结奋斗的共同思想基础。首先，推出了一批马克思主义经典著作、研究性著作以及普

及读物，加强了全党的理论武装。据中国版本图书馆统计，从1949年10月到1965年底，马、恩、列、斯著作总计出版395种，印制6909万册，各种文字、各种版本的《毛泽东选集》（一至四卷）和《选读》《语录》共印制1.52亿余册，毛泽东著作的专集、汇编本、单篇本共印制6.82亿余册。[1]改革开放以来，在修订《马克思恩格斯全集》《列宁全集》的基础上，相继出版了十卷本《马克思恩格斯文集》和五卷本《列宁专题文集》以及《马克思恩格斯选集》第三版和《列宁选集》第三版修订版，形成了《全集》《文集》《选集》等马克思主义著作编译出版系列成果。此外还出版了《毛泽东选集》《周恩来选集》《刘少奇选集》《朱德选集》和《邓小平文选》《陈云文选》《江泽民文选》《胡锦涛文选》等重要著作，为马克思主义及其中国化理论成果的学习、宣传和研究提供了可靠的文本依据。党的十八大以来，图书出版业把宣传阐释习近平新时代中国特色社会主义思想作为重要任务，推出了一批高质量、有分量、有价值的主题图书。《习近平谈治国理政》《习近平总书记系列重要讲话读本》《习近平新时代中国特色社会主义思想三十讲》等权威著作热销海内外，《习近平的七年知青岁月》《习近平讲故事》《平易近人——习近平的语言力量》等主题图书广受读者欢迎。其次，围绕建党、建国、建军、长征、抗战等一系列重大节庆纪念活动，围绕港澳回归、抗震救灾、北京奥运会、残奥会等重大事件，及时组织出版了一大批思想性强、有艺术感染力的主旋律精品图书，解读党中央的战略决策和战略部署，展示我国社会主义革命和建设的非凡成就，凝聚起全国各族人民同心共筑中国梦的磅礴力量。与此同时，图书出版业坚持"二为"方向和"双百"方针，出版了大量面向"三农"、面向民族地区、面向特殊群体、面向未成年人、面向大众，为广大人民群众喜闻乐见的优秀出版物，在提高全民族思想道德素质和科学文化水平、培育和践行社会主义核心价值观方面发挥了应有作用。

[1] 国家出版事业管理局：《毛主席著作出版统计（1949—1976年）》，1977年7月编印。

（二）反映我国人文社科领域成果，引领思想文化和社会变革

新中国成立后，中国学术界针对社会主义实践中提出的重大问题，在马克思主义思想指导下展开研究，写出了一批有价值的著作，这些著作经过出版界的努力得以面世，产生了广泛的社会影响。仅1956年就出版哲学社会科学类学术著作180多种。[1] 著名学者马寅初、周谷城、冯友兰、朱光潜等撰写的一批学术专著，学术界有关中国哲学史研究方法、美学问题、形式逻辑问题等的一批讨论文集、专题论著和参考书陆续出版。1965年，商务印书馆出版了近200种外国哲学社会科学译著，为中国读者了解马克思主义理论形成的学术源流和西方意识形态的发展提供了权威读本。《中国哲学史资料选辑》《中国古代教育史资料》《古典文学研究资料汇编》等研究资料的出版，也为学术研究提供了便利。

改革开放以来，哲学社会科学、文化教育领域的精品图书大量出现，《中国通史》（范文澜、蔡美彪等著）、《中国抗日战争史》（军事科学院历史研究部编）、《毛泽东传》（中央文献研究室编），以及《中国美术全集》《敦煌学大辞典》《法学大辞典》《哲学大辞典》《中国教育大系》《中国诗学通论》等权威力作相继出版。这一时期最令人瞩目的是个人文集、全集大量整理出版，为学术研究提供了基础和条件，如新版《孙中山全集》《鲁迅全集》《胡适全集》《梁启超全集》《郭沫若全集》《茅盾全集》《巴金全集》《韬奋全集》《蔡元培全集》《郑振铎全集》等。特别值得一提的是，改革开放以来推出了一批大型学术丛书，如《走向世界丛书》《走向未来丛书》《当代经济学系列丛书》《中华现代学术名著丛书》《中国思想家评传丛书》《当代中国丛书》等，推动了改革开放的历史进程。而《平凡的世界》《历史的天空》《推拿》《长征》《抗日战争》等文学作品和《中国近代文学大系》《世界反法西斯文学书系》《中国儿童文学大系》《中国解放区文学书系》《中国新文学大系》《延安文艺大系》等系列文艺作品的出版面世，对推动我国社会主义文化建设，发

---

[1] 方厚枢、魏玉山：《中国出版通史·中华人民共和国卷》，中国书籍出版社，2008年版，第67页。

展中国特色社会主义事业，都起到了积极作用。

（三）反映我国科技发展水平，推动科技进步和创新型国家建设

新中国成立后，科学技术图书出版在十分薄弱的基础上起步。第一个五年计划（1953—1957年）期间，科学、科学普及、冶金工业、石油工业、煤炭工业、电力工业、化学工业、轻工业、纺织工业、人民卫生、地质、水利等20多家科技出版社陆续建立，使得科技图书出版初现繁荣局面。1963年，国家科委和文化部联合召开全国科学技术出版工作会议并成立"全国科学技术出版工作领导小组"，有力推动了全国科技出版事业的恢复和发展。据统计，1950年至1965年，全国共出版科学技术类图书96063种（其中新出61776种），总印数11.66亿册。其中既有水平较高的科学理论研究著作，也包括与当时工农业生产密切结合的科学普及读物。改革开放以来，科技图书出版进入新的发展阶段。从1977年至2008年，共出版科技图书76.3万多种，其中新出46.8万多种[1]。最近十年，科技类出版社经过转企改制，清除了影响发展的体制机制障碍，立足优势专业领域，开拓交叉学科领域，使得科技图书品种极大丰富，涉及的学科领域日益广泛，反映的科技成果水平越来越高，不少具有世界先进水平。其中既有《中国建筑史》（梁思成著）、《中国地质学》（李四光著）、《初等数论》（陈景润著）、《值分布论及其新研究》（杨乐著）等著名科学家的著作，也有《爱因斯坦文集》等外国科学家译著，直接服务于现代化建设的应用科学研究著作更是大幅度增加，如《杂交水稻育种栽培学》和《超级杂交稻研究》（袁隆平等著）、《机械工程手册》、《实用儿科学》（诸福棠、吴瑞萍、胡亚美主编）、《工程控制论（修订版）》（钱学森、宋健著）、《泌尿外科》（吴阶平主编）、《中国矿床（上中下）》（宋叔和等著）、《转移核糖核酸——结构、功能与合成》（王德宝等著）、

[1] 方厚枢：《新中国科技图书出版60年变迁》，《中国编辑》，2009年第5期。

《中国针灸四大通鉴》（邓良月等主编）、《肾脏病学》（王海燕等著）等等，这些论著及时反映我国科学技术各领域前沿成果，以较高的学术价值和实用价值赢得了国内外专家的赞誉。此外，《高士其全集》《李四光文集》《钱学森手稿》《王淦昌全集》《竺可桢全集》《潘家铮全集》等诸多科学家文集的出版，《中国植物志》《中华本草》《中国古代建筑史》《中国医学百科全书》《中国水利史典》《中国河湖大典》《中国地质志》等一批集中众多科技专家智慧的巨著的问世，标志着我国科技著作出版在水平和规模上都达到了一个新的高度。

（四）古籍整理出版卓有成效，在传承发展中华优秀传统文化方面发挥了积极作用

中华人民共和国成立初期，人民文学出版社于1952年率先出版《水浒》（七十回本），标志着新中国古籍整理出版工作的起步。接着《红楼梦》《三国演义》《西游记》等古典小说的整理校注本相继推出，每种都发行数十万部。此后，范文澜、吴晗组织整理标点的《资治通鉴》《续资治通鉴》点校本由古籍出版社出版，成为新中国成立后首次经过精心整理的两部史学名著。1958年，国务院科学规划委员会在北京成立了古籍整理出版规划小组，古籍整理出版工作从此进入了全面规划和统一部署的系统整理阶段，推出了《全上古三代秦汉三国六朝文》《全汉三国晋南北朝诗》《全唐诗》《全宋词》《全元散曲》《文苑英华》《明经世文编》《艺文类聚》《太平御览》《册府元龟》《永乐大典》等一批大型古籍整理成果。改革开放以来，随着国务院古籍整理出版规划小组重新组建和全国古籍整理出版规划的编制推进，古籍整理出版工作出现了前所未有的崭新局面。据不完全统计，新中国成立以来全国整理出版古籍图书超过一万种，其中改革开放以来整理出版者占80%以上，整理出版的规范性和学术性比以往有提高。除了《中国古籍总目》《中国家谱总目》《顾

炎武全集》《魏源全集》《肇域志》《元典章》《清人别集总目》《十三经注疏》（整理本）《大唐西域记校注》《全宋文》《全元诗》《石渠宝笈》《杜甫全集校注》《历代辞赋总汇》等传世古籍得以用传统的整理方式出版以外，更有新编的各类大型文献总集及考古出土资料集问世。如《中华大藏经》（汉文部分）囊括4100余种23000卷佛教经典，煌煌106巨册，堪称盛世盛典；《甲骨文合集》《殷周金文集成》集历代发现的甲骨文、金文之大成，是研究上古历史和古文字的基本文献。敦煌吐鲁番文献、各地出土墓志、竹简、帛书的系统整理出版，以及少数民族古籍的抢救整理出版，为中国特色社会主义文化建设提供了最新的资料。在新中国古籍整理出版史上，最值得书写的当属"二十四史"及清史稿点校工程。这项工程于1958年启动，之后，中华书局组织一批专家，陆续推出《史记》《汉书》《后汉书》《三国志》的新点校本，得到各方面的好评。"文化大革命"开始后，这项工程一度中断，1971年再次恢复。在全体点校者和出版者不懈努力下，至1978年全部完成。全书共3785卷，约5000万字，记事从传说中的黄帝到辛亥革命结束清朝统治，长达四千多年，卷帙巨大，内容浩博，作为首尾连贯的一套史书，古今中外尚无出其右者，因而被认为是20世纪我国古籍整理最伟大的成就，也是古文献学科发展最成功的实践。2006年，点校本"二十四史"及《清史稿》修订工程启动，《史记》《新旧五代史》《隋书》《辽史》等"点校本二十四史修订本"陆续问世，解决了原点校本各史体例不一的问题，吸收前人与时贤的研究成果，成为符合现代古籍整理规范、代表当代学术水平、能够体现21世纪新的时代特点的典范之作。

（五）大型辞书工具书编纂出版成就辉煌，代表了我国社会主义文化建设标志性成果

编纂出版大型辞书工具书是一个国家出版水平的重要标志，

是一个民族文化自觉的重要体现。20世纪初由中华书局和商务印书馆主持编纂的两部综合性大型辞书《辞海》和《辞源》，自20世纪50年代后期开始重新修订。1978年，《辞海》修订工作再次启动，几经增补之后出版的《辞海（1999年版）》词目达到12万多条，同时配了大量彩色图片，成为我国首部全彩印大型辞典。根据《辞海》十年一修的方针，《辞海》第7版将于2019年面世，总字数约2400万字，总条目13万余条，新增政治、经济、科技、文艺等方面的条目10000条，新增彩图至18000余幅，并将首次推出网络版本。《辞源》是我国首部大规模的语文辞书，商务印书馆于1964年出版《辞源》修订版第一分册，1983年推出《辞源》修订版（1-4册），在原版基础上改善体例，纠谬补缺，吸收了现代辞书的特点，融词汇、百科于一体，成为综合性、实用性极强的大型百科工具书。2015年，《辞源》（第三版）出版，网络版、光盘版同步出版，全书分为上下两册，收单字1.4万个，复音词9.3万个，共1200万字。在《现代汉语词典》《汉语大词典》《汉语大字典》等出版方面，1978年，由商务印书馆出版的《现代汉语词典》（第一版）面世，共收词5.6万条，其后经多次修订，2005年出版了《现代汉语词典》（第五版），在以往版本的基础上，通过增收新词、删减旧词、修改释义例句、全面标注词类以更好地满足读者查考的需要。2016年面世的《现代汉语词典》（第七版）在第六版的基础上增收新词语400余条，增补新义近100项，对700多条词语的释义、举例等进行了修订。从1975年开始启动的《汉语大词典》是一部反映汉语历史概貌的大型工具书，全书共分13卷，收入单字2.27万个，复词37.5万个，1993年由汉语大词典出版社全部出齐，1998年推出光盘版，2012年启动（第二版）编纂出版工作。《汉语大字典》是"当今世界上规模最大、收集汉字单字最多、释义最全的一部汉语字典"，1986年由四川辞书出版社和湖北辞书出版社共同出版第1卷，至1990年出齐全部8卷，此后相继推出缩印本、简编本和普及本，2010年和 2018 年先后推出第二版精装本和缩印本（上、下卷），共收 6 万多个单字。在百科全书出版方面，1986 年《简明不列颠百科全书》（中文版）由中国大百科全书出版社和美国不列颠百科全书公司合作编译出版，全书 10 卷，共收条目 71000 余条；1999 年，《不列颠百科全书》（国际中文版）全部出版，全书 20 卷，共收条目 81600 余条，在原版基础上从条目排列、补充新条、增收图片等多方面加以改进。1993 年，历时 15 年编撰的《中国大百科全书》（第一版）共 74 卷由中国大百科全书出版社全部出齐，结束了中国没有百科全书的历史。这部巨型知识总汇工具书覆盖面广、内容完备、质量权威，囊括了哲学、社会科学、文学艺术、文化教育、自然科学、工程技术等 66 个学科领域，有近 8 万个条目、5 万余幅插图，共计 1.26 亿字。2009 年《中国大百科全书》推出第二版共 32 卷，约 6 万个条目，6000 万字。按照国际惯例，百科全书一般每十五年左右修订一次。2017 年，《中国大百科全书》（第三版）修订工作正式启动。

（六）吸收人类优秀文化成果，向世界讲好中国故事

为了适应日益增长的对外文化交流和满足外国读者了解新中国建设情况的需要，1952 年设立外文出版社，至 1956 年底出版了俄、英、德、法、日、西班牙、越南、印尼等 8 种文字的书籍 640 种，印行 590 万册。在建设社会主义过程中，中国人民重视学习国外先进经验和科学成就，重视吸收各国人民优秀的文化成果，出版工作者为此作了大量工作。据不完全统计，自 1949 年 10 月至 1956 年底，我国共翻译出版了 43 个国家的各类书籍 15748 种，印行 2.6 亿多册，其中译自苏联的书籍数量最多。这些著作对于我国社会主义建设事业有较大的帮助，对于充实我国高等和专业学校的教育内容也起到了显著的作用。在文学图书翻译出版方面，译成中文品种最多的是高尔基著作，仅 1949 年 10 月到 1953 年底就出版了 80 多种；由奥斯特洛夫斯基著、梅益译

的《钢铁是怎样炼成的》一书，从1952年12月到1954年共计印刷30次，总印数达124.8万册。[1]改革开放以来，对外翻译出版方兴未艾，外文图书出版日益增多，据不完全统计，1980年至1987年共出版外文图书5147种，语种多达45种，除了英、法、西班牙、德、日、俄、阿拉伯等较大的语种外，还有柬埔寨、尼泊尔、古加拉提等小语种[2]。此后，外文图书出版平稳增长，外文图书种类逐渐增多，不仅有中国共产党领导人著作的外文版，还有《中国对外开放》《农村改革大潮》《中国共产党与当代中国》《当代中国外交》《当代中国经济》等反映当代中国发展成就的图书，《红楼梦》《西游记》《三国演义》等经典文学作品，《配位场理论方法》《中医饮食疗法》《中医基础理论》等科学技术和中国传统医药图书。中国当代作家莫言、余华、曹文轩、麦家的作品，也被翻译成多个文种在国外出版发行。进入新世纪以来，扶持中国图书"走出去"的中华学术外译项目、经典中国国际出版工程、中国图书对外推广计划、中国出版物国际营销渠道拓展工程、图书版权输出普遍奖励计划、丝路书香工程等深入实施，构建了内容生产、翻译出版、发行推广等全流程全领域"走出去"格局，打开了190多个国家和地区的出版物市场，推动中国图书国际出版取得新进展。其中影响最大的是国内30多家出版单位先后参与的国家重大文化出版工程《大中华文库》。这项工程启动于1994年，在我国历史上首次采用中外文对照形式，全面系统地向世界推介中国文化典籍，至2016年完成了汉英对照版110种图书的译介出版；至2018年，多语种对照版陆续出版170多种，以法语、阿拉伯语、俄语、西班牙语、葡萄牙语、德语、日语、韩语等8个文种出版中国最经典的作品。与此同时，《大中华文库》"一带一路"沿线国家语言对照版出版计划即将推出第一批84种，第二批也在着手筹备。《大中华文库》的组织实施，向世界展示了中华文化的优秀成果，体现了中华民族对人类文明的重要贡献。

[1] 方厚枢、魏玉山：《中国出版通史·中华人民共和国卷》，中国书籍出版社，2008年版，第69页。

[2] 新中国对外文化交流史略编委会编：《新中国对外文化交流史略》，中国友谊出版公司，1999年版，第488页。

五、图书出版业发展的主要经验

新中国成立70年来,图书出版业与我国经济社会发展同步,在探索中前进,在改革中发展,在开放中繁荣,源源不断地为人民群众提供精神食粮,取得了辉煌成就,积累了宝贵经验。

(一)导向正确是图书出版业发展的第一要求

70年来,图书出版工作始终坚持"一手抓繁荣,一手抓管理"的方针,在导向管理方面收到了明显成效。首先,建立健全主管主办制度,加强对图书出版主体的管理。新中国成立之初,政务院于1952年8月公布《管理书刊出版业印刷业发行业暂行条例》,规定出版社的建立要经过核准,核准权限在各地的出版行政管理机关[1]。1953年,出版总署规定,出版社的建立必须经过出版总署转报政务院文化教育委员会批准,从而把出版社设立的批准权转归中央机关。1986年国家出版局颁布《关于审批新建出版社的条件的通知》,首次明确提出设立出版社必须有主办单位,且主办单位必须是党政机关和全民所有制企事业单位。1993年新闻出版署出台《关于出版单位的主办单位和主管单位职责的暂行规定》,进一步明确主管和主办单位的职责。1997年国务院颁布《出版管理条例》规定,设立出版单位,必须由其主办单位向所在地省、自治区、直辖市出版行政管理部门提出申请;省、自治区、直辖市出版行政管理部门审核同意后,上报国务院出版行政部门审批。这就把主管主办制度和审批制度以国家法规的形式确定下来。进入新世纪以来,随着新闻出版体制改革的不断深化,逐步实现了主管主办制度和出资人制度有效衔接,建立健全管人管事管资产管导向相结合的管理体制,在确保国有文化资产保值增值的同时,确保图书出版企业坚持正确经营方向。其次,实行重大选题备案制度,加强对图书出版内容的管理。1997年新闻出版署发出《关于印发〈图书、期刊、音像制品、电子出版物重大选题备案+办法〉的通知》,规定对国家

[1] 文化部出版事业管理局办公室编:《管理书刊出版业印刷业发行业暂行条例》,《出版工作文件选编》(1949—1957),第8-9页。

政治、经济、文化和军事等方面会产生较大影响的15类选题，在出版之前必须在新闻出版署备案。这就把重大选题备案制度以部门规章的形式确定下来。2001年国务院颁布的《出版管理条例》第20条规定：出版社的年度出版计划及涉及社会安定和国家安全等方面的重大选题，应当经过所在省、自治区、直辖市出版行政管理部门审核后报国务院出版行政管理部门备案。2008年新闻出版总署颁布的《图书出版管理规定》第22条强调：图书出版实行重大选题备案制度。涉及社会安定、国家安全等方面的重大选题，涉及重大历史题材和重大革命题材的选题，应当按照新闻出版总署有关选题备案管理的规定办理备案手续，未经备案的重大选题，不得出版。2018年12月，中宣部印发《图书出版单位社会效益评价考核试行办法》，要求图书出版单位社会效益评价考核主要考核出版质量、文化和社会影响、产品结构和专业特色、内部制度和队伍建设等方面，对出版物出现严重政治导向错误、社会影响恶劣的，社会效益评价考核实行"一票否决"。以上这些制度规定相互衔接，以确保图书出版导向正确。

（二）深化改革是图书出版业发展的根本动力

中华人民共和国成立初期，我国出版业存在多种经济成分。20世纪50年代，通过对私营出版业实行社会主义改造，把出版社全部纳入国有经济，实行事业管理。十一届三中全会以来，适应社会主义计划经济体制向社会主义市场经济体制转变的新形势，图书出版领域改革力度加大。1983年，《关于加强出版工作的决定》颁布后，文化部出版局按照"事业单位，实行企业管理"原则，推动出版社面向市场实现体制转轨。1988年，中央宣传部、新闻出版署颁布《关于当前出版社改革的若干意见》及《出版社改革试行办法》，提出逐步实行社长负责制，试行和完善出版社内部的各种承包责任制，并鼓励有条件的出版社试行向国家（上级主管机关）的承包经营责任制。20世纪90年代，出版业的一些改革先行者借鉴企业单位三项制度改革经验，在劳动用工制度方面实行全员竞聘上岗，正式在编职工和聘用人员同工同酬；在干部人事制度方面实行中层干部竞聘上岗；在分配制度方面，通过目标管理考核等方法使员工收入与其工作业绩挂钩，一定程度上调动了员工积极性。进入新世纪以来，按照出版发行体制改革的总体思路，以推动国有经营性出版单位转企改制作为中心环节，图书出版体制改革全面展开，逐步形成了新的经营管理机制、投融资机制、内部激励约束机制和企业文化。一批转制后的图书出版企业经营活力大为增强，图书生产能力显著提升。党的十八大以来，以建立健全有文化特色的现代企业制度为目标，图书出版企业深化生产经营机制改革，逐步建立起把社会效益放在首位、实现社会效益和经济效益相统一的生产经营机制。在转企改制过程中，不少出版集团通过多元经营，壮大了产业规模和实力，形成了出版产业多元化发展趋势。为了建立健全突出出版主业的发展模式，有关部门引导和指导出版企业坚持正确发展方向，强调主业优先，强化主业经营，把资源向主业倾斜，着力打造知名度和美誉度高的出版品牌。由于出版具有意识形态属性，关乎国家文化安全，在一些重要领域如图书出版编辑环节，始终坚持公有制主体地位，其他所有制形式不得直接进入。

（三）内容生产是图书出版业发展的中心环节

70年来，为了提高内容生产创新能力，建立精品出版机制，引导图书出版社把内容做强做优，打造符合时代需要的出版物品牌，逐步形成了以国家重点出版物中长期出版规划为主体，少数民族语言文字出版规划、古籍整理出版十年规划、辞书编纂出版规划等专项规划为重要支撑的国家出版规划体系，逐步形成了以国家重点图书出版规划为龙头，以省和出版单位重点出版物规划为延伸的精品出版物三级规划机制，逐步形成了"策划一批、生产一批、储备一批"的梯次推进格局。国家重点图书出版规划的实施和完成，催生了一大批优秀图书，在调整图书结构、增进社会效益方面取得了明显成效。70年来，图书出版业大力实施国家重大出版工程，推出了一批又一批代表各时期各领域高端水平的精品之作，极大地提升了内容原创能力。一大批弘扬社会主义核心价值观、传承中华优秀传统文化、体现当代文化成就、代表国家文化形象的优秀图书相继出版。"点校本二十四史及清史稿修订工程"，中华大典等重大古籍整理出版工程，《中国大百科全书》《中国美术全集》《中国历代绘画大系》《大辞海》等具有自主品牌影响力的基础性工具书，充分体现了国家水准，在社会上引起了巨大反响。70年来，通过发挥全国精神文明"五个一工程奖"、国家图书奖、中国出版政府奖、国家出版基金等各类奖项和基金、资金的引导作用，激发社会的文化创造、内容创新活力，出版了一大批具有世界级影响力的科学、思想、理论著述和文学艺术作品。作为我国新闻出版领域的最高奖，国家图书奖从1993年起至2003年共举办六届，评出优秀图书806种。取而代之的中国出版政府奖从2007年至今已举办四届，其中图书奖评出233种优秀图书。这些图书导向正确、内容精审，编校印制质量高，对出版精品生产起到了良好的示范作用。与此同时，图书出版业不断加强版权保护，通过《中华人民共和国著作权法》的制定和修订，完善著作权的权利内容，加大著作权保护的力度，为图书出版内容创新提供了良好环境。

（四）质量是图书出版业发展的生命线

回顾新中国70年的实践，提高图书质量始终是一项系统工程，必须引导出版单位从制度和队伍建设入手，建立健全长效机制，完善三审三校制度、选题论证制度、重大选题备案制度，完善出版单位和编校人员的考核评价指标体系，加强对编辑出版人员的培训教育，筑牢图书出版质量的根基。为了切实保证和提高出版物的质量，1951年出版总署召开第一届全国出版行政会议，讨论通过《关于公营出版社编辑机构及工作制度的规定》并于次年正式公布，规定一切采用的书稿应实行编辑初审、编辑主任复审、总编辑终审和社长批准的编审制度。这是新中国成立后国家出版行政管理部门首次对编辑出版工作制订的规章制度，其中关于书稿应实行"三审制"，作为一项行之有效的基本制度，长期为全国出版社所沿用，对于提高编辑审稿水平和保证出版物质量起到了重要作用。此后尽管"三审制"的一些具体规定有过某些变动，但书稿必须实行三级审稿的原则却成为出版界的共识，并为出版部门长期坚持。1983年6月，中共中央、国务院作出了《关于加强出版工作的决定》，强调"出版部门要坚持质量第一，尽最大努力，把最好的精神文化食粮供给人民"。之后国家出版行政管理部门陆续制定了一系列的法规规章，不断完善图书质量保障体系，以切实可行的制度确保图书质量。1992年新闻出版署颁布《图书质量管理规定（试行）》，为出版工作者鉴定图书编校质量提供了可靠的遵循。经过几年的实践，新闻出版署于1997年颁布新的《图书质量管理规定》和《图书质量保障体系》，明确提出为保证图书质量，在编校工作中要坚持责任校对制度和"三校一读"制度。2004年，新闻出版总署再次对《图书质量管理规定》进行了修订。以这些制度为依据，出版行政管理部门加大了对图书编校质量检查的力度，逐步将图书质量检查制度化经常化，使图书整体质量明显好转，图书品种增长幅度过快，低层次、低水平重复出版的现象得到遏制[1]。

（五）人才是图书出版业发展的重要保障

建设一支政治强、业务精、纪律严、作风正的高素质出版人才队伍，是推动图书出版业发展的重要保证和决定性因素。70年来，坚持党管干部、党管人才原则，图书出版人才队伍不断壮大，结构不断优化，整体素质明显提高，适应了不同历史时期新

---

[1] 吴尚之：《我国图书出版业"九五"发展综述》，《中国图书评论》，2001年3月。

闻出版业发展的需要。首先，完善职业准入和岗位准入制度。强化专业意识，严格出版专业人员资质管理，健全出版专业技术人员职业资格制度，解决了未经培训考核无证上岗的问题。其次，完善人才培养机制。深化马克思主义出版观教育，加强从业人员理想信念教育和职业道德教育，增强从业人员的职业荣誉感、归属感和忠诚度。通过坚持不懈的教育培训，建立布局合理、层次完整的人才培养网络，建立起政府引导、单位和社会各界共同参与的人才培养投入机制及在职人员业务培训和继续教育制度。积极推进行业人才教育培训师资队伍建设和培训教材建设，加强培训基地建设，拓展培训手段，丰富培训内容，整合培训资源。分类组织开展行业急需紧缺人才和专业技术人才培训，全面提升从业人员的政治素质、文化素质、专业素质和创新素质。其三，造就高层次专业人才。相继提出并实施了若干国家级人才培养工程，全面规划、系统培养领导人才、经营管理人才、专业技术人才，特别是复合型人才与行业急需紧缺人才，大力培养全媒编辑。通过中国出版政府奖、中国十大编辑等人才评选表彰评价和激励机制，加强对优秀人才和先进模范的发现、培养、宣传和激励，营造了人才成长的良好氛围。经过70年的不懈努力，图书出版从业人员的结构和质量发生了积极变化，人才队伍的政治素养、理论和政策水平、业务能力显著提升，一批政治坚定、业务精湛、作风优良、党和人民放心的复合型人才脱颖而出。

（刘兰肖：国家出版基金规划管理办公室编审；
王曦：中国新闻出版研究院副研究员）

第二章
新中国报业70年

陈国权

新中国成立70周年,中国报业重新站在了新的历史节点上,正努力通过媒体融合找到前进的方向,介质、形态、模式、体制、机制,这些报业运作的重要因子在过去70年的历程,在新的媒体竞争格局中,都值得回顾和总结。

一、党报系统形成,市场化尝试

(一)党报体系的形成

早在新中国成立之前,中共中央机关报《人民日报》就在1946年5月15日创刊。1949年5月1日,《人民日报》还创办了第一份晚报《人民晚报》。但很快,7月31日就停刊了,《人民晚报》虽然办的时间不长,却是新中国成立前夕由中国共产党直接创办的第一家晚报,为党在城市办报,尤其是在城市办晚报,做了有益的探索。1949年8月1日,华北局机关报《人民日报》正式升格为中共中央机关报。随着全中国的解放,《人民日报》很快就发展成为全国规模、影响力、发行量最大的报纸。1949年发行量为9万多份,1950年就达17万份,1955年为71万份,1956年将近90万份,发行量最高时曾达到800万份。中央级的报纸,除《人民日报》外,新中国成立前后以及50年代初期,民主党派、全国总工会、共青团等团体、单位和部门都办起了自己的机关报。之后，这些报纸都发展成为在全国有广泛影响的报纸。比如《光明日报》《工人日报》《中国青年报》《中国少年报》《解放军报》等。

地方党报体系也逐步形成。新中国成立前后，东北、华北、华东、中南、西南、西北六大行政区中央局的机关报纷纷创刊，以后大部分于各大行政区撤销后成为所在省的机关报，包括《东北日报》《长江日报》《群众日报》《解放日报》《新华日报》。各省市自治区党委机关报也纷纷创办。这些，构成了新中国报业的党报体系。

（二）报业供给制

新中国报业在经济体制上也做了积极尝试。新中国成立前，中国共产党兴办的报纸一般都采用"供给制"，报纸运营所需要的所有设备、资金、办公场所、人员经费都是统一供给。新中国成立后，报纸数量迅速增加。根据1950年3月中央人民政府新闻总署召开的全国新闻工作会议的统计，当时全国共有报纸253种，其中日报170种，[1]而这253种报纸采用的都是"供给制"。

而当时随着上涨，报纸各方面运营费用增加，却基本上没有经营，很多报纸出现严重的"赔耗"。[2]包括《人民日报》在内的16家报纸一年赔耗5000万元。新中国成立初期，百废待兴，政府财政收入有限，支出巨大，根据国家统计局的数据，1950年，政府财政支出68.05亿元，财政收入只有62.17亿元，收支逆差5.88亿元。一方面，办报供给制使财政负担很重；另一方面，由于当时人民群众的经济收入、生活水平、消费意识的有限，自费订阅报纸的很少，绝大部分都是公费订阅，这无疑加重了政府的财政负担。

1949年12月，全国报纸经理会议召开，这是由中央人民政府新闻总署举办的一次重要会议。会议决定报纸实行企业化经营。

[1] 梁家禄、钟紫、赵玉明、韩松：《中国新闻业史》，广西人民出版社，1984年版，第514页。

[2] 汉奇：《中国新闻通史》，中国人民大学出版社，1999年版，第43页。

中共中央在转发的这次会议的通知中进一步要求"条件好的公营报纸争取自给，报纸定价不低于纸张成本，多登有益广告，报纸发行逐步交邮局统一办理，健全会计制度、消灭浪费、缩裁冗员"，当然，同时也强调财政扶持："在实行上述企业化经营之后仍然不能自给的报纸，在审核报社预算后实行定期、定额补贴。"

1950年，中宣部根据一年来报纸实行企业化经营的情况，又发出《关于报纸实行企业化经营情况通报》，肯定了报纸企业化经营的成效。[1] 同年，新闻总署发出《关于省市新闻机关员额暂行编制的决定》，要求"整编臃肿机构，精简节约，逐步改变依靠政府定期定额补贴的状况，各大报的编辑部应保持在100人左右的编制规模"。1954年中宣部通知要求报社"尽可能地为国家节省和积累建设资金"。

（三）寻找除供给之外的经济来源

各报在"企业化"运营中采取了开源节流的举措，主要包括报纸提价、加强广告经营、采用国产纸张印刷、减少编制、健全财会制度等，以减少政府财政补贴。

媒体要实现市场化、摆脱供给制的基础是必须有除供给之外的经济来源。广告收入成为上世纪50年代初报纸营收的重要来源。但当时比较薄弱的经济基础制约了工商广告的来源；报纸广告主要是政府机关的通告、公告，以及用广告方式传播党的方针、政策、法令、规章，还有一些启事、消息等。1950年前6个月《皖南日报》广告营收为7180万元（当时1万元折合现在人民币1元），比1949年后4个月广告营收增加了5倍。[2]《新华日报》的广告收入占总收入的比例从最初的28%上升到42%。[3] 到1953年，《人民日报》等中央省市级报纸都相继扭转了亏损局面。

此外，当时的报社已开始实行多元化经营。《河北日报》创办了织染厂、公益机米厂、猪鬃厂、承印所、门市部等，实现了"以

[1] 保育均：《报业经营管理三题》，《报业纵横谈》，四川人民出版社，1991年版，第9页。

[2] 安徽省地方志编纂委员会：《安徽省志》，方志出版社，1998年版，第368-382页。

[3] 梁家禄、钟紫、赵玉明、韩松：《中国新闻业史》，广西人民出版社，1984年版，第514页。

厂养报",在新中国成立初都能实现赢利。1952年《四川日报》创刊后,印刷厂承担社会印务,营收增加,除满足办报支出外,一年还能结余数十万元。

现在看来,媒体这段市场化历程与改革开放之后的媒体市场化进程出奇相似,从背景、目的、举措都如出一辙。实行以上措施后,全国报纸的财政收支状况有所改观。但从整体上看,由于当时经济发展条件限制,报纸仍然没有实现自给自足,政府对于报纸仍然有扶持政策与举措。

(四)完全依靠顶层设计的"市场化"先天不足

某种程度看,这次"企业化"尝试不是媒体的自发行为,完全是财政负担沉重情况下的"甩包袱",缺乏媒体企业化的基础。

一是没有摆脱供给制的经济基础。1956年社会主义改造完成,计划经济体制得以确立,在计划经济体制下,各行各业的产供销都按计划行事,完全脱离了市场调节,企业无需在媒体上打广告,广告市场严重萎缩。上海市是广告基础扎实的大城市,1954年上半年广告登记费为10.5万元,下半年下降了33%,只有7.05万元,1955年又下降了5%。[1]媒体的"企业化"尝试难以为继,彻底失去了摆脱供给制的经济基础。

二是媒体"企业化"通过相应措施减轻财政负担,而一旦财政收支情况有所好转,媒体的那些经营举措也就没有必要了。《河北日报》多元化经营刚开始比较顺利,收益颇丰,但后来由于体制的变化都逐渐奉命转交给其他单位。

完全依靠顶层设计的"市场化"尝试先天不足,这场媒体的"企业化"尝试持续时间很短。1957年之后,媒体重归供给制,实行全额拨款。

[1] 刘林清、陈季修:《广告管理》,中国财政经济出版社,1989年版,第67页。

二、螺旋式上升、媒体"供给制"

从1957年5月至1966年4月,我国进入全面建设社会主义时期,中国报业与其他事业一样,在坚定地坚持社会主义方向的前提下螺旋式上升,在曲折、坎坷的道路上前行,既取得了很大成就,积累了许多宝贵的经验,也出现了一些严重的失误,留下了深刻的教训。

由于反右以及大跃进的影响,我国经济进入了大调整时期。报业也开始压缩规模,一批报纸停刊,精简机构和人员。1959年,福建、内蒙古、安徽、贵州、江苏、湖南、湖北等省份开始调整报纸和内部刊物,合并、精简、停办了一批地方报刊;留存的报纸多减少版面,压缩发行量和用纸量。由于新闻纸供应紧张,1963年1月3日,《人民日报》改出每周五天六个版、两天四个版。直到1964年3月,才恢复每天六个版。1958年全国通过邮局发行的报纸为1776种,到1961年降为451种,1962年再降为308种。

非常有趣的是,上世纪60年代虽然是中国报业的大调整时期,但晚报却在这一时期有了较大的发展。主要是由于当时调整的是报业结构,即改变党报只有日报的状况,把晚报也作为党报的一个重要组成部分,一些晚报就直接成为各地省会城市市委机关报。比如,1961年1月17日,《长沙日报》改为《长沙晚报》出版,1961年2月1日,《西安日报》改为《西安晚报》,1961年2月20日,《沈阳日报》改为《沈阳晚报》等。改版而成的晚报共有10家,加上原来晚报的"四朵金花",截至1961年底,我国共有晚报14家。

从1963年起,我国晚报数量持续增加,先后新出版的有《郑州晚报》《济南晚报》《沙市晚报》《太原晚报》等,而且发行量大增。文革前夕,《羊城晚报》日发行量近50万份,《新民晚报》日发行量30万份,《北京晚报》发行量19万份。晚报呈现大繁荣的局面。

此外，各省省委机关报的"农村版""农民版"也纷纷创办，一些企业报、少数民族报纸也纷纷创办。在这一时期，除了没有都市报，中国报业的格局基本形成，延续至今。

报业经济方面，在这二十多年里，我国报纸的财政体制就一直维持着供给制模式。媒体属于执政部门，是纯粹的事业单位，经费由国家财政全额拨款，运营所需要的生产资料，包括办公场地、办公用品、印刷机器、新闻纸、油墨全部由国家计划调配，员工工资、技术改造费用也由政府提供；类似于行政部门、公立学校或之前的医院一样，媒体每年编制各类预算，如果有新建办公楼、添置大型设备等非经常性的大笔支出，就需要另外打报告申请拨款。媒体无需参与经济活动。事业单位的属性为媒体履行宣传职能提供了物质保障。[1]

一些报社有少量发行与广告收入，主要是电影与书刊广告，但是数额极其有限；报社的经济来源主要就是财政拨款与补贴。少数几家在经济较发达大城市的大报，如《人民日报》《解放日报》《文汇报》等，发行广告营收能够维持日常开支，但员工工资及固定资产等依然需要依靠拨款。[2]

报纸发行也由各级党委政府包办。1950年，湖北省委在《关于执行全国新闻工作会议加强报纸工作的决定》中要求："省委为了通过《湖北日报》指导工作，各级党政军民机关，必须按照省委规定订阅适当数量，反对单纯的脱离政治的节约观点。最低限度是每个乡政府要订一份《湖北日报》，每小区工作组最少应订一份，每区最少要订3份。"在这样的举措下，全国报纸发行量一路高涨，《人民日报》在"文革"期间发行量500多万份，1979年达到巅峰为619万份。

三、解放思想，迎来春天

1976年10月，"四人帮"被粉碎，报业从多年的禁锢中解放出来，但仍未完全摆脱"左"倾思想的束缚。1978年5月11日，

[1] 唐绪军：《报业经济与报业经营》，新华出版社，1999年版，第253-254页。

[2] 唐绪军：《报业经济与报业经营》，新华出版社，1999年版，第110页。

《光明日报》刊载了《实践是检验真理的唯一标准》一文，掀起了关于真理标准问题的大讨论。新闻界重新认识到，新闻工作有其自身规律性，新闻规律不以人的意志为转移，新闻工作必须遵循新闻规律。尊重事实，实事求是，重新成为新闻报道的准则。报业在新闻业务、经营管理等方面开始进行改革。

破冰之举并不如常人所想那般惊天动地，而往往在悄无声息中发生。对于报业改革而言，1978年1月1日《人民日报》刊登《新彩色故事片——〈熊迹〉〈青春〉》的介绍，以及1月4日刊登中国话剧团演出话剧《转折》的演出信息，应是报业"融冰"的第一滴水珠。

（一）报业经济属性的确立

改革开放前夕发生的很多事情都对报业此后的发展产生了巨大影响。当时纸张价格飞涨，报纸生产成本高昂，而人们对于信息产品的渴求旺盛，报业拥有可实现赢利的空间和能力。为了掌握报业运营自主权，1978年底，《人民日报》联合8家媒体给财政部打报告，要求新闻单位试行"事业单位，企业化管理"的经营方针，希望通过适度的自主经营获得一些经济收入，以弥补政府财政补贴的不足。

通过这份报告，报业有了通过自主经营获得收入的空间。1979年1月4日，《天津日报》刊登了我国改革开放后第一则商业广告——"蓝天牙膏"广告，率先恢复了报纸的商品广告业务。实际上，《天津日报》这条"蓝天牙膏"广告的主题是"天津牙膏主要产品介绍"，这样的广告有些遮遮掩掩，其实和1978年出现在《人民日报》上的电影介绍、话剧演出资讯有些类似，只不过这次介绍的是牙膏。

1979年1月14日，《文汇报》发表《为广告正名》一文，文中谈到要恢复报纸广告并列举了广告的种种好处。1月28日，上海《解放日报》在第二版和第三版的下端刊登了两条通栏广告。

每条收费 700 元左右。3 月 12 日,《人民日报》刊登了一篇《上海恢复商品广告业务》的新闻。

而到了 1979 年 4 月,财政部又颁发了《关于报社试行企业基金的管理办法》,再次明确报社是党的宣传事业单位,但在财务管理上实行企业管理的办法,从而使报业经营改革成为可能。5 月 14 日,中宣部发文肯定了媒介恢复广告的做法,报业经营广告获得合法性政策支持。11 月,中共中央宣传部发布了《关于报刊、广播、电视台刊登和播放外国商品广告的通知》,提出"调动各方面的积极因素,更好地开展外商广告业务"。同月,中宣部又发文强调:"所有出版社、杂志社都要提高书刊质量,加强经营管理,除个别情况外,都要实行经济核算,切实做到自负盈亏,不得由国家补贴。如果长期亏损,办不下去,就应该停办。"

广告为报业发展带来强劲动力。《解放日报》自 1979 年恢复刊登广告后,至 1989 年,共为报社积累资金 4950 多万元。恢复的第一年广告收入 20 多万元,1988 年广告收入达 1800 多万元,也为千家万户传递了大量信息,扩大了报纸的影响。[1] 1988 年 3 月,国家新闻出版署和国家工商行政管理局联合发布《关于报社、期刊社开展有偿服务和经营活动的暂行办法》,明确规定:报社可以开展国家政策允许的、与本身业务有关的有偿服务和经营活动。各级党报开展多种经营,努力增加报社的经济收益。

为更好地为读者服务,提高报纸送达效率,一些报社还在邮发之外,积极探索自办发行。1985 年 1 月,地市级党报《洛阳日报》正式告别邮局发行,采用自办发行。自办发行之初,报纸发行量有所下降,但自办发行优势逐渐体现出来,发行量回升很快,到 5 月就超过了 1984 年的邮局发行水平。据统计,《洛阳日报》邮局发行时最高发行量为 6 万份,改为自办发行后当年发行量上升到 8 万份,1986 年超过 10 万份。[2] 1988 年,省级党报《天津日报》实施自办发行,在全国引起连锁反应,各地党报纷纷转

【1】吉建纲:《全国第一家恢复商品广告联想》,《新闻记者》,1990 年第 1 期。

【2】徐平.《值得提倡的发行改革》,《新闻战线》,1986 年第 7 期。

向自办发行，或采用邮发与自办发行相结合的办法。自办发行对于报纸的意义在于，它使报纸掌控了自己的生命线——时效性。于是早报开始在中国流行开来，后期的都市报也都采用了自办发行的方式，迈开了变革创新的步伐，并改变了人们的读报习惯。

在报业广告支撑下，报纸又开始增容扩版，增加报纸信息量，增强市场竞争力。随着新闻产品市场竞争日趋激烈，报业市场份额被一次次重新分配，新闻的商品属性越来越引起人们关注。

为与报业经营状况相匹配，报业开始按照企业化管理要求，对原有的经营管理和人事制度进行重大改革。1983年初，经国家有关部门批准，《陕西日报》实行经济责任制，国家每年给报社纸张差价补贴80万元，超亏不补，减亏全留。[1]报社内部实行经济责任承包，经济指标逐级分解。如报社印刷厂承包上缴利润的额度，编辑、行政部门承包费用支出的额度。经济责任制实施当年，《陕西日报》经济收益比上年增加17%，减亏50多万元；1984年比1983年又增加23.3%，实现扭亏为盈。[2]人事制度改革同时展开。1984年，《人民日报》实行采编工作责任制，明确了从社长、总编辑到编辑、记者各自的岗位责任。

（二）报纸信息功能的回归

1979年3月，中共中央宣传部召开了全国新闻工作座谈会，对新闻学最基本的问题展开讨论，强调按新闻规律办事。这次会议被看作中国新闻内容改革的起点之一。

报纸开始逐步恢复传统，重新认识新闻事业的性质，重新肯定社会主义新闻事业是党和人民的耳目喉舌，是党联系人民群众的桥梁和纽带；文风开始改观，杜绝"假、大、空"，提倡"短、实、新"，注重新闻的真实性和时效性；重新认识"新闻价值"，把满足读者和社会的需要作为选择新闻的标准之一。

《人民日报》于1978年3月取消了沿袭十几年的每天在报眼位置的语录专栏。1980年又恢复了《读者来信》专栏。1982年，

[1]《中国新闻年鉴(1985)》，第95页。

[2]《中国新闻年鉴(1985)》，第95页。

《天津日报》率先提出新闻改革要"抓活鱼",提倡新闻的"新、短、快"。

这一时期最重要的变化是新闻观念的改革,承认报纸是大众传播机构的一部分,新闻是一门学科,具有自身的传播规律。信息观念、服务观念和效益观念越来越深入地影响着报纸改革。

1979年8月12日,上海《解放日报》头版刊登了一条短消息《上海一辆26路无轨电车翻车26个乘客受伤》,突破了灾难性新闻不能上党报的禁区,成为"文革"之后社会新闻复出的标志。此后,社会新闻开始堂而皇之地登上报纸。

学术界和业界在这一时期的改革探索更多的是恢复实事求是精神和优良新闻传统。"新闻规律究竟有多少条并不重要,重要的是一个观念:新闻传播也是一门科学,不能随心所欲,更不能胡作非为。这才是此期间的全新观念。"[1]

"信息"这一概念被引入新闻界。《人民日报》1984年4月23日二版《我国城乡信息网络在形成》这条消息的导语中指出:"我国开始兴起信息热。""信息热"的出现是因为对外开放和经济体制改革使得人们相互之间的联系越来越密切,社会对信息的有效需求越来越高。而当时我国传媒业仍以单一的宣传功能为主,无法满足社会对信息的巨大需求。"信息热"的出现在学术界引发了关于报纸"新闻与宣传关系"的大讨论,最终学界和业界在讨论中取得共识:不同媒体虽然具有不同的功能,但就整体而言,新闻媒体是以向社会传播信息作为其生存依据的,传播信息是新闻媒体的重要功能。

新闻成为报纸版面上的主角,而新闻当中,经济新闻成为主角。这其中相当一部分是市场动向、供需变化的信息。为了增加报纸的信息量,报纸通常采用两种方法:一是提倡写"短新闻",当时许多报社都规定"没有特殊情况,一版要闻不少于20条,二版本地新闻不少于25条",各地报纸还经常开展短新闻大赛;二是扩版,20世纪80年代中期,报纸开始改革开放后的第一轮

---

[1] 李良荣:《十五年来新闻改革的回顾与展望》,《新闻大学》,1995年版,第1期。

扩版。1986年,《新民晚报》从6个版扩大为8个版,《广州日报》在1987年扩为8个版,这一浪潮不久又席卷了地市一级报纸,到1991年越来越多的报纸扩大为8个版。

新闻报道方式日益丰富。客观性报道重新得到肯定和提倡,信息传播要求尽可能及时、准确。在20世纪80年代中后期,前瞻性报道、解释性报道、大特写盛极一时。前瞻性报道是对即将发生的重大新闻的预测。解释性报道强调发掘"新闻背后的新闻",把握各个事件的内在关联。比如《人民日报》全方位报道我国改革形势的《中国改革的历史定位》、新华社的《上海在反思中奋起》等。大特写则是从多个视角呈现新闻事件的全貌。这些报道形式都是信息传播的自然要求。

舆论监督是报纸一个很重要的功能,也是改革开放四十年来报纸获得影响力、实现快速发展的"撒手锏"。1981年,党的十一届三中全会后,中共中央颁布了《关于当前报刊新闻广播宣传方针的决定》等文件,强调要正确、积极地运用批评与自我批评的武器,促进"四化"建设和改革开放。[1]

改革开放以来,最早的有一定影响的舆论监督报道是《渤海二号钻井船翻沉事故说明了什么?》,当时在《工人日报》首发。1979年11月25日,石油部海洋勘探局"渤海二号"钻井船在渤海湾翻沉,死亡72人。但是有关领导在听取事故调查组汇报时说:"要奋斗就要有牺牲,战争年代要付出代价,搞四化也要付出代价,72人死得值得,他们是英雄,要交学费嘛。"后来,以《工人日报》为首的各媒体持续追踪报道此事,进行舆论监督,最终结果是国务院分管副总理记大过,石油部部长被撤职,[2]显示了新闻舆论监督的力量和价值。[3]

1987年,党的十三大的会议公报中有这样一段话:"要通过各种新闻和宣传工具,发挥舆论监督的作用。"这是"舆论监督"概念的第一次使用,而之前用的是"批评与自我批评"的概念。此后,更契合实际、更有概括力的"舆论监督"一词作为新

【1】陈建云、吴淑慧:《舆论监督三十年历程与变革》,《当代传播》,2009年第4期。

【2】李彬:《中国新闻社会史》,清华大学出版社,2008年版,第320页。

【3】顾潜:《中西方新闻传播:冲突、交融、共存》,复旦大学出版社,2003年版。

闻媒体行使批评职能的概念而被广泛使用。

舆论监督在1987年5月6日发生的大兴安岭森林火灾的报道中发挥了重要作用。在这场特大森林火灾中，各媒体对火灾中出现的渎职、官僚主义等现象进行了一系列的报道，以《中国青年报》的《红色的警告》《黑色的咏叹》《绿色的悲哀》三部曲最为著名。

1988年前后，媒体批评报道或者说舆论监督走向常规化，批评报道增加，各媒体集中批评不正之风，尤其是对以权谋私、贪污腐败重大案件的披露、曝光，都极大地释放了报纸建构社会生活的能量，提升了报纸对社会生活的影响力。

（三）报业大发展

报业恢复经济与信息功能后，获得了极大发展。1978年到1988年的十年，是我国报业发展的黄金时期。1985年3月1日，中国新闻学会对所有在国内定期出版的报纸进行了一次全面普查。调查结果显示：自1980年1月1日到1985年3月1日，平均每两天就有一份新的报纸问世。[1]到1986年我国报纸总数增加到2342家。其中日报253家，占10.8%，非日报2089家，占89.2%。进入1987年，国家新闻出版署对全国报纸进行治理整顿，其中的一个举措是重新办理登记。当时登记注册公开发行的报纸有1491种，期发行总数18600万份。此外，还有大量的报纸作为"内刊"进行发行登记。[2]

报纸发行量也急剧增加，发行量超过百万的报纸比比皆是。1981年，《中国少年报》的最高期发行量为1124万份，创下了当时单期报纸发行量的最高纪录。[3]那一年，很多全国性报纸的期发行量都在百万份以上，《人民日报》为500万份，《解放军报》平均期发行量为150万份，最高发行量达到240万份，《光明日报》为105万份，《工人日报》为182万份，《中国青年报》为290万份，《文汇报》为155万份，《羊城晚报》为105万份。[4]

【1】《新中国建立40年来的新闻事业发展概况》，《中国新闻年鉴（1990）》，第3页。

【2】贾培信：《1978年我国报纸事业发展概况》，《中国新闻年鉴（1988）》。

【3】数据引自《中国新闻年鉴（1982）》第207页"中国少年报"条目。

【4】以上数据引自《全国性报纸》，《中国新闻年鉴（1982）》，第198-203页、第524页。

一大批报纸复刊。首先复刊的是全国性报纸。1978年10月、11月，《工人日报》《中国青年报》《中国少年报》等全国性报纸先后复刊。由于当时人们对于信息的渴求心理，这些报纸一复刊，便受到读者的欢迎。1978年10月7日，停刊12年的《中国青年报》复刊，复刊后的《中国青年报》为周六刊，对开4版，除北京外，在全国设有14个代印点，1979年的发行量就突破了200万份，成为当时中国发行量最大的报纸。《中国青年报》的复刊也带来全国青年类报纸的繁荣。1981年7月3日，《北京青年报》复刊，短短几年内得到长足发展，成为北京报业市场的"一匹黑马"，并形成"《北京青年报》现象"。到1983年底，全国复刊或新创办的青年报共计12种，报纸期发总数500多万份。

1979年10月1日是国庆30周年纪念日，《人民日报》副总编辑安岗一手创办的《市场报》在这一天上市，在创刊号上，刊登了70条报道商品和市场的新闻，29幅广告，内容与以往的报纸完全不同，既介绍各种商品，也介绍经营技巧，还有批评产品质量的报道，也有征购、招聘、寻人启事等，都是人民群众关心关注的服务性信息。《市场报》创刊后，很快在全国引起广泛关注与支持。20世纪80年代是《市场报》发展的高峰，发行量达到100多万份。有鉴于《市场报》的成功和人民群众对经济信息的巨大需求，第一份综合性经济类报纸《经济参考报》也在1981年由新华社创刊。1984年9月，邓小平为《经济参考报》题词"开发信息资源，服务四化建设"。1985年，《经济参考报》发行量达到78万份，盈利1000多万元。1983年元旦，由《中国财贸报》改版而成的《经济日报》创刊，创办《市场报》的安岗任总编辑。《经济日报》作为中央直属经济类日报，地位特殊而重要，其高度重视信息工作，在全国报纸中率先成立信息部，还创办经济实体进入信息市场，开展多种经营，带动了中国经济类报纸的大发展。从1980年到1986年初，全国经济类报纸发展到112家，占全国报纸总数的6.3%。1987年是经济类报纸调整、改革的一年，经过整顿后，重新登记发行的经济类报纸共有121家。这些经济类报纸中，除了一些是中央各部门和省市经委直接主办的外，也有一部分是地方自筹资金创办的，独立经营，自负盈亏，不要国家资助补贴，慢慢朝着相对独立的经营实体发展。

除了全国性报纸、青年报、经济类报纸，还有一类报纸在20世纪80年代赢得大发展，那就是晚报。

从一开始，晚报的定位就是"党报的补充"，晚报不需要承担党报的那些宣传类任务，而且晚报的发行时间是下午或傍晚，主要是供人们晚上消遣阅读，总的风格就是"短、广、软"。[1]中华人民共和国成立后的最初十余年间，国内曾创办过10多家晚报。1958年，晚报就有"4朵金花"，分别是《北京晚报》、上海的《新民晚报》、广州的《羊城晚报》和天津的《今晚报》。1962年前后，沈阳、郑州、合肥、西安、南昌、武汉等省会城市的市级报纸都改成晚报。"文革"前，全国共有晚报18家，期总发行量接近200万份。1966年，《北京晚报》被迫停刊，原因是刊登了邓拓的《燕山夜话》。此后，受"文革"等各种因素影响，全国的晚报都被迫停刊或休刊。

1978年后，最早复刊的晚报是《南昌晚报》，时间是1979年11月1日，此后，有很多晚报复刊、创刊，到1985年，全国就有30家晚报。[2]1989年全国晚报增至47家。[3]1991年，全国晚报达到51家。[4]晚报的发行量也急剧增加。1987年，《新民晚报》平均期发行量超过170万份，《羊城晚报》平均期发行量达168万份，《北京晚报》达到82万份，《今晚报》达到50万份，《成都晚报》达到30万份。晚报的风格与党报不同，晚报的订户自费者居多，1985年，党报《北京日报》的公费订阅用户在全部订户中达到92.1%，而同期的《北京晚报》则是自费订户占全部订户的99.04%。[5]1986年，全国有三家报纸的期发行量超过100万份，其中晚报就占了两家。

晚报的迅猛发展主要源自当时的媒体格局所留下的发展空

---

[1] 顾龙：《关于当前中国晚报发展的十点思考》，《新闻记者》，2004年第10期。

[2]《1985年全国30家晚报名录》，《中国新闻年鉴（1986）》，第306-307页。

[3]《中国新闻年鉴（1991）》，第30页。

[4] 刘家林：《新中国新闻传播60年长编》，暨南大学出版社，2010年版，第180页。

[5] 顾行：《我国晚报发展概况》，《中国新闻年鉴（1988）》，第29页。

间。报业长期以来以机关报为主,新闻内容主要是政府的各种活动、会议,还刊登各种政令、文件、典型报道等,范围有限。改革开放后,中国的面貌焕然一新,无论是政治、经济、文化,还是人民生产生活各个方面都发生着巨大变化,人们迫切需要那些贴近生活实际,新鲜活泼,能够为读者带来愉悦并提供服务的报纸。在这种情况下,晚报主打社会新闻、文娱新闻、副刊,弥补了机关报的不足,与机关报形成差异化竞争态势,在贴近性、可读性、趣味性、服务性等方面更有优势,赢得了读者青睐。

从某种意义上说,晚报的勃兴,并不是市场的行为,而依然是行政对媒体资源的再分配。晚报的行政色彩依然非常浓。党报获得的是公费订阅的读者资源,晚报定位于"日报的补充"和"茶余饭后",是"八小时以外"的读者资源。两者形成了错位竞争。从这个角度看,晚报的差异化特色是其获得市场的关键。

面对晚报的贴近性、趣味性、可读性优势,一些党报在20世纪80年代初又纷纷创办"周末版"。1979年1月1日,《中国青年报》为适应当代青年追求知识、渴望成才和丰富业余生活的强烈愿望,出版了《星期刊》,四开八版,每星期日出版,由此开辟了我国报纸周末版的先河。此后的周末版朝两个方向发展:一是依附性的党报版面,如《经济日报》的星期刊1985年问世,到90年代初,《光明日报》《工人日报》《北京日报》《大众日报》《贵州日报》等一批省级以上党报,都出版了周末版或星期刊,这使中国报业结构发生了深刻变化。据统计,在1991年,全国100多家大报中有54家开办了周末版,到1993年,全国创办了周末版的报纸达到200多家。1992年2月,中国记协邀请首都新闻界人士举行了一次研讨会,专门探讨"周末版现象"。二是专门的周末报纸,如1984年《南方周末》创刊,1985年江苏的《周末》创刊。这些周末报在当时都获得了读者的认同。

周末版的繁荣带来了报纸可读性的提高,经济利益、报业竞争开始进入人们视野。这些周末版改变了各级党报的风格,它围绕人民群众关心关注的热点问题做文章,追求报道的深度,努力写出社会问题的根源、新闻事件的背景和原因,对各种社会问题、新闻事件进行认真思考,提出见解,受到读者普遍欢迎。各色小品文与小说连载也纷纷登载,清新与生活化的面容让人们感觉焕然一新。

文摘报也在这一阶段成形。党的十一届三中全会以后,我国开启了改革开放的伟大进程,经济建设和科学文化事业快速发展,"社会节奏加快、人们迫切需要以较短时间综览报刊精华,了解最新消息,掌握知识,大量文摘报纸随之产生"。据不完全统计,自1980年1月1日上海解放日报社创办《报刊文摘》之后,到1988年全国已有22种文摘报,多数为4开4版,也有8开4版、8开8版,或8开16版;刊期不定;发行量少的有5万份,多达300万份左右。[1]文摘报无须自采稿件,制作成本相对低廉,投入较少产出较大,经营效益较高。

经过十年的发展,中国报业的基本格局成形,搭建了以党报为主,行业报、经济类报纸、市场类报纸为支撑的报业体系;报业的属性得以完善,报纸的功能得以丰富,成为一个满足人们各种需求的媒介形态。这些,都是报业大发展、大繁荣的基础。

四、报业市场的形成与繁荣

经过前十年的发展,中国报业有了继续前行的基础和条件,在1988年到1998年的这十年间,中国报业改革继续向纵深推进,在晚报蓬勃发展的同时,都市报被创办出来,晚报遂开始陷入与都市报的苦斗,市场竞争与报业集团化发展成为这时期最重要的趋势和方向。

(一)都市报的兴起与报业竞争

"晚报现象"令人瞩目,晚报对于党报的冲击主要来自晚报的重新定位。20世纪80年代新复刊和新创办的晚报已经与原来

---

[1]《中国大百科全书·新闻出版》第373页"文摘报"条目。

的晚报定位完全不同，它们抛弃了"晚报是日报的补充"，是"晚饭后的消遣读物"的原有定位，拓展内容题材，也开始承担起宣传任务，对重大事件进行集中报道，提升了权威性与影响力；大量压缩没有特色的副刊，不断扩充新闻版面，注重报纸服务性。[1]晚报的影响越来越大，发行量也越来越大。

在都市报兴起的同时，机关报的发行量却呈下降趋势。《人民日报》从1981年到1996年这15年间的发行量下降幅度近60%，根据1996年1月的统计数字，各省机关报与历史最高发行量相比普遍下滑40%左右，[2]发行量下跌幅度达30%以上的省级党报有23家，《安徽日报》比历史最高发行量下跌60%。[3]《河南日报》的发行量与1995年相比，负增长51%；《四川日报》与1995年同期相比，负增长44%；《陕西日报》与1995年同期相比，负增长33%；《广西日报》负增长57%。[4]

1998年初，时任中宣部副部长徐光春透露，中央的十多家报纸中，1998年1月的发行量只有两家增长，且增长幅度很小，各增长了0.34%和1.1%，而其余报纸的发行量都在下降。[5]

从1981年到1994年，中国31家省级党报发行量连年下滑，从1981年平均发行量37.78万份，下降到1994年的28.66万份。1999年，全国省级党报的平均发行量跌至最低点23.91万份。[6]

党报的广告收入也是如此，增幅远低于同期晚报。1988年，全国报纸广告"十强"中，有8家党报[7]上榜，而到了1993年，只有2家党报[8]进入前十强。而这两家党报——《广州日报》与《深圳特区报》上榜则主要是因为改革力度加大，"都市报化"明显。

这种状况的出现并不能全部归因于晚报，更为关键的原因是媒介环境发生了根本性改变，党报曾经的垄断地位消失了。改革开放后，随着机制体制的变化，社会对于新闻的需求趋于多元，媒介形态也日趋多元，行政手段干预媒介接受的情况开始减少。媒介要完成传播过程，也必须通过市场的方式，让受众自主选择。

【1】杨立明：《论中国晚报的发展与规律》，《北方论丛》，2002年第4期。

【2】梁衡：《新闻原理的思考》，人民出版社，1996年版，第185-186页。

【3】林晖：《未完成的历史——中国新闻改革前沿》，复旦大学出版社，2004年版，第141页。

【4】梁衡：《都市报的意义》，《新闻战线》，2014年第12期。

【5】徐光春：《关于新闻改革和报业集团的几个问题》，《中国报刊月报》，1998年第4期。

【6】中国记协课题组：《党报改革途径新探索》，南方日报出版社，2001年版，第5-6页。

【7】包括《人民日报》《解放日报》《广州日报》《北京日报》《南方日报》《深圳特区报》《天津日报》《经济日报》。

【8】包括《广州日报》《深圳特区报》。

改革开放对于传媒来说，最大的变化就是形成了一个新闻媒介市场。在这个媒介市场中，人们可以自由选择。

从20世纪80年代末开始，各级政府大幅削减了原本给予党报的财政补贴，党报需要自己养活自己。1987年，《人民日报》等8家报纸申请要求对报社进行企业化管理，财政部批转了这个报告。当年12月，国家新闻出版署正式发布了报社可以实行企业化管理的政策。自此之后，"事业单位，企业化管理"开始成为我国媒体的基本体制，而国家和各级政府对于报社的行政补贴，除少数民族地区和边疆地区的党报外，都慢慢地取消了。

1988年3月16日，国家工商行政管理局与国家新闻出版署联合下发了《关于报刊社、出版社开展有偿服务和经营活动的暂行办法》，规定报刊社可以利用信息进行有偿服务。此后，很多省委机关报都纷纷办起了信息咨询公司、图片社等，有的开始创办实体，投资办厂，粉笔厂、眼镜店、游泳馆，各种行业都有涉及。但由于缺乏经验，不熟悉经营，加之机制不够完善，大部分经营活动都以失败告终。报社开始慢慢意识到，办报纸才是自己的优势，把报纸办好才是报社最应该做的。

早在1981年1月4日，《中国青年报》就率先创办了"星期刊"，由此开辟了我国报纸周末版的先河。但此后很多年，从1981年到1991年，整整10年，周末版一直未能成为潮流，只有一些零星的尝试。

1989年初报纸大幅度涨价后，报纸总发行量下降了25%；1992年前，全国只有十来家报纸办有"周末版"，而1992年后，根据统计，办了周末版或各种增版的综合性报纸，发行量就在1991年的基础上提升了6%—8%。[1]

1991年、1992年，报纸印张数突然增幅加大，分别增长了12.57%和16.04%。主要原因就是很多报纸增加了周末版的版数，形成扩版态势。

对比一下同期晚报的发展数据就会发现，1990—1994年，

【1】唐小可：《周末版"冲击波"》，《新闻知识》，1992年第5期。

也是晚报迅猛发展、攻城略地的时候。周末版，从某种意义上说，就是党报应对晚报的一个产物，当时人称周末版是党报的"特区"。

1995年左右，都市报开始出现，其全新的模式和理念，在功能上完全替代了周末版。面对强劲的对手，周末版开始走向衰落。在信息匮乏的时代，周末版被读者视为珍宝。但是在信息充裕的时代，又有新的替代者，周末版的吸引力在迅速降低。

从1991年到1996年，周末版在经过五年左右的兴盛后，很快就走向衰弱。1999年在宁夏召开了一个关于周末版的研讨会，会上讨论最多的话题就是"周末版会不会消亡"。[1]

周末版的分化出现了三个方向：一是成为周报，如《南方周末》。二是分化成都市报，如《四川日报》的周末版分化成了《华西都市报》，《湖北日报》的《楚天周末》分化成了《楚天都市报》，等等。三是一部分周末版难以维持而退回到党报休闲娱乐板块的原始定位。

第一张被称为"都市报"的报纸是《贵州都市报》。但《贵州都市报》虽然叫都市报，内容、理念、模式却完全是照搬晚报，并没有什么突破性的创新。即使到了1995年，都市报已经如火如荼的时候，依然有很多都市报认为自己是晚报。比如，被认为是真正意义上第一张都市报的《华西都市报》就称自己是一份面向四川大中小城市的"城市晚报"，是一种"新型晚报"。[2]而且，《华西都市报》在刚开始创刊时，甚至是下午发行的，[3]这是典型的晚报做法。

都市报只是一个城市"第二张晚报"这种情况，直到《华西都市报》都市报模式的确立才得以改变。从这一点上说，《华西都市报》被称为"第一张都市报"一点都不为过。正是因为《华西都市报》所开创的都市报模式，包括"市民生活报"的读者定位，新闻策划、新闻追踪、社会新闻、舆论监督的内容特色，敲门发行和广告代理运营模式，市场化的管理机制，等等，才使都市报成为一个不同于党报也不同于晚报的独立报种。

【1】魏炎：《浅谈新时期党报"周末版"的发展方向》，《新闻知识》，2000年第9期。

【2】李鹏：《华西都市报在蜀异军突起》，《新闻记者》，1995年第10期。

【3】祝晓虎：《华西都市报：向一流晚报迈进》，《新闻战线》，1995年第5期。

《华西都市报》的迅速走红，促使各家处于困境中的党报纷纷创办都市报，到1999年，全国已经有近30家具相当规模的都市报。其经营体量都很大，如《三湘都市报》期发行量20万份，年广告收入2700万元；《燕赵都市报》期发行量35万份，年广告收入2000万元；《大河报》期发行量46万份，年广告收入6800万元；《华西都市报》期发行量高达52万份、年广告收入达1.3亿元。[1]"都市报"很快就成为一种"现象"，从而成为党报的重要经济支柱，党报亏损，而子报都市报赚钱，子报养母报成为常态。从某种程度上说，正是因为有都市报提供的经济支持，中国的报业集团才能够成形，中国报业才能够保持二十多年的繁荣。

都市报是从党报中分化出来的，也可以说是从晚报中分化出来的；但它既不像党报，也不像晚报；从市场规律的角度，都市报比党报和晚报都更具市场优势，其最大的竞争力在于对"大众""通俗"特征的强化。

都市报原来的叫法是"市民报"，比如，"《华西都市报》是一份市民生活报"[2]。可以说，都市报的生存土壤是市民阶层，从这个角度说，都市报与晚报的最大不同在于，晚报有些文人办报的风格，而都市报则是完全的"大众化、通俗化"。

《华西都市报》创办者席文举说："晚报[3]不仅是供人们茶余饭后消遣的报纸，还应该大量报道与市民日常生活密切相关的实用性信息，以市民的生活是否需要作为报纸的选稿标准。"[4]可以说，都市报是完全的市场导向。[5]

晚报之于党报，是内容上的分化，而都市报之于党报和晚报，除了内容上的不同之外，更是彻底的管理机制的变革。在管理机制上，都市报一般采用全员聘用制，引入竞争机制，打破论资排辈，逐级聘用，绩效挂钩。对员工实行激励机制、约束机制和内部竞争上岗机制、优胜劣汰机制，形成了多劳多得、少劳少得、不劳不得、能上能下、能进能出的状态。[6]

---

[1] 农秋蓓、柳婷婷、沈毅兵：《都市报调查报告》，《中国新闻年鉴（2000）》，第262页。

[2] 席文举：《新型晚报的新思维》，《新闻界》，1995年第5期。

[3] 席文举当时把《华西都市报》当成是晚报。

[4] 祝晓虎：《华西都市报：向一流晚报迈进》，《新闻战线》，1995年第5期。

[5] 彭剑、李晖：《都市报20年：回顾与展望》，《新闻战线》，2014年第12期。

[6] 祝晓虎：《华西都市报：向一流晚报迈进》，《新闻战线》，1995年第5期。

"都市报"是从不完全面向市场的党报中诞生的一份完全面向市场的报纸，与周末版是党报部分版面的模式完全不同，都市报不是由党报中的一个部门来运作。创办初期的都市报大部分都是一个独立的子报社，而不仅仅是一个编辑部，它实行的是一套全新的运行机制，这种机制是适应市场规律的。

　　党报本身拥有完整的发行、广告、管理机构，按照一般人的理解，如果办都市报，应该充分利用这些机构，让这些机构将都市报的事情一起做了，这样更符合"规模经济"的要求。但实际上，都市报基本上都实行独立核算，拥有自己的发行、广告、经营、管理系统。这种相对的自主权是都市报能够成功的重要原因。正因为都市报拥有相对的经营自主权，才能实行较为灵活的用人制度、考核分配制度以及奖惩制度。

　　都市报的全新办报思路与运营模式，对晚报造成极大冲击。在南京，《扬子晚报》不再一枝独秀，《现代快报》与《扬子晚报》形成正面竞争。在成都，《成都晚报》[1]在《华西都市报》和《成都商报》崛起后呈直线衰落之势。一些老牌晚报开始彻底转型成"都市报"，晚报模式名存实亡。

　　晚报"都市报化"取得了较大成功。1996年，《扬子晚报》开始增加一些都市报普遍采用的服务型专版和专刊，如汽车、旅游、卫生、教育、财经、证券、房产、家居等。[2]2002年9月26日，《扬子晚报》发行量首次突破了200万份，[3]95%以上的《扬子晚报》自费订阅。2003年，全国7家主要晚报在转型为都市报后，经营体量有了很大发展：《扬子晚报》广告收入4.5亿元，平均期发行量150万份；《羊城晚报》广告收入10亿元，平均期发行量130万份；《北京晚报》广告收入8亿元，平均期发行量80万份；《新民晚报》广告收入5.8亿元，平均期发行量120万份；《今晚报》广告收入3.2亿元，平均期发行量53万份；《钱江晚报》广告收入3亿元，平均期发行量70万份；《深圳晚报》广告收入3亿元，平均期发行量49万份。[4]

[1]《成都晚报》1994年广告收入曾进入全国报纸十强。

[2]顾兆农、龚永泉：《"扬子"问路——扬子晚报改革和发展纪实》，《人民日报》，2002年10月17日。

[3]顾兆农、龚永泉：《"扬子"问路——扬子晚报改革和发展纪实》，《人民日报》，2002年10月17日。

[4]顾龙：《关于当前中国晚报发展的十点思考》，《新闻记者》，2004年第10期。

除了内容全盘模仿都市报，晚报在面临岌岌可危的局面时，甚至放弃了它的初衷，连出报时间都改成上午，"晚报不晚"成为那段时期的潮流。

1997年，面对《成都商报》和《华西都市报》的凌厉攻势，被赶超的《成都晚报》不甘落后，开始全面模仿学习都市报，在全国率先晚报早出。下午出版本来是晚报赖以自豪的独特优势，《华西都市报》刚创刊时甚至也是下午出版的；但新时期，面对媒介形态日趋多元的形势，下午出版已经不能成为优势。而都市报早出模式则体现出强劲的竞争力。因此，在20世纪90年代末期，大部分晚报开始选择早出，比如《金陵晚报》《西安晚报》《海口晚报》《郑州晚报》《齐鲁晚报》等，与都市报变得一样。根据全国晚报协会统计，2001年底就有108家晚报改成了上午出版，而全国总共只有147家晚报。[1]

晚报选择早出主要基于以下几点理由：一是人们阅读习惯的改变。电视的繁荣丰富了人们的夜间休闲方式，夜晚阅读的人群在迅速减少。据中国人民大学舆论研究所的一次读者调查，约有44.7%的人选择在早晨和上午时段读报，而晚上读报的人只占1/4。[2] 二是早出的报与读者接触时间更长，无论售卖时间和读者阅读接触时间，都可以从早到晚，而下午出版只有短短的几小时。三是晚报的新闻内容与当天的早报相比，并没有多少优势。

随着报业竞争加剧，在综合性大众报纸的基础上，逐渐分化出众多走市场化道路的专业报纸，新闻报道从"雅俗共赏"走向"雅俗分赏"。随着大批公司上市，证券交易活跃，财政金融报道备受关注，以《中国经营报》《21世纪经济报道》《经济观察报》三大周报为代表的财政金融媒体对推动财政金融报道发挥了重要作用。20世纪90年代中期，国际新闻异军突起，《环球时报》等一批周报以对国际新闻的深度报道受到格外青睐。体育类报纸如《南方体育》《21世纪体育》以更加专业的视角对体育新闻进行深度解读。进入21世纪，消费娱乐成为时尚，针对城市年轻白

---

[1] 陈国权、幸培瑜：《新闻界"晚报早出"争论述评》，《中国记者》，2007年第6期。

[2] 唐秦梅：《从晚报早出看晚报选择》，《新闻记者》，2007年第1期。

领出现了特有的娱乐报纸，21世纪初上海最"火"的报纸是娱乐报纸，如《申江服务导报》《上海星期三》和《上海壹周》等。

（二）扩版潮与厚报趋势

在改革开放前，我国的报纸，包括中央机关报和地方报纸，大部分都是薄报，版数都很少，一般都是8个版以内。有人专门统计过，从1975年至1979年的5年间，《人民日报》每年8月15日的版面，无论工作日还是休息日，都是6个版。从1980年起，《人民日报》的版数增加到8个版，这种形态一直持续到1995年。

根据数据统计，从1978年到1995年这17年间，报纸总印张数的增长率与报纸总印数的增长率基本上是持平的。1979年，报纸的总印数增加了2.35%，总印张数增加了8.35%。1987年，报纸的总印数增长5.67%，总印张数相应增长6.39%。从1991年开始，总印数与总印张数的增长幅度开始逐渐拉大。1991年，总印数增长11.93%，总印张数增长12.57%。1992年，总印数增长9.02%，而总印张数则增长16.04%。此后，一直到2004年，几乎每年，报纸总印数增长的百分比只是个位数，而总印张数的增长率却一直是两位数。

最早扩版的是《广州日报》，从1987年开始，《广州日报》开始由对开4版扩到对开8版；1988年1月1日，继《天津日报》《广州日报》之后，《解放日报》也从4版扩为对开8版。[1]《广州日报》从1987年开始，几乎年年扩版，2000年达到对开48版。

从1992年起，报纸就开始了扩版大战。[2] 主要原因是20世纪90年代初期，进入报业市场的竞争者开始增多，晚报异军突起，都市报作为一种新报种出现，报业市场开始由卖方市场变成买方市场。日趋激烈的竞争，使读者与广告商的选择余地增大，买方市场促使报纸需要使出浑身解数，才能够争取到足够的市场份额和空间，厚报于是成为第一选择。

1997年7月1日，香港回归祖国怀抱，《广州日报》推出

[1] 贾安坤：《第一张在全国发行的彩报——解放日报彩色周末版介绍》，《新闻记者》，1992年第4期。

[2] 赵金庆：《扩版：报业竞争中的"阵地战"》，《青年记者》，2000年第2期。

了97个版的香港回归纪念特刊,开创了报纸版面的纪录。广州市民听说后,纷纷在报摊排队买报。[1]这次特刊的成功极大地提高了《广州日报》的品牌价值,成为《广州日报》发展史上一个非常重要的事件。此后,每逢节庆纪念日,都有报纸推出厚重的纪念特刊。

（三）组建报业集团

1993年5月,《济南日报》兼并了《市场导报》,这是我国首家进行报纸兼并的党报,预示着我国报业集团化发展开始启动。为加快发展新闻宣传事业,组建以党报为龙头的报业集团,充分发挥党报资源优势,采用多元经营发展的模式,做大做强我国报业,已势在必行。1992年6月,中共中央和国务院联合发布《关于加快发展第三产业的决定》,正式将报刊经营管理列入第三产业。1999年8月,中办、国办联合发布《关于调整中央国家机关和省、自治区、直辖市厅局报刊结构的通知》,提出取消厅局报纸、调整报业结构,党报朝集约化经营、集团化方向改革。

1994年6月10日至12日,国家新闻出版署在杭州举行全国首次报业集团问题研讨会,形成了关于组建报业集团的指导性文件,提出了组建报业集团的五个条件:一是报纸实力与规模。除了一张有影响的主报外,至少应有4家子报子刊。二是经济实力与广告收入。沿海地区报社年利税在5000万元以上,中西部地区报社年利税在3000万元以上。三是人才实力。报社在职采编人员中,具有副高以上新闻专业职称者占总人数的20%以上,经营管理与技术人员中,有各类专业中级职称以上者占总人数的15%以上,并要有高级职称者。四是印刷及技术实力。要拥有独立的印刷厂,拥有现代化的照排、胶印设备,具有彩色胶印能力。每日总印刷能力在对开200万份以上。五是发行能力。主报及子报的期发行量在60万份以上,或在本地区每150人中拥有一份该报。具备这五个条件才可以申报组建报业集团。同时明确,报

---

[1]朱文丰:《广州报业"厚报"现象研究》,暨南大学新闻与传播学院硕士学位论文,2004年。

业集团要以传播信息、引导舆论为目的，以报纸、杂志等出版物的出版发行为经营主体，不能打着报业集团的旗号，却以主要精力去经营炼钢、制药、化肥等与报刊业无关的企业。[1]

1996年5月29日，广州日报报业集团正式挂牌运行，成为我国第一家报业集团。1997年底，《广州日报》的日发行量比集团成立前增加了30万份，集团系列报刊由原有的6家增加到10家，集团年总收入达到15亿元，其中广告收入比集团成立前增加了2.5亿元，集团年总利润、总资产、净资产分别比集团成立前增加74%、180%、140%。[2]此后，全国各地的省级党报陆续组建报业集团。1998年，南方日报报业集团、羊城晚报报业集团、光明日报报业集团、经济日报报业集团和文汇新民联合集团5家报业集团成立。到2001年报业集团总数增加至26家。我国报业从粗放经营型向规模效益型转变。

报业集团化过程中形成了报团或报系。各级党报乘势而上，创办或收编子报子刊，全国中等以上城市相继形成了报团或报系。在报团或报系内部，党委机关报被称为母报，党委机关报创办或收编的报刊被称为子报子刊。在管理体制上，母报保留事业单位性质，子报是国有企业性质的市场化传媒；在发行模式上，母报主要通过动员机关、企事业单位用公费订阅，子报主要依靠读者自费订阅；在任务分工和版面内容上，母报以担负政治思想任务为主，多为工作指导的宣传报道，子报以担负经济创收任务为主，多为社会生活服务的宣传报道。[3]

这一时期，一些党报及其子报子刊不同程度地出现一味追求经济效益、忽视舆论导向的错误倾向，如刊登媚俗文章、报道有偿新闻、片面追求发行量等，严重削弱了党报的公信力和舆论引导力。为了加强党的新闻宣传工作，中央提出"贴近实际、贴近生活、贴近群众"的原则，继而部署开展"走基层、转作风、改文风"实践活动。新闻战线工作作风发生转变，党报的内容、形式和文风明显改进。

[1]刘波：《关于报业集团》，《中国新闻年鉴(1999)》，第156页。

[2]广东日报报业集团：《努力探索建立社会主义现代化报业集团的道路——广州日报报业集团改革发展实践回顾》，《新闻战线》，1998年第4期。

[3]王武录：《党报科研教学初探》，石油工业出版社，2017年版，第117页、118页。

（四）报纸尝试上网

报业在网络新媒体方面也起步很早。1993年12月6日，《杭州日报》通过网站传输报纸内容，这被认为是中国报纸最早的数字化尝试。1995年10月20日，《中国贸易报》也开始上网，很多人认为这是中国报纸进入电子化时代的标志。

受《中国贸易报》电子报试点的影响，又有很多报纸推出了PDF电子版。1996年1月2日，《广州日报》推出了网络版，新华社的《中国证券报》也在同一天上网，1月13日，《人民日报》上网。此外，《解放日报》《南方日报》等省级党报，以《经济日报》为代表的中央报纸，以《金融时报》为代表的行业报纸，以《新民晚报》等为代表的晚报、都市报等30多家报纸也在当年推出了网络版。

报纸电子版可以说是中国最早的网络媒体，从1995年开始算起，直到三年后的1998年，搜狐和网易才正式推出新闻频道，成为真正意义上的网络媒体；而在此前，这些网站的内容都没有涉足新闻；新浪于1999年4月才推出新闻频道，发布国内、国际、社会、体育、娱乐等各种新闻信息。

但1995—1996年的报纸上网还处于初步探索阶段，由于资金、技术、人才等因素制约，上网后的媒体总体制作水平不高，上网信息少而慢，有的长期没有更新。

总体而言，这一阶段的报纸数字化比较初级，很多报社还没有意识到互联网将对其带来的巨大冲击，依然沉醉于报纸广告发行的极度繁荣所带来的对未来的无限憧憬中。

五、报业的鼎盛时期

在都市报这个新报种的推动下，报业经营实力得到大大增强；与当时报业的市场化、集团化加速推进相配合，中国报业迎来了鼎盛时期。

（一）厚报成为趋势

报业鼎盛的最大体现就是"厚报"。从 1991 年开始，总印数与总印张数的增长幅度开始逐渐拉大。1990 年，总印数（发行量）增长 2.08%，总印张数（版面量）增长 1.83%。1991 年，总印数增长 11.93%，总印张数增长 12.57%，在趋势上实现了反转。此后总印张数的增长幅度越来越大。1992 年，总印数增长 9.02%，而总印张数则增长 16.04%。1995 年，都市报的发展导致报纸迅速加厚，报纸总印张数猛增，增长率达到 15.73%，导致新闻纸供不应求，价格上涨，由 1994 年的 4300 元一吨升至 5000 多元一吨，黑市价高达 7000 元一吨。[1]（见图 1）

2011 年，报纸的数量、总印数、总印张数，以及广告等各方面的数据达到峰值。从 1978 年到 2011 年，报纸的总印数由 127.80 亿份，增长到 467.40 亿份，只增长了 265.73%；而报纸的总印张数则由 113.52 亿对开印张，增长到 2272.00 亿印张，增长幅度达到 1901.41%。报纸厚度平均增长了 7.15 倍。

厚报模式下报纸版数很多，报纸在向读者提供多样丰富内容的同时也使读者获得信息的难度增加，为解决这个难题，厚报开始实现两种渐变方式。一是头版导读化，二是内容版组化。所谓导读化是指报纸在头版设立导读版，头版刊登内文新闻的目录与导读。有些报纸，如《南方都市报》则在头版之外另设有专门的导读版。1997 年，刚由周报改为日报的《南方都市报》将头版作为导读，把最重要的新闻用大幅图片的形式突出安排在头版中心，强化重要新闻的视觉冲击，其他的重要新闻也放在头版，但仅仅只有一个标题，内容则在头版后的版面上。[2] 2006 年 9 月 8 日，《广州日报》甚至专门推出两个版面的"导读与索引"。为迎合厚报时代读者的浅阅读习惯，《广州日报》还提出了"短稿标题化、中稿提要化、长稿立体化"的编辑思路。[3]

厚报用几十个版面来满足读者多样的信息需求，但读者时间有限，不可能完全读完整份报纸。一般读者需要寻找到他所需要

[1] 王立纲：《中国报业改革三十年备忘》，《青年记者》，2007 年第 6 期。

[2] 董天策、刘薇：《党报在厚报时代的版式创新——评广州日报的导读和索引版》，《新闻实践》，2007 年第 3 期。

[3] 田小平：《短稿标题化、中稿提要化、长稿立体化——广州日报以"浅阅读"引领厚报阅读新方式》，《新闻实践》，2009 年第 10 期。

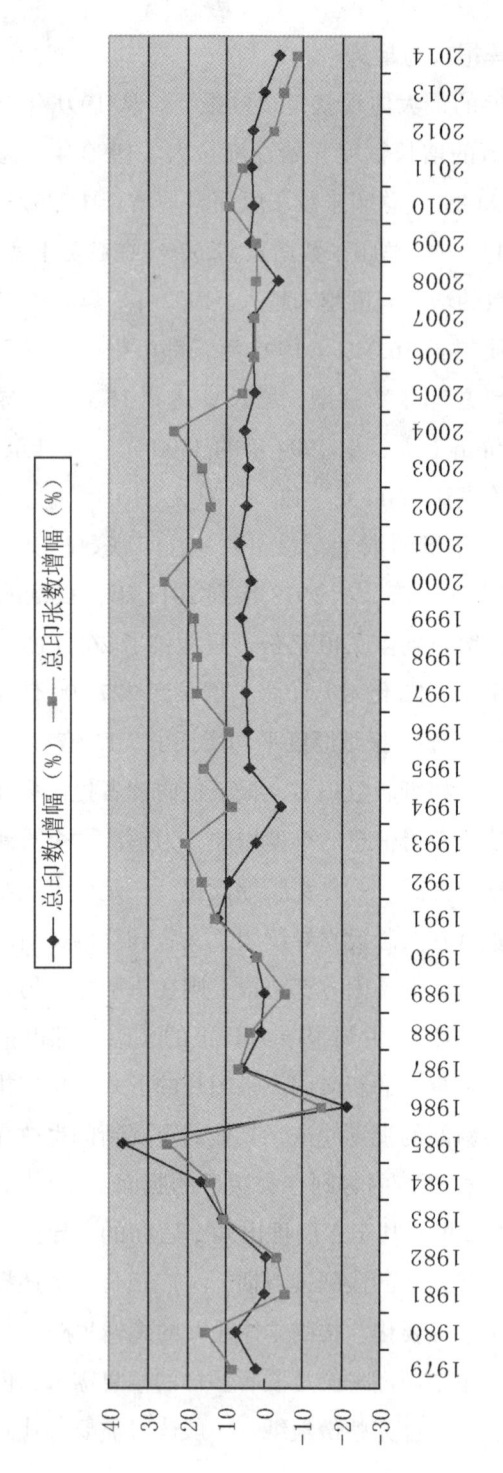

图1 报纸总印数与总印张数增幅对比（1979—2014）

的内容，对于大部分的版面，往往一扫而过。为便于读者快速寻找到想要获得的信息，厚报开始进行版组化渐变。版组化是指将整份报纸的内容分类，以各个不同的版组呈现，每个版组都有版组名称，比如汽车、房产、旅游、天气等，在分发的时候单独成叠，在版组的上角还标有如"A08""B18"等编号，与头版的"导读版"结合使用，起到引导作用。所有的"叠"组合在一起构成一份完整的报纸。

（二）报业拐点导致厚报难以为继

从 1991 年到 2004 年，报纸总印张数每年都基本上保持着两位数的增长幅度，但到 2005 年，报纸总印张数的增幅突然下降到 5.72%。

厚报模式下，虽然报纸比较厚，但是报纸定价却一直比较低，激烈的报纸发行竞争使报纸价格一直与报纸成本严重倒挂，发行严重亏损，完全依靠广告来支撑厚报模式。在竞争激烈的一些城市，比如当时的成都、南京等，报纸的售价只有 2 角，比同等重量的废纸都要便宜。[1]根据中国报业协会印刷分会的数据，在新闻纸价格每吨 4000 元的时候，一份四开 60 版都市报仅仅纸张成本就要 1.2 元左右，再加上油墨，以及发行费用，一份报纸的总成本要达到 2 元以上。这还没有包括采编成本以及行政管理成本。发行上的巨大亏空必须依靠足够的广告才可以维持。

在报纸广告高速增长的情况下，厚报模式的危机不会显现；据国家工商总局数据，从 1995 年起，报纸广告一直保持高位增长，甚至达到 90.73%，在 1996 年至 2003 年的 8 年间，除了 1998，但到 2004 年，报纸广告增幅大变脸，开始转增为降，大幅下滑 5.06%。（见图 2）

一路高歌猛进的报业在面对这样的广告大幅下滑时，开始被动应对，纷纷采取"收割战略"[2]，提高售价、报纸减版、分流员工、出售资产……报业竞争激烈的南京，原本报纸零售价只有

【1】陈国权：《厚报不合时宜 变薄已成趋势》，《中国报业》，2006 年第 1 期。

【2】陈国权：《报纸衰退中的战略选择》，《新闻记者》，2013 年第 11 期。

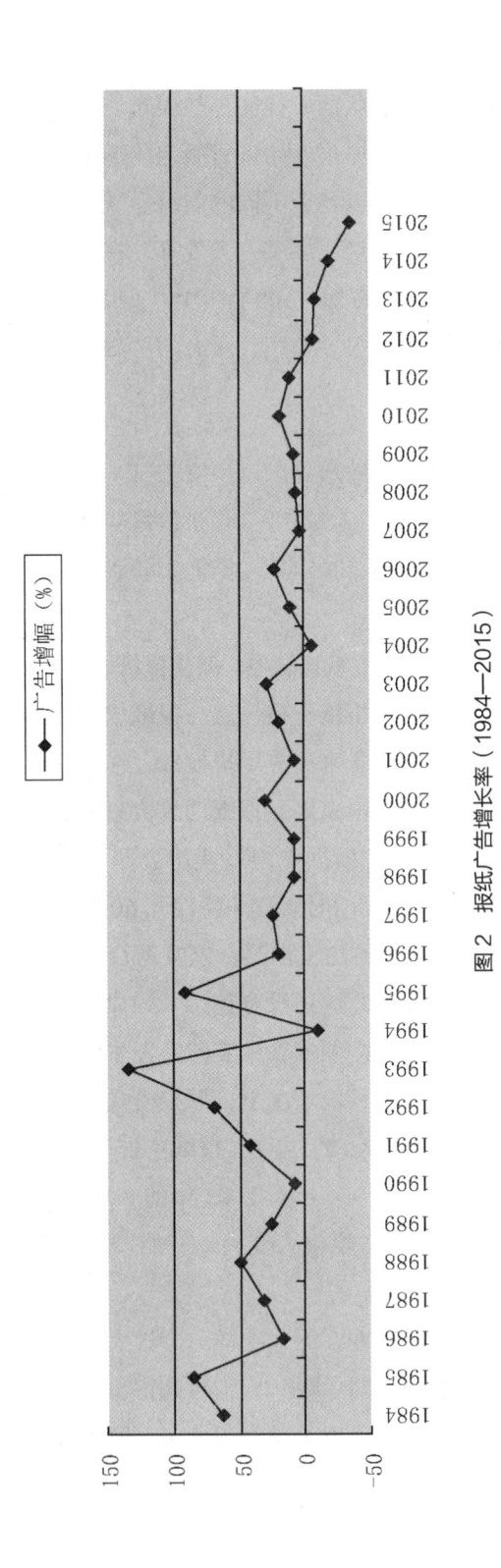

图2 报纸广告增长率（1984—2015）

0.3元，也开始集体协商提价至0.5元；《东方早报》从常态48个版减版到36个版，减幅25%。很多都市报都悄然减版，2005年，报业出现"减版潮"。

实际上，2005年，国家的宏观经济形势并没有发生太大的变化，2005年GDP的增速是11.35%，影响报纸广告最重要的指标——社会消费品总额的增长率是14.90%（见图3），两者都属于中等偏上的年份。

导致报业广告下滑的主要原因是房地产广告投放锐减。在新媒体不甚发达的时候，报纸由于可以保存而成为房地产广告的最佳刊登载体，房地产广告一直是报纸广告的核心支柱，房地产广告的增减对于报业影响巨大。

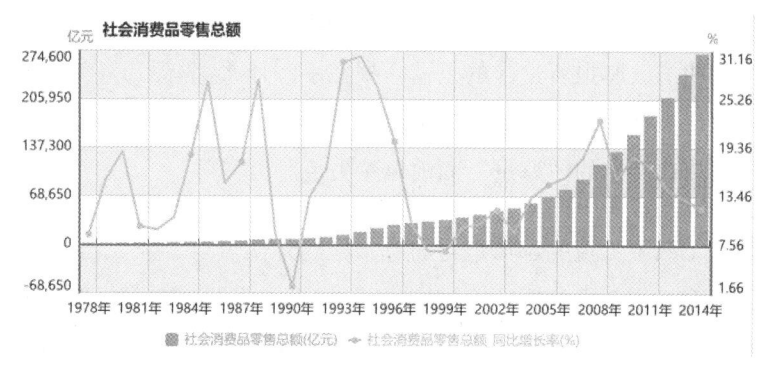

图3 社会消费品零售总额及增长率（1978—2014）

（三）综合性新闻门户网站对报纸价值的消解

更为严重的是综合性新闻门户网站对厚报模式价值的消解。中国的网络新闻起源于20世纪90年代中期，在1995年网络向社会开放接入服务之后的最初两年多时间里，并没有人把网络和媒体、新闻联系起来，甚至连网站的运营者也都没有意识到可以借助网站发布新闻，因为当时使用网络的人数很少。

但是，一些细分市场的网站很快就发展成综合性的新闻门户。1998年5月，四通立方公司的"法国98足球风暴"网站开通，这成为新浪网的前身，虽然其关注的仅仅是足球信息。1998年9

月，建立了时政新闻频道——新闻中心。12月1日，新浪网通过并购北美华渊资讯网正式成立。[1]12月底，开通了科技频道"科技时代"，以报道IT、科技内容为主。1999年8月，开通了财经频道"财经纵横"，11月，又开通了娱乐频道"影音娱乐世界"，此后，汽车、文教、女性、读书等频道相继开通。到2004年，新浪网已经拥有了40多个频道，成为综合性的新闻门户网站。[2] 2002年，搜狐网每天发送800条新闻，2004年，每天发送新闻1万条。[3]网易也是如此，2003年下半年开始，网易在全国招聘大批记者，对女性、汽车、娱乐、房产、生活、健康、教育、导购、出国等栏目进行大力度改版。[4]

这些新闻门户网站的典型特征就是综合性，提供远比传统报纸丰富得多的"海量"信息。这对刚刚形成"厚报"的报纸造成极大冲击。厚报所追求的是"一报在手，什么都有"，广告语就是"一报在手，别无他求"；但这种厚报的"海量"信息模式在新闻门户网站的"海量"面前黯然失色。

（四）党报的都市报化与都市报的分化

面对都市报的成功，一些党报开始着力借鉴都市报运作方式，提升党报办报水平。但借鉴和模仿使党报呈现出"两张皮"的情况，生硬地加上都市报的内容和风格，党报不像党报，都市报又不像都市报。2001年，《北京日报》的定位改成了"首都都市机关报"，进行了大幅度的改版，《北京日报》要以首都的几家都市报作为竞争对象，也要学习、借鉴、追赶这些竞争对手。[5]这种定位基本上成了世纪之交党报的一种趋势和风格，很多党报为了学习借鉴都市报，刻意增加社会新闻与娱乐新闻，甚至还有花边新闻与娱乐专版……但是在影响力以及吸引力方面，却没有取得多少效果。

而另一方面则是都市报的主流化尝试。都市报主流化的最主要原因就是，都市报模式的成功所带来的众多跟风者，让都市报

---

[1] 陈彤：《新浪之道：门户网站新闻频道的运营》，福建人民出版社，2005年版，第23-25页。

[2] 陈彤：《新浪之道：门户网站新闻频道的运营》，福建人民出版社，2005年版，第28页。

[3] 陈彤：《新浪之道：门户网站新闻频道的运营》，福建人民出版社，2005年版，第53页。

[4] 彭兰：《中国网络媒体的第一个十年》，清华大学出版社，2005年版，第148页。

[5] 张立伟：《机关报与都市报的优势对接》，《中国记者》，2002年第4期。

市场的竞争日趋激烈，同质竞争使都市报成本增大，收益摊薄；更为重要的是都市报显得"品位、格调不高"。[1]在这种情况下，《华西都市报》1999年公开表示，要在报纸定位上"迈向主流媒体"。[2]受此影响，全国很多都市报也都在朝着这个方向努力，都开始宣称自己是"主流媒体"。在办报实践中，不断强化时政报道力度，减少社会新闻、增加新闻评论等。

【1】李明：《都市报主流化的现实动因及其困境》，《青年记者》，2006年第4期。

【2】陈国权：《都市报主流化的几个误区》，《当代传播》，2004年第5期。

（五）布局新媒体

报纸数字化的第一步一般就是"原汁原味"地在别的媒介形态上呈现报纸版样。比如PDF电子版。截至1998年，全国电子报刊总数是127家。到1999年底，全国上网报纸就达到1千多家。即使到了现在，绝大部分的报纸仍然拥有PC端上的电子版。

1999年初，报纸电子版还出现了更名的浪潮，原来的PDF电子版一般称为"网络版"或"电子报"，受新闻门户网站影响，这些网络版纷纷改称"某某网"或"某某在线"，如浙江在线、四川在线、千龙网等，这实际上是电子版的进化，但却是朝着内涵更丰富的方向。大部分报社以电子版为基础，拓展成为新闻网站。到1999年底，全国建立独立域名、形成一定规模网站的新闻媒体已经达到700多家。[3]各大新闻门户网站发展迅速，被称为继报刊、广播、电视之后的"第四媒体"。1999年第四季度互联网站广告投入比1999年第一季度增长了651%，2000年第一季度互联网站广告投入比1999年第一季度增长了1504%。[4]1999年到2001年，受新闻门户网站的同化效应影响，一些报纸网站纷纷加大投入进行改版，成为报纸新闻网站。2000年4月14日，《人民日报》网站改版成为"人民网"，5月15日，《中国青年报》的网络版改版成"中青在线"。《电脑报》出了"天极网"，《中国计算机报》有"赛迪网"，上海文汇新民联合报业集团创办了"申网"，《广州日报》有"大洋网"，《浙江日报》有"浙江在线"，《深圳商报》有"深圳新闻网"，等等。[5]

【3】闵大洪：《中国网络媒体发展轨迹：1995—2002》，《中国新闻年鉴（2003）》，第522页。

【4】彭兰：《中国网络媒体的第一个十年》，清华大学出版社，2005年版，第60页。

【5】刘家林：《新中国新闻传播60年长篇》，暨南大学出版社，2010年版，第319页。

在商业门户的激励效应下，以省级党报集团作为母体的区域新闻网站也纷纷创办，比如北京的千龙网、上海的东方网、天津的北方网等。大部分的媒体，包括报纸、杂志、电台、电视台、通讯社，都建立起自己的网站。[1]

二维码也是那个时期报业的重要数字化方向。2005年3月，《北京晚报》开始在新闻报道中使用二维码，2006年7月，《精品购物指南》也开始在报纸版面的版眉上印刷二维码，之后，又有很多报纸，特别是都市报，如《楚天都市报》《每日新报》等也开始在报纸版面上印上二维码。这些举措效果都比较差，主要原因是2006年左右，中国的移动互联网还不够成熟，2006年，我国使用手机上网的人数只有1700万人，有86.4%的网民抱怨手机上网费用高，有33.4%的网民抱怨手机上网网速慢，此外，网民不愿意用手机上网的原因还包括：不方便、可获取信息太少。[2]这些情况更是抑制了报纸二维码的使用。

利用短信发送新闻的尝试早在2001年就已经开始，只不过使用的是短信形式，信息容量有限，反响平平。2004年，中国移动通信公司推出了彩信业务，彩信与短信相比，展现信息的方式更丰富，所能容纳的内容更多，这为手机报的发展提供了技术条件。2004年7月，《中国妇女报》第一家推出了手机报。[3]当年，《中国妇女报》手机报的订户达到15万份，"这相当于再造一份报纸"[4]，巨大的前景空间，强烈的媒介同化作用，使手机报很快就被推广开来。2007年2月28日，《人民日报》面向全国正式发行手机报；2008年底，全国已经有30多家报业集团和报社推出手机报业务，手机报蔚为壮观，突破300种。到了2009年底，各种报纸推出的手机报就有约1800种。试水手机报一度曾使报业获得了丰厚的营收。

六、移动互联网冲击报业，报业融合转型

很多人认为，2009年是中国的移动互联网元年，在此之前，

---

[1] 闵大洪：《网络媒体新变化》，新浪观察2003-11-7。

[2] 根据CNNIC的《第19次中国互联网络发展状况统计报告》。

[3]《手机媒体现状及盈利模式分析》，《世界商业评论》，ICXO.COM，2006-4-25。

[4] 陈国权：《手机报只是个过渡产品》，《中国报业》，2012年第7期。

移动互联网还仅仅是在概念当中，手机上网还只是一种性价比不高的行为。报纸依然是那个时候最好的移动媒介。但3G、4G的到来，网速超快，网络资费下降，信息获取便捷，移动互联网实现了对于大多数报纸功能的替代。报业于是陷入危机，即使是之前的一些转型方向比如手机报、新闻网站也面临困境，报纸必须探寻新的转型举措。

（一）报业经营"断崖式"下滑

报业的危机突出表现在经营上。成本方面，新闻纸涨价，人工成本高企，媒体融合需要大量投入；产出方面，耗资巨大的新媒体无法带来增量营收，新闻付费无法推进，广告投放大幅下滑，发行价格依然倒挂，征订零售量下滑。多重因素共同作用，导致报业经营自2012年以来出现"断崖式"下滑局面。

报纸广告的大幅下滑源自报纸接触率的降低。CTR的全国城市居民调查数据显示，2012年以来报纸的日到达率急剧下降，五年间从53.9%大幅下降到30.4%。如果与2001年比较，报纸的读者规模减少了近六成。与之相应，报纸的广告投放价值日益被新兴媒体所替代。

在2012年以前的PC互联网时代，报纸受到的冲击有限，业内人士普遍感觉"几乎无感"。原因在于，即使当时互联网已非常发达，但报纸仍然是最好的"移动媒介"。现在移动互联网所拥有的核心优势就是可移动性，这就取代了报纸的移动功能和媒介优势。一些本应报纸发挥作用的场景，如地铁、公交车等，纷纷被移动新媒体抢占。这必然导致报纸接触率大幅下滑，进而造成报纸广告、发行全线下滑。目前来看，报纸最需要做的，仍然是寻找到新的不可替代的场景价值。

（二）朝向新媒体的转型

从2009年下半年开始，一些商业新闻门户网站，比如新浪、搜狐、网易、腾讯等纷纷开办了微博平台，但最后形成规模的只有新浪与腾讯两家。微博与之前的新闻门户网站的不同在于，它是可以容纳不同媒体的媒介平台，众多的报纸，包括党报、都市报、行业报等，都纷纷到微博中开通账号。

报纸办的微博有两种普遍形式：一是报纸自创微博平台，这是对于新浪、腾讯的微博媒介平台特性的模仿，比如《人民日报》的人民网就曾开设过自己的微博平台；一是在新浪、腾讯的微博平台中开设账号。2009年，也就是微博诞生不久，就有《杭州日报》《南方周末》《扬子晚报》等报纸首批入驻新浪微博，到2013年1月，新浪微博平台内的报纸微博已达2700家，报人微博数达1.6万个。[1]

[1] 人民网舆情监测室：《2012新浪媒体微博报告》，2013年1月。

报业对微信公众号的探索则卓有成效。2012年8月，腾讯在日趋火爆的微信中开发了"微信公众平台"产品，为需要表达和传播的机构与个人提供了一个发布平台，其门槛低，自由度高，互动性强。这些特点，正好弥补了报纸的大众传播缺少个性和不够精准的不足，因此，很快就被报纸借用，各报社纷纷到微信公众平台上开设微信公众账号，并形成后来的"微信矩阵"。在微信公众号中，报业获得了一定的营收。

2012年后，全国报纸掀起了兴办新闻客户端的高潮。面对读者的流失，报纸急切需要寻找一个新的平台，既能够传播信息，又能够拥有媒介掌控权，还要有发展前景。新闻客户端满足了报纸的这种转型需求。现在几乎每一家大的报业集团都办有自己的新闻客户端，有些报业集团甚至旗下多张报纸各有一个新闻客户端。

（三）报业收割战略盛行

收割战略是指在行业衰退形势下，企业削减投资，特别是设备投资，提高产品价格，在可获得的优势（比如品牌价值、公信力）中获利，也就是开源节流中的"节流"。在"开源"乏力的情况下，报业收割战略近年来比较盛行，采用的方式包括：报纸涨价、减少发行量、减少出版频次、高频率活动等。2012年以后，减少出版版数，缩减发行量已经成为报业的普遍现象。

减少出版频次也是一个被频频采用的收割战术。2017年10月9日，《东南商报》宣布由日报改为周五报，并将定位调整为财经类主流媒体。《中国青年报》从2017年11月15日起，周六日不出纸质报。天津《城市快报》由日报变为周五刊，《武汉晨报》也改为周五刊。2017年8月8日，江西日报社决定：中国江西网与《信息日报》融合发展，《信息日报》2018年改为每周四出版。

(四)媒体融合使报业传播力增强、覆盖面扩大

2014年习近平总书记"8·18"讲话以来，报业积极推进媒体融合事业，增加了报业的传播渠道，报业传播力增强，覆盖面显著扩大。时至今日，报业通过媒体融合所获得的用户数量远远超过报纸流失的读者。人民日报社打造了"多介质舆论阵地"，构建了人民媒体方阵，包括报刊、网站、微博、微信公号、手机客户端，330万份报纸、294个新媒体发稿终端，已经覆盖用户6.3亿人次，而且，这些数字每天都在增加，远远超过了原先只有报纸的传播力。

互联网大大提升了报纸传播力。2016年，全国各级各类网站共转载报纸文章203万篇。报纸发布文章的单篇平均转载量为2.74次。2017年7月，人民网的《2017全国党报融合传播指数报告》从全国党报中抽取了百强党报，这些党报网站中，各中央级网站月均被转载新闻约15万篇次，各省级党报网站月均被转载7500篇次，各地市级网站月均被转载2000篇次。

报纸纷纷自创APP，并为其他商业APP提供内容。相关调研数据显示，有93%的报纸创办了自有APP，99%的报纸内容入驻各类聚合类客户端。

报纸一直为互联网、移动互联网提供丰富的新闻内容，报纸新闻是新媒体内容不可或缺的重要组成部分。时至今日，报纸仍然拥有很多新媒体所不能比拟的优势，如权威性、公信力、三审

第二章 新中国报业70年

三校制度带来的信息的精耕细作与可靠性。由于大部分新媒体没有新闻资质与能力，报纸成为很多新媒体的新闻来源，这让报纸作为新闻舆论的主体，仍然占据着主导地位。

（陈国权：《中国记者》杂志社值班主编）

第三章
新中国期刊出版业 70 年

董毅敏　秦洁雯

新中国成立以来，我国期刊出版业在党和政府的领导下，在国家政策支持及科学技术的推动下实现了飞速发展。今天，我国已成为名副其实的期刊出版大国，期刊出版规模世界第一，期刊出版质量不断提高，期刊品牌不断涌现，期刊的海内外影响力不断提升。在新中国成立 70 周年这一历史节点上，有必要对 70 年来期刊出版业的发展历程、发展成就、发展经验进行梳理和总结，以准确把握新的机遇，应对新的挑战。

一、期刊出版业的发展历程

本章以期刊出版规模变化、期刊出版技术变迁和期刊政策发展为线索，结合我国期刊业的阶段性发展特征和各阶段不同的主要影响因素，将新中国成立至今的期刊发展历程划分为以下六个时期。

（一）奠基创建时期（1949 年—1959 年）

新中国成立后，党对期刊事业高度重视，加强了对期刊事业的领导。大批文艺界知名人士、学术造诣深厚的专家学者担任期刊主编和编委，期刊出版质量上乘。这一时期，期刊业发展迅速，门类渐次齐全。但期刊大都集中于北京、上海等大城市，以计划经济方式出版运作，缺乏灵活的经营管理机制。

新中国成立初期，百业待兴，期刊业存在着期刊数量极少、类别既不齐全又不合理、地区分布不平衡、期刊发行渠道不畅、期刊出版无计划性等问题。1950年9月，第一届全国出版会议召开，期刊组负责人在会上报告：全国期刊共有247种，发行总量约200万册；期刊分布以华东地区最多，占全国期刊总数的43%；发行量以华北地区最多，占全国发行总量的一半；期刊发行量超过20万册的只有《学习》1种，超过10万册的只有《中国青年》1种，有50%的期刊发行量不超过5000册。这次会议通过了《关于改进期刊工作的决议》，明确提出要着重解决重复浪费、缺乏特性、无计划性等问题，要统筹兼顾，进行专业分工等，并强调要增加通俗期刊和少数民族期刊，健全编辑机构。[1]

为了加强和改进期刊出版工作，中央宣传部、出版总署和有关方面采取了不少措施：一方面，恢复被国民党政府封禁的某些期刊，对一些私营的专业刊物进行重新登记，分辨情况准予出版；另一方面，在全国各地创办了一批新的期刊。这个时期新办的重要期刊有《中国青年》《新体育》《新观察》《大众电影》等。在全国新创办的多种期刊中，通俗性期刊，尤其是学术性期刊，文学艺术、自然科学、生产技术等类别期刊得到加强。1952年8月16日，政务院颁布了新中国制定的第一个期刊管理法规——《期刊登记暂行办法》。在当时形势稳定、经济发展、文化教育繁荣的大环境下，期刊工作也沿着健康的道路逐渐恢复。

1953年中国每人每年占有期刊0.3册，1957年增至0.5册。[2]随着社会主义改造基本完成，全国经济发展、政治稳定、社会风气良好，经济建设和文化建设的艰巨任务摆在了全党和全国人民面前。1956年4月，党中央发出了"向科学进军"的号召，毛泽东在中共中央政治局扩大会议上，提出了"百花齐放，百家争鸣"的繁荣文艺、发展科学的方针，确立了正确的编辑出版指导思想，为我国期刊事业的发展指明了方向。1953年到1957年第一个五年计划期间，期刊的规模增长较快。种数从295种增至

---

[1] 石峰主编、范继忠著：《中国期刊史·第3卷》（1949—1978），人民出版社，2017年版，第7页。

[2] 高明光：《新中国的期刊出版事业》，《出版工作》，1989年第4期。

634 种，平均每年增长 21.65%；年总印数从 1.72 亿册增加到 3.15 亿册，平均每年增长 17.88%。[1] 通过创办新刊和调整、恢复原刊等一系列实践与探索，期刊获得了前所未有的快速发展，到 1959 年，期刊种数已增至 851 种，印数增至 5.28 亿册，总印张数增至 12.05 亿印张。其中，科技期刊总数已由 1952 年的 87 种增加到 356 种。[2] 期刊业基本形成学科门类齐全、出版层次和结构合理、富有发展活力的崭新体系，为今后的发展奠定了基础。

【1】高明光：《新中国的期刊出版事业》，《出版工作》，1989 年第 4 期。

【2】宋应离主编：《中国期刊发展史》，河南大学出版社，2000 年版，第 260 页。

（二）初步发展时期（1960 年—1965 年）

1960 年到 1965 年是我国社会主义建设事业艰难探索的时期，这段时期，思想文化战线上受到"左"的干扰，期刊的发展遭受了挫折。

1960 年到 1962 年是我国受自然灾害影响最为严重的三年经济困难时期，纸张等物资严重匮乏，不少期刊难以维持。为了克服困难，党提出了调整、巩固、充实、提高的方针，采取了一系列正确的政策和措施。有关部门为了集中有限的力量保证一批必不可少的期刊的出版，主动停办了大批刊物。期刊数量由 1959 年的 851 种急速下降到 1960 年的 442 种。总印数及总印张数也急速下降。1960 年、1961 年、1962 年的期刊出版种数分别为 442 种、410 种、483 种；期刊印数分别为 4.67 亿册、2.32 亿册和 1.96 亿册；总印张数分别为 10.31 亿印张、5.11 亿印张、4.20 亿印张。1962 年，我国经济开始出现转机，期刊的种数虽然有所增加，但是总印数继续锐减，当年全国每人平均占有期刊仅 0.3 册，相当于 1951 年的水平。[3]

【3】高明光：《新中国的期刊出版事业》，《出版工作》，1989 年第 4 期。

三年经济困难时期结束后，国家社会经济各项事业开始恢复发展，1963 年和 1964 年期刊业发展出现小高峰，期刊出版种数分别为 861 种、856 种；总印数分别为 2.34 亿册、3.53 亿册；总印张数分别为 5.39 亿印张、8.19 亿印张。到 1965 年，受当时政治形势的影响，期刊出版种数减少至 790 种，而印数和总印张数持续上升，印数为4.41亿册，总印张数为9.35亿印张。

（三）停滞不前时期（1966年—1976年）

"文革"时期，全国许多出版机构瘫痪、撤销，编辑人员下放劳动，绝大多数期刊被迫停刊。直到1976年10月，"文革"结束后，期刊业才摆脱困境，出现历史性转折。

1966年至1969年是"文革"开始并对全国经济文化事业破坏程度极为严重的时期，期刊事业也不例外。大部分期刊于1966年6月"文革"开始后停刊。全国期刊由1965年的790种骤然下降到1966年的191种，1967年再降到27种，至1969年，只剩下《红旗》《新华月报》《人民画报》和外文版的《人民中国》《北京周报》《中国文学》等20种刊物。这是近百年来全国期刊出版量的最低点。[1]期刊总印数也惊人地下降，1965年期刊的总印数为4.41亿册，1968年只有0.28亿册，其中《红旗》杂志就占了一半以上。

1970年之后，在毛泽东、周恩来等老一辈无产阶级革命家的关怀下，我国期刊事业得到一定程度的恢复发展。1970年下半年，周恩来召集当时国务院"出版口"负责人了解情况，督促制订图书出版计划。在1971年3月15日至7月22日召开"全国出版工作座谈会"后，国务院向毛主席和中共中央写了《关于出版工作座谈会的报告》，经毛主席批示"同意"后，中共中央于1971年8月16日向全国有关部门发出文件，明确指出："根据需要和可能，逐步恢复和创办一些理论、文学艺术、科学技术、学术研究、文教卫生、体育等期刊，首先要注意恢复创办工农兵、青少年迫切需要的期刊。属于社会科学方面的期刊，报中央组织宣传组批准；属于文学艺术方面的期刊，报国务院文化组批准；其他方面的期刊，报国务院有关部门批准。"[2]文件下发后，期刊工作出现转机，陆续恢复了一些停办的期刊，并创办了一些新的期刊。期刊种数很快便由1970年的21种上升到1972年的

【1】方厚枢：《"文革"十年的期刊》，《编辑学刊》，1998年第3期。

【2】宋应离主编：《中国期刊发展史》，河南大学出版社，2000年版，第282-283页。

194 种，到 1974 年已恢复出版 382 种。1975 年年初，邓小平主持中央日常工作后，进行了大刀阔斧的整顿，对凋零的期刊事业给予密切关注。《人民文学》在邓小平的支持下得以复刊。[1] 至 1976 年，全国共有期刊 542 种，总印数 5.58 亿册。

[1] 宋应离主编：《中国期刊发展史》，河南大学出版社，2000 年版，第 284 页。

（四）快速腾飞时期（1977 年—1999 年）

"文革"结束后，我国期刊业开始恢复发展，1977 年，期刊种数恢复至 628 种，期刊品种少、内容单一的局面初步得到改变。党的十一届三中全会以后，我国期刊出版事业进入快速腾飞时期，期刊规模迅速扩大，期刊市场逐渐完善。至 1999 年，我国期刊已达 8187 种，印数 28.46 亿册。1977 年至 1999 年间，我国期刊种数和印数的年平均增长率分别为 12.38% 和 7.68%[2]。经过二十多年的发展，我国期刊总体上呈现出种类齐全、层次多样、导向正确、精品增多及管理科学的新局面。

[2] 梁玮：《中国期刊产业现状及发展对策研究》，兰州大学硕士论文，2010 年。

改革开放与一系列早期政策的颁布是推动期刊业快速发展的主要动因。1977 年 10 月 1 日颁布的《关于新闻出版稿酬及补贴试行方法的请示报告》，使中断 11 年的稿酬制度得以恢复，为各类期刊吸引了大批作者。新闻出版署于 1988 年 11 月 24 日颁布的《期刊管理暂行规定》，是新中国成立后发布的第一个对期刊进行全面管理的规范性文件，对期刊的创设、申报、审批、管理以及期刊社的经营都有具体明确的规定；国家工商管理局、新闻出版署于 1990 年 3 月 25 日颁布的《关于报社、期刊社和出版社刊登、经营广告的几项规定》，确立了期刊社经营广告的基本管理制度；1990 年 2 月 16 日颁布的《新闻出版署关于对期刊发表纪实作品加强管理的通知》与国家科委 1991 年 6 月 5 日颁布的《科学技术期刊管理方法》，对期刊的类型和学术期刊的分类管理作了详细划分。

新技术在期刊出版流程中的应用为推动行业发展注入了强大动力。互联网自 1987 年开始进入中国，促进期刊产业的编印技术跃上了新台阶。在互联网的助推下,编辑工作逐渐实现计算机化和数字化,编辑人员的事务性、劳务性工作负担被减轻,在提高编辑工作效率的同时也改善了编辑质量。同时,印刷设备的改进,不仅提高了印刷质量,也拓展了杂志的表现手段和表现力[1]。互联网信息技术对期刊发展的影响,还表现为电子出版的发展与网络电子期刊数量的增加。自 1989 年诞生以来,网络电子期刊凭借自身即时性、大容量、交互性、低成本等诸多优点快速发展,由 1991 年的 110 种增加到 1998 年的近万种[2]。

这段时期,我国期刊在数量增加的同时,质量不断提升,内容丰富多彩,贴近市场需求,在社会主义物质文明和精神文明建设中发挥了很大作用。据 1987 年统计,平均期印数在 100 万册以上的期刊有《半月谈》《红旗》《中国青年》《辽宁青年》《故事会》《农民文摘》等 25 种;平均期印数在 25 万册以上的有 195 种。[3]自然科学、技术类期刊内容普遍较好,质量逐渐提高,出现了一批在国际上有影响的刊物。以中国科协所属的学术期刊为例,有 120 多种发行到了 70 多个国家和地区,到 1986 年,已有 80 多种科技期刊被收入 20 多个国际性检索刊物或检索中心。[4]另据统计,在 1982 年至 1986 年五年中,我国共有 50 种期刊先后入选美国《化学文摘》公布的千种期刊表。[5]

(五)转型发展时期(2000 年—2012 年)

2000 年之后,期刊种数、印数的增长速度均放缓。(见图 1、图 2)期刊种数与印数发展不同步的现象越来越明显。期刊种数持续增长,由 2003 年的 9074 种增至 2004 年的 9490 种。经过一段平稳期后,由 2008 年的 9549 种升至 2009 年的 9851 种,之后再次进入平稳期,直至 2015 年期刊种数突破 10000 种后,持续平稳增长。

期刊的总印数自 2003 年的 29.47 亿册降至 2005 年的 27.59 亿册。之后,开始了长达 7 年的持续缓慢增长,在 2007 年突破

---

[1] 梁玮:《中国期刊产业现状及发展对策研究》,兰州大学硕士论文,2010 年。

[2] 邱薇:《网络期刊的发展探讨》,《科技情报开发与经济》,2006 年第 20 期。

[3] 高明光:《新中国的期刊出版事业》,《出版工作》,1989 年第 4 期。

[4] 高明光:《新中国的期刊出版事业》,《出版工作》,1989 年第 4 期。

[5] 高明光:《新中国的期刊出版事业》,《出版工作》,1989 年第 4 期。

了年总印数 30 亿册大关，并于 2012 年达到 33.48 亿册的顶峰，之后，于 2013 年又开始连续 6 年下滑。

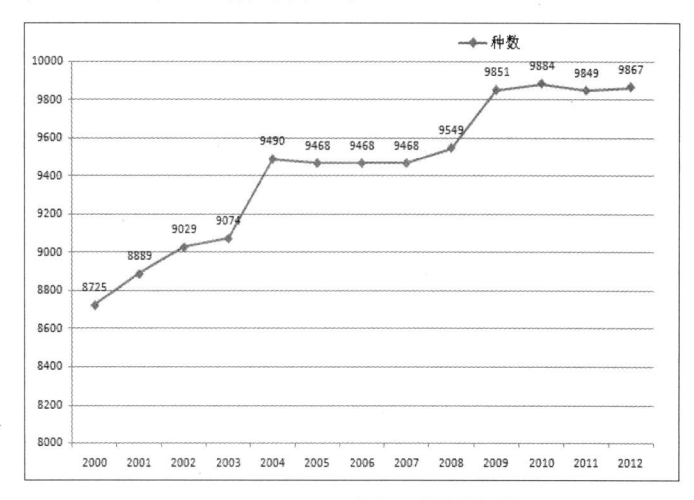

图 1　2000—2012 年期刊种数增长曲线

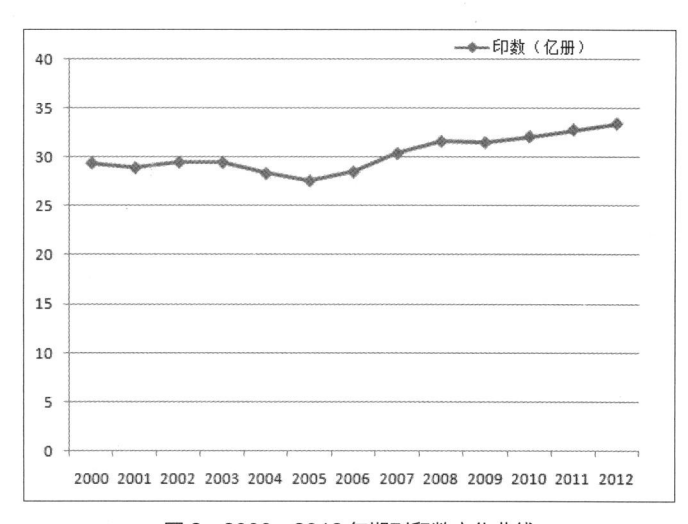

图 2　2000—2012 年期刊印数变化曲线

我国市场经济的不断发展、完善与深入，是这一时期期刊业发展格局的主要成因。期刊种数与印数在 2000 年的变化曲线表明，进入新世纪之后，我国期刊业发展开始脱离高速增长期，进入缓慢增长、稳步发展的阶段，逐渐由粗放型发展转向集约型发展。以 2003 年为节点，市场经济环境对期刊业的影响可分为两个阶段。一是2000年至2003年的转型初期，其特点为：期刊改革初步展开，互联网技术深入应用于期刊编印发流程，版权合作急速升温等。二是2003年至2012年的深入转型期，其特点为：期刊品牌化，期刊企业集团化高速发展；期刊跨媒体、跨国界、跨行业深度合作；期刊"走出去"步伐加快，传播力增强；期刊行业组织进一步发挥作用。

（六）融合创新时期（2013年至今）

互联网的迅速普及、大数据的运用以及人工智能时代的到来，使我国期刊业的发展受到又一波冲击。在2012年印数达到33.48亿册的顶峰后，我国期刊印数自2013年开始逐年下滑；至2018年总印数为22.92亿册。不过，在经历了几年下滑后，期刊利润总额在2016年开始有所回升，表明期刊业供给侧结构性改革已初显成效。

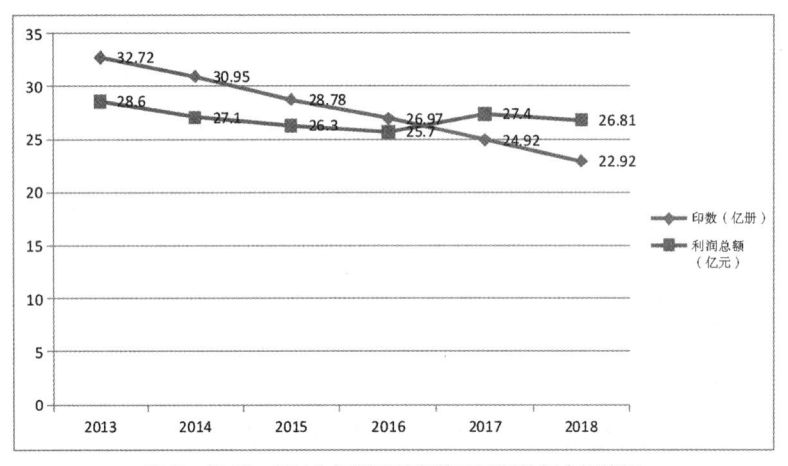

图3 2013—2018年期刊总印数及利润总额中折线图

自2013年以来，大数据强有力的渗入与技术的发展大大压缩了传统纸媒的生存空间，如何进一步实现期刊经营管理和结构调整，在急速变化的信息环境与大众阅读取向之间把握平衡，从而实现自身与新的信息技术的融合创新，成为这一时期我国期刊业必须面对的重要课题。

二、期刊出版业取得的主要成就

新中国成立70年,尤其是改革开放40年来,我国期刊业不断开拓创新、加快发展,取得了令人瞩目的成就。当前,期刊业顺应时代潮流,牢牢把握发展机遇,呈现出新常态:期刊规模迅速扩大,期刊结构不断优化,期刊影响力不断增强,期刊发展环境不断完善。

(一)规模迅速扩大

新中国成立70年来,我国期刊业从无到有,从事业性质转变为企业性质,逐渐壮大发展。2018年,全国期刊总印数22.92亿册,总印张126.75亿印张,定价总金额217.92亿元。期刊出版实现营业收入199.41亿元,利润总额26.81亿元。2017年的数字期刊收入也达到20.1亿元。

在期刊品种上,1949年全国期刊只有257种,此后逐步增加,期间虽有波动,但总体保持增长态势。改革开放之后,期刊业发展迅猛,期刊品种稳定增长,1979年为1470种,1989年为6078种,十年间增加了4600余种。2018年,全国共出版期刊10139种。近70年期刊种数变化情况如图4所示。

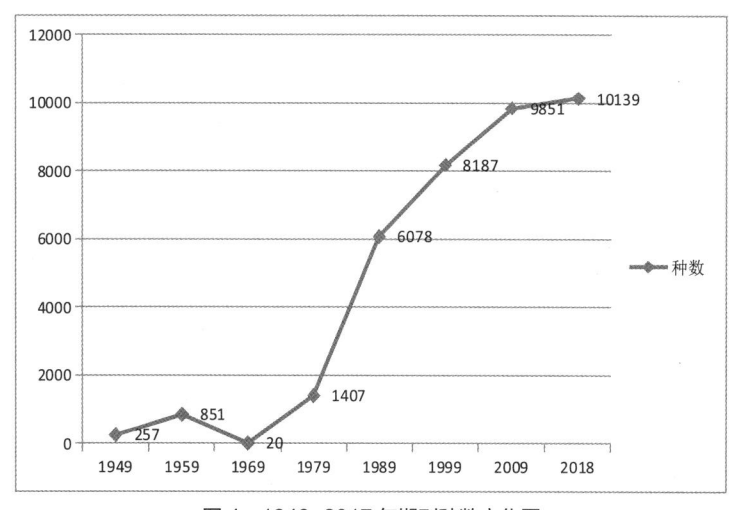

图4 1949-2017年期刊种数变化图

期刊总印数发展有一定波动。从1949年新中国成立后0.2亿册，到1978年的7.62亿册，再到1999年的28.46亿册，期刊总印数呈阶梯式增长。至2000年，期刊业总印数达到29.42亿册，2012年达到顶峰的33.48亿册。此后由于市场环境变化，期刊总印数逐年下滑，2018年下滑到22.92亿册。

新中国成立后的前30年，我国期刊总印张，由1949年的0.77亿印张，[1]增长到1979年的30.14亿印张。自1991年至今期刊总印张连年迅猛增长，2000年突破了百亿印张大关，为100.04亿印张，2017年达到了126.75亿印张。[2]

2018年，全国共有经国务院新闻出版行政管理部门或省级新闻出版行政管理部门批准的出版传媒集团126家，其中报刊出版集团47家。报刊出版集团资产规模平缓增长。47家报刊出版集团共实现主营业务收入404.7亿元，较2017年增加13.1亿元，增长3.3%；拥有资产总额1674.5亿元，增加2.1亿元，增长0.1%。[3]报刊出版集团的资产和收入双双实现较快增长，整体规模稳步提升。期刊人才队伍也不断扩大，为期刊发展提供了充分的智力支持。截至2017年，期刊出版业就业人数为10.01万人。[4]

总体来看，新中国成立后，尤其在改革开放后，我国期刊在种数、印数、总印张数等方面都实现了快速增长。2008年之后期刊种数与总印数的增速出现下降。这表明，随着市场经济的快速发展与不断完善，我国期刊业已开始走出高速增长期，进入到稳步发展的阶段，已逐渐由粗放型发展转向集约型发展。

（二）结构不断优化

近年来，期刊业积极贯彻落实中央关于新闻出版体制改革的要求，积极推进结构性改革。虽然期刊总印数下降，但期刊出版主题更加突出，传统业务和新业务正在调整，各期刊社积极开源节流，2018年营业收入增长1.5%，利润总额相比2017年6.6%的快速增长降低2.01%。[5]总体来说，期刊业稳定快速发展，规模迅速扩

---

[1] 石峰主编、范继忠著：《中国期刊史》，第3卷（1949—1978），人民出版社，2017年版，第6页。

[2]《2018年新闻出版产业分析报告》，《中国新闻出版广电报》，2019年8月27日。

[3]《2018年新闻出版产业分析报告》，《中国新闻出版广电报》，2019年8月27日。

[4]《2017年新闻出版产业分析报告》，《中国新闻出版广电报》，2018年7月31日。

[5]《2018年新闻出版产业分析报告》，《中国新闻出版广电报》，2019年8月27日。

大，在发展中不断实现优胜劣汰，期刊市场发展日臻完善，进出有序，期刊产业链已趋成熟，期刊数字化程度不断提升，期刊集约化程度增强，期刊产业多重融合发展，推进期刊业结构不断优化。

1. 市场进退有序

根据中共中央、国务院的决定，新闻出版署分别于1987年、1989年对期刊进行了两次整顿，停办了400余种期刊。[1] 如今，面对期刊的市场化发展以及数字化转型、体制变革等多重压力，各类期刊积极求新求变，行业进入和退出越发频繁，期刊或新办或更名以寻求突破。国家新闻出版广电总局2017年批准创办61种新期刊、更名110种；2016年批准创办63种新期刊、更名135种；2015年创办57种新期刊、更名116种。具体来看，新办或更名期刊主要通过以下方式进行战略调整。一是进行小众定位，细分读者市场，如《农机导购》更名为《房车与露营》，《微型机与应用》更名为《信息技术与网络安全》；二是紧跟国家政策，填补学科空白，支持新学科、新领域发展，如《电子科学技术》更名为《人工智能》，《贵州农村金融》更名为《大数据时代》，《旅游时代》更名为《智库时代》等；三是专业化、精准化发展，如《驾驶园》更名为《人民交通》，《领导之友》更名为《治理现代化研究》，《齐鲁医学杂志》更名为《精准医学杂志》等。

[1] 罗琳主编：《中国期刊面面观》，中国书籍出版社，1994年版，第137页。

2. 产业链日趋成熟

期刊产业链的完善是行业内在结构调整和优化的关键一环。目前，各大期刊集团、各类期刊的产业链结构正从垂直一体化结构逐渐发展为较为完善的、开放合作式产业链。其中以专业期刊尤其是科技期刊产业链最为完善。我国的科技期刊出版产业链是包含了内容创作、产品生产、技术开发、市场营销及消费等环节的相互联系的链条，具体如纸张制造商、办公设备制造商、网络服务提供商、通信运营商、发行运作商等，产业链构成主体多元，产业分工细化。此外，期刊数字出版产业链也逐渐形成，主要包括作者、期刊社、数字出版平台运营商、终端读者等成熟链条。

随着技术的进步和合作模式的不断拓展，未来期刊产业链将进一步构成以内容资源为基础、多种媒体互动共赢的"大期刊"局面。

3. 数字化程度提高

《关于推动传统媒体和新兴媒体融合发展的指导意见》为我国期刊业的数字化转型和融合发展指明了方向，数字化转型、融合发展已经成为中国期刊业发展的战略共识。2016年出台的《互联网出版管理规定》以法规的形式保障了传统媒体转型和数字媒体融合的健康发展。随着信息技术在传播领域的深入应用，以及"三网融合"步伐的加快，期刊数字化程度不断提升。一是数字期刊引导期刊发展的重要潮流。随着技术在信息传播领域的普遍应用，电子杂志、期刊网站、期刊数据库、手机APP等成为期刊领域的重要传播载体，数字期刊能够满足读者多客户端阅读期刊的需要，市场前景广阔，发展势头迅猛。2017年互联网期刊收入达20.1亿元，[1]而数据显示，2006年时，数字期刊收入仅为5亿元。[2]数字化技术尤其在学术期刊出版和学术传播中起了关键作用。目前，学术期刊数据库建设和应用最为成熟，代表性的开放存取出版平台有中国知网、万方数据、维普数据等大型在线数据库，中科院科技期刊开放获取平台（COAJ）、中国科技论文在线等。未来十年，数字期刊及移动数字出版将成为学术期刊的主要出版和传播形态。二是期刊移动传播成为行业热点。在移动互联网大背景下，读者已逐渐习惯移动屏阅读，这进一步倒逼期刊内容从最初的期刊网络版转变为符合移动互联网特点的网络期刊。移动化和社交化是近年期刊数字化发展的新方向，期刊开办微信公众号和微信服务号逐渐成为期刊发展的"标配"。据2014年人民网研究院发布的《中国媒体移动传播指数报告》显示：《中国新闻周刊》《三联生活周刊》《创业家》位列中国杂志移动传播百强榜前三甲。以内容为依据划分，时尚生活类、商业财经类和新闻综合类等大众消费类杂志在移动传播百强排行榜中远远超过其他杂志类型。

【1】张立主编：《2017—2018中国数字出版产业年度报告》，中国书籍出版社，2018年版，第7页。

【2】"互联网+"让数字化阅读成为主流阅读模式[EB/OL]．(2015-7-15)[2019-6-15]新华网http://www.xinhuanet.com/politics/2015-07/15/c_1115936194.htm

4. 集约化程度增强

经过改革开放后中外期刊业合资合作、中国期刊"走出去"政策的推动，加上新媒体的不断冲击等因素，我国期刊业由内而外地认识到集约化有助于打破传统格局，是实现期刊业高质量、有效益、可持续发展的必由之路。期刊业正通过企业内部资源优化配置和期刊刊群建设等方式，从内外两个角度同时增强集约化程度。一方面是期刊企业内部资源集约化配置。在快速发展的市场环境下，期刊业不断洗牌，同质化期刊被淘汰。打造期刊品牌，发挥期刊独特个性，紧扣市场需求，成为期刊业发展的重点。另一方面是推动期刊刊群建设。近年来，期刊刊群建设逐步转向产品群建设、期刊社群建设。在政策引导下，中央各部门和全国各省市区都积极推动期刊集约化经营，纷纷成立期刊集团，推动期刊集群建设成效显著。

5. 产业多重融合发展

随着市场细分和竞争的加剧，期刊界积极打破传统思维，通过多种方式进行融合发展，不断提升自身的市场竞争力。期刊企业对资源重复开发、循环利用的需求凸显。期刊业的融合不断加速，呈现出跨媒体、跨国界、跨行业深度合作的态势。如QQ网络期刊、ZCOM、XPLUS等期刊平台获得了大量投资，文广集团、时尚集团等大型期刊集团在多元融合方面也走在前列。就期刊本身发展来说，纸刊和数字媒体融合持续深入，逐步发展为内容与形式融合、渠道与平台融合、经营与管理融合的全方位融合。

一是跨媒体融合。期刊企业围绕内容核心，积极向相关产业延伸融合，形成了期刊+报业、期刊+动漫、期刊+电影、期刊+游戏等产品，拓展了"期刊+"的转型升级新路径。如知音传媒集团在期刊基础上，向广告经营、动漫开发、报业、印刷制版、房地产和物业开发等多种业态跨界发展。其旗下的漫客传媒公司以《知音漫客》为核心不断拓展周边产品，通过动画改编、游戏改编、移动APP开发等，打造了以期刊为主体，图书、动画、游戏、网络、电子商城为支线的产业链。2015年，知音与移动游戏公司蜂巢游戏合作开发的卡牌游戏"漫客英雄"市场成效明显。

二是跨平台融合。通过平台融合实现用户共享、平台资源共享、平台技术共享，增强传播力，最终实现发展用户、集聚用户目标，更好地为用户提供服务。如湖南的《新湘评论》期刊通过与有关职能部门合作共建平台，与《湖南日报》、红网等加强资源合作。同时，通过新媒体举办线上线下活动，以开发深度交流平台等方式探索内容的二次传播。浙江共产党员杂志社打造的《浙江共产党员》、浙江党建网等"四刊两网五微"矩阵，新媒体粉丝量近百万。

三是跨产业融合。跨产业融合是期刊多元融合发展的必经之路。如湖南快乐老人产业经营有限公司拥有《康颐活过100岁》《快乐老人报》和枫网、快乐人生出版、快乐老人生活馆和江苏快乐老人电子商务有限公司等七大业务板块的老年产业平台。商界传媒集团旗下的《中华手工》通过电商平台"满淘网"和产品品牌"百工制器"，构建了一条立体化、综合性文化产业链。

（三）质量稳步提高

近年来我国成年人国民阅读率呈上升趋势，人们的精神文化需求明显提升，对自身文化素养也有了更高的要求。这相应也促进了期刊质量的精品化发展。首先，从内容上看，主流期刊发力，符合人民群众需要、彰显时代正能量的期刊带动作用明显。2018年，共有《求是》《中国纪检监察》《时事报告（大学生版）》《时事（初中）》《读者》等10种期刊平均期印数超过100万册。其中，《时事报告（大学生版）》平均期印数超过450万册。其次，从形式上看，许多期刊设计精美，装帧质量高，极大地激发了读者的阅读兴趣。

（四）影响力不断增强

新中国成立以来，我国期刊在发展壮大中不断提质增效，关注并引导读者需求，期刊品牌不断涌现，期刊走出去步伐加快，海外影响力不断增强。

1. 品牌不断涌现

新中国成立70年，我国期刊品种从1949年的257种到目前数量过万，涌现出不少质量上乘、为读者喜欢、具有广泛影响力的期刊，如《读者》《时尚》《家庭》等。这些期刊品牌，主要是通过三种形式建立的。一是定位于大格局。如20世纪80年代后期的《家庭》（原名《广东妇女》）和《知音》（原名《湖北妇女》），便是通过更名、改刊拓展视野，优化内容，逐渐形成了自己的品牌版图。二是通过设立子刊，以"母子刊"的刊群方式产生连带效应。这是20世纪90年代后期我国品牌期刊建立的主要方式。在市场上已经获得认可的品牌期刊通过改刊细分，创办子刊，实现品牌刊群的连带效应。如《知音》旗下有《知音·海外版》《好日子》《商界名家》《良友文摘》《财智文》《打工》等，成为国内著名的期刊刊群。三是在改刊浪潮中，通过增印张、全彩印等方式，迅速提升期刊品质，以达到国际化水准，吸引世界品牌广告商的青睐，实行立体化经营。如《瑞丽》期刊，即以瑞丽女性网、瑞丽女性社区、瑞丽无线增值业务、瑞丽银行卡、瑞丽电子杂志、瑞丽Book等形式与瑞丽期刊立体互动，共同构成了《瑞丽》期刊的品牌影响力和号召力。

2. 海外传播力不断拓展

在全球化背景下，国际市场竞争力是一个行业实力的重要标志，"走出去"是期刊业发展的一条必然路径。中国期刊"走出去"不完全是一个经营概念，更肩负着文化传播、文化形象大使的使命。目前，中国出版"走出去"已经形成了"政府推动、企业主体、市场运作、社会参与"的工作机制。2017年中办、国办相继印发了《关于加强和改进中外人文交流工作的若干意见》和《关于实施中华优秀传统文化传承发展工程的意见》，全面规划走出去战略。作为中国文化走出去的重要组成部分，期刊走出去近年来取得了显著的成绩。出口期刊数量和销售金额都持续上涨。2018年，全国期刊出口325.23万册，销售金额595.54万美元。[1]

【1】《2018年全国新闻出版业基本情况》，《中国新闻出版广电报》，2019年8月27日．

期刊海外传播力拓展的重要表现即是近年我国期刊及科研成果影响力的扩大。2015年6月19日，汤森路透集团发布2014年《期刊引证报告》，我国科技期刊各学科领域期刊种数、总被引频次、影响因子等学术指标均有所提高。根据2018年中国科学技术信息研究所发布的"中国科技论文统计结果"，我国科技论文在产出规模继续增长的同时，已由高速增长阶段转向高质量发展阶段。我国在国际顶尖学术期刊上发表论文数量的排名进至世界第4位。截至2018年9月，我国高被引论文数为24825篇，占世界总量的17.0%，世界排名保持在第3位。

随着期刊国际化和学术交流国际化的发展，我国英文期刊创办数量逐年增加，期刊的编委会、读者、作者、广告越来越国际化，期刊制作越来越便于数据库收录和学者交流。此外，期刊积极参与国际化分工，版权合作迅速升温。我国期刊界加快了与国际大型传媒集团的交流与合作，在吸收国外优秀文化艺术作品、引入国外时尚元素的同时，激发了我国期刊业新的发展思路，促进了我国期刊业的繁荣发展。

（五）发展环境不断优化

伴随着期刊业的壮大和期刊市场的发展，相关规章制度日益完善，期刊行业组织不断发力，期刊专业人才队伍不断壮大，期刊理论研究成果丰硕，期刊发展环境不断优化。

1. 制度逐渐完善

随着我国社会主义市场经济的发展，国民生活水平、消费需求的提升，期刊业成为利润丰厚之地，吸引了众多竞争者进入期刊市场，也带来了一些低效、无序的竞争，在一定程度上影响了期刊业的正常发展。20世纪90年代以来，期刊"编营分离"这一新型经营模式在我国逐渐成熟，期刊的文化属性和产业属性分离，促使期刊业"双效"稳定实现。在世纪交替之际，为了营造优良的期刊市场环境，国家还颁布了一系列政策，规范期刊市场的准入机制和运行机制，打击扰乱期刊市场秩序的行为，加强期刊市场监管，促进对外交流与合作。这些政策包括：关于期刊出版和刊号管理方面的《关于严格期刊刊号管理的通知》《关于规范期刊刊名标识的通知》（1999年9月8日颁布）；关于期刊队伍建设的《出版专业技术人员职业资格考试暂行规定》《关于进一步加强记者证管理的通知》（2001年颁布）。质量管理方面的规章制度有《关于加强文摘类报刊管理的通知》（1995年8月2日颁布）、《关于严格规范期刊刊载有关性内容等问题的通知》（1999年7月8日颁布）、《关于严格执行期刊三审制和三校一读制度保证出版质量的通知》（2001年2月22日颁布）、《关于发布〈社会科学期刊质量管理标准〉（试行）的通知》、《期刊出版管理规定》及《书刊印刷产品质量监督管理暂行办法》。关于期刊经营管理方面的有《推进和规范出版物发行连锁经营的若干意见》（2002年7月25日颁布）、《关于新闻出版业集团化建设的若干意见》（2003年7月25日颁布）。关于涉外期刊经营方面的有《关于规范涉外版权合作期刊封面标识的通知》（2000年4月10日颁布）、《外商投资图书、报纸、期刊分销企业管理方法》（2003年3月17日颁布）、《关于进一步规范新闻出版单位出版合作和融资行为的通知》（2004年6月1日颁发）。在相关政策的规范引导和新闻出版行政部门的监督管理之下，这一时期我国期刊业实现了快速稳健的增长，市场秩序得到很好的规范，总体上呈现出良好的发展态势。

2.行业组织发力

行业组织是促进期刊行业发展、规范期刊市场秩序、组织并参与期刊活动、凝聚期刊业界力量的重要力量。成立于1992年5月的中国期刊协会在我国期刊业发展过程中起到了突出作用。

中国期刊协会共有包括平面与网络期刊出版单位、期刊团体以及有关期刊专业教学、科学研究、行政管理单位等会员单位4000余家，下设数字期刊分会、医药卫生期刊分会、冶金期刊分会、民营期刊发行（营销）分会等14个二级分会，并主办有《中国期刊出版年鉴》《中外文摘》以及中国期刊协会网和中国期刊协会微信订阅号。中国期刊协会于2000年10月加入国际期刊联盟，2004年被推选为国际期刊联盟董事会成员。加入国际期刊联盟后，中国期刊协会组织开展了一系列活动，深受国际期刊联盟的重视与信任。2007年5月，中国期刊协会在北京成功承办了第36届世界期刊大会，来自几十个国家的上千名代表参加；在2010年5月和2014年11月，协会与国际期刊联盟（FIPP）分别于中国杭州和北京联合主办了第二届和第四届亚太数字期刊大会，共吸引了近1500位国际期刊界、出版界、信息产业界嘉宾及相关产业从业者参加，得到一致好评。

我国经济的高速发展，促进了商业经济的繁荣，目前全国各省大多创办了商业期刊，如《徽商》《浙商》《川商》《赣商》等。此类期刊紧随时代大潮，细分传播受众，服务商人群体和商会组织，已成为期刊界的一支劲旅。为了更好地凝聚商业期刊媒体的力量，释放商业期刊媒体的能量，中国期刊协会商业期刊媒体分会应时而生。类型期刊媒体分会的成立，标志着我国期刊业管理的细分化和专业化，更有利于媒体力量的聚合。

3. 专业队伍壮大

期刊实力的增强及学术能力的提高最终仰赖专业化的期刊人才。随着期刊市场化的发展，建设专业化的期刊人才队伍成为期刊业可持续发展的重要任务。截至2017年，期刊出版业从业人数为10.07万人。[1]期刊的长期稳定发展对期刊人才专业素质、建设专业化期刊人才队伍提出要求。首要工作就是转变期刊业人事管理制度，加强人才资源的综合能力建设，着重吸纳、培养既懂经营又懂采编的复合型管理人才，对世界范围的前沿问题和重大

---

[1]《2017年新闻出版产业分析报告》，《中国新闻出版广电报》，2018年7月30日。

学术问题有一定把握能力的专家级人才。

4. 理论研究成果丰硕

开展期刊理论研究是期刊事业繁荣的推动力。伴随着期刊事业发展，期刊理论的研究也逐渐活跃起来，形成了一大批期刊理论研究的成果，这既是期刊事业发展本身的需要，又是主管部门所倡导的。在这方面，期刊界做了许多工作。1992年中国期刊协会建立以来，即与各地期刊协会一起开展了卓有成效、有组织的理论研究。各高校在人才培养过程中，根据近年来我国期刊产业发展的需要，进行了大量的理论研究和实践探索。广大期刊从业者也在工作中自觉开展理论研究。这些研究活动，已经产生了大量的理论成果，推动了期刊工作的开展。

三、期刊出版业发展的主要经验

回顾70年来期刊业的发展，既有过艰难探索，也积累了丰富经验，归纳起来，期刊业的繁荣取决于多种因素：安定的政治局面、稳定的经济基础、逐步提高的人们的文化水平、较宽松的学术环境、健全的规章制度以及科学化的管理等。

（一）坚持正确的舆论导向，服务大局

期刊出版业是党的宣传思想工作的重要阵地。新中国成立70年的期刊出版实践昭示我们，站在历史潮头，必须坚持和完善党的领导，坚持社会主义意识形态的统领地位；始终坚持把正确的舆论导向放在第一位；不断增强政治敏锐性和政治鉴别力，看清本质、把握主流，把好关、把好度。70年来，期刊业不断增强理论自信、道路自信、制度自信和文化自信，不断深化对出版体制改革的认识，不断加深对以人民为中心工作导向的认识，大力传承、传播中华优秀传统文化，大力传播革命文化和社会主义先进文化，大力弘扬社会主义核心价值观。在面对两个效益时，始终坚持把社会效益放在首位，服从、服务于党和国家发展的大局，坚持将期刊出版工作作为精神文明建设和意识形态建设的重要方面，为我国的改革开放发展提供有力的支持，营造良好的环境。

（二）坚持解放思想，促进体制机制创新

新中国成立70年的历程，尤其是改革开放以来的历史证明，只有解放思想，促进体制机制创新，期刊业才能有发展、有进步。而思想解放的力度、速度、程度直接关系到出版改革发展的广度、深度和进度。期刊业的成就也得益于解放思想、转变观念，这极大地激发了期刊市场活力，释放了期刊出版生产力，推动了期刊业全面稳步发展。70年来，期刊出版观念的每一次突破，都极大地推动了期刊业的改革创新，促进了期刊业的繁荣和发展。而每一次期刊业的体制机制创新也都不同程度地释放了期刊业能量。如通过转变政府职能，出台一系列政策，优化了期刊出版秩序；期刊业的改制促进了期刊业事业单位与企业的分化，方便了市场管理。随着期刊业现代企业制度的建立，期刊集团上市发展，期刊成为真正的市场竞争主体，通过各种市场化、产业化方式，提高了企业竞争力，增强了企业影响力。

（三）坚持分类指导，充分发挥市场机制作用

规范行业秩序是一个行业健康、可持续发展的关键因素。期刊业发展的实践证明，期刊业的蓬勃发展，依赖于规范的行业发展秩序。规范的行业秩序使得我国期刊业迅速进入现代化运营的轨道。由于我国期刊业的特殊性，在建立规范的期刊行业秩序时，最核心、最关键的一点是对期刊进行分类指导，充分发挥市场机制作用，激发期刊业的内在活力。

首先，做好期刊分类，区分经营性期刊和公益性期刊，进行分类指导。党刊和纯公益性期刊因其特殊性由党和政府部门主管主办，必须充分发挥其公益性功能。对于其他期刊，则有必要充分确定其市场主体地位，实行现代企业制度，完善法人治理结

构，让其选择更适合自身发展的现代管理和经营方式，具备完备的投融资功能。2014年4月，国家新闻出版广电总局下发了《关于规范学术期刊出版秩序 促进学术期刊繁荣发展的通知》，开展学术期刊资质认定和清理工作。当时认定为学术期刊的共有5737种，占送审期刊总数的95%；需整改后再认定的期刊共146种；不予认定为学术期刊的177种。2016年国家新闻出版广电总局开展了第二批学术期刊资质认定及清理工作，认定的第二批学术期刊名单共693种。学术期刊认定工作有利于厘清学术期刊与大众期刊的界限，明确两者之间的关系，将有限的出版资源明确地投入相关领域。从长远来说，这将有助于净化学术期刊发展环境，建立起学术期刊发展的长效机制，促进我国学术期刊高水平地发展。

其次，充分发挥市场机制作用。一是建立以学术期刊为主，继而延伸至其他种类期刊的规范评价体系。不断完善学术期刊评价的理念、标准、方法，深层次研究如何构建中国特色学术期刊评价体系，引领期刊业科学发展。二是完善期刊市场体系，以市场化运作方式活跃期刊市场，重塑期刊市场主体，健全期刊进入退出机制，促使形成公平、公正、公开的市场管理体制下的优胜劣汰市场生态，制定公平竞争的行为规范体系，充分发挥市场配置期刊资源的作用，充分激发潜在的期刊发展活力，让更多的市场主体参与到期刊市场的公平竞争中来，通过竞争不断提升期刊质量。

（四）采取多种措施，提升期刊人才队伍素质

提高人才队伍素质，既要深入贯彻落实中央和新闻出版行政管理部门关于加强人才队伍建设的要求，全面规划、系统培养领军人才、经营管理人才、专业技术人才，特别是复合型人才与行业紧缺人才，又要进一步加强出版人员职业资格制度，实现对从业人员及其单位的规范管理，促进新闻出版人才队伍的专业化和职业化建设。尤其要使期刊人才能够准确把握当前新闻出版工作

的政治导向、重点任务，增强其把关能力和鉴别能力，从而弘扬主旋律，传播正能量，提高宣传引导水平。根据《新闻出版广播影视"十三五"发展规划》，"十三五"期间，新闻出版行业要通过学历教育、日常培训、国外进修、项目带动、资金支持等重点支持方式，培养和造就一批杰出记者、杰出编辑、著名经理人、著名企业家、著名经销商和其他优秀人才，改善人才队伍结构，形成新闻出版人才的相应梯队和品牌效应。此外，还要"培养一批熟悉国际出版运作规律、熟悉市场规则、懂经营、善管理的经营管理人才；一批能够从宏观上把握国际、国内行业发展趋势的战略型人才；一批既懂出版又擅长资本运作的资本运作人才；一批既善于掌握市场又了解国际出版惯例的外向型人才；一批既懂编辑策划又懂生产运作的营销策划人才"。实施"新闻出版专业技术人才知识更新工程"，建立新闻出版高端人才和专业人才库。

（五）严抓内容质量，推进媒体创新、融合、开放发展

新中国成立70年来，期刊业的蓬勃发展主要得益于对内容质量的把控，以及不断推进媒体的创新、融合和开放发展，不断适应新的市场需求。

期刊内容是期刊存在的价值和发展的关键所在。在内容质量把控方面，一方面，期刊业不断增强意识形态领域的主导权和话语权，不断坚定广大从业者的道路自信、理论自信、制度自信、文化自信，把社会效益放在首位，努力实现两个效益相统一，推动期刊业实现高质量发展。同时，珍视自身拥有的本土出版生产要素和市场，深入把握本地文化、本地资源，形成内容优势。另一方面，不断完善期刊相关法律规章，打击扰乱市场行为。2014年，国家新闻出版广电总局修订了《期刊出版管理规定》，印发了《关于规范学术期刊出版秩序 促进学术期刊健康发展的通知》等，对期刊刊登虚假违法广告、刊发质量低劣论文、摊派发行等问题开展了专项治理。

读者对期刊质量的高要求也推进了媒体的创新、融合和开放发展。在开放的市场环境下，信息和市场壁垒被打破，期刊出版相关生产信息、技术、人才、资本等要素的获取更加便利，期刊开始利用新兴科技将纸刊和新媒体结合。如《时代周刊》中，读者通过智能手机应用在纸刊页面进行 AR 阅读。"互联网＋"形态打破了既有产业之间的界限，填平了产业之间的鸿沟。尤其是大型期刊集团由于其雄厚的实力，对跨界合作已然习惯。这既显示了期刊行业的开放态度，同时也反映了期刊业有信心，也有实力、能力与其他企业进行合作。随着新媒体技术的发展及企业运营能力的成熟，我国期刊界不断探寻和拓展期刊"走出去"路径，如采用当地语言出版发行，通过版权贸易、直接出口、网络共享等方式进行期刊内容的国际传播。如今，中国知网的期刊产品已经出口到 43 个国家和地区，进入北美、欧洲、亚洲的 1300 余家科研机构、著名大学以及图书馆，2013 年下载文献 1300 多万篇。[1]

【1】晋雅芬、石峰：《中国期刊业的"新常态"》，第九届中国期刊创新年会上的发言《中国新闻出版报》，2015年2月2日。

综上所述，新中国成立 70 年来，我国期刊出版业持续稳定、健康发展，在政治、经济、文化等方面都发挥了不可替代的作用。随着改革开放的加速推进，我国期刊出版业将进一步发挥内容资源优势，充分运用先进技术，与新兴媒体深度融合，加快转型升级，最大限度地满足读者需求，实现可持续发展，再创新的辉煌。

（董毅敏：中国新闻出版研究院党委副书记、副编审；

秦洁雯：暨南大学文学院讲师）

第四章
新中国印刷业70年

刘积英　刘成芳

今年是新中国成立70周年。70年来，在党的正确领导下，全国人民坚持艰苦奋斗、不断进取，推动我国社会经济和各项事业稳步向前，取得了举世瞩目的伟大成就。经过70年的建设与发展，当初一穷二白、百废待兴的新中国，现已成为世界第二大经济体，在全球政治、经济格局和治理体系中发挥着举足轻重的作用。

印刷业作为新闻出版业的重要组成部分和国民经济不可或缺的产业部门，与整个社会经济一起，在70年的建设与发展中取得了辉煌的成就。新中国成立初期，我国印刷业主要集中在上海、北京、天津等少数中心城市，企业数量少、技术设备落后，以铅排、铅印为主，生产效率不高、生产能力不足，难以满足社会经济发展的要求。据不完全统计，1949年全国书刊印刷产量不足50万令，还不及现在的一家大型书刊印刷企业。包装印刷、商业印刷更是极度落后，生产能力极为有限。

经过70年艰苦卓绝的努力，我国印刷业已经一扫陈旧落后的历史面貌，现已发展成为拥有近10万家企业、年产值超万亿、产业门类齐全、产业链完整，不仅能够满足国内社会经济发展需求而且在国际市场具有良好竞争力的现代产业。据国家新闻出版署统计，2017年我国共有印刷企业99054家，实现工业总产值12057.74亿元，利润总额676.58亿元，对外加工贸易额841.80亿元。我国印刷业的产值总量已经超越德国、日本，连续多年位居世界第二，与排名第一的美国差距也越来越小。

从产业结构看，2017年我国共有出版物印刷企业7177家，实现产值1785.66亿元，分别占行业总量的7.25%、14.81%；包装印刷企业50187家，实现产值9279.19亿元，分别占行业总量的50.67%、76.96%；其他印刷企业39048家，实现产值853.07亿元，分别占行业总量的39.42%、7.07%。此外，还有少量企业专项从事排版、制版、装订。从整体上看，我国印刷业已经基本形成了与新闻出版业和国民经济发展要求相适应、生产加工能力强、服务保障有力的产业结构。

新中国70年，印刷业之所以能取得巨大的发展成就，离不开党的领导和稳定向好的社会经济环境。回顾70年来印刷业走过的历程，期间虽然也曾遭遇波折与挑战，但持续发展、快速成长是行业主流。

从整体上看，新中国70年印刷业的发展可以分为两个时期：新中国成立至1978年的29年，印刷业在调整中发展，奠定了基本的行业格局和发展基础；1978年党的十一届三中全会召开至今的41年，我国坚持实行改革开放的基本国策，印刷业在社会主义市场经济的大潮中快速发展，逐步壮大成为新闻出版业的重要支撑和国民经济重要的产业部门。

一、印刷业的调整与奠基期（1949年—1978年）

新中国成立初期，整个国民经济千疮百孔。经过长期的战争，原本就极端落后的经济遭到严重破坏，新闻出版文化事业发展陷入停滞，大批工厂处于停工减产或关门歇业状态，主要工业品产量大幅下滑。作为加工服务型行业，印刷业同样深陷困境，原本就规模不大、技术装备水平不高的印刷企业，普遍面临订单不足的问题，正常的生产经营难以为继。

针对印刷业面临的重重困难，党和政府采取了一系列措施，引导印刷业在调整中发展，通过实行书刊印刷许可制度，规范印刷企业的建设与发展；通过公私合营和对私营印刷企业的社会主义改造，建立起以各地新华印刷厂为主导的书刊印刷体系；通过将沿海地区部分印刷企业内迁，调整印刷业的区域布局，逐步形成了包括出版物印刷、包装印刷和其他印刷在内，基本覆盖全国主要城市的行业体系，为印刷业的进一步发展奠定了基本的格局和基础。

（一）调整与奠基期印刷业发展的三个阶段

1949—1978年，是我国社会主义建设道路的曲折探索期。在此期间，我国的社会建设和经济发展取得了巨大成就，也遭遇了重大挫折。印刷业随着国家政治、经济和社会环境的变化，主要经历了三个发展阶段。

1.1949—1956年，在调整中发展，确立公有制在印刷业的主导地位

自新中国成立到1956年是我国由新民主主义社会向社会主义社会过渡的时期。以工业化为主体，实现对农业、手工业、资本主义工商业的社会主义改造，是过渡时期总路线的基本内容。这一时期，在过渡期总路线的指导下，印刷业与其他很多行业一样主要完成了对私营企业的社会主义改造，确立了公有制在行业内的主导地位。同时，基本完成了印刷产能在全国范围内的调整与布局。

新中国成立后，我国政府非常注重对印刷业的建设、调控与管理。1950年，出版总署发布《关于国营书刊出版印刷发行企业分工专业化与调整公私关系的决定》，将原本集编、印、发功能于一体的新华书店按功能划分，分别成立人民出版社、新华书店总店和新华印刷厂总管理处。1951年4月，全国第一次新华

印刷厂工作会议在北京举行，出版总署直属的 12 家新华印刷厂参加会议。这次会议对全国新华印刷厂的分布与布局产生了重要影响。此后，通过对原有解放区印刷厂或私营印刷工厂的合并、改造，全国各省市自治区基本上都建立了本地区的新华印刷厂，从而逐步形成了以各地新华印刷厂为主体、以公有制为主导的书刊印刷体系。

作为新中国的政治文化中心，北京印刷业在这一时期得到了快速发展。一方面，在国家有关部门的主导下成立了人民美术印刷厂、外文印刷厂、中央民族印刷厂等专业化特色印刷厂；另一方面，部分部委所属的专业出版社为了满足自身的印刷需求，相继成立了自己的印刷厂，如机械工业出版社印刷厂、人民卫生出版社印刷厂、农业出版社印刷厂等。

在加强国营工厂建设的同时，对私营印刷工厂的改造也在快速推进。1952 年，政务院颁布《管理书刊出版业印刷业发行业暂行条例》，规定凡书刊印刷者，不论公营、公私合营、私营，均需获得营业许可证后，才能申请工商登记。从而将私营印刷工厂纳入了依法实行审批制管理的范畴。1954 年，政务院颁布《公私合营工业企业暂行条例》，私营印刷工厂的社会主义改造逐步走向深入，到 1956 年与其他行业一样基本实现了全行业公私合营。

在此期间，为了改变全国印刷产能过度集中于少数东部沿海城市的局面，支持内地省份文化、经济事业的发展，在国家有关部门的统一规划和调配下，有计划、有步骤地将以上海为主的少数大城市的印刷设备和技术人员迁往中西部省份，初步建立起了遍布全国主要城市的印刷业行业布局。

2.1957—1965 年，曲折中前进，印刷生产能力保持增长

经过恢复调整和社会主义改造，我国印刷业初步具备了稳步发展的基础，行业的发展重心一度转向追求技术进步和质量提升方面。然而，"大跃进"和"三年困难时期"的到来，打断了印

刷业刚刚开始提速的发展进程。在此期间，印刷业与各行各业一样，经历了曲折的发展进程，全国印刷生产能力克服重重困难实现了总体增长。

1958年，文化部出版事业管理局首次召开全国报纸、书刊印刷工作会议。会议提出了"奋战3年，建成从中央到县的报纸、书刊印刷网"的奋斗目标。在这一目标的指引下，上海等东部沿海城市印刷产能继续向内地迁移，并达到高潮。据统计，从1953—1960年，上海向内地22个省、自治区输出技术工人约2000人；迁出铅印对开机91台、全张及二回转机48台、铅印生产力约60万令，平印对开机125台、全张机5台、平印生产力约90万色令，约占上海原有生产能力的一半。[1]1958年和1959年，文化部还曾两度组织召开"印刷技术革新成果经验交流会"，推动印刷厂的技术革新。

1959—1961年，我国国民经济处于极端困难时期，纸张等各种印刷原辅材料极度匮乏，书报刊出版数量大幅下滑，印刷业也不可避免地受到冲击和影响，发展速度放缓。从1963年开始，随着整个国民经济形势的全面好转，印刷业才重新步入正常的发展轨道。1964年，文化部组织召开全国书刊印刷工作会议，提出大力提高印刷质量。北京、上海、天津、广州等地的包装印刷厂则先后于1964年、1965年两次召开商标印刷经验交流会。这在一定程度上表明，印刷业重新回到了追求技术进步、提升质量的健康发展轨道上来。

在此期间，虽然经历了种种困难和挑战，全国印刷产能仍实现了正增长。据统计，1965年我国书刊印刷行业共有职工42894人，实现工业总产值30733万元，分别比1957年增长47.22%、85.83%；完成排版产量30.70亿字、铅印产量472万令、平印产量444万色令、装订产量507万令，分别比1957年增长39.91%、84.38%、125.38%、125.33%。[2]

3.1966—1976年，印刷业获得意外发展，设备器材等配套行

[1] 文章来源于"豆丁网"[EB/OL].https://www.docin.com/P-1593932489.html

[2] 张树栋、庞多益、郑如斯等：《中华印刷通史》，印刷工业出版社，1999年版。

业均有所进步

1966—1976年是"文化大革命"时期。在此期间，我国的国民经济遭受巨大损失，包括新闻出版业在内的文化事业发展趋于停滞，印刷业却由于要承担大量的毛泽东著作、语录、画像的印制任务，获得意外发展。

"文革"期间，印制出版毛泽东著作、语录、画像是重要的政治任务。中央文革领导小组在1967年年底到1968年年初专门组织召开毛主席著作用纸生产会议和毛主席著作出版计划会议，决定印刷《毛泽东选集》4亿册、《毛主席语录》3.6亿册，毛主席画像5亿对开张。当时，几乎全国的书刊印刷厂都在印刷毛泽东著作、语录、画像，依然难以完成巨大的生产任务。为此，国家开始加大对印刷业的投入。在首都北京，国家对印刷业的投资由1967年的275万元猛增至1040万元。[1]1968年，国家还专门在湖北成立了文字603厂和文字605厂，保障毛泽东著作、语录、画像的印制工作。

为保障印制毛泽东著作、语录、画像所需的设备、器材，国家计委、第一机械工业部等有关部门在1967年专门召开了"增产印刷毛主席著作所需印刷机械紧急会议"，决定增加印刷机械生产计划。次年，国家计委、第一机械工业部等又组织召开"毛主席著作印刷机械会议"，决定在陕西、四川（或中南）新建两家印刷机械厂和一家铸字机械厂，并扩建长春、哈尔滨、甘肃平凉、湖南新邵等地的印刷机械厂。后来，全国各地又陆续兴建了一批印刷机械生产工厂。

书刊印刷所需的油墨、胶片、版材等生产，也因为印制毛泽东著作、语录、画像的需要得到了发展。文革期间，国家在浙江杭州、山西太原、山东济南、吉林通化、湖南长沙、甘肃甘谷等地扩建或新建了一批大中型油墨生产工厂。印刷制版所用胶片、版材生产在"文革"期间也取得了一定的突破。

印刷及机械、器材行业的这些发展与进步，虽然都是特殊时

[1]文章来源于"豆丁网"[EB/OL].https://www.docin.com/P-1593932489.html

期特殊政策带来的结果，本身还存在排版、印刷、装订各个环节发展不匹配、不均衡的问题，却在客观上促进了印刷及配套产业的发展，影响了未来相当长时间内我国印刷机械及器材企业的区域和市场格局。

"文革"后期，为改变印刷业技术落后、设备陈旧的局面，国家出版事业管理局与有关部委合作制订了《1974—1975年印刷技术改造规划》，提出试制新的印刷机械、材料28项。这一规划得到中央的支持，B-B式胶印机、高速印报轮转机、无线胶订联动机、精装书籍联动生产线等新产品研制如期完成，取得了一系列成果，促进了我国印刷机械行业的发展。

"文革"期间，还有一项对后来印刷业发展产生了深远影响的重要工作得以立项启动，那就是国家重点科技攻关项目"汉字信息处理系统工程"。由于这一项目在1974年8月立项，因此被简称为"748工程"。"748工程"解决了汉字信息处理与计算机接轨的难题，为中国印刷业告别"铅与火"时代作出了巨大贡献。

（二）调整与奠基期印刷业发展的特点

1949—1978年，我国逐步建立起以公有制为主体、高度集中统一的计划经济体制，国家指令在生产和资源分配中起着主导性作用。这一时代特征决定了在此期间我国印刷业发展的特点。

1. 以国营企业为代表的公有制经济是行业主体

新中国成立初期，私营工厂无论在数量上，还是产能上，均在印刷业中占有绝对优势。经过公私合营和社会主义改造，私营工厂彻底从印刷业退出，以国营企业为代表的公有制经济成为印刷业的主体。

在书刊印刷领域，我国以新中国成立初期的12家新华印刷厂为基础，陆续在各个省份建立新华印刷厂，到1970年的西藏新华印刷厂成立，最终建成了遍布全国各个省、市、自治区的国营新华印刷体系。与此同时，部分中央部委所属大型出版社陆续成立了一批印刷厂，成为国营书刊印刷体系的一支重要力量。在包装印刷领域，部分私营工厂通过社会主义改造成为国营企业，轻工、外贸系统则根据各自需要成立了一批国营包装装潢印刷企业。如北京市第二轻工业局率先成立了北京市包装装潢工业公司。在商业票证及特种印刷领域，以中国人民银行系统各大印钞厂、邮政系统各大邮票印刷厂、铁路系统印刷厂为代表的国营企业，更是占据绝对主导地位。

以国营企业为代表的公有制经济在印刷业的主导地位，直到改革开放后随着民营企业和三资企业的发展，才逐步发生改变。但在书刊印刷、特种票证印刷等领域，国有企业仍发挥着特殊重要的作用，占据重要的行业地位。

2.国家计划在行业发展中起着决定性的作用

在公有制经济占据行业主体地位的同时，国家指令性计划与调控对印刷业的发展起着决定性的作用。新中国成立初期，有关政府部门便通过书刊印刷任务的分配调控私营印刷工厂的发展，并通过将部分沿海城市印刷工厂迁往内地，有计划地优化全国印刷产能布局，促进各地印刷业均衡发展。1952年，出版总署发布《实行出版计划初步办法》，明确规定由出版行政机关调度书刊印刷生产力。从此，书刊印刷厂的建设和产能调度都由出版行政部门统筹规划。

在完成对私营工厂的社会主义改造后，印刷业的发展更是全面纳入计划经济的轨道。国营印刷工厂从人事任免，到生产任务以及设备、器材的调配，无不受到国家指令性计划的严格管控。

为了统筹全国印刷设备、器材产品的生产与分配，新中国成立后不久，政务院就在轻工业部成立了全国文化用纸管理委员会。后来，纸张的计划供应管理工作转由出版行政部门负责。1958年，文化部报经国务院批准成立中国印刷器材公司，负责组织、推动国内印刷设备、器材的生产和供应工作。中国印刷器材公司于

1972年年底与北京纸张供应站合并，成立中国印刷物资公司。

在此期间，我国书刊印刷工价长期实行行业统一定价模式。1951年1月，出版总署新华印刷厂总管理处发布了北京地区书刊印刷工价单；2月，上海市也发布了书刊印刷定价表。北京、上海工价成为全国书刊印刷工价的重要标准，其他省市自治区以此为参考陆续制定了本地区的工价标准。行业统一定价模式对书刊印刷业影响深远，直到今天，仍有部分省市自治区印刷行业协会在制定、发布本地区的书刊印刷工价标准。

3. 书刊印刷在行业中占据主导地位

1949—1978年，书刊印刷在我国印刷业中占据主导地位，无论是企业数量还是工业产值，均领先于包装印刷和商业票证印刷，这与现在以包装印刷为主体的产业结构形成了鲜明对比。

在此期间，书刊印刷与包装印刷、商业票证印刷呈现出的不同发展态势，主要与特定的时代背景及不同印刷品的特点有关。新中国成立后，书刊印刷作为新闻出版业的组成部分，在保证图书、期刊的正常出版，宣传贯彻党的路线、方针、政策，推动文化、教育事业发展方面发挥着重要作用，因而受到党和政府的高度重视。而包装印刷、商业票证印刷主要承担着传达商品信息，促进商品销售与流通的作用。在高度集中统一的计划经济条件下，国家全面掌控商品生产、分配与流通，且在此期间我国长期处于短缺经济状态，包装印刷、商业票证印刷的功能大大弱化。因此，在相当长的时间内，包装印刷的技术改造和生产能力建设一直没有受到国家足够的重视，主要依靠轻工、外贸部门出于产品配套的需要自行建设与发展。

据不完全统计，直到1980年，我国主要城市的包装印刷企业数量仍只有139家，实现年产值7.8亿元，落后于书刊印刷的176家和8.65亿元[1]。这一局面，随着改革开放后我国制造业的崛起而迅速得到改变。20世纪80年代中期，包装印刷无论在企业数量还是工业产值方面，均已经大幅超过书刊印刷，成为印

---

[1] 张树栋、庞多益、郑如斯等：《中华印刷通史》，印刷工业出版社，1999年版。

刷业的主体。

4. 尚未形成统一施策的行业管理体制

印刷业是加工服务性行业，广泛服务于新闻出版和社会经济的各个部门。1949—1978年，我国印刷业的一个鲜明特点是尚未形成统一施策的行业管理体制。从总体上看，处于"谁用、谁建、谁有、谁管"的状态。

其中，书刊印刷的管理体系相对完备，主要由出版行政部门进行统一规划、建设和管理。此外，轻工部门为保证产品配套的需要建有包装装潢印刷厂，中国人民银行为了保证钞票的印制建有印钞厂，邮政系统为了保证邮票的印制建有邮票印刷厂，铁路系统为了保证系统内票证的印制建有铁路印刷厂，军队系统为了保证自身的图书、地图出版需求建有军队印刷厂。不同部门所属的印刷厂产品不同、管理模式各异，大多侧重系统内交流，很少进行跨系统、跨部门的互动。与此同时，生产印刷机械设备、纸张、版材及其他各种印刷耗材的企业，又分别属于机械部、轻工部、化工部等各大部委，与印刷厂之间的交流与合作，需要经过跨部门的沟通与协调。

因此，在1949—1978年之间近30年的时间里，我国印刷业在行业格局上处于十分分散、各自为政的局面，不同系统的印刷厂既缺少统一、明确的行业认同感，也没有形成统一施策的行业管理体系。同时，印刷及设备、器材企业之间交流、合作相对困难，尚未形成运作顺畅的产业链上下游关系。我国印刷业多头管理的局面，直到2001年的《印刷业管理条例》发布才最终得到解决，全国印刷业的监督管理工作统一归口到国务院出版行政部门。

（三）调整与奠基期印刷业发展的成果

1949—1978年，随着我国对社会主义建设道路的曲折探索，印刷业的发展也经历了诸多困难和挑战，有时甚至陷于停滞和倒退。但在近30年的发展中，我国印刷业仍取得了一些积极的发展成果。

1. 确立了我国印刷业监管的基本原则

印刷业既是加工服务业，又具有鲜明的意识形态属性。自新中国成立后，我国政府就十分注重对印刷业，特别是对书刊印刷业的规范与管理。政务院于1952年颁布的《管理书刊出版业印刷业发行业暂行条例》，是新中国成立后第一个系统化明确印刷业管理规范的行政法规。该《条例》规定，凡书刊印刷业，不论公营、公私合营、私营，均需获得营业许可证后，才能申请工商登记，从而确立了我国印刷企业准入的审批制原则。

这一规定为后来的行政法规和部门规章所继承，并由书刊印刷企业延伸至全部印刷企业，成为我国管理印刷企业最基本的制度性要求。1988年，由新闻出版署、公安部等五部委共同制定发布的《印刷行业管理暂行办法》规定，开办印刷企业必须按照规定程序办理审批、登记手续，承印图书、报刊的印刷企业还必须取得图书、报刊印刷许可证。1997年，由国务院颁布的《印刷业管理条例》，进一步明确"国家实行印刷经营许可制度。未经批准，任何单位和个人不得从事印刷经营活动"，将印刷经营许可制度适用的范围延伸至包装印刷及其他印刷企业。在此后的《印刷业管理条例》修订中，我国印刷业管理的市场化程度和对外开放水平越来越高，但印刷经营许可制度从未动摇，延续至今。

2. 初步解决了我国印刷业区域布局严重不均衡的问题

新中国成立初期，我国印刷产能主要集中于以上海、北京、天津等为代表的东部大城市，国内大部分地区印刷业极度落后，难以满足本地区新闻出版和文化教育事业发展的要求。据统计，新中国成立初期，上海共有各类印刷企业2877家，从业人员28800人；另有国营工厂15家，从业人员2830人，无论工厂规模、产品质量和技术人才均稳居全国印刷业之首。[1]

为了改变我国印刷业区域布局严重不均衡的局面，作为行业主管部门，出版总署及后来的文化部出版管理局，有计划、有步

[1] 参见自"上海市地方志办公室"官网"上海出版志" [EB/OL].http://www.shtong.gov.cn/Newsite/node2/node2245/node4521/node29400/index.html

骤地将上海、北京、天津等地的部分印刷设备、技术人才迁往内地，加强中西部地区，如广西、云南、贵州、青海、内蒙古、新疆、西藏等地的印刷业建设，并把印刷业投资建厂的重点向落后地区倾斜，扩大了长春、沈阳、武汉、重庆、西安等东北和中西部城市的书刊印刷产能。

经过持续的调整、建设，到20世纪60年代中期，我国印刷业区域布局严重不均衡的局面得到了一定改善，各省、市、自治区基本上都拥有了必备的印刷产能。在这个过程中，上海印刷业作出了巨大的贡献，向全国22个省市支援了占当时上海全部书刊生产能力40%以上的印刷设备。[1]

不过，从整体上看，在改革开放之前，我国印刷业都处于十分落后的状态。经过一系列努力，中西部省份大多只是解决了印刷产能极度短缺的问题，离真正的各区域均衡发展还有很大的距离。

3. 奠定了我国书刊印刷延续至今的基本行业格局

书刊印刷服务于新闻出版业，具有鲜明的文化和意识形态属性。新中国成立后，党和政府就高度重视书刊印刷行业的发展，通过新建、迁建和对私营工厂的社会主义改造，逐步建立起了以遍布全国各个省份的新华印刷厂为主体的公有制书刊印刷企业体系。

改革开放后，我国印刷业的市场化程度和对外开放水平不断提高，逐渐涌现出一批具有较高技术装备水平的民营和外资书刊印刷企业。以新华印刷为代表的国有企业，在市场经济的大潮中由于历史包袱沉重、经营机制不够灵活，一度遭遇比较严重的经营困难。经过持续的改革调整，尤其是部分省份出版集团股改上市后，印刷在产业链中的重要性不断凸显，各地新华印刷企业获得新一轮发展机遇，经营状况持续改善，可持续发展能力不断增强，从中涌现出北京新华印刷有限公司、湖南天闻新华印务有限公司、江苏凤凰新华印务有限公司、安徽新华印刷股份有限公司等一批技术装备先进、管理规范到位的先进企业。

[1]参见自"上海市地方志办公室"官网"上海出版志"[EB/OL].http://www.shtong.gov.cn/Newsite/node2/node2245/node4521/node29400/index.html

迄今为止，虽然在企业数量上并不占有优势，但以新华印刷为代表的国有企业仍是我国书刊印刷的主力军和基础力量。特别是在中小学教科书印刷、重要党政读物印刷中，以新华印刷为代表的国有企业占有较高的市场份额，发挥着不可替代的作用。

4. 开启了印刷业数字化的重要探索

新中国成立后到改革开放前，我国印刷业的技术装备整体上较为落后，在西方发达国家基本上已经普及照排胶印的情况下，我国多数印刷企业仍以铅排铅印为主，处于"铅与火"的时代。进入20世纪70年代以后，随着计算机激光照排在国外的普及，我国印刷业也主动开始了数字化的探索和技术研发。

1974年8月，国家在十分困难的情况下，设立重点科技攻关项目"汉字信息处理系统工程"，简称"748工程"。在有关部门和行业企业的支持下，经过不断努力，王选教授成功发明出高分辨率字形的信息压缩、高速还原和输出方法技术，解决了汉字信息的计算机处理问题，为汉字激光照排技术的应用和普及铺平了道路。1985年，汉字激光照排技术正式通过国家鉴定，我国印刷业的数字化开始加速。1988年，经济日报社印刷厂全面采用激光照排技术，标志着我国印刷业的数字化进入了一个新阶段。

"748工程"历时十几年最终结出硕果，其起点却是在改革开放之前。作为"748工程"的重要成果，汉字信息计算机处理技术不仅推动了汉字激光照排技术的发展，而且也为后来计算机直接制版技术、数字印刷技术在国内的应用，乃至汉字信息的互联网传播奠定了基础。可以说，没有"748工程"的成果，就没有中国印刷业数字化的今天。也正因为如此，"748工程"才被认为开启了中国印刷业的第二次技术革命。

5. 初步形成了包括设备、器材在内的完整行业体系

印刷业的发展离不开配套设备、器材制造行业的支撑。新中国成立初期，我国的印刷设备、器材制造行业十分落后。据统计，

1949年我国印刷机械年产量只有47吨，机制纸和纸板产量只有10.8万吨。

为了改变我国印刷设备、器材制造行业的落后局面，在印刷机械领域对私营工厂进行社会主义改造的同时，20世纪50年代分别建立了上海人民机械厂、北京人民机械厂，形成了南北两大印刷机械骨干企业并立的格局；70年代，为满足印制毛泽东著作、语录、画像的需求，又在全国新建、扩建了一批印刷机械厂，这些企业有很多延续至今，成为我国印刷机械制造行业的骨干力量。在印刷纸张、油墨领域，我国从20世纪50年代开始，逐步建立起以"八大凸版纸厂"和"八大新闻纸厂"为主的造纸企业体系，满足书报刊出版的用纸需求；逐步建立起以天津油墨厂、上海油墨厂、广州油墨厂、杭州油墨厂等为代表的油墨企业体系。此外，还有以化学工业部第二胶片厂、中国印刷科学技术研究所等为代表的制版软片、版材生产企业。

总之，经过近30年的建设与曲折发展，到改革开放前，我国已经基本形成了相对完整的印刷设备、器材制造行业体系。从整体上看，当时多数印刷设备、器材制造企业技术水平、生产效率都相对较低，与国际先进企业存在较大差距。但是这些企业却构成了我国民族印刷设备、器材制造行业的骨干力量，为印刷业的发展提供了重要的物资保障和技术支撑。其中，有很多企业历经持续改革发展，迄今仍在为印刷业的进步贡献力量。

二、印刷业的快速发展期（1978年至今）

1978年12月召开的党的十一届三中全会，开启了改革开放的历史新时期。改革开放40多年来，伴随着新闻出版事业的繁荣和社会经济的快速发展，我国印刷业取得了辉煌的发展成就，由改革开放初期技术落后、产能不足，难以匹配新闻出版业和社会经济基本印刷、包装需求的弱势行业，发展成为拥有近10万家企业、年产值超万亿元、具有完整产业链配套，不仅能够满足国内文化和经济发展需求，并且在国际市场具备良好竞争力的现代产业。

据国家新闻出版署统计，2017年，我国共有印刷企业99054家，从业人员281.74万人，实现印刷总产值12057.74亿元，利润总额676.58亿元，对外加工贸易额841.80亿元。我国印刷业的产业总量已经超越德国、日本，连续多年仅次于美国，位居世界第二。

可对比的是，1979年，我国共有印刷企业11211家，从业人员81.5万人，实现印刷总产值47.97亿元。

40年日月换新颜。2017年，我国印刷企业数量是1979年的近9倍，从业人员数量是1979年的近3.5倍，产值总量是1979年的250多倍。即使考虑到价格变动因素，改革开放以来，我国印刷业规模扩张的速度也是十分惊人的。并且，在产业总量持续增长的同时，我国印刷企业的平均产值和人均产出，与1979年相比也提高了数十倍。这从另外一个侧面彰显了我国印刷业的巨大进步。

我国印刷业之所以能够在短短40年时间里实现跨越式的发展，受益于改革开放为我国社会经济发展注入的强大动力。首先，改革开放40年来，我国国民经济保持了持续、稳定、健康发展。2018年，我国国内生产总值（GDP）达到90万亿元，是1978年的约245倍，位居世界第二。作为为新闻出版业和各行各业提供印刷、包装产品配套的服务型产业，印刷业受益于整个国民经济的快速发展。其次，改革开放政策极大地激发了各类市场主体的发展活力，国有企业、民营企业、外资企业相互补充，协同共进，成为印刷业发展的重要推动力。第三，改革开放为我国印刷业走向国际市场打开了大门。一方面，部分印刷企业直接参与国际竞争，每年获取数百亿元的印刷业务；另一方面，大量包装印刷品与带有"中国制造"标签的各类产品一道出口海外。

总之，是改革开放为我国印刷业发展注入了源源不断的推动力。没有改革开放，就不可能有过去40年间印刷业取得的辉煌成就。

（一）改革开放以来印刷业发展的四个阶段

改革开放以来，我国印刷业的发展基本可以分为四个阶段。这四个阶段以我国深化改革开放的重大事件、重大举措为节点和标志，充分体现了政策变化对印刷业的推动作用。

其中，1978年12月至1991年为第一阶段，标志性事件是党的十一届三中全会作出实行改革开放的重大历史性决策；1992年至2000年为第二阶段，标志性事件是邓小平发表南方谈话，党的十四大提出建设社会主义市场经济体制的目标；2001年至2011年为第三阶段，标志性事件是我国正式加入世界贸易组织；2012年至今为第四阶段，标志性事件是党的十八大召开。

1. 1978年12月至1991年：由非常落后到初步振兴

新中国成立到十一届三中全会召开前的29年时间，印刷业的发展有成绩，也有曲折，在为进一步发展奠定了基本格局和基础的同时，整体上仍处于非常落后的状态，难以满足新闻出版业和社会经济发展的基本需求，主要表现为：行业布局散乱、企业规模偏小、技术水平落后、产能严重不足。当时，西方发达国家胶印技术已经十分普及，而我国大多数印刷企业还在使用效率低下的铅印技术。这主要是由于在传统管理模式下，印刷行业格局凌乱，基本处于"谁用、谁建、谁有、谁管"的状态，缺少统一的规划、布局。加上我国长期游离在世界经济、贸易体系之外，印刷业与发达国家的交流很少，企业管理水平、技术装备水平存在较大差距。

因此，改革开放后，当新闻出版业步入正常发展轨道，人民群众被压抑的文化需求快速爆发后，落后的印刷业很难满足突然大量增加的书报刊印刷需求。当时，印一本书通常需要三五个月，甚至半年时间，这直接导致了出书难、买书难的现象，很多杂志印出来之后就已经成为过期产品。印刷业已经成为制约新闻出版，乃至文化教育事业加速发展的瓶颈。

与此同时，随着对外交流的增加，包装印刷与商品生产、流通需求不匹配的问题也日渐凸显。尤其是在产品出口中，由于包装不善，每年造成的损失数以亿计，"一等产品、二等包装、三等价格"的问题突出。

印刷业的落后局面受到党和国家领导人的高度关注，邓小平、姚依林、胡乔木、邓力群、张劲夫等均曾就加快印刷业发展作出过批示或重要指示。1983年，中共中央、国务院在《关于加强出版工作的决定》（以下简称《决定》）中明确指出：积极发展印刷事业，切实改变书刊印刷管理不善、设备陈旧、技术极端落后、生产能力不足的状况，并提出要有计划地对印刷工业进行技术改造和体制改革，要求中央、国务院有关部委和北京市对所属书刊印刷厂进行技术改造，把书刊印刷的技术装备和器材纳入国家计划生产供应渠道。

为落实《决定》的要求，由当时的国家经委牵头，新闻出版、机械、电子、化工、轻工等部门参与，成立了印刷技术装备协调小组。这个小组的参与单位范围广泛，分别从设备、器材及使用部门的角度分工合作，统一领导印刷工业的技术改造，制订印刷技术装备发展规划。根据当时全球印刷技术的发展趋势和我国的实际情况，印刷技术装备协调小组提出了指导印刷业技术装备发展的十六字方针：激光照排、电子分色、胶印印刷、装订联动。在印刷技术装备协调小组的协调下，印刷技术装备被列入国家"六五""七五""八五""九五"重点技术改造专项，有关部门先后投入资金近30亿元，安排技术改造项目261个，支持200多家印刷及设备、器材企业进行技术升级，为改变我国印刷业极端落后的局面作出了重要贡献。特别是在国家的大力支持下，由王选院士牵头研发的计算机汉字信息处理和激光照排技术取得重大突破，大大加快了我国印刷业告别"铅与火"，迎来"光与电"的进程。

印刷产能的严重不足，一方面是技术水平落后的反映，另一方面也意味着巨大的市场机会。改革开放后，中国关闭了近30年的大门逐步向世界敞开，部分商业嗅觉敏锐的外资企业开始到国内投资设厂。1979年，在改革开放的前沿深圳，深圳市印刷制品厂宣告成立，这是国内第一家"三来一补"印刷企业。1984年后，天明美术、粤海旭日、塑料彩印、美光等一批三资印刷企业相继在深圳成立。在北京也出现了以北京精美彩色印刷有限公司为代表的合资企业。这些企业率先引进代表当时国际先进水平的技术装备，产品质量优良，在高端印刷市场具有显著竞争优势，也带动了我国印刷业整体技术水平的提升。

同时，改革开放政策的实施，也激发了民营经济的活力。在我国民营经济发源地之一的浙江温州，来自苍南县的一些农民开始涉足印刷业，用简陋的设备生产各种印刷品，成为改革开放后最早的一批个体印刷从业者。印刷业在苍南县不断发展壮大，现已成为该县的主导产业之一。

在政府自上而下的强力推动下，我国印刷业在20世纪80年代迎来了第一次发展高潮。到1987年前后，印刷产能严重不足的局面已经得到很大改善，实现了初步繁荣。在局部地区甚至出现了产能过剩、违法印刷活动抬头的问题。

在这种情况下，改革开放后第一部全国性印刷业监管规章《印刷行业管理暂行办法》于1988年正式发布。《暂行办法》继承了1952年颁布的《管理书刊出版业印刷业发行业暂行条例》确立的审批制原则，规定承印图书、报刊的印刷企业必须取得图书、报刊印刷许可证。1989年9月，中办、国办发布《关于整顿、清理书报刊和音像市场严厉打击犯罪活动的通知》，印刷业作为书报刊出版链条中的重要一环，被列为整顿的重点之一。在整顿过程中，新闻出版署作为行政主管部门在强化书报刊印刷许可制度的同时，正式推出书刊定点印刷制度，并规定：乡镇、街道办的印刷场所，私营（含个体）印刷厂一般不确定为书刊印刷定点企业。

2. 1992—2000年：市场经济与印刷业的"窗口期"

在改革开放的历史进程中，1992年是具有重要意义的一年。年初，邓小平南方谈话坚定了人们对改革开放政策的信心；10月，党的十四大成功召开，确立了社会主义市场经济体制的改革目标。

在良好的政策环境下，国内外资本的投资行为日趋活跃，包括印刷业在内的各行各业迎来了重要的发展"窗口期"。当今很多在各个细分市场处于领先位置的三资、民营印刷企业，均在这一时期进入国内或开始创业。

在三资企业方面，港资印刷企业的"北进"出现了一波高潮。以鹤山雅图仕、鸿兴印刷、中华商务、星光集团、金杯印刷为代表的港资企业纷纷在珠三角地区投资设厂，其外向型的发展模式，为中国印刷业在国际市场赢得了最初的声誉。与此同时，在全球印刷市场居于领先地位的欧美企业，也纷纷进入中国或扩大投资。比如，美国的当纳利公司、艾利公司，日本的凸版印刷公司，瑞典的利乐公司，澳大利亚的安姆科公司等。

在民营企业方面，以雅昌集团、劲嘉股份、裕同科技、合兴包装等为代表，在当今书刊、烟包、消费电子包装、纸箱等主流印刷市场居于领先位置的企业，均在这一时期开始起步。在我国改革开放进程中，有一个名词叫"92派"，指的是受1992年邓小平南方谈话激励成长起来的一批企业家。实际上，1992年前后也是我国民营印刷企业创业的高峰期，很多在此期间起步的企业都已经成为我国印刷业的中坚力量。

三资、民营企业的快速发展，极大改变了我国印刷业的竞争格局。进入20世纪90年代中后期，原本居于行业主导地位的国有印刷企业逐渐暴露出管理落后、机制不灵、包袱沉重、竞争力不足的问题，生产经营面临前所未有的困难。因此，在始于1998年以抓大放小、扭亏脱困、初步建立现代企业制度为方向的国有企业改革中，很多国有印刷企业进行了股份制改造，变成了民营或混合所有制企业，以各省新华系统为代表的国有书刊印刷企业则通过集团化改造，初步建立了现代企业制度。

经过这一时期的发展，我国印刷业彻底摆脱了落后局面，整体实力快速提高。与此同时，我国印刷企业的所有制结构发生了巨大变化，与改革开放前国营企业占据绝对主导的局面形成了对比。据统计，2000年，我国共有印刷企业82189家。其中，国有企业7880家，占9.6%；集体企业30219家，占36.8%；三资企业2295家，占2.8%；有限责任公司、股份有限公司7045家，占8.6%；个体私营企业32998家，占40.1%；其他企业1752家，占2.1%。

3. 2001—2012年：加入世界贸易组织与印刷业的"黄金十年"

2001年11月，我国正式加入世界贸易组织，标志着对外开放进入了一个新阶段。

在加入世界贸易组织之前不久，国务院颁布实施了修订后的《印刷业管理条例》（以下简称《条例》），与修订前的版本相比，新版《条例》充分体现了扩大开放的时代要求，将全面禁止设立外商独资经营的各类印刷企业，修订为"允许设立中外合资、合作经营印刷企业，允许设立从事包装装潢印刷品印刷经营活动的外资企业"，这意味着外商可以在我国设立独资经营的包装装潢印刷企业。

新版《条例》的颁布和我国加入世界贸易组织之后改革开放的不断深化，极大激发了外资企业的投资热情。资料显示，2002年，全国就有70多家提出设立申请的外商投资印刷企业通过审批，投资金额累计近5亿美元，单个项目最高投资额近1亿美元。一方面，在20世纪90年代便进入国内的三资企业，如当纳利、中华商务、利丰雅高，走出珠三角，开始在长三角、环渤海地区投资设厂，进行全国布局；另一方面，又有一批欧美大型印刷企业进入中国，如美国的国际纸业、加拿大的丝艾集团等。

在外资企业加快进入国内的同时，本土企业在此期间也取得了长足的进步，技术、质量水平快速提高，企业规模不断扩大。涌现出以裕同科技、合兴包装、奥瑞金、美盈森、紫江企业、界龙实业等为代表的一批年销售规模超20亿元的大型企业。

"中国印刷企业100强"榜首的变迁，能够从一个侧面反映我国大型印刷企业的成长历程。位居2004年百强榜首的是劲嘉股份，其2003年销售收入为16.05亿元。自2008年开始，当纳利连续多年占据榜首位置，其初次上榜时，销售收入为26.27亿元；最后一次上榜时，销售收入为45.71亿元，8年时间销售收入增加了近20亿元。

在此期间，我国印刷企业的规模上限之所以能够不断被刷新，首先得益于新闻出版业和制造业的快速发展。据统计，2012年，我国出版图书、期刊、报纸的总印张数为3074.01亿印张，是2001年的2.13倍。与此同时，加入世界贸易组织后，一方面本土制造企业快速崛起，另一方面外资制造企业加速投资中国，使我国成为全球重要的制造业基地，为印刷业的发展提供了良好的市场基础。

2001年至2012年可以说是我国印刷业的"黄金十年"。在此期间，我国印刷业总产值由2001年的1799亿元增长至2012年的9510亿元，增加了4倍多。印刷业产业规模一举超越德国、日本，仅次于美国，位居世界第二。

4. 2013年至今，国民经济新常态与印刷业新动能的出现

2008年，始于美国的次贷危机演变为国际金融危机，对全球主要国家的经济发展和政策取向都产生了重要影响。在危机爆发初期，我国政府强力应对，推出十项政策措施促进消费、扩大内需，投入各项资金数万亿元，保证了国民经济的平稳发展。但2012年前后，随着扩张性政策措施的逐步退出，我国经济也迎来了"阵痛"，国内生产总值增速放缓，部分行业迎来深度调整。

党的十八大以来，以习近平总书记为核心的党中央作出了我

国经济已经进入"新常态"的战略判断。这意味着,自改革开放以来已持续了30多年的高速增长期,将换挡减速进入中高速增长期,传统的资源消耗型经济增长模式难以为继,以推进供给侧改革为抓手,转型升级、提质增效成为各行各业适应新常态、实现可持续发展的重要推动力。

自2012年以来,随着国民经济的减速调整,我国印刷总产值的增速也逐年放缓,由2012年的9.6%持续走低到2016年的2.7%,2017年小幅反弹至4.4%。在此期间,随着国家"去产能、去库存、去杠杆"工作的推进,部分印刷企业也感受到了前所未有的压力,出现了效益下滑、经营困难的局面,有的企业由于资金链断裂而破产倒闭。尤其是2016年以来,国家环保治理工作力度不断加大,又有部分中小印刷企业由于环保治理不达标被淘汰出局。

对印刷业而言,这是行业转型升级、提质增效、推进供给侧改革的必经阶段。虽然会有阵痛,但却有利于整个行业的长远发展。实际上,经过近年来的改革调整,随着部分小、散、乱、污企业被淘汰出局,印刷业产业集中度明显提升,规模以上工业企业主要经济指标向好、回暖。以裕同科技和合兴包装两家从本土成长起来的大型印刷企业为例,裕同科技在2016—2018年连续三年占据"中国印刷企业100强"榜首,2017年销售收入为69.48亿元;2018年,合兴包装销售收入达到121.66亿元,成为我国第一家销售收入突破100亿元的本土印刷企业。特大型印刷企业的出现,标志着我国印刷业已进入整合发展的新阶段。

与此同时,在产业转型调整过程中,新的发展动能不断孕育和壮大。在行业主管部门的大力推动下,以绿色印刷、数字印刷、智能印刷为代表的新型印刷企业成为行业发展新的"生力军",以印刷电商、合版印刷、按需出版、大规模定制为代表的新型商业模式层出不穷,涌现出以世纪开元、阳光印网、河南盛大、凤凰新华印务等为代表的一批创新型企业。

2017年，我国印刷业总产值达到12057.74亿元，比2012年增长了2500多亿元，是1979年的250多倍。我国已经成为名副其实的"印刷大国"。

（二）改革开放以来印刷业发展的特点

改革开放以来的40多年里，我国经济体制改革不断深入，对外开放程度不断提高，逐步建立起了有中国特色的社会主义市场经济体制。在新闻出版业的各个子行业中，印刷业的市场化水平和对外开放程度最高，经过40多年的发展，呈现出区别于改革开放前的鲜明特点。

1.民营、外资企业的发展改变了印刷业的所有制结构

改革开放前，以国营企业为代表的公有制经济是包括印刷业在内各行各业的主体。改革开放后，我国逐步放开对民营和外来资本进入印刷业的限制，民营印刷企业首先在东部沿海地区出现，随后在全国各地遍地开花。民营印刷企业起步之初大多设备落后、条件简陋，但它们却凭借灵活的机制和顽强的生命力快速发展，无论在企业数量还是生产规模上，都已经成为印刷业的重要力量。尤其是在包装印刷领域，民营企业已经逐步占据主导地位。

与此同时，外商及港澳台投资印刷企业也在不断发展壮大。改革开放之初，外商及港澳台投资印刷企业主要集中在广东的珠三角地区。随着我国改革开放水平的不断提高，外商及港澳台投资印刷企业不断北上、西进，如今已经遍布珠三角、长三角、环渤海和中西部地区。相对民营企业，多数外商及港澳台投资印刷企业具备良好的技术、管理和客户基础，起点较高，部分企业抓住中国经济腾飞的机遇实现了规模快速扩张，成为我国印刷业一支不容忽视的力量。

民营、外商及港澳台投资印刷企业的崛起，加上部分国有企业通过改制变为民营企业，我国印刷业的所有制结构与改革开放前相比发生了很大变化。2017年，在我国规模以上印刷企业中，

国有及国有控股企业为283家，私营企业为3331家，外商及港澳台投资企业为589家，三类企业的主营业务收入分别为521.40亿元、4025.56亿元、1141.27亿元，利润总额分别为46.99亿元、246.29亿元、94.32亿元，私营企业、外商及港澳台投资企业的主要量化指标都高于国有及国有控股企业。

2. 市场机制在行业资源配置中发挥着主导性作用

改革开放后，高度集中的计划经济体制逐步改变，有中国特色的社会主义市场经济体制逐步确立，市场机制在资源配置中的作用日益凸显。随着改革开放的深入，印刷业原本以指令性计划为主的资源分配方式，逐步被市场化机制所替代。

改革开放初期，国家计划在印刷业发展和技术进步中仍发挥着重要作用，这对快速改变我国印刷业的落后面貌具有十分重要的意义。进入20世纪90年代以后，随着民营企业的快速发展，原本高度集中统一的指令性生产计划和资源分配模式已经无法适应新的市场形势，亟需加以改变。尤其是2000年前后，部分国有印刷机械、造纸及其他器材生产企业通过改制变成民营或合资企业，在物资流通领域民营企业也批量出现，这进一步促进了我国印刷行业资源配置的市场化。

在书刊印刷领域，行业统一定价的模式在20世纪90年代初宣告终结。1992年11月，北京市物价局印发《关于放开印刷新产品工价的通知》，书刊印刷行业统一定价、政府指令性发布的模式走到了尽头，企业获得了定价自主权。此后，虽然仍有部分省市印刷协会制定发布本地区的工价标准，但已经只是行业指导价，无论对出版社，还是对印刷企业来说，都不具有强制约束力，与1992年前的定价模式完全不同。

3. 包装印刷成为行业主体

改革开放前，书刊印刷在行业中占据主导地位，这主要是由计划经济条件下商品流通不发达，而新闻出版业发展相对较快决定的。从全球主要国家来看，服务于商品流通和销售的包装印刷的销售规模一般都要高于书刊印刷及其他印刷品印刷。

改革开放后，我国商品生产和流通快速发展，包装在促进商品销售中的作用日益受到重视，包装印刷随之迎来了高速发展期。到20世纪80年代中期，包装印刷无论是在企业数量，还是在产值规模上都已经大幅超过书刊印刷。我国加入世界贸易组织之后，全球制造业中心加速向中国转移，我国众多轻工业产品的产量在全球位居前列，包装印刷的发展更是迎来了黄金时代。我国逐渐形成了包括纸包装、塑料软包装、金属包装、陶瓷玻璃包装、竹木包装等在内的完整的包装印刷体系，涌现出以裕同科技、合兴包装、劲嘉股份、奥瑞金、永新股份等为代表的一批年销售规模在10亿元以上的大型本土包装印刷企业，并吸引了安姆科、利乐包装、康美包等国际知名的包装印刷企业在国内投资设厂。

经过改革开放40多年的发展，包装印刷已经成为我国印刷业的主体。据国家新闻出版署统计，2017年我国共有包装印刷企业50187家，占全国印刷企业总量的50.67%，实现产值9279.19亿元、工业增加值2072.53亿元，分别占印刷业总量的76.96%、74.15%。

（三）改革开放以来印刷业发展取得的巨大成就

改革开放40多年来，我国印刷业取得了巨大的发展成就，不仅为国内新闻出版业和社会经济的发展提供了有力支撑，而且在国际市场上体现出了强大的竞争力，在新的时代为印刷术的发明国赢得了新的荣誉。

1. 彻底改变了极端落后的产业局面，发展成为能够与新闻出版业和国民经济发展要求相匹配的重要产业部门

印刷业是服务性行业。改革开放初期，由于企业数量偏少、技术装备陈旧，落后的印刷业远远无法满足新闻出版、食品饮料、服装家电、日化医药等众多行业对出版物及包装产品的需求，成为文化事业和社会经济发展的"短板"和掣肘。

经过40多年时间的奋起直追，我国印刷业逐步建立起了以出版物印刷、包装装潢印刷、商业印刷、票证印刷、特种印刷为代表的完整的产业和产品体系，服务新闻出版业和国民经济发展的能力大大提高。

在新闻出版领域，1978年至2017年，我国年图书出版品种从1.5万种增长到51.25万种，总印数从37亿册增长到92.44亿册；期刊出版品种从930种增长到10130种，总印数从7.6亿册增长到24.92亿册；报纸出版品种从186种增长到1884种，总印数从131.6亿份增长到362.5亿份。

在工业经济领域，我国诸多工业产品的产量，如手机、计算机、钟表、电视机、空调、洗衣机、服装、方便食品等，都已位居世界第一，出口全球各地。

在商品流通领域，我国的社会消费品总零售额从1978年的1559亿元增长到2017年的38.1万亿元，扩容240多倍。与此同时，以电商、新零售、快递物流为代表的新型业态层出不穷。

这些都对印刷业的配套服务能力提出了更新、更高的要求。而我国印刷业也用近年来的发展实践证明：当年落后的"短板"行业，如今已完全能够匹配新闻出版业和国民经济的发展要求。

在新闻出版领域，我国出版物印刷企业不仅完全能够满足出版单位对印刷质量、价格和周期的要求，保质保量完成各项生产任务，而且积极采用数字、网络技术，开发出了按需印刷等新型服务模式，助力出版业的改革和产品创新。在工业经济和商品流通领域，"一等产品、二等包装、三等价格"的局面彻底成为历史，我国大型包装印刷企业的设计、生产和服务能力已经达到国际领先水平，它们生产的包装印刷品不仅能够满足国内市场的需求，而且通过国际贸易走向海外，为全球消费者提供服务。

在产业配套和服务能力不断提高的同时，印刷业自身也逐渐成长为我国文化产业和国民经济的重要组成部分。近年来，我国印刷企业数量稳定在10万家左右，解决了300万左右人口的就业问题，年产值规模过万亿元，在新闻出版业中的占比连续多年位居第一，保持在50%以上，是文化产业的重要组成部分，在整个国民经济中也占有重要地位。

2.区域发展渐趋平衡，逐步形成了以市场为导向，各具特色、优势互补的产业分布格局

改革开放前，我国印刷业初步解决了区域发展严重不平衡的问题，基本建立起覆盖全国各个省、市、自治区的书刊印刷体系。但从整体上看，印刷业的区域格局仍主要呈现为以大中型城市为中心的点状分布，其他区域处于一种弱势均衡的状态。

改革开放以后，以广东为代表的珠三角地区率先崛起，成为印刷业发展的新高地。此后，随着改革开放的不断深化，印刷业发展重心不断北上、西进，各区域之间的实力对比经历了一轮再平衡的过程，印刷业的产业布局日趋优化。目前，已基本形成了以珠三角地区、长三角地区、环渤海地区、中部地区为代表，以市场需求为导向的带状产业格局。四大产业带各具特色、优势互补、相互促进，共同造就了我国印刷业持续繁荣发展的局面。2017年，四大产业带合计实现印刷产值10118.28亿元，占全国总量的83.92%。

其中，以深圳、广州、东莞为引领的珠三角地区是我国改革开放的前沿，具有毗邻香港的区位优势。改革开放初期，珠三角地区率先吸引了一批外资印刷企业投资设厂，在产品质量、生产能力、产业规模上迅速与其他地区拉开了差距。我国加入世界贸易组织后，珠三角地区印刷业借助当地雄厚的制造业基础，获得了新一轮的快速发展，目前已经成为我国重要的外向型印刷生产基地。拥有裕同科技、雅图仕、鸿兴印刷等一批全国知名的外向型印刷企业。2017年，以广东为代表的珠三角地区实现印刷产值2345.62亿元，占全国总量的19.45%。

涵盖上海、浙江、江苏三个经济重镇的长三角地区，具有良好的国有经济基础，同时外资和民营企业十分活跃，现已发展成

为我国包装印刷的重要基地。首先，在我国加入世界贸易组织后，大型外资企业开始进行全国布局，以上海为核心的长三角吸引了大量外资制造企业安家落户，为包装印刷业的发展提供了良好的产业基础。目前，在上海周边地区汇聚了利乐包装、康美包装、艾利、丝艾集团、紫江企业、界龙实业、宝钢包装等一批在国内市场具有重要影响力的大型包装印刷企业。同时，长三角的温州地区还是我国民营印刷企业的发源地之一。凭借"两头在外"的温州模式，温州印刷业在改革开放后快速发展，涌现出以立可达、新雅集团、曙光印业等为代表的一批年产值过亿元的大中型印刷企业。温州印刷业以包装印刷为主，客户遍及全国各地。同时，温州的印刷企业家也把企业开到了全国各地。2017年，长三角地区实现印刷产值3671.72亿元，占全国总量的30.45%。

以北京为中心的环渤海地区在出版物印刷方面具有得天独厚的资源优势。环渤海地区是我国出版业的重镇。其中，仅北京一地，就聚集全国40%以上的出版社、30%左右的期刊和10%以上的报纸，区域内的山东、辽宁、河北等地作为人口大省，也具有良好的出版产业基础，这为环渤海地区出版物印刷企业的发展提供了保证。目前，环渤海地区不仅吸引了利丰雅高等外资企业投资设厂，而且拥有一批本土成长起来的大型出版物印刷企业，如北京新华、盛通股份、中科印刷等。2017年，环渤海地区实现印刷产值2206.34亿元，占全国总量的18.3%。

中部地区毗邻东部沿海地区，在我国产业升级和经济结构调整过程中，具有承接东部地区产业转移的先天优势。2010年之后，随着中部崛起战略的推进，以湖北、湖南、河南、山西、安徽、江西为主体的中部地区印刷业开始发力，在全国印刷业总量中的占比不断提升，初步形成了以包装印刷和商业印刷为特色的产业发展路径。2017年，中部地区实现印刷产值1894.60亿元，占全国总量的15.71%。

3. 边"补课"边发展，技术装备水平和生产效率快速提升，

大中型印刷企业主力生产设备基本达到国际领先水平

改革开放初期，我国印刷业的技术装备与发达国家存在着巨大差距。在发达国家已经基本普及激光照排、胶印印刷的情况下，我国大部分印刷企业仍在采用落后的铅排铅印工艺，至少落后几十年。

在国家有关部门的有效领导和强力推动下，我国印刷业用十余年的时间，完成了"补课"的过程。到20世纪90年代初期，基本实现了"激光照排、电子分色、胶印印刷、装订联动"的技术发展目标。1998年，根据国内外印刷业发展的新形势，中国印刷及设备器材工业协会又提出了"28字技术发展方针"：印前数字、网络化，印刷多色、高效化，印后多样、自动化，器材高质、系列化。这一目标业已在2010年左右基本实现。

在我国印刷业抓紧进行"补课"的同时，全球印刷技术发展走向也发生了深刻变革。2000年以后，随着数字、网络技术在印刷业的应用，以计算机直接制版技术、数字印刷技术、数字化工作流程、智能制造、智慧印厂为代表的新兴印刷技术和模式层出不穷，给传统印刷技术带来了冲击，也为我国印刷业的发展带来了机遇。

国内印刷企业充分利用技术变革带来的"弯道超车"机会，大胆引进和使用最新技术装备，大中型印刷企业的主力生产设备基本达到国际领先水平，生产效率大幅提升。据统计，到目前为止，我国计算机直接制版设备和生产型数字印刷机的装机量均已超过1万台，高速多色单张纸胶印机、商业轮转胶印机、高端精装联动线等高新技术装备在大中型印刷企业中得到了较为广泛的应用。与此同时，代表印刷业绿色环保发展方向的柔印机装机量快速增加。到2017年6月底，我国机组式柔印机的装机量已有近2200台，卫星式柔印机的装机量也已经超过200台。

从整体上看，经过改革开放40年的奋起直追，我国印刷业不仅告别了"铅与火"，迎来了"光与电"，彻底改变了装备陈旧、技术落后的局面，而且在已经到来的数字化、网络化、智能化浪潮中，显现出良好的"后发优势"，部分大中型印刷企业通过持续的技术改造和升级，主力生产设备已经完全可以与国际同行相媲美，代表了中国印刷企业发展的新高度。

4. 涌现出一批具有较强国际竞争力的骨干龙头印刷企业，印刷业对外加工贸易和间接出口稳步发展

改革开放前，我国印刷业连基本的国内产业配套需求都无法满足，自然也就很难参与国际市场的竞争。改革开放后，随着我国印刷业装备实力、技术水平、产品质量和生产能力的不断提升，部分企业开始走向海外，主动参与国际市场竞争，开启了外向型发展之路。目前，我国印刷业每年对外加工贸易额稳定在800亿元以上。此外，还有大量包装印刷品跟随其他产品出口海外。

我国印刷业的对外加工贸易始于改革开放初期的"三来一补"企业。最初，以外资企业为主导，主要集中在以深圳、东莞为代表的珠三角地区。后来，随着改革开放的深入，越来越多的印刷企业开始进军海外市场，涌现出了以雅图仕、鸿兴印刷、星光集团、金杯印刷等为代表的一批外向型港资印刷企业。这些企业利用内地的劳动力成本优势，实现了快速发展，年度销售规模少则数亿元，多则一二十亿元，有相当比例的营收来自海外市场。其中，最具代表性的雅图仕，2017年实现销售收入26.61亿元，几乎100%来自对外加工贸易。

我国加入世界贸易组织后，在外资印刷企业加速进入国内的同时，也有越来越多的本土企业走向海外。参与国际市场竞争的企业呈现遍地开花之势，出口产品的类型日趋多元，从批量生产的教科书，到工艺复杂的立体书，再到高度标准化的瓦楞纸箱，甚至总统竞选的选票，多种多样。

经过40多年来的发展与进步，我国印刷业的对外加工贸易已经逐步走出了以低成本、低价格为主要竞争手段的初级阶段。在继续发挥加工能力优势的基础上，更加注重锻造以设计和质量为代表的核心竞争力，以在国际产业分工链条上获得更高的附加

值。比如，雅图仕设立了专门的创新科技研发中心，从事新技术、新材料、新工艺的开发与研究，为客户提供产品设计与开发服务。同时，以雅昌集团、中华商务为代表的国内优秀印刷企业，积极参与 Benny Award 等全球印刷质量大奖的评比，获奖产品数量在参评企业中位居前列，在国际舞台上为我国印刷业赢得了荣誉。

5. 转型升级、提质增效，新旧动能转换初见成效，印刷业发展进入新时代

自 2012 年开始，我国印刷业迎来了改革开放以来的第一个深度调整期。在产业增速放缓、环保刚性约束增强、原材料价格大幅波动等内外部因素影响下，我国印刷企业转型升级、提质增效、转变发展方式的迫切性前所未有地体现出来。

在党和政府深化供给侧结构性改革，加快"去产能、去库存、去杠杆、降成本、补短板"等一系列政策措施的指引下，我国印刷业主动作为，以"绿色化、数字化、智能化、融合化"发展方向为指引，不断加大创新发展的力度，在新旧动能转换方面取得初步成效。

在绿色化发展方面，绿色印刷发展理念在行业内深入人心。在政府主管部门和行业协会的积极推动下，绿色印刷设备、印刷工艺、印刷材料在行业中得到广泛应用，截至 2017 年年底，全国已有 1200 多家印刷企业通过"中国环境标志产品认证"，认证企业数量在各行各业中位居前列。全国中小学教科书已经连续四年实现绿色印刷全覆盖，在票据票证、纸塑包装印刷领域，绿色印刷的应用范围也日益广泛。

在数字化发展方面，全国数字印刷设备装机量稳步增加，数字印刷在印刷总产值中的占比稳步提高。国内大中型印刷企业基本都具备了良好的数字化基础，从印前到印后一体化的数字化工作流程基本建立。部分印刷企业积极探索"印刷+互联网"的新型商业模式，在印刷电商、合版印刷、定制印刷领域取得积极进展。

在智能化发展方面，部分印刷企业积极推进智能制造、智慧印厂建设，通过引进智能化印刷生产线、工业机器人及配套软件系统，大大提高了作业效率和生产的柔性化水平，从生产端为商业模式的创新提供了有力支撑。2018年，国家新闻出版署主办首届"中国印刷业创新大会"，聚焦"智能化"，全面梳理我国印刷业智能化发展现状，提出了智能化发展的目标和阶段，发布了智能化建设的标准体系，推动印刷业智能化建设向纵深发展。

在融合化发展方面，印刷企业的资本意识快速提升。在自我积累之外，越来越多的印刷企业开始利用风险投资、股权投资、首发上市等多元化方式筹措发展资金。仅2016年、2017年两年，在A股上市的印刷企业数量便达到10家，创有史以来的新高。印刷企业加速进入资本市场，一方面，有助于借助资本的力量推进产业整合；另一方面，部分企业在资本的推动下大胆跨界，进入教育、消费、大健康等相关领域，以融合发展谋求新的增长点。

印刷企业在"绿色化、数字化、智能化、融合化"方面的探索和实践，有力地推动了我国印刷业新旧发展动能的转换，在新的时代背景下，为印刷业的转型升级、提质增效、实现可持续发展打下了良好基础。2017年，我国印刷和记录媒介复制业规模以上工业企业实现营收6471.1亿元，同比增长5.2%；利润总额425.6亿元，同比增长6.1%，回暖迹象明显。

三、印刷业发展的主要经验

新中国成立以来，我国印刷业从一穷二白、百废待兴的局面起步，用70年的时间改变了行业落后的面貌，产业总量跃居全球第二。尤其是，改革开放以来的40多年时间，印刷业技术装备和质量水平突飞猛进，产业规模稳步增长，不仅能够满足国内市场的需求，而且在国际上具备了很强的竞争力。70年的发展实践，不乏挫折与挑战，但更有很多成功的经验值得总结。概括而言，主要有以下四点。

（一）印刷业的成长进步离不开党的坚强领导

没有共产党就没有新中国，也就没有 70 年来社会主义建设的伟大成就，更没有印刷业今天良好向上的产业局面。改革开放前，在近 30 年的社会主义建设探索与实践中，印刷业随着国内外政治、经济环境的变化，遇到了很多困难和挑战，但是在党的领导下，初步建成了覆盖全国主要城市的书刊印刷体系，基本健全了印刷及设备、器材行业链条，并在十分困难的条件下上马"748 工程"，开启了我国印刷业数字化的初步探索。

改革开放以来的 40 多年时间，面对复杂多变的国内外政治、经济环境，我们党领导全国人民在每一个重要的历史节点都作出了正确选择，这成为我国经济社会平稳、健康发展的根本保证，也是印刷业不断成长进步的根本动力。尤其是面对国内外形势发生的重大变化，党的十九大作出了"中国特色社会主义进入新时代"的重大政治论断，并指出，新时代我国社会的主要矛盾已经转化为"人民日益增长的美好生活需要和不平衡不充分的发展之间的矛盾"，这为包括印刷业在内的各行各业的发展，指明了新的方向。

（二）不断优化和完善的监管体系是印刷业健康发展的重要保证

新中国成立以来，我国印刷业监管体系经历了从无到有、不断优化和完善的发展过程。改革开放前，我国印刷业基本处于"谁用、谁建、谁有、谁管"的状态，没有形成统一施策的行业体系，加上计划经济体制的束缚，印刷业发展相对较慢，与发达国家的差距不断拉大。

改革开放后，印刷业统一施策、加强监管、深化改革、扩大开放的需求日渐强烈。1988 年，新闻出版署、公安部等五部委共同制定发布的《印刷行业管理暂行办法》，成为我国第一部全面涵盖书报刊印刷、包装印刷及其他印刷品印刷的全国性的印刷业监管法规。《暂行办法》以规范印刷业发展为目的，延续了印刷企业准入的审批制原则和书报刊印刷许可制度，确立了书刊定点印刷制度，对当时野蛮生长的印刷业起到了重要的整顿和规范作用。

1997年，国务院发布《印刷业管理条例》，在继续坚持印刷企业审批制度的同时，对外商投资印刷业进行了规范，明确禁止设立外商独资经营的各类印刷企业。2001年，在我国加入世界贸易组织前夕，国务院对《印刷业管理条例》进行修订，扩大印刷业对外开放范围，允许设立外商独资的包装印刷企业。此后，随着我国行政审批制度改革的推进，印刷业的监管体系日趋开放和包容，"印刷企业特种行业许可"和"书刊定点印刷制度"先后取消，各类所有制性质的印刷企业能够在更加平等的市场环境下进行竞争、发展，共同为我国印刷业的繁荣发展作出贡献。

（三）印刷技术的划时代变革离不开自主创新和关键核心技术的重大突破

在改革开放前的近30年时间里，我国印刷业的技术装备水平十分落后。自"748工程"立项开始，我国印刷业开启了对数字化技术的深入探索。经过十几年的努力，"748工程"在20世纪80年代中期取得突破性进展和应用，并由此引领中国印刷业告别"铅与火"，迎来"光与电"时代。可以说，在近40多年来我国印刷技术的划时代变革中，以计算机汉字信息处理和激光照排为代表的关键核心技术的重大突破居功至伟，王选院士因此于2001年获得国家最高科学技术奖。

计算机汉字信息处理和激光照排技术是我国印刷业进入数字、网络时代的关键核心技术，引领了国内印刷业的第二次技术革命。在这项技术取得突破的背后是党和政府对自主创新的高度重视，以及广大科研工作者迎难而上、不惧挑战的奋斗精神。"748

工程"历时十几年方取得重大突破,过程充满艰辛和挑战。但此后印刷业的发展表明,自主创新的过程虽然艰难,但一旦在关键核心技术方面取得重大突破,其对整个产业发展的推动作用是不可估量的。

(四)印刷业的持续、健康发展离不开产业链上下游的共同努力

印刷业是应用型行业,其发展离不开设备、材料及终端用户等产业链上下游的配合和支持。改革开放前,我国基本建成了包括印刷及设备、器材在内的完整行业体系。

改革开放之初,为迅速改变我国印刷技术落后的局面,国家经委牵头成立了印刷技术装备协调小组,邀请新闻出版、机械、电子、化工、轻工等部门参与,直接体现了产业链上下游相互支持、合作共进的重要性。

新中国成立以来,特别是改革开放以来,我国印刷业能够保持持续、健康的发展,除了得益于国内外市场需求的稳步增长,也离不开印刷设备、印刷材料企业在技术攻关、产品研发方面取得的突破。经过70年的建设与发展,我国逐步涌现出以北人、上海高斯、长荣股份、科雷机电、乐凯华光等为代表的一批具备较强市场竞争力的印刷设备和材料生产企业。

与此同时,作为印刷业发展重要的人才支撑,新中国成立以来,我国印刷专业教育发展迅速,基本形成了覆盖研究生、本科、高职高专、中专技校在内的不同层次、分工明确的人才培养体系。以北京印刷学院、西安理工大学、上海出版印刷高等专科学校为代表的大专院校,在长期的办学过程中,为行业输送了大量高素质、专业化的人才。

总之,新中国成立70年来,我国印刷业取得的辉煌成就,是在党和政府的领导下,印刷产业链上下游企业及科研单位、大专院校共同努力和不懈奋斗的结果。如今,中国特色社会主义已

经进入新时代，广大人民群众日益增长的美好生活需要和"两个一百年"奋斗目标，既对印刷业的发展提出了新的要求，也带来了新的机遇。只要广大从业人员继承优良传统，继续努力奋斗，就一定能够开创属于印刷业的新辉煌。

（刘积英：《中国印刷》杂志社社长；

刘成芳：中国新闻出版研究院副研究员）

第五章
新中国出版物发行业 70 年

王 志 孔 娜

新中国成立 70 年来,出版物发行业伴随着共和国的成长而不断成长壮大。回顾 70 年出版物发行业的发展历程,总结经验、展望未来,对于促进出版物发行业以及整个新闻出版业的发展具有十分重要的意义。

一、出版物发行业的发展历程

我国社会主义出版物发行业的创建,是以新华书店为基础,三联书店等一批进步书店为骨干,通过接管改组国民党官办书店,实行对私营出版发行企业的社会主义改造而逐步发展壮大的。到 1956 年,基本建立了与社会主义计划经济相适应的出版物发行体制。此后,即使在"文革"期间,这一体制也没有本质变化。直到 1978 年改革开放以后,经过 40 多年的改革发展,逐步建立了与社会主义市场经济体制相适应的出版物发行体制。

本文以体制为线索,梳理 70 年出版物发行业的发展,大致有如下重要节点。

(一)统一全国新华书店

1950 年 3 月 25 日,出版总署公布《关于统一全国新华书店的决定》,决定在北京建立新华书店总管理处,隶属于出版总署,全国各地新华书店的业务均归新华书店总管理处领导。全国新华书店首先根据"集中领导、分散经营"的原则开展工作，逐步走向统一经营。

同年4月1日，新华书店总管理处正式成立。各大行政区新华书店改组为新华书店总分店，下设分店，分店以下设支店。11月，新华书店总管理处改组，将发行部及总管理处有关部门改组为新华书店总店。

统一全国新华书店是新中国成立后，根据全国形势发展需要，布局出版物发行工作的重要举措，也是计划体制建设的重要一步。

（二）推进专业分工，实施计划管理

1952年11月26日，出版总署向各省、市出版行政机关和全国国营、公私合营的出版、印刷、发行企业发出《实行出版计划初步办法》的指示。以后，各出版、印刷企业逐年编制出版计划、印刷生产计划，并按计划分配纸张，调度印刷任务，促进出版社与印刷厂订立印刷合同。

1953年1月10日至5月7日，出版总署组织力量，编印了《关于改进门市工作，改进进货工作和进一步实行计划发行的几个方案和办法》的小册子，分发给各地新华书店研究参考。

1953年12月12日，出版总署发出通知，决定中国图书发行公司（该公司由私营的中华书局、商务印书馆、开明书店和公私合营的三联书店、联营书店5个单位的发行机构合并成立）自1954年1月起并入新华书店。新华书店华北总分店和中图公司总公司成立新华书店北京发行所，专门办理进发货业务。

至此，全国出版、印刷、发行的专业化分工基本确立。同时，新中国成立前出版单位自办发行的市场化体制宣告结束。

（三）对私营发行业的改造

1954年9月10日，出版总署发布《对于私营图书发行业进行社会主义改造的方针、步骤、办法和1954年工作要点》，对改造私营图书发行业的方针、步骤和办法作了说明和要求。

1955年4月11日,文化部发出《关于加强对新华书店领导的通知》,规定新华书店应负责安排全国图书发行市场,掌握整个社会的图书流转计划,改造所有私营发行业。同时批转了《新华书店安排和改进私营图书发行业的方针办法》,要求各地出版行政机关领导和监督当地新华书店切实执行。

据统计,1955年全国私营图书发行业约3300家,至1956年已全行业实行公私合营,对全国私营发行业的社会主义改造工作基本完成。随着社会主义改造的完成,出版物发行能力大幅度提高。到1956年,全国新华书店有售书点2105处,与1950年相比增长184%;全国图书销售14.8亿册,销售额3.0亿元,与1950年相比销售册数增长640%,销售金额增长500%。

(四)中央与地方分级管理体制

1958年6月26日,文化部发出《关于改变新华书店体制的通知》,决定新华书店各省、自治区、直辖市分店彻底下放,由地方文化、出版行政机关全权管理。自1958年7月1日起,新华书店总店对各地新华书店不再发布指示和决定,但仍负责交流图书发行工作经验和帮助训练干部。北京发行所改组成立新华、科技、外文三个发行所,仍由新华书店总店领导和管理;设在上海、沈阳、武汉和重庆的四个发行所,分别划归地方领导;各地新华书店的体制和机构,由各地文化、出版行政部门自行决定。

1963年12月23日,文化部发出《加强新华书店总店对各地新华书店业务指导的通知》,规定新华书店总店对各地新华书店有指导关系,可以召集各地新华书店的工作人员举行会议,讨论工作中的问题;新华书店总店还可以向各地新华书店发出指示和通知,各地新华书店应该遵照执行,并按期向总店报送图书发行工作计划和工作报告。

至此,出版物发行体制中的中央与地方的关系基本定型。新华书店系统从新中国成立初期的大一统管理模式逐步走向以地方管理为主的模式。这一模式既为后来的改革创造了良好的基础，也对区域经营等大型发行集团的创新形成了一定的制约。

（五）"文革"十年的出版物发行业

"文革"前的17年，尽管也有"左"的干扰，但整体而言，出版物发行工作取得了很大的成绩。图书发行网点由1950年的742个发展到1965年的52198个（其中新华书店网点3911个，供销社、商业部门售书点48287个），发行工作人员从1950年的12000人增加到了1965年的36133人，图书销售的册数从1950年的2亿册发展到1965年的18.6亿册，销售金额从1950年的0.5亿元发展到1965年的4.3亿元。

1966年之后的"文革"十年，使我国的国民经济以及科学、教育、文化等各项事业都遭受了重大挫折和损失，是出版物发行业受到摧残、破坏和停滞的时期。

在"文革"期间，大批出版物被当作"封资修毒草"，加以取缔或销毁。古旧书业和唱片业首当其冲，被诬为"封资修黑店"被迫停业。全国出版图书从1965年的20143种骤减到1967年的2925种，出现了严重的"书荒"。据统计，这一时期因所谓的内容错误而停售报废的图书达5000多种，浪费纸张4万余吨，经济损失达2亿多元。同时，由于图书发行受到严重冲击，直接造成库存急速增长。1965年，全国库存图书13.9亿册，1966年增加到17.1亿册，1967年猛增到35.7亿册，1969年更高达41.3亿册。

在毛泽东、周恩来等领导人的关怀下，1970年国务院"出版口"成立，1973年国务院设立国家出版事业管理局，出版工作开始局部艰难恢复。但是，由于"四人帮"横加在出版界的"两个估计"，出版工作难以真正得到恢复，出版物发行业作为出版业的终端环节，也不可能得到真正的恢复和发展。

1966年,图书购进39.7亿册,销售35.8亿册;到1976年,图书购进34.6亿册,销售34.1亿册。经过十年时间,出版物发行的主要指标都下降了。(见表1)

表1　全国图书发行情况　　　　单位:亿册

年份	图书购进数量	图书销售数量
1966	39.7	35.8
1967	50.8	29.3
1968	39.1	38.6
1969	38.6	27.9
1970	24.8	22.0
1971	24.9	21.5
1972	26.1	20.0
1973	31.2	27.1
1974	33.8	30.8
1975	38.4	35.3
1976	34.6	34.1

数据来源:《新闻出版统计历史资料简明手册(1949—1994)》

(六)打造市场主体

1976年10月,"四人帮"反革命集团被粉碎,长达十年之久的"文化大革命"结束。1978年12月,中国共产党第十一届三中全会胜利召开,确定了解放思想、开动脑筋、实事求是、团结一致向前看的指导方针,作出了把工作重点转移到社会主义现代化建设上来的战略决策,党和国家各项事业都逐步走向恢复和发展。

党的十一届三中全会的召开,吹响了改革开放新时代的号角,出版业的改革开放首先从出版物发行业开始。1980年12月2日,国家出版局发出了《建议有计划有步骤地发展集体所有制和个体所有制的书店、书亭、书摊和书贩》的通知,提出发展集体所有制网点要有计划、有步骤地进行,集体所有制的书店要实行独立核算、自负盈亏;可以试办集体所有制或个体所有制的租书店、书摊。1982年7月10日,文化部出版管理局发出《关于图书发行体制改革工作的通知》，提出了发行业"一主三多一少"的发展思路，即以新华书店为主，多种经济成分、多种购销形式、多条流通渠道，少流通环节。并提出在改革过程中将适当改变现行购销形式；大力支持出版社自办发行；积极发展集体书店，适当发展个体书店。

1988年5月6日，中宣部、新闻出版署联合印发《关于当前图书发行体制改革的若干意见》，提出了"三放一联"的改革思路，即放权承包，搞活国有书店；放开批发渠道，搞活图书市场；放开购销形式和发行折扣，搞活购销机制；推行横向联合，发展各种出版发行主体和企业集团。

1996年6月1日，新闻出版署印发了《关于培育和规范图书市场的若干意见》，提出深化图书发行体制改革，要以培育和规范图书市场为中心环节，明确了建立全国统一、开放、竞争、有序的大市场的发展目标。通过改革，新华书店、其他国有书店、集体和个体书店、书摊共同参与的出版物市场格局基本形成。

（七）推进转企改制

2001年，为应对中国加入WTO给新闻出版广播影视业带来的机遇和挑战，中共中央办公厅、国务院办公厅转发了《中央宣传部、国家广电总局、新闻出版总署关于深化新闻出版广播影视业改革的若干意见》；2002年，中共中央办公厅、国务院办公厅又转发了《中央宣传部、新闻出版总署关于进一步加强和改进出版工作的若干意见》。两个文件对进一步改革的指导思想、方针原则、总体要求、基本格局、改革主线和重点等作出部署，推动出版业改革进入了全面深化阶段。

2003年7月16日，《出版物市场管理规定》发布，自2003年9月1日起施行。这是出版物发行业改革发展的标志性文件，标志着整个发行体制最深刻、最彻底的改革，意义重大，影响深远，不仅对国有新华书店系统进行了大刀阔斧的改造，而且为非公有资本进入发行领域铺平了道路。如民营批发企业摘掉了"红帽子"、第一家民营总发行企业宣布成立等等。这一系列突破意味着在出版物发行领域已实现了准入上的平等，出版物发行业开始进入各种所有制形式企业充分竞争的时代。

2003年，党中央、国务院启动文化体制改革试点工作。在中央选择的31个试点单位中有21家新闻出版单位，其中，6家发行集团成为首批转企改制试点单位。通过转企改制，新华书店系统焕发出了蓬勃生机。

（八）推动上市融资

2006年7月，新闻出版总署出台《关于深化出版发行体制改革工作实施方案》，提出推动有条件的出版、发行集团公司上市融资，一些地方开始了上市融资之旅。2006年5月，上海新华发行集团收购华联超市45.06%的股份，成为华联超市的控股股东，同时将新华传媒股份公司的100%股份置换到上市公司中去，上海新华发行集团实现"借壳上市"，成为中国发行业上市融资第一股。2007年5月30日，四川新华发行集团投资控股的四川新华文轩连锁股份有限公司首家通过IPO方式，在香港联交所主板挂牌上市，发行3.694亿股H股，顺利筹资20多亿港元。这是港股中首支纯书店股，新华文轩也成为国内首家进入国际资本市场的图书发行企业。2007年4月，上海新华传媒股份有限公司又向解放日报报业集团和上海中润广告有限公司定向增发股票，发行的股票价格为每股16.29元，资产价值逾20亿元。

之后，随着改革的进一步发展，发行集团大多并入出版集团。截至2018年底，图书出版和报刊出版集团、发行集团、印刷集团已达126家，有21家集团资产总额超过百亿元，其中资产总额、主营业务收入和所有者权益均超过百亿元的集团有6家。

（九）支持实体书店发展

2016年6月，为进一步促进实体书店发展，中宣部、国家新闻出版广电总局、财政部等11部门联合印发了《关于支持实体书店发展的指导意见》。这个意见对于实体书店以及整个出版物发行业的发展都具有十分重要的意义。

《关于支持实体书店发展的指导意见》指出：实体书店是重要的文化设施和文明载体，在促进城乡文化产业发展和文化市场繁荣、巩固先进文化传播阵地、推动全民阅读、建设书香社会、提高全民族素质等方面具有重要作用。到2020年，基本形成布局合理、功能完善、主业突出、多元经营的实体书店发展格局。

《关于支持实体书店发展的指导意见》发布以来，四川、浙江、安徽、天津、江苏、广东、上海、福建、山东、河南、北京等十多个省（直辖市）接连发布《关于推进实体书店发展的实施意见》。实体书店迅速发展，迎来新一轮发展高潮。

（十）坚持中国特色社会主义文化发展道路

2018年11月14日，中央全面深化改革委员会第五次会议审议通过了《关于加强和改进出版工作的意见》，意见指出，加强和改进出版工作，要坚持中国特色社会主义文化发展道路，坚持为人民服务、为社会主义服务，坚持百花齐放、百家争鸣，加强内容建设，深化改革创新，完善出版管理，着力构建把社会效益放在首位、社会效益和经济效益相统一的出版体制机制，努力为人民群众提供更加丰富、更加优质的出版产品和服务。这个《意见》是中国特色社会主义建设进入新时期，出版工作及出版物发行工作的纲领性文件，对新时代出版物发行工作提出了新要求、新任务，作出了新指引、新部署。

二、出版物发行业取得的主要成就

70年来，出版物发行业一脉相承，始终坚持党对出版物发行工作的领导地位不动摇，始终坚持"为人民服务、为社会主义服务"的方向不动摇，坚持主流思想文化出版物的发行，为社会主义制度的建立、发展，为中国特色社会主义事业，为改革开放作出了突出的贡献。

（一）形成了中国特色社会主义的出版物发行理念

经过70年的风风雨雨，从新中国成立初期出版物发行领域的社会主义基本制度建设，到20世纪60年代初期与计划经济相适应的出版物发行体系的建立，再到"文革"十年出版物发行业在备受冲击的形势下，依然坚持做好相关工作；从1978年以来，通过锐意改革开放，形成了统一、开放、竞争、有序的大市场体系，到2012年党的十八大以来，在新时代中国特色社会主义建设中，出版物发行业深化改革，创新发展，基本建立起中国特色社会主义的出版物发行体制。这一系列成就来之不易。70年最大的成就是探索出了一条中国特色社会主义的出版物发行之路，形成了中国特色社会主义的出版物发行理念。这一理念有这样几个要点：

1. 坚持为人民服务、为社会主义服务的方针。服务服从于党和国家政治大局，服务服从于广大人民群众不断增长的文化生活需要。

2. 坚持社会主义基本制度，坚持多种所有制形式共同发展。社会主义基本制度是中国出版物发行业的制度基础，特别是我国出版物发行业的主体发源于党领导的出版发行事业。同时，在社会主义市场经济体制下，多种所有制形式共同发展，也是中国特色社会主义出版物发行业的内在要求。

3. 坚持改革开放。70年正反两方面的经验教训告诉我们，没有改革开放，出版物发行业就不可能做大做强，就不可能满足人民群众追求美好生活的需求。

4. 坚持发展，开拓创新。在革命年代，新华书店和进步书店为革命事业作出了突出贡献；在社会主义建设时期，逐步探索建立了社会主义出版物发行业的基本制度；在改革开放时期，从市场化改革开始，形成了充满活力、与社会主义市场经济相适应的出版物发行体制。每一个时期都是出版物发行人艰辛奋斗的成果，特别是改革开放以来的40年，告诉我们一个基本道理：只有发展，才能不断满足人民群众对美好生活的期盼；只有开拓创新，才能不断适应新的发展形势，做好出版物发行工作。

（二）建立了与国家发展各个时期相适应的出版物发行体系

在新中国成立初期，建立了大一统的新华书店格局，为新中国成立初期的文化教育事业提供了强有力的制度保障。通过对私营发行业的社会主义改造，建立了与社会主义计划经济相适应的出版物发行体系，为社会主义建设作出了突出贡献。即使在"文革"期间，出版物发行业在领袖著作和政治读物的发行、教材发行、农村发行方面，在力所能及的范围内也做了许多有益的探索。特别是改革开放以来，出版物发行业积极响应改革，基本形成了与中国特色社会主义相适应的出版物发行体制。

（三）形成了强大的发行能力

70年来，出版物发行业不断扩大网点，不断建设物流，不断提高发行能力。在20世纪60年代，全国大多数县就已经设立有新华书店，供销社系统也大力发展出版物的发行业务，形成了遍布全国广大农村地区的发行网络。改革开放以来，民营书店迅速发展，成为中国出版物发行业重要的组成部分。（见表2）

表2　1950—2018年出版物发行网点情况　　　单位：处

年份	新华书店及其发行网点	供销社售书点	出版社售书点	邮政系统	集个体零售
1950	742				
1956	2105				
1966	4076	68682			
1978	4887	81222			
1988	9499	54590			29706
1998	10846	20565	703		
2002	10595	9640	620		36035

续　表

年份	新华书店及其发行网点	供销社售书点	出版社售书点	邮政系统	集个体零售
2012	9403	748	446	37821	116091
2013	9255	839	447	38062	115132
2014	8922	700	444	37785	112582
2015	8918	537	425	37586	107816
2016	8996	75	420	39358	105872
2017	9633	59	437	40523	103190
2018	9591	10	398	41146	106791

1950年，中国出版物发行网点只有742处，不仅业态单一，而且大多数网点设施落后，发行能力极低；从业人员1.2万人，年发行图书仅2亿册。经过70年的发展，2018年全国共有出版物发行网点171547处，全国新华书店系统、出版社自办发行单位出版物总销售数量217.08亿册（张、份、盒），全国新华书店系统与出版社自办发行网点从业人员12.59万人。

2012年到2018年，即党的十八大召开以来，出版物发行业发展翻开了新篇章，体制机制创新爆发出了巨大的发行生产力，2012年总销售数量190.08亿册（张、份、盒）、金额2159.88亿元，2018年总销售数量217.08亿册（张、份、盒）、金额3213.37亿元，分别增长了14.20%和48.78%。（见表3）

表3　1950—2018年出版物进销情况　　单位：亿册

年份	购进数量	销售数量
1950	2.4	2.0
1956	20.3	14.8
1966	39.7	35.8
1978	36.6	33.1
1988	62.1	62.2
1998	168.77	165.74
2008	170.19	166.43
2012	189.04	190.08
2013	205.35	199.33

续　表

年份	购进数量	销售数量
2014	199.86	199.05
2015	203.09	199.45
2016	207.78	208.27
2017	211.02	213.19
2018	223.61	217.08

（四）形成了结构合理、具有活力和竞争力的产业体系

经过70年的发展，出版物发行业基本形成了结构合理、具有活力和竞争力的产业体系。这一产业体系的基本特征是：第一，以图书发行为主，多种出版物发行并行发展；第二，以传统发行业态为基础，广泛应用新技术，多种新型业态不断发展；第三，以出版物发行集团为中心，以大型发行企业为骨干，以中小型发行企业为群落的充满活力和竞争力的企业结构不断完善；第四，以出版物发行为主，跨行业发展的开放格局不断形成。

现代信息技术的应用不断催生新业态，电子商务等先进的经营模式获得长足发展。目前，大多数发行集团、实体书店、出版社发行部门都开设了自己的电子商务系统。

通过创新体制机制和现代企业制度建设，一批具有先进的组织形式和富有效率的经营业态的市场主体实力不断壮大。2018年，28家发行集团实现主营业务收入1060.1亿元，拥有资产总额1796.4亿元；实现利润总额102.5亿元。这些大型发行集团已经成为推动出版物发行业发展的重要的市场力量。

（五）初步形成了国际贸易格局

新中国成立初期，出版物国际贸易有所开展，"文革"十年期间，国际出版物贸易大幅减少。改革开放以来，出版物国际贸易迅速发展。出版物发行业坚持开放，坚持走出去，大力发展国际贸易。目前，出版物国际贸易已成为出版物发行业传播中国声音、讲述中国故事、引进现代文化的重要方式。

党的十八大以来，出版物发行业走出去步伐不断加快。包括出版企业在内的中国出版物发行企业在海外开办书店，积极从事出版物贸易，形成了良好的发展势头。（见表4、表5、表6、表7）

表4　出版物进口情况（数量）

年份	图书（万册）	期刊（万册）	报纸（万份）	录音制品（盒、张）	录像制品（盒、张）
2012	743.51	490.33	1904.23	123396	62093
2013	857.89	397.14	1106.51	164671	16780
2014	977.81	396.68	1164.36	130769	3611
2015	1418.78	357.66	1035.31	108666	7547
2016	1551.63	338.37	1218.18	98261	9835
2017	2033.59	311.74	910.27	130951	4600
2018	2995.39	305.84	786.79	82248	6196

表5　出版物进口情况（金额）

年份	图书（万美元）	期刊（万美元）	报纸（万美元）	录音制品（万美元）	录像制品（万美元）	数字出版物（万美元）
2012	13707.99	14120.03	2293.63	103.73	42.37	16433.12
2013	12054.66	14620.06	1373.92	128.93	13.26	19806.29
2014	12588.38	14232.07	1561.13	99.32	5.22	20895.59
2015	14499.25	14323.10	1735.18	99.54	9.19	24098.94
2016	14421.60	14137.21	1492.92	95.92	17.32	25746.14
2017	17036.94	13595.01	1346.81	119.85	10.10	34454.51
2018	21577.06	13526.85	1098.28	87.75	9.98	37922.20

表6　出版物出口情况（数量）

年份	图书（万册）	期刊（万册）	报纸（万份）	录音制品（盒、张）	录像制品（盒、张）
2012	1325.69	220.31	93.27	136	93312
2013	1737.58	215.68	39.59	800	33236
2014	1465.75	188.07	35.60	937	19755
2015	1278.75	240.35	33.53	5403	3722
2016	1450.28	265.69	49.55	11975	1295
2017	1232.71	335.19	302.82	18123	1171

续　表

年份	图书 （万册）	期刊 （万册）	报纸 （万份）	录音制品 （盒、张）	录像制品 （盒、张）
2018	1067.17	325.23	85.69	10795	1559

表7　出版物出口情况（金额）

年份	图书 （万美元）	期刊 （万美元）	报纸 （万美元）	录音制品 （万美元）	录像制品 （万美元）	数字出版物 （万美元）
2012	4250.09	556.00	57.06	0.04	33.50	——
2013	5216.38	744.85	51.17	0.40	32.16	89.71
2014	5060.59	544.35	44.73	0.09	27.62	128.75
2015	5221.67	461.64	43.43	7.53	2.36	112.10
2016	5407.37	443.78	35.52	34.67	1.11	120.65
2017	5460.53	504.37	59.76	30.49	0.78	132.07
2018	5084.06	595.54	43.40	34.39	1.76	176.05

（五）大力推进全民阅读

1995年，联合国教科文组织把每年的4月23日定为"世界读书日"。2006年，中宣部、原国家新闻出版总署等部门发布文件在我国大力倡导和开展全民阅读活动。自党的十八大以来，"开展全民阅读活动"已经成为党中央的一项重要战略部署，此后在政府工作报告和《国家"十二五"时期文化改革发展规划纲要》《国家基本公共服务体系"十二五"规划》等系列报告和规划中，也多次对倡导和开展全民阅读活动、建设"书香"社会提出了明确要求。2016年12月，我国首个全民阅读规划——《全民阅读"十三五"时期发展规划》发布，首次明确了全民阅读工作的指导思想、基本原则和主要目标。2017年3月1日，《公共文化服务保障法》正式施行，2018年1月1日，《公共图书馆法》正式施行，都对开展全民阅读提出明确要求。2017年6月，国务院法制办办务会议审议并原则通过了《全民阅读促进条例（草案）》。

近年来，江苏、湖北、辽宁、四川、吉林、黑龙江、广东等多个省市先后颁布了地方全民阅读立法，为全民阅读促进工作提供了法治保障。

十余年来，不少于 12 亿人参加了各类阅读活动，不少于 80 个城市开展了"书香之城"工程建设。全民阅读以及"书香之城""书香之镇""书香之村""书香之家"等已经成为一个地区文化和文明发展程度的重要标志。

出版物发行业不仅为全民阅读担负着提供出版物的光荣使命，而且是全民阅读重要的阵地。就实体书店而言，推进全民阅读已经成为自己重要的使命。以北京为例，近年来很多品牌书店进驻北京，成为北京重要的阅读空间。截至 2019 年 7 月，在北京，西西弗开有 23 家店，言几又开有 8 家。随着城市文化生活的不断发展，以三联韬奋书店开设 24 小时书店为标志的 24 小时书店在全国城市迅速发展，为城市文化生活增添了新气象。

（六）造就了一支高素质的出版物发行队伍

70 年来，随着出版物发行业的不断发展，培育了大批优秀的经营者、管理者，以及更大量的专业人才。一批有知识、懂经营、会管理的人才已经成为行业的领军人物，成为发行业最宝贵的财富。

2018 年，仅新华书店系统与出版社自办发行网点从业人员就有 12.59 万人。通过出版物发行专业以及相关专业的学历教育、在职教育和岗位培训，大大提高了出版物发行人员的综合素质和专业技能，培育了一批批合格的出版物发行人员。

（七）法制建设逐步完善

70 年来，党和国家十分重视出版物发行业的法制建设。1952 年政务院即发布了《管理书刊出版业印刷业发行业暂行条例》，对新中国成立初期的出版物发行活动进行了规范。2003 年《出版物市场管理规定》的颁布，标志着出版物发行业的法制建设发展到了一个新的阶段。《出版物市场管理规定》后经 2011 年和 2016 年两次修订，更趋完善。

三、出版物发行业发展的主要经验

70年来，出版物发行业取得了巨大成就。这些成就的取得有赖于出版物发行业的不断实践和探索。深刻总结70年来出版物发行业的经验教训，对在新时代中国特色社会主义建设中进一步发展出版物发行业、更好地满足人民群众对精神文化的新需求，具有重要的意义。

（一）坚持走中国特色社会主义的出版物发行之路

70年来，出版物发行业从计划经济发行体制的建立到市场经济发行体制的开创，走过了一条既辉煌又曲折的道路。回顾70年不平凡的发展历程，出版物发行业要坚定理论自信、道路自信、制度自信和文化自信，坚持中国特色社会主义道路不动摇，坚持走中国特色社会主义的出版物发行之路。

新中国成立初期，按照苏联模式搭建的出版物发行体制，虽然具有社会主义制度本质的优越性，但缺乏活力，没有充分尊重市场，难以适应经济社会和文化发展的需要。"文革"十年，更是出现了"书荒"的局面。只有改革开放，结合中国国情，走中国特色社会主义的出版物发行之路，才是唯一正确的选择。

（二）坚持马克思主义意识形态的统领地位

坚持马克思主义意识形态的统领地位，坚持党的领导，始终懂政治、讲规矩，服从服务于党和国家工作大局，在大是大非面前立场坚定、旗帜鲜明。不断加深对深化出版物发行业改革、发展、管理、服务的认识，传承、传播中华优秀传统文化，传播革命文化和社会主义先进文化，弘扬社会主义核心价值观。

我国的出版物发行业就主体的新华书店而言，诞生于革命战争年代，是党直接领导的发行力量，在宣传党的方针政策、传播党的思想方面发挥着不可替代的作用。这一光荣的历史提示我们，出版物发行业要不忘初心，始终坚持马克思主义意识形态的统领地位，在国家发展的各个时期，始终坚持为人民服务、为社会主义服务的方针。

（三）坚持改革开放

70年出版物发行业的发展壮大来自于社会主义制度，来自于改革开放，要坚持社会主义基本制度，坚持实事求是，不断推进改革开放，不断破除体制机制障碍，不断解放和发展出版物发行生产力。

70年的历史告诉我们，不坚持改革开放，社会主义制度的优越性就难以充分发挥。只有改革开放，激发出版物发行业活力，才能服务好文化创新和出版生产，更好地满足人民美好生活需求。

（四）坚持创新发展

从新中国成立初期大一统新华书店体系的建立，到改革开放以来各地新华发行集团的发展，以及上市融资、网络书店、连锁经营、特色实体书店等，都包含着一代代出版物发行人的智慧和魄力，都是一代代出版物发行人创新开拓的结果。要坚持创新发展，因为只有创新，才能适应不断变化的世界，才能更好地满足形势发展的新要求。

近20年来，出版业包括出版物发行业面临着严峻的数字化的挑战。出版物发行业要积极拥抱这一挑战，加快融合。特别是近十年来，大数据、云计算、智能技术、物联网、5G通讯等迅速发展，这些新技术将催生强大的数字发行业态，成为出版物发行业重要的增长点。

（王志：北京市广播电视局；孔娜：中国新闻出版研究院助理研究员）

第六章
新中国出版技术与形态变革70年

杨 虎

邓小平同志指出，科学技术是第一生产力。在人类出版历史中，技术的创新与变革是决定出版形态发展变化的决定性因素。在中国古代的四大发明中，造纸术与印刷术的发明与广泛应用为中国传统出版业奠定了物质基础，直接促成了出版载体、复制技术、装帧形式的划时代变革，促进了中国古代出版事业的高度繁荣，也由此而形成了富有特色的中国古代出版文明。

但进入19世纪后，我国沿用了数千年的手工操作的传统印刷术已经在西方机械化的印刷技术面前相形见绌了。19世纪初期，西方先进的机械化铅印术已经传到我国沿海地区。鸦片战争以后，以传教士为中介，西方现代机械化印刷术的三种形式，即凸版印刷术、平版印刷术、凹版印刷术陆续传入国内。人们在使用近代化的印刷术时，还结合汉字的特征，不断加以改进和创新。中国的出版印刷技术也因此得到了跨越式的发展，在19世纪末20世纪初实现了从手工操作向机械化大生产的转变。在这种情况下，传统的旧式印刷技术或退出历史舞台（活字印刷术），或退居次要地位（雕版印刷术、套版印刷术）。

为适应机械化印刷的需要，洋纸便逐渐取代软纸，成为主要的出版用纸，传统的单面印刷也因之而变为双面印刷，书籍的装订和装帧也随之发生变革。虽然线装书的形式仍然存在，但不可避免地开始退居次要地位。西式装订开始成为出版物的主要形制，在西方广为流行的精装、平装在国内得到了普遍的应用，从而实现了图书装订和装帧的变革。现代机械化出版印刷技术的广泛应用，最终使得中国出版业实现了自己的"古今之变"，并为近现代以来的政治、经济、文化和日常生活带来了至为深远的影响。一直到20世纪80年代，以现代机械化印刷为主要基础的出版技术与出版形态都没有发生过根本性的变革。

新中国成立以后，尤其是1956年随着社会主义改造运动的开展，出版业得到系统整合，并实现了生产力在全国的合理布局，出版速度、质量都得到显著提高，编辑、制版、印刷、装订及印后加工实现了整体配套。新中国成立后的30多年间，印刷技术稳步发展，铸字、排版技术有很大提高，照相排字、电子分色等技术兴起，制版技术初步发展；印刷技术向自动化、高速度、多色化发展，多色轮转印刷机、彩色胶印机等开始出现；骑马联动订书机、精装书籍装订自动线、塑料线锁线折页机等印后机械的研制成功以及自动控制、联机联动等技术难题的解决，使印后加工实现了由半机械化、单机生产向机械化、联动生产线发展。这些都为下一阶段的电子出版技术自主创新奠定了坚实基础。印刷机械工业也逐渐走向健全，到1984年，全行业已经拥有54个印刷机械制造厂和一个行业综合性的印刷机械研究所。生产技术的进步推动了出版生产能力的显著提高，1950年全国书刊印刷用纸量约为67万令，发展到1979年，书刊印刷用纸量为2009万令，增长近30倍。[1]

但从整体上来看，直到20世纪80年代以前，我国出版技术发展仍然处于机械印刷复制阶段，行业技术的自我更新进程受工业发展总体水平和政局的影响，处于缓慢发展态势，总体进步不大，且发展不平衡，普遍存在先进与落后技术并存的局面。20世纪60至70年代，中国出版技术与世界出版技术距离在逐渐加

---

[1] 匡导球：《中国出版技术的历史变迁》，湖南人民出版社，2009年版，第25页。

大，当西方已经开始使用激光照排技术印刷书报刊时，中国依然在沿用铅字印刷技术，尽管1964年中国也曾派代表团赴日本和西欧考察，并引进了k181电子刻版机、187电子分色机等先进设备，但并未得到业界的足够重视。

改革开放以来，尤其是20世纪80年代以来，在计算机的普及和以互联网为代表的新技术发展的双重推动下，中国出版界开始主动接受新理念、学习新技术，持续开展自主技术研发，并取得了巨大的成就，使中国的出版技术在最短的时间内与世界同步。从汉字激光照排技术的发明促使中国出版走出"铅与火"、走向"光与电"，到数码印刷机的发明引领按需出版的实现；从20世纪80年代初磁盘、光盘等的出现带来的电子出版，到互联网普及后网络出版的出现，乃至今天人们耳熟能详的手机出版，以及云计算、物联网、虚拟现实、智能语音、机器写作等新兴技术在新闻出版领域应用创新，新的出版技术不断涌现并被迅速而广泛地应用，出版介质不断更新、出版形态也日益多元化。在数字化大背景下的中国当代社会，纸张早已不再是承载知识信息的唯一载体，出版业也不再是少数人有幸参与、多数人望而却步的行业，甚至，连出版业的编辑、营销等环节也在主动引入新技术，在数字化冲击下努力探索新的发展契机。数字化的飞速发展，已经深刻地影响了当代中国的社会发展进程。

从历史发展的纵深角度来看，近代以来中国出版技术的发展变革历程，并非一部自主发明史，而主要是外来技术本土化的进步史。而20世纪80年以来，中国出版技术发展变革的最大特征并不是在全面实现机械化的基础上向数字化转换，而是主要依靠自主创新实现跨越式发展，在很大程度上缩短了与世界先进水平的差距。这样的发展变革历程，既让我们备感骄傲和自信，更为我们持续创新出版技术、促进当代中国出版业的飞速发展提供了良好的历史借鉴和本土资源。

一、技术发展推动出版业变革

出版业的进步总是伴随着技术的革新与发展。正如造纸术和印刷术的产生分别把中国出版带入了纸写本和印本时代一样，汉字激光照排技术促使中国出版从"铅与火"走向了"光与电"，而按需印刷的实现则使出版业走向更进一步的个性化、人性化和市场化。

（一）里程碑式的发明：汉字激光照排技术

1.告别"铅与火"，走进"光与电"

从 11 世纪中叶毕昇发明活字印刷术开始，中国印刷工人用手码字块的印刷历史一直延续了 900 多年，直到 1974 年 8 月由中国政府支持的科技攻关项目"汉字信息处理工程"启动并完成后，才使长达 10 个世纪以来大量的人力劳作得以解放。汉字激光照排技术的出现为中国出版史带来了一次深刻的革命，而此项革命的缔造者正是被誉为"当代毕昇"的王选先生。

王选（1937—2006），男，汉族，江苏无锡人，九三学社社员，全国政协原副主席，北京大学计算机科学技术研究所原所长、教授，中国科学院院士、工程院院士，著名的计算机文字信息处理专家，当代中国印刷业革命的先行者，国家最高科学技术奖获得者，被称为"汉字激光照排系统之父"。

随着计算机技术和光学技术的发展，20 世纪西方国家就开始采用电子照排技术，而 20 世纪 70 年代的中国仍然是"以火熔铅，以铅铸字，以铅字排版，以版印刷"，出版能力低，而如果能利用计算机技术对汉字进行信息处理和输出，就会引起国内出版印刷行业的革命。但在当时，汉字进入和输出计算机的问题并未得到解决。1974 年 8 月，为了解决汉字信息处理问题，在周恩来总理关怀下，由国家计委批准立项"748"工程，列入国家科学技术发展计划。在获悉这项工程后，时任北京大学副教授的王选自发着手开始了对汉字精密照排技术的研究。当时国外已经在研制激光照排四代机，而我国仍停留在铅印时代，我国政府打算研制自己的二代机、三代机。王选通过深入的调查研究，大胆决定跨越当时国际上正在流行的第二、三代照排系统，直接研制西方还没有产品的第四代激光照排系统，即将字模以点阵的形式存贮在计算机中，输出时用激光束在底片上直接扫描打点成字。技术上的难题和当时工艺水平的问题最终都被王选和他的团队所克服，同时也得到了北京大学和四机部等单位和协作厂家的支持。终于在1979年7月，汉字激光照排系统主体工程研制成功，并输出了第一张报纸样张《汉字信息处理》。1980年9月，汉字激光照排系统排出了第一本样书《伍豪之剑》。

1987年5月22日，《经济日报》出版了世界上第一张完全采用计算机屏幕组版、整版激光输出的中文报纸，率先甩开了铅字作业。1988年，《经济日报》印刷厂卖掉铅字，彻底废除了铅字印刷，成为中国第一个甩掉铅字的印刷厂。1989年，《人民日报》引进美国HTS公司的照排系统失败，改用国产华光系统，此后，外国照排厂商全部退出中国市场。1992年，北大方正计算机系统工程公司成立，方正彩色激光照排系统也于当年研制成功，使照排系统应用实现了从黑白到彩色的巨大变革，并率先在《澳门日报》得以应用。同年5月，第二套彩色照排系统在香港《大公报》正式投入应用，同年6月，第三套彩色照排系统落户到国内《科技日报》，这也是国内第一个彩色系统在报业的应用，它同时实现了图文合一、整版输出。1995年初，我国台湾省"《中央日报》"也开始使用方正彩色照排系统，被江泽民称赞为"促进两岸交流的好事"。至此，港澳台的多数报纸都抢先用上了方正系统。

从1992年开始，汉字激光照排系统开始相继出口至马来西亚、美国、加拿大、泰国等国家。如今，马来西亚几家最大的中文报纸都使用了方正彩色激光照排系统，北美地区几乎每一家中文报纸都用上了方正激光照排系统，2003年末，方正系统在日本市场也取得重大突破，在日刊体育印刷社实现150种报纸同时上线印刷。至此，方正系统的出口已延伸到许多国家，在全世界几乎凡有中文出版物的地方，方正产品都占有绝对优势。

2. 激光照排之于中国出版

汉字激光照排技术的发明，开创了汉字印刷的一个崭新时代，引发了我国报业和印刷出版业"告别铅与火，迈入光与电"的技术革命，使我国传统出版印刷行业仅用了短短数年时间，从铅字排版直接跨越到激光照排，走完了西方几十年才完成的技术改造道路，被公认为毕昇发明活字印刷术后中国印刷技术的第二次革命，从而使中国出版业的工作周期大大缩短，人力、财力和物力资源的使用也大为节约，也为中国出版实现全过程的数字化、实现与世界出版的对接奠定了基础。

第一，出版周期大大缩短。在"铅与火"时代，印刷工序相当繁琐，效率很低。出版社出版一本书需要大约1年的时间，众多的科技书刊、杂志、学术论文常常因积压而不能及时出版。而在汉字激光照排系统下，计算机录入和排版的效率很高，文稿修改也非常方便，而且文字和图片排版能够实现一体化，大约三天就能出版一本书。出版物的种数和印数大大提升，文化传播的速度和效率大为提高。例如，《经济日报》印刷厂是中国第一个甩掉铅字的印刷厂，其在购置了汉字激光照排之后，年排字量比过去提高了2倍，排报种数增加了4倍，产值和利润都翻了一番。从表1中的变化也能看出激光照排技术的广泛应用，使得我国的出版能力得到了大幅度的提高。

表 1　1990 年至 2017 年中国出版图书、报纸、期刊的种数、总印数、总印张的对比

指标 年份	图书出版 种数（万种）	图书出版 总印数（亿册）	图书出版 总印张（亿印张）	期刊出版 种数（种）	期刊出版 总印数（亿册）	期刊出版 总印张（亿印张）	报纸出版 种数（种）	报纸出版 总印数（亿册）	报纸出版 总印张（亿印张）
1990	8.02	56.36	232.05	5751	17.90	48.10	1444	211.3	215.5
2001	15.45	63.1	406.08	8889	28.95	100.92	2111	351.06	938.96
2007	24.83	62.93	486.51	9468	30.41	157.93	1938	437.99	1700.76
2011	36.95	77.05	634.51	9849	32.85	192.73	1928	467.43	2271.99
2014	44.80	81.90	704.30	9966	31.00	183.60	1912	463.90	1922.30
2017	51.25	76.61	694.31	10130	24.92	136.66	1884	362.50	1076.24

第二，节省人力、物力和财力。在汉字激光照排技术发明之前，传统的书报刊都是用铅字印刷，这种工艺劳动强度大，污染环境，对排字工人身体健康危害很大，而且速度也非常慢。那时，排版的工序基本是这样的：

拣铅字工人拣字。当时铅字工人是印刷厂的重要工种。汉字数量非常大，字号、字体也非常繁多，碰到一些生僻字，还得重新造字。有的印刷厂里每种铅字都由一个个大架子支起来，占地面积足有一个篮球场那么大。工作人员必须来回走动，选择需要使用的铅字，据有关资料统计，一个拣字工人工作一天相当于走了14公里。

排版工组装版面。铅字工人拣好字后，会把这些字装到木盒里，再交给排版工重新按作者提供的手写原稿去组装版面。如果遇有图形还得事先制好锌版，然后再和铅字版合在一起，十分麻烦。

铅字印刷尽管与之前的印刷技术相比已经进步了很多，但是其耗费材料，且效率很低。据统计，当时铸字耗用的铅合金达20万吨，铜模200万副，价值人民币60亿元（时价）。而且一旦校对员在校对时要删除几个字，那么后面所有的铅字就一个个都要往前移动位置，就像是碰倒了多米诺骨牌中的一块，这也是造成铅字印刷周期长的重要原因之一。报刊杂志的数量品种也十分贫乏，落后的排版印刷技术严重地影响了我国文化的传播和科学技术的发展。

汉字激光照排的具体过程是：先用电脑录入文字，用一定格式进行排版，然后将这一格式的文件用打印机打印出来，就能使文件的内容出现在纸面上；接着用激光照排机发排输出，再经过冲洗，就能得到用于印刷的软片（相当于纸型）。将这种软片拿到印刷厂，经过晒版、拼版、印刷等工序，便能最终完成整个出版过程。因此，激光照排技术基本上取代并更新了铅字印刷的各个环节。

在激光照排系统的工作环境下，大量的劳动力被解放出来，以前在"铅与火"的环境中工作的铅字工人们也因此摆脱了铅对人的身体的危害。同时也减少了对稀有金属铅的损耗以及印刷厂厂房的用地。而且，汉字激光照排系统也大大减少了中国为实现数字化印刷而付出的资金。1985年，中国引进一整套美国的激光照排系统就要花430万美元，而王选研发的汉字激光照排系统只需要250万元人民币。

第三，与世界出版接轨。汉字激光照排技术在国内外中文书报刊市场上的主导地位，证明了中国人完全有能力研制出拥有自主知识产权的优秀产品，并将其成功打入发达国家市场。从一定程度上讲，正是有了汉字激光照排技术，中国当代出版才逐步赶上了世界出版的步伐。因为只有当古老的汉字可以自由进出计算机时，计算机在中国的普及才能更好地实现；当互联网以铺天盖地之势席卷世界各地时，中国出版业也才能够与世界一起进入互联网时代，共同迎接互联网带来的机遇和挑战。

（二）人性化与市场化的密切结合：按需出版技术的实现

1. 按需印刷技术适时而生

按需印刷（Print On Demand，POD）是按照不同时间、地点、数量、内容的需求，通过数码及超高速打印技术实现出版行业整个流程的全新改造，以适应个性化、短版化、高效率的现代市场需求，特别适用于一些定向较窄、专业性强、可变性强、批量较小的印刷。按需印刷是先进的数字、技术和原色（toner-based）印刷技术相结合的新型印刷工艺，其操作过程是将图书内容数码化后，用电子文件在专门的激光打印机上高速印制书页，并完成折页、配页、装订等工序。

按需印刷之所以能够付诸实践，主要依赖于数码印刷机。2002年中国数码印刷机总装机量大约是317台，2005年数码印刷的装机量已达到2000多台，2007年达到3000多台。数码印刷机的快速发展促进了按需出版的推进。数码印刷机使得个性化、可变、即时印刷成为现实，利用它人们可以自由决定纸张种类和装帧方式，即时获取自己喜欢的与众不同的图书；出版机构也不用苦于追求平均成本的减少而拼命提高印量。相反，一册起印，先销售后生产，没有库存没有浪费。

按需印刷技术的实现是一次输出的革命。2004年，位于上海的几家按需印刷网站如超印速（www.mrprint.cn）、印客网（www.inker.com.cn）等迅速走红，使按需印刷的概念被更多人所熟知。

2. 前景广阔的按需出版业务

1998年底，我国少数出版机构开始接触按需出版，如复旦大学出版社等上海几家大学出版社与美国的专业按需出版公司签订了合作协议。之后，以知识产权出版社、中国标准技术出版社等出版社为代表，按需出版业务在我国日渐兴起。

知识产权出版社是目前开展按需出版较早和较好的出版社。由于条件限制，在数码印刷设备并未完全普及的情况下，有资源优势的出版社和有设备优势的出版社合作开展按需出版也逐渐成为趋势。例如，商务印书馆和知识产权出版社之间的合作，商务印书馆作为内容资源提供方，结合市场需求，对全社会开展资源服务；而知识产权出版社作为技术服务方，通过专业的数据处理过程实现图书的电子化，利用先进的数字印刷设备完成即时的、个性化的图书制作，将经典著作完整再现，满足读者需求。但由于种种限制，新书按需出版在2006年之后发展迟缓。尽管如此，市场上对于断版书（out of print，OP）按需出版的需求仍然在持续增加。美国专业市场调查机构福里斯特研究公司的一份研究报告指出，应读者要求订制印刷书籍和数码化教材的市场在未来几年会急剧膨胀，形势将促使出版商全面而深刻地改革经营方式和革新印刷技术。

随着出版业的发展，按需出版的概念也从最初的单纯的基于按需印刷技术的图书出版，发展到更高层次的内容和形式的按需出版。由此，近年来，中国的一些技术提供商开始进入按需出版领域，他们通过软件开发，不仅实现了内容上的按需出版，也实现了相同内容不同形式的呈现。如凯捷技术有限公司和美国 PTC 公司联合开发的动态发布软件 Abortext，就能够根据用户需要实现相同内容以 PDF、WORD、网页以及纸质形式分别呈现，目前该软件已经在高等教育出版社得以运用。

二、新介质的广泛应用和数字化出版时代的到来

新中国成立以来，尤其是进入 20 世纪 80 年代以来，新的出版介质层出不穷，微缩胶片、以磁带和磁盘为代表的磁介质，以互联网、手机、电子纸等为代表的数码介质。新介质从发明到普及的时间越来越短，简策大概用了近千年的时间，纸张用了 800 年的时间，唱片用了 30 年的时间，磁带用了 20 年，互联网只用了不到 10 年，而手机作为出版介质不过几年时间。

介质是承载知识信息的载体，是构成出版的重要要素之一。从历史上看，任何一次出版介质的发明和普及，都会给出版业带来一次变革。正如纸的发明促使中国出版从竹木简牍时期进入纸写本时期一样，微缩胶片、磁光介质以及数码介质的出现，则引领中国出版逐渐步入数字出版时代。

（一）微缩胶片、磁盘和光盘

微缩胶片在出版业更多地是作为一种储存档案的载体出现的，但其作用同样不可忽视。在只有纸介质存在的情况下，图书、报刊的储存受到很多条件的限制，比如温度、湿度，如果保存不妥，很多有价值的信息或者著作就会流失，从中国出版历史上看，诸多优秀图书的亡佚、失传就是重要的例证。

据有关资料记载：缩微胶片寿命可达 500 年以上，而缩微胶片上信息的读取不需要复杂的硬件，用很简单的光学仪器，一台阅读设备就行，甚至用放大镜都能够阅读。这种可保存的长期性

以及阅读的便捷性，为出版信息的储存提供了良好的基础。

以磁盘和光盘为代表的磁、光介质的出现，使出版物所承载信息的容量和种类得以扩大，打破了以往图书出版中单调的图文形式，而代之以立体化、多元化的出版市场，磁盘在1980年之前应用较多，而光盘在中国的广泛应用则是1980年之后的事情。

光盘作为一种高容量的储存媒介，很好地解决了传统纸质出版物容量较小的缺点。一张标准规格的CD-ROM的容量是660MB左右，能储存3亿多汉字，1个多小时音乐，74分钟视频，而之后出现的DVD容量则可达4.7G。举例来说，中国古代最大的丛书《四库全书》收集了从古代到当时的著作3470种、79018卷，分装36078册（各部《四库全书》的种数和卷数有所出入），出版之初，这套书分别在全国七个地方用一个专门的藏书楼来存放。但是光盘出现以后，几张CD或DVD就能容纳下其所有信息，有效地节约了库存空间，同时也更加便于携带。而随着技术的发展，光盘版的图书也便于查询。此外，相对于纸介质易受水、高温、刮伤、撕扯等的影响而言，光盘也更加耐用。

同样，作为一种高融合性的储存介质，光盘也能够将文字、图像、音频、视频等多种形式的信息融为一体，丰富了我国出版物的类型，音像、电子出版等出版形式层出不穷，读者的需求在更大程度上得到了满足。现在很多儿童类图书经常以"书配盘"的形式出现，即在每本书后附一张光盘，便于儿童能够在立体的空间下更快地学习知识，并享受学习知识的过程，此外，旅游类、演讲类、语言类等图书也多用书配盘的形式，因为在这些书中，图片、视频或音频往往能够更好地阐释作者的意图。

以上述介质为主要载体的出版物中，音像制品是非常重要的类别之一。1978年以前，我国仅有中国唱片社一家音像出版单位和北京、上海、广州、成都四大唱片出版、制作和销售基地。改革开放后，中央广播事业局放开限制，于1979年批准成立了第一家中唱体系之外的音像出版机构——太平洋影音公司，由此打开了新的局面。[1]之后，中央各部委和各省广电、文化系统纷纷注册成立音像出版社，截至2017年年底，全国共有音像制品出版单位381家。1978年，我国出版唱片398个品种，发行量为3030万张，产值不足3000万元。发展到2017年，全国共出版音像制品13552种，实现营业收入28.4亿元。从纵向看，音像制品出版取得的成绩十分突出。但从2004年下半年开始，受到新技术尤其是新兴媒体的影响，音像市场呈现出连续下跌的趋势。2017年，全国出版的音像制品较2016年降低5.8%；出版数量25591.9万盒（张），降低7.2%；利润总额3.6亿元，降低1.7%。整体来看，音像制品出版已经成为数字时代的夕阳产业。

此外，在电子出版方面，我国《电子出版物出版管理规定》规定，电子出版的媒体形态包括只读光盘（CD-ROM、DVD-ROM等）、一次写入光盘（CD-R、DVD-R等）、可擦写光盘（CD-RW、DVD-RW等）、软磁盘、硬磁盘、集成电路卡等，以及原新闻出版总署认定的其他媒体形态。因此磁盘CD的出现则是电子出版出现的先决条件。

在一定意义上，是光盘的引入使电子出版在中国被更多的人所认知。在西方发达国家，电子出版物于20世纪60年代就已出现，并在20世纪80年代初具规模，与之相比，我国电子出版起步较晚，最初只是由少数掌握计算机技术的单位自行开展。

1987年，中国引进了第一张CD-ROM光盘，继而又于1991年自行研制成功了电子出版物《中国工商名录》（英文版）；1998年，中国学术期刊（光盘版）电子杂志社成立，成为我国第一家连续电子出版物出版单位，也是我国目前最大的连续光盘出版单位；1999年，专门出版电子出版物的专业机构——万方数据电子出版社得以成立。2004年我国电子出版物的出版单位有162家，到2017年底则已达到307家。电子出版物的出版种数也逐年增加，从1994年的30种，发展到2004年的6081种，2007年的8652种，2017年则达到了9240种。电子出版物的类

[1]杜开林：《改革开放以来中国音像产业的兴衰》，人民网：http://theory.people.com.cn/GB/11035205.html，2010年02月26日。

型从简单的 CD-ROM 发展到 VCD、DVD、CD-I 等多种形式。

（二）数码介质

现在，如果我们想读书，可以有很多选择：最传统的方法就是去书店买书，还可以去一些在线阅读的网站上免费阅读；如果对这本书喜欢到希望随时阅读，还可以购买阅读器，把图书下载到阅读器里边走边看；如果觉得购买阅读器比较浪费资金，甚至可以直接把这本书的电子版下载到手机里随时翻阅。而能拥有如此多样化的选择，得益于互联网、手机、电子纸等数码介质的出现。这些介质的迅速更新与广泛应用，使中国的出版业快速进入数字出版时代。

1. 互联网

从历年的互联网发展报告中可以看到，互联网作为一种介质在不断地被普及和应用，这直接表现为网民的持续迅速增加。中国互联网络信息中心（CNNIC）发布的《第 29 次中国互联网络发展状况统计报告》显示，中国互联网络信息中心（CNNIC）发布的第 42 次《中国互联网络发展状况统计报告》显示：截至 2018 年 6 月，我国网民规模达 8.02 亿，互联网普及率为 57.7%；2018 年上半年新增网民 2968 万人，较 2017 年末增长 3.8%。能够得到如此众多使用者的青睐，说明互联网作为一种介质，具有传统纸介质所没有的优势，而其中最令纸介质无法与之抗衡的是：承载信息多样化、容量无限大、即时互动性等，这也就意味着网络出版必然会对传统出版带来极大的冲击。

2. 手机

手机的广泛应用和手机相关技术的快速发展，成为手机作为出版介质的重要前提条件。2007 年，苹果公司推出 iPhone 手机，这是一款像个人电脑一样，具有独立的操作系统的智能手机。此后，国内的手机生产厂商也开始研制生产智能手机。智能手机的出现使手机可以像电脑一样便捷的操作。2009 年，中国移动、中国电信、中国联通三家通讯运营商分别获得工信部发放的3G牌照，中国正式进入3G时代。2012年，中国移动宣布将在国内七个城市筹建4G网络。4G网络的推出和广泛普及，极大地推动了手机出版的大幅增长。截至2018年6月，我国手机网民规模达7.88亿，网民通过手机接入互联网的比例高达98.3%。中国新闻出版研究院《第十五次全国国民阅读调查报告》显示，2017年，我国成年国民数字化阅读方式（网络在线阅读、手机阅读、电子阅读器阅读、Pad阅读等）的接触率为73.0%。从人们对不同媒介接触时长来看，成年国民人均每天手机接触时间最长，人均每天手机接触时长为80.43分钟。71.0%的成年国民进行过手机阅读。"低头一族"已经成为随处可见的社会现象，手机阅读在人们的阅读生活中扮演着越来越重要的角色。在数字出版的所有终端中，手机已经成为最重要的一种载体形式。

3. 电子纸

电子纸本质上是一种电子阅读器。这种号称"环保又好看"的新型纸作为传统纸张的强劲对手，在2007年第二届中国数字出版博览会上亮相后便引发了众多关注。2008年，汉王推出采用E-ink电子纸的电子书，易博士、易狄欧、翰林、爱国者、纽曼等企业纷纷加入电子书生产领域，引发电子书的热销。与电子阅读器不同，电子纸非常薄，能够随意弯曲、显示多种色彩，且耗能低。由此，有人称在信息量输出不断上升和纸价不断上涨的形势下，"电子纸必将代替传统纸张"。对此，不少人持保留意见。

以上这些新介质的出现，给中国传统出版业带来了短期恐慌，一些人悲观地认为"传统出版必将随着互联网等新介质的昌盛而消亡"。但在现实中，我们看到的不是传统出版的一落千丈，相反，传统出版不断将自身的资源和新媒体的特点结合起来，拓展出版的业务内涵，不仅在出版内容方面充分发挥了自身的优势，还在网络出版和手机出版等领域逐渐开拓出新的天地，从而使得传统出版和新介质做到了多个层面的融合。

三、数字出版产业迅猛发展

伴随着新介质的出现,纸质出版、网络出版、手机出版等数字出版形态共同构成了当今出版的大格局。数字技术带来的出版产业变化主要表现在以下三个方面。

（一）数字技术的变革带来了数字出版产业的迅猛发展

这是近些年来尤其是21世纪以来中国出版业的最大变化。2008年,我国数字出版产业整体收入为556.56亿元,发展到2017年,数字出实现营业收入7071.9亿元（互联网广告、移动出版、在线教育、网络游戏收入位于前四位）,增长了十多倍,速度十分惊人。2017年和2016年相比,同比增长23.6%,增长速度在新闻出版各产业类别中遥遥领先。（发展情况见表2:我国数字出版产业规模情况）《2017—2018中国数字出版产业年度报告》显示,截至2017年年底,我国数字出版产业的累计用户规模达到18.25亿人（家/个）。另据中国新闻出版研究院近年来发布的全国国民阅读调查报告显示,近年来,我国成人国民阅读率中,上涨最快的一直是数字化阅读方式（网络在线阅读、手机阅读、电子阅读器阅读、Pad阅读等）。2017年的接触率为73.0%,较2016年的68.2%上升了4.8个百分点,远远超过2017年图书阅读率的59.1%。说明数字出版已经对广大读者的阅读行为产生了巨大影响。数字化阅读的迅猛发展,提升了国民综合阅读率和数字化阅读方式接触率,整体阅读人群持续增加,但也带来了图书阅读率增长放缓的新趋势。

表 2 我国数字出版产业规模情况（2008—2017）

单位：亿元

年份	2008	2009	2010	2011	2012	2013	2014	2015	2016	2017
互联网期刊	5.13	6	7.49	9.34	10.83	12.15	14.3	15.85	17.5	20.1
电子书	3（电子图书）	14（电子图书4+电子阅读器10）	24.8（电子图书5+电子阅读器19.8）	16.5（电子图书7+电子阅读器9.5）	31	38	45	49	52	54
数字报纸	2.5（网络版）	3.1（网络版）	6（网络版）	12（不含手机报）	15.9（不含手机报）	11.6（不含手机报）	10.5（不含手机报）	9.6（不含手机报）	9（不含手机报）	8.6（不含手机报）
博客类应用	—	—	10	24	40	15	33.2	11.8	45.3	77.13
在线音乐	1.3	—	2.8	3.8	18.2	43.6	52.4	55	61	85
移动出版	190.8	314	349.8（未包括手机动漫）	367.34（未包括手机动漫）	472.21（未包括手机动漫）	579.6（未包括手机动漫）	784.9（未包括移动动漫）	1055.9（未包括移动动漫）	1399.5（未包括移动动漫）	1796.3（未包括移动动漫）
网络游戏	183.79	256.2	323.7	428.5	569.6	718.4	869.4	888.8	827.85	884.9
网络动漫	—	—	6	3.5	5	22	38	44.2	155	178.9
在线教育	—	—	—	—	—	—	—	180	251	1010
互联网广告	170.04	206.1	321.2	512.9	753.1	1100	1540	2093.7	2902.7	2957
合计	556.56	799.4	1051.79	1377.88	1935.49	2540.35	3387.7	4403.85	5720.85	7071.93

（二）我国政府加大对出版产业数字化转型的支持力度

大力推进传统出版的数字化转型是近些年来我国出版管理部门的重点工作之一。2010年9月，原国家中国新闻出版总署出台了《关于加快我国数字出版产业发展的若干意见》，对数字出版产业发展的总体目标，主要任务和保障措施进行了规定。同年10月，又颁布《关于发展电子书产业的意见》，对电子书产业发展的重要意义、指导思想和基本原则、重点任务和保障措施等进行了阐释，对电子书标准的制定电子书产业发展规划等工作进行了部署。2014年4月，原国家新闻出版广电总局和财政部联合发布《关于推动新闻出版业数字化转型升级的指导意见》，从行业标准制定、技术装备升级、人才队伍建设、商业模式探索等方面，为传统新闻出版单位进一步深入开展转型升级再次提出了要求、目标和方向。2015年3月，为积极贯彻习近平总书记关于媒体融合发展的重要讲话精神，进一步提高出版业在信息化条件下的影响力传播力和竞争实力，推动出版业更好更快发展，原国家新闻出版广电总局、财政部联合印发《关于推动传统出版和新兴出版融合发展的指导意见》，这一文件的出台，为推动传统出版影响力向网络空间延伸、实现传统出版和新兴出版融合发展指明了方向、提出了任务、阐明了路径、提供了遵循。2017年3月，原国家新闻出版广电总局联合财政部，再次发布《关于深化新闻出版业数字化转型升级工作的通知》，对进一步推动新闻出版业转型升级进行新的部署，提出新的目标与任务。2017年9月，《新闻出版广播影视业"十三五"时期发展规划》正式对外公布，将深化转型、融合发展作为"十三五"时期新闻出版业发展的重要任务。这些文件的出台，充分表明了党和政府对出版产业数字化转型升级、融合发展的支持力度和决心，明确了我国数字出版产业的发展目标任务，也体现了数字出版产业在我国经济总体发展中日益重要的地位和作用。

（三）出版产业链各环节也已表现出了多方位变化

在"出版—印刷—发行"三位一体的传统出版产业环境中，出版社拥有出版许可证制度作为行业进入壁垒，拥有绝对丰富的内容资源和作者资源，在产业中始终处于优势地位。随着数字技术和互联网的发展，改变了出版传媒业的发展方向，给传统出版社带来了多方面的冲击和挑战：（1）随着博客、微博、微信等全民写作氛围的升温，盛大、文轩等非传统出版社网站的兴起，对汉王的网络出版权的放开，作者角色发生了改变，融合了读者和作者的边界，出版内容资源也争夺激烈；（2）随着媒体终端的发达，内容与技术开始紧密关联，拥有先进的技术以及该技术支撑的渠道体现出很强的竞争力，一些先行进入的技术提供商，如汉王、方正、盛大等，暂时占据了优势地位；（3）随着当当（http://www.dangdang.com/）、亚马逊中国（https://www.amazon.cn/，前身为卓越网）和京东网（http://www.jd.com/）为代表的电子商务类网站的发展，网络销售兴起，削弱了传统出版机构在下游图书销售领域的话语权，同时促进了渠道与出版环节的融合；（4）相对于以前单一的纸质出版物形态，互联网时代的媒介终端为读者提供了全新的阅读体验，也诱发出了个性化、特色化的受众需求；（5）传统出版时代，出版产业链是一条"出版—印刷—发行"的垂直线条；在数字出版时代，传统的上下游的边界在融合，印刷环节的功能正在发生变化，出版与营销发行平台逐渐一体化，同时数字出版时代横向的关联方，如技术公司等也在与出版主体相融合。

数字出版形态多样，互相融合、竞争，主要有以下几种类型：

1. 网络出版

互联网的种种特性决定了网络出版不仅具备传统出版的一些基本形式——电子图书、网络报刊等，还延伸出了一些比较个性化、多元化的出版形式，如文学网站、博客出版等。

（1）电子图书

电子书的热销是21世纪以来全球性的趋势。英国独立作家联盟主管奥兰·罗斯说："我们正处于变革的中央。我们将在全世界范围内看到越来越多的畅销图书都是由作者通过发售电子版出版的。"2013年，亚马逊书店前100本畅销图书中，25%只有电子版，而没有实体纸质书。[1]

国际电子书市场的发展直接影响了中国出版的走向。自从2001年我国电子图书开始出版以来，电子图书出版数量一直逐年攀升，从2005年开始，电子图书每年出版数量都在以两位数的百分比递增，增长比例也越来越高。中文电子图书资源库总量不断刷新纪录。截至2014年年底，国内电子图书出版总量已经超过了160万种。电子图书的收入规模从2006年的1.5亿增长到2017年的54亿，增长速度可观，尤其是从2012年开始，呈现出快速增长的态势，年平均增幅达20.5%。在此过程中，也涌现出了北大方正、中文在线、超星、书生四家电子图书主要技术提供平台。更为重要的是，电子图书在读者中的认同感也越来越高。2017年，14.3%的成年国民在电子阅读器上阅读，较2016年的7.8%上升了6.5个百分点。另据网易发布的《2014年移动阅读报告》，中国人2014年电子书总阅读量已经超过14亿册。在网易云阅读平台上，2014年平均每人电子书阅读量为5.6册。这些数据的变化，与出版企业生产制作产品的日益丰富、平台运营商的大力推广、智能阅读终端的广泛普及和用户数字阅读习惯的逐步养成密不可分。

当前，无论是政府、传统出版社还是网络公司，都在对电子书市场进行规范和整合工作，并且都对此满怀希望。然而目前电子书市场还存在标准不统一、优质内容资源缺乏、硬件水平不高、盈利模式不清晰等很多问题，再加上智能手机技术快速发展的冲击，要使电子书成为数字出版发展，尤其是数字资源整合和盈利的突破口，还需要各方力量的合作与努力。

（2）数字报纸与互联网期刊

数字技术的变革，对传统报刊业的冲击最为直接和广泛。2013年以来，我国报业经营出现了负增长。多份报纸休刊或停刊，

---

[1] 张立主编：《2013—2014中国数字出版产业年度报告》，中国书籍出版社，2014年版，第4页。

报纸印刷总印量持续下降，报纸广告下降。2017年，全国共出版报纸1884种，平均期印数18669.49万份，总印数362.50亿份。与2016年相比，品种降低0.53%，平均期印数降低4.23%，总印数降低7.07%。2017年，全国共出版期刊10130种，平均期印数13085万册，总印数24.92亿册。与2016年相比，品种增长0.46%，平均期印数降低5.90%，总印数降低7.59%。可以判定，传统报刊业正在面临着前所未有的嬗变，与数字出版的深度融合，甚至全面转向数字出版，将成为不可逆转的趋势。

因应数字化的挑战，传统的报业的主动转型也已实施多年，历经了新闻网站、电子报、二维码、报网互动、手机报、客户端、全媒体化等多个阶段。数字报纸出版产业的所有环节，从内容创作方式、编辑业务流程、资源检索系统、产品制作发布流通形态、产业链上下游信息衔接、资源管理等到处都有数字技术的身影。经过多年的发展，我国的数字报纸形成了以下三种主要形态：一是固定阅读终端类数字报纸，包括新闻网站和多媒体数字报；二是移动阅读终端类数字报纸，包括手机报、阅读器版数字报纸、二维码新闻、云报纸等；三是户外公共阅读终端类数字报纸，多在设立于户外公共场所的大型多媒体显示屏幕上展示。

在报纸借助新媒体终端进行数字化转型、媒体融合的同时，期刊也不甘落后。年来，多媒体元素的加入也使期刊的互动性、交互性、可读性大大增强。网络期刊的用户规模和市场规模也在不断扩大。从表2可以看出，互联网期刊的收入规模从2008年的5.13亿元增长至2017年的20.1亿元，总体依旧呈现增长趋势，且近两年来态势趋稳。进入21世纪后，网络期刊也从最初单纯的翻版纸质杂志朝着集成化、平台化、数据库化的方向发展。目前，四家网络期刊出版商——同方知网（北京）技术有限公司、万方数据科技有限公司、重庆维普资讯有限公司、龙源数字传媒集团，成为我国网络期刊出版市场的主力军，占据了互联网网络期刊出版的主要份额。最主要的是，这些网络期刊出版商的出版行为已经不是简单地停留在期刊的数字化本身,而是通过对文献、信息等资源进行分析、加工和整合,形成有大量信息的、知识关联的数据库,为知识管理、科学研究提供了参考,打下了基础。

但从整体来看,目前传统报刊出版的数字化出版与其他新业态相比,增长仍然缓慢。据统计,2017年,互联网期刊、电子图书、数字报纸的总收入为82.7亿元,与2016年相比增长5.35%,低于2016年5.44%的增长幅度,在数字出版总收入中占比为1.17%,较2016年的1.54%和2015年的1.77%来说,继续处于下降阶段。这表明书报刊数字化收入增幅低于其他数字出版服务收入的增速。

(3)文学网站

文学网站成就了无数作者,也成全了无数读者。与传统出版条件下多数人的作品只能在出版社作品堆里永远沉默相比,如今只要拥有一台可以上网的电脑,就能实现作品的轻松发布。文学网站作为读者关注度高、集中展示作品的平台,成了无数作者尤其是畅销书作者成名的起点。由于不少人把文学网站作为作品发布的第一场所,文学网站也逐渐成为传统出版社关注的内容来源和合作伙伴。越来越多的优秀作品先在网上发布,得到网友追捧,后被传统出版社签下纸质版权,成为畅销书。在读者面对越来越高的书价的时候,多数文学网站提供的免费阅读机会也在某种程度上满足了他们的阅读需求。作者和读者的双向需求,催生了一大批文学网站的兴起及快速发展。这些文学网站以原创作品为基础,加强网站、网络作品和网络作家的经销,开创了全新的原创文学的运营模式,极大地推动了当代文学和年轻作者的成长。

1999年,"红袖添香小说网"(http://www.hongxiu.com/)开通,成为国内最早建立的原创小说网站,并创建了在线阅读、创作、投稿、签约、互动、稿酬结算等一系列的网络出版模式。同年,"榕树下"(http://www.rongshuxia.com/)正式运营,在全球网站浏览量排名上,"榕树下"一直稳居400名左右。进入21世纪以来,起点中文网(http://www.qidian.com/)、幻剑书盟(http://

html.hjsm.tom.com/）、晋江文学城（http://www.jjwxc.net/）等一大批文学网站迅速崛起。2008年7月，盛大文学有限公司成立，将"起点中文网""红袖添香网""小说阅读网""榕树下""言情小说吧""潇湘书院"六大原创文学网站以及天方听书网、悦读网、晋江文学城（50%股权）统一收归旗下，成为中国最大的社区驱动型网络文学平台，中国网络小说市场的90%被该平台所占有。据原国家新闻出版广电总局数字出版司不完全统计，截至2017年12月，国内45家主要网络文学网站原创作品总量达到1646.7万种，其中签约作品达到132.7万；进行各种创作的写作者超过1300万人，签约作者达68万人。

文学网站的迅速发展，取得了很好的市场效益，也产生了极大的社会影响。据相关数据显示，2017年网络文学市场规模达到130.2亿元，比2016年增长44.2%。网络文学用户规模达到3.78亿，占网民总数的48.9%。资本市场十分看好网络文学发展。2017年9月和11月，掌阅科技和阅文集团先后在A股和香港上市，阅文集团首日开盘价90港元，上市20分钟即破百，当日收盘价报102.4港元，总市值超过900亿港元（约合人民币765亿元）。网络文学IP运营模式渐趋成熟。据原国家新闻出版广电总局数字出版司不完全统计，截至2017年12月，国内45家主要网络文学网站组织出版纸质图书6942部，改编电影1195部，改编电视剧1232部，改编游戏605部，改编动漫712部。网络文学在IP开发模式上更加多元。在内容生产方面，网络文学精品化趋势明显，现实主义题材增多。无论从企业引导和作者创作意愿来看，反映时代风貌和社会百态的现实主义题材都成为网络文学作品发展的重点方向之一。同时，传统文化融入网络文学作品的现象日趋增多，网络文学在传承优秀传统文化中发挥的作用日益提升。

（4）博客出版

从2002年方兴东创建"博客中国"（www.blogchina.com），将"博客"（BLOG）的概念引入中国以来，中国的博客用户增长迅速，截至 2013 年 12 月，我国博客和个人空间用户数量为 4.37 亿。在网民中，博客和个人空间用户使用率为 70.7%。如果说文学网站为作者们发布作品提供了基本平台的话，那么博客的出现则使网络出版更加个性化和平民化。博客是个人日志的综合平台，是一个属于个人的小型数据内容平台，在这个平台上，博主可以根据自己的喜好决定信息发布的内容和形式，包括文字、图片、音频和视频。有些出版社出于宣传需要也开设了集体博客。从 2004 年起，博客出版与传统出版结合逐渐成为一种趋势，从而出现了"博客图书"（BLOOK）。中国出版界掀起了一股股博客出版热，甚至一本由博客写、博客编、以博客为刊名的杂志——《博客》也出版了试刊号。2006 年，名人出版博客图书的热潮兴起，如影视明星徐静蕾的《老徐的博客》首印 10 万册。

近几年来新兴社交媒体的兴起，对博客造成了很大的冲击。根据《2014—2015 中国数字出版产业年度报告》的研究结论，发展到 2014 年，博客已经成为旧媒体，"随着微博、微信、百度百家等大平台社交自媒体崛起，博客的发展相形见绌，用户使用频率大大下降。""未来博客的发展也会更趋向于媒体功能，成为重要信息来源。"[1]在这种形势下，博客出版业会逐渐式微。

2. 手机出版

手机与出版的"联姻"是近年来出现的新事物。2000 年 1 月，第一部手机小说在日本"上线"，宣告手机出版的时代到来。手机在中国作为一种出版介质闯入人们的视野，始于 2004 年的一本手机小说《城外》。此后，手机出版迅速发展起来。我国手机出版在 2006 年的收入为 80 亿元，以后逐年递增，发展到 2017 年（当年统计用"移动出版"），已达到 1796.3 亿元，增长 20 多倍。另外，从多年的发展来看，手机出版一直占据着数字出版产业收入榜的前三位，是拉动数字出版产业收入的主力军之一，地位比较稳固。另外，随着手机上网的普及，不断催生出新的应用模式，在一定程度上改造、重构了出版行业的业务模式，加深了传统出

【1】张立主编：《2014—2015 中国数字出版产业年度报告》，中国书籍出版社，2015 年版，第 177 页。

版业与互联网经济的融合。

和其他出版类型相比,手机出版的最大优势是便携性,同时还具有交互性强、信息接收与传送快、多媒体性等特点。只要有手机信号,人们就能够实现文字、图像、声音、视频的视听,而且只要容量够大,手机就可以作为一个高容量的移动私人数字图书馆,随时供用户使用。此外,从出版商的角度来看,手机出版还具有两大非常明显的优势:一是零库存、零运输成本,渠道管理简单;二是终端分众性和营销准确性,受众面宽。因此,越来越多的出版商、作者和产业链上下游企业纷纷推出以手机为主要出版平台的数字作品,带动了手机出版的巨大发展空间。

四、新技术对出版业的巨大影响

由于新技术的发展而出现的网络出版、手机出版等给传统出版带来很大挑战,同时,中国传统出版的编辑、印刷、发行等环节也在不断运用新技术以促进自身的发展。在整个出版流程中,印刷环节是最先应用新技术的,汉字激光照排技术和按需印刷技术的出现,使得印刷流程日渐高效、一体化,并以个性化、即时性等特征满足了出版业的发展要求。除了印刷环节之外,新技术对编辑环节和发行环节也带来了巨大的变革。

（一）编辑环节的数字化变革

由于新技术的出现和发展,编辑的角色发生了变化,越是充分利用新技术,编辑的工作就越来越高效和便捷,这主要体现在以下方面:

1.编辑角色的转换:从"文稿把关者"到"信息筛选者"。为了在竞争激烈的市场环境中立于不败之地,编辑必须学会在爆炸般的海量信息堆中进行筛选,进行选题创新和营销创新。当前,好编辑的标准越来越高,而非单纯的文稿加工技能所能涵盖。

2.数据库:让出版活动更加科学高效。出版社能够利用新技术，把以往各个编辑手中所掌握的文稿、作者以及选题资源进行整合，建立相关数据库，编辑们得以在需要时向合适的作者约稿或快速组稿。出版社网站的建立也便于出版社在一个平台上集中展示出版社的征稿意向，并进行读者调查，使出版活动更有针对性。

3. 文稿编辑加工更加便捷。编辑进行文稿加工越来越依赖于计算机和互联网，"鼠标和键盘"代替了传统的"纸和笔"。此外，伴随着信息查找的即时性和便捷性，文稿加工越来越便捷。

4. 基本校对实现自动化。校对界有句行话叫做"跑黑马"。"黑马"是一个校对软件的名字，目前传统条件下需要编辑做的基本校对工作，已经由"黑马"为代表的校对软件代劳，节约了人力的同时也提高了校对的效率。

5. 审稿流程网络化。中国出版社大都实行书稿"三审制"，即书稿要经过责任编辑初审加工、部门负责人复审把关以及总编辑终审签发才能得以出版。审稿的过程尤其重要，必要的时候，出版社还需要外聘专家对稿件进行审查。目前，借助互联网，特别是一些出版社应用了ERP系统之后，审稿者（专家）能够在网上直接审稿、填写意见，使工作能够在更短的时间内完成。

6. 编辑、读者、作者的互动更顺畅。新技术提供了更方便的沟通渠道。编辑可以通过网络大范围地调查、了解读者需求，发掘稿件；读者也可以不再单向被动地接受编者的信息，而是可以在网上主动选择与作者、编者联系交流，提供反馈信息；作者也可以通过互联网查询相关单位的稿件要求，有针对性地投稿，并及时了解作品在读者中的反响。

（二）发行环节的数字化变革

1. 网上书店

1994年成立的亚马逊书店的成功示范效应，使网上书店在世界范围内形成了一股风潮。2000年左右，中国也引入了这种B2C的电子商务模式。价格便宜、选购方便以及具备点评功能，是网上书店与传统书店竞争的重要筹码，也给传统书店的发展带来了威胁。在中国的出版物发行领域，已经开始充分利用网络信息技术进行出版物发行，而且优势明显。目前中国网上书店主要有两种类型：第一类是以当当、亚马逊中国、京东商城为代表的专业型网络书店，近年来一直保持着网上书店销售前三强的位置，其出版物销售占整个网上书店销售额的45.9%。第二类是有实力的出版发行企业开办的网上书店或在线发行平台。随着新媒体技术的快速发展，传统出版发行单位积极拓展线上业务，全国五百多家网上书店中，大部分为传统出版发行单位开办。其中又可分为出版社与新华书店投资创办的网上书店。前者是出版社在建立网站的同时，涉足网络售书业务，网络销售额在其整体销售额的比例越来越大。后者如四川文轩在线（http://www.wenxuan.com/）、浙江博库网（http://www.bookuu.com/）、北京图书大厦网上书店（http://www.bjbb.com/index.shtml）、广州购书中心网上书店（http://www.gg1994.com/）等。

2. 图书的网络营销

中国现在每年出版的图书有50余万种，如此多的图书难免让读者有些无所适从，好书也面临着被淹没的可能。因此，营销工作就显得尤为重要。

在数字化背景下，除了传统意义上的广告、签名售书、巡回演讲等宣传手法外，出版社可以利用的营销手段大为增加，包括出版社网站、读书频道、论坛、E-mail、BBS、网上书店、博客、微博、微信等。借助这些渠道，图书宣传可以做到"铺天盖地"，也造就了一个个营销奇迹。

长江文艺出版社《悲伤逆流成河》的营销活动具有典型的代表性。出版社首先利用网络营销工具广发信息，让尽可能多的读者知晓图书出版情况；之后利用互联网的在线聊天室，帮助作者与读者"见面"，进行即时沟通，进一步刺激读者的购买欲；同时该社还在全国范围内征集作者，为此书撰写续集。通过这一系列网上和网下的活动，上市十天后该书就创造了销售100万册的业绩。

市场销售情况的反馈对于营销策略的制定非常重要。利用计算机和网络，通过与书店合作，出版社能够同步获取多家书店的图书销售信息，然后再据此调整营销策略。目前，中国还出现了专门从事中文图书市场零售数据连续跟踪服务的公司——北京开卷信息技术有限公司（http://www.openbook.com.cn/），通过对全国绝大多数大中型书店的销售情况进行监控，为出版社提供自身及其竞争对手的图书销售情况，以及全国图书市场的销售状况，为书业上下游提高选题策划和发行营销水平，改进流程、提升经营效率提供了很好的参考与帮助，因此被称为当前我国"图书产业数据与信息服务第一提供商"。

目前，图书营销业最为突出的新现象是图书出版的微博营销和微信营销。在新浪微博中，活跃着多家知名出版单位及图书公司，例如二十一世纪出版社、人民文学出版社、磨铁图书、读客图书等。还有许多出版人，如"金黎组合"、沈浩波等也有积极响应。微博营销不仅仅是一种介绍和推广，更可以通过谈论出版界热点现象及事件，让信息流通起来，让碎片式传播渗透到读者群中，为书业营销提供了许多新的可能。

以微信为代表的移动互联网渠道的日臻成熟，给出版单位带来了新型的营销模式。出版单位通过"微店""订阅号"等方式，在微信上直接面向读者进行销售，节省了渠道和营销成本，且能第一时间收集一手数据，分析读者使用习惯，从数据上反映阅读市场趋势、读者意见反馈、读者基本信息等，营销投放更加精准，而微信支付、手机支付宝等服务促进着用户移动支付习惯的养成，为微店销售提供支付基础，产品变现更加快捷。目前已有多家出版单位在微信上开设"微店"，尝试这一营销新模式。如2014年3月初，余秋雨的新版《文化苦旅》签名本在微信上预售，三天之内就卖出了4000本；著名出版品牌《读库》的"微店"也宣告开张。

2010年，出版业还进行了一次大手笔尝试，在地铁新媒体中投放广告。地铁移动电视《悦读时间》栏目，长时间介绍磨铁公司所出品的图书，凤凰联动在楼宇视频与地铁灯箱上大手笔同步投放广告，新经典文化同样在北京公交车站候车亭投放广告宣传村上春树新作《1Q84》。目前，各种新的营销理念和方法层出不穷，成为各大出版社争相创新的领域。

数字化的发展以及媒体融合的趋势也带动了图书营销的多样化，以优质出版物内容为基础的 IP 运营模式日趋普遍和成熟。《风声》《杜拉拉升职记》《狼图腾》等作品在出版和影视领域都取得了很好的成绩，图书热销、电影热卖，和电视剧、游戏，甚至服装等领域的成功相辅相成，衍生出新的产业链，也带动了图书营销的新空间。如2017年掌阅科技数字阅读平台"掌阅"APP用户规模持续增长，平均月活跃用户数达到 1.0 亿；同时继续拓宽数字阅读业务外延，先后发布 iReader Light 和 iReader Ocean 等多款电子阅读器产品，发力版权衍生业务，向第三方互联网平台、影视公司、游戏公司等提供多元化的版权内容，硬件产品收入增长 97.0%，版权产品收入增长 243.9%。中文在线立足于网络文学平台，积极推进IP资源的一体化开发，多部原创IP定制游戏、网剧、电视剧上线或开机，数字阅读产品收入增长 16.4%，数字内容增值服务收入增长 19.9%。可以预测，随着我国出版管理体制改革的深入、出版机构经济实力的提升，以及出版数字化的快速发展，出版机构对优质出版物进行系统的品牌延伸和 IP 营销，打造出中国版的《星球大战》《哈利·波特》，一定是指日可待的事情。

（杨虎：北京大学现代出版研究所特聘研究员，

北京大学继续教育学院党委副书记）

第七章
新中国出版公共服务 70 年

周蔚华

新中国成立 70 年来尤其是改革开放以来，我国出版业各项事业获得了巨大发展，出版公共服务也不例外。我国出版公共服务起步较晚，由于改革开放前我国实行的是高度集中的计划经济，忽视市场的作用，因此从新中国成立后就将出版作为单纯的公共服务（虽然那时还没有公共服务的理念及认识），改革开放后随着社会主义市场经济的逐步确立，出版公共服务经历了一个从自在、自为到自觉的发展过程，经过几十年的艰辛探索，摸索出一些经验，取得了较大成绩，当然也存在一些亟待加强的薄弱环节。因此，对新中国成立以来出版领域的公共服务加以系统回顾和分析，对于推动我国社会主义出版强国建设具有特殊重要的意义。

一、改革开放前具有出版公共服务性质的探索（1949年—1977年）

公共服务是为弥补市场不足而由政府等公共部门为主提供的满足社会公共需求、供全体公民共同消费与平等享用的公共产品和服务。出版公共服务可以看成是与出版产业相对应、以政府为主导、政府和其他社会主体共同参与、以社会效益为首要目标、具有公益性质（非排他性和非竞争性）的出版产品和服务。

从新中国成立到改革开放初期，我国实行的是高度集中的计划经济体制，在这种体制下，资源配置是通过国家计划实施，虽然在具体工作中强调要考虑出版物的效益和效率，提倡提高效率、杜绝浪费等，但从总体上对出版范围、原材料、价格等都采取高度集中的计划管理体制，由于在计划经济条件下所有资源配置都是按照国家计划实施，纸张等出版材料由财政部、轻工业部等八部门统一管理，出版物发行渠道逐步由新华书店统一经营，价格由国家统一制定标准，因此出版物的经营和管理不是按照市场规律运行。因此，所谓公共服务是为了弥补市场不足的前提基本上不存在，这时所进行的出版服务既可以说是完全的出版公共服务，也可以说，不存在现代意义上的出版公共服务。但国家在出版领域的很多行为具有公共服务的性质，因此我们可以说，这一阶段的一些出版活动具有公共服务的性质，出版界在这方面进行了很多探索。

（一）确立党的出版方针

在新中国成立之初，时任中共中央宣传部长陆定一在全国新华书店出版工作会议闭幕词中说："我们的出版事业与旧的出版事业不同之点，就是无条件地为人民服务。"这里作为中央宣传领域的领导人第一次把"为人民服务"作为中华人民共和国的出版方针提了出来。1950年召开的第一次全国出版会议将出版物作为"精神食粮"，提出出版物要对人民负责、对读者负责，这次会议通过的《关于发展人民出版事业的基本方针的决议》等文件明确提出："为人民大众的利益服务是人民出版事业的基本方针。"[1]会后发布的《政务院关于改进和发展全国出版事业的指示》指出"书籍杂志的出版、发行、印刷是与国家建设事业、人民文化生活极关重要的政治工作"，为了出版事业能够扩大发展，允许出版社取得合法的利润，但绝不能单纯以营利为目的。[2]因此，将出版作为一项重要的政治工作，坚持为人民服务的出版方针，出版不以营利为目的就成了出版业长期坚持和必须遵守的

[1] 胡愈之：《胡愈之出版文集》，中国书籍出版社，1998年版，第148页。

[2]《出版工作文献选编》，辽宁教育出版社，1991年版，第234页。

出版方针和基本原则。之后，管理机构进一步强调出版的事业性质，1954年，时任出版总署副署长陈克寒提出："出版社的基本任务，是积极地团结和组织作家，出版人民所需要的各种书籍，发展祖国的科学和文化，为国家当前的和今后的革命事业和建设工作服务""出版社是个文化机关，它在社会上的作用，是要通过书籍的出版，团结和培养作家，推动国家学术和文化的发展"。[1]"文化机关"的定性事实上就是强调了出版的事业属性和政治性，不再从经济角度思考出版属性。当然，当时的出版管理者（比如胡愈之）也提出了出版的企业化经营问题，但他同时强调："走向企业化经营的目的，就是使这项工作不要变成国家的负担，不要依靠国家支持，这就要实行经济核算制，加强科学化管理，减低成本，减轻读者负担。"[2]因此，这里的企业化管理仅仅从经济核算、减少浪费、降低成本角度进行考虑的，并没有从遵从市场规律的角度考虑。

（二）确立出版领导体制和出版分工体制

在领导体制方面，从新中国成立不久，中央就提出要加强党对出版工作的领导。1951年8月，时任中央宣传部副部长胡乔木在第一届全国出版行政会上指出："出版工作是中央人民政府的重要工作，也是党的重要工作，党的各级组织，都必须把这一工作当做最重要的事情去做。"[3]中央宣传部专门设立出版处（实际上是局），代表党中央分管出版方面的重大方针政策并进行宏观管理。中央人民政府设立专门的出版行政管理机构（出版总署、文化部出版事业管理局、国家出版事业管理局等），各大区（后来是各省）设立新闻出版行政管理机构，先是由总署直接领导同时接受各大区文委的指导和监督，后又改为由各大区行政委员会领导。之后在很长一段时间内形成了中宣部负责宏观管理，政府新闻出版管理机构负责行政管理，行政上以地方管理为主的出版领导体制。

[1]刘杲、石峰：《新中国出版五十年纪事》，新华出版社，1999年版，第38页。

[2]胡愈之：《胡愈之出版文集》，中国书籍出版社，1998年版，第70页。

[3]宋应离、刘小敏编：《亲历新中国出版六十年》，河南大学出版社，2009年版，第10页。

新中国成立之初，党和政府对于出版分工给予了高度重视，除了从出版环节上对出版社、新华书店、印刷厂三者进行严格分工，分别专门从事出版、发行和印刷工作外，在出版社内部也进行了严格的出版专业分工，对各个出版社的出版范围进行了详细的规定。时任出版总署署长胡愈之指出："书籍的生产是一种专门性的工作，分工一定要细，如果单单建立一个大的出版机构，上至天文下至地理的一切书籍都集中在这一家出版，工作就做不好，也不可能做好……最好的办法就是出版专业化，比如出版教科书的专门出版教科书，出版文艺书的专门出版文艺书，出版自然科学书的专门出版自然科学书"，除了可以按照性质进行专业分工外，还可以按照读者对象进行分工，工人出版社专门出版工人读物，青年出版社专门出版青年读物，这样按照性质和不同的读者对象分工，出版工作就可以大大发展，出版质量也可以提高。[1]

[1] 胡愈之：《胡愈之出版文集》，中国书籍出版社，1998年版，第69页。

（三）加强公共服务性质的出版物的出版工作

出版公共服务的最重要内容是公共服务类（公益性）出版物的出版。新中国成立后，出版部门就在这方面做了大量工作。主要包括：

加强对马克思主义经典著作和毛泽东同志著作的出版工作。1953年，中共中央成立了中央编译局，先后开展了《马克思恩格斯全集》《列宁全集》《斯大林全集》的翻译出版工作，同时出版了一大批单行本、专题汇编等，为马克思主义的普及、宣传和传播作出了巨大贡献。新中国成立后，毛泽东著作的出版是出版工作的重中之重，先后出版了《毛泽东选集》（1—4卷）、《毛泽东著作选读》《毛主席语录》以及毛泽东著作的各种专集、汇编本、单篇本等，总印数达到数十亿册。

各种通俗读物的出版。新中国成立后，为了普及科学文化知识，中央多次部署加强通俗读物的出版工作，除了前期在人民出

第七章　新中国出版公共服务70年

版社专门成立通俗读物编辑室外，后来又专门成立通俗读物出版社、农村读物出版社等专门出版机构。1952年，胡愈之在向周恩来总理报送关于第二次全国出版行政会议的报告时指出，地方出版社的任务是出版当地所需要的、解决群众思想问题的、传播先进经验、介绍先进人物的、指导工农群众的生产、学习的通俗读物。同时，中央特别强调要加强农民读物的出版和农村发行工作，加强扫盲读物、儿童读物和青年读物的出版工作。

古籍整理工作。新中国成立之初，古籍整理出版和重印的书籍较少。在毛泽东的亲自关注下，史学界和出版界加快了古籍整理工作和古籍出版工作，继1951年人民文学出版社整理出版《水浒传》之后，1956年、1957年古籍出版社先后出版《资治通鉴》和《续资治通鉴》，随后又启动了"二十四史"的点校和出版工作。1958年，国务院科学规划委员会在京成立了古籍整理出版规划小组，陆续出版了一批哲学、历史、文学等古代名著，还出版了一些古籍资料及古籍研究所需要的工具书。

少数民族文字图书和外文图书。新中国成立后，一直把少数民族出版作为重要出版任务。1953年成立了民族出版社，专门从事少数民族出版工作。之后各少数民族相继成立了少数民族文字出版机构，出版了大批少数民族文字的读物、教材、工具书等，极大地促进了少数民族地区的科学文化的传播，提高了少数民族地区的文化素养。为了加强对外宣传，中央专门批准成立了外文出版社等专业出版社，向国外翻译出版《毛泽东选集》《中国共产党三十年》《简明中国历史》《简明中国地理》以及大量的文学、美术等外文版作品，促进了中国当代思想文化对国际的传播。

可以说，从新中国成立到改革开放初，我国虽然实行的是高度集中的计划经济体制，但一些公共服务的探索性做法仍然具有借鉴意义，为改革开放后的出版公共服务开启了先河，并得到继承和发展。

二、对出版公共服务从自在到自为的探索（1978年—2012年）

我国的出版公共服务不是一开始就自觉提供的，而是经历了一个不断深化、探索的过程。黑格尔曾把理念划分为自在、自为两个阶段，他认为所谓自在就是潜在的，还没有展开时的存在；而自为则是展开的、显露的存在。在这里，我对黑格尔的概念加以借用和改造——还没形成出版公共服务意识但有了部分公共服务行为的阶段，这个阶段的公共服务是潜在的，我把它称为自在阶段；已经具有出版公共服务意识并展开了一系列公共服务行动，对出版公共服务行为进行了很多积极探索，我把它称为出版公共服务的自为阶段。改革开放以后我国出版公共服务经历了从自在到自为的质的飞跃。

（一）以建立规制为主要特征的自在阶段（1978—2001）

由于"文化大革命"把过去的相关规章制度完全破坏，管理机构也不够健全甚至一度取消了出版管理机构，导致改革开放初期出版业无章可循、无法可依。由于没有相应的规章制度，出版领域一度出现了极为混乱的局面。很多机构自行出书、出刊并在市场上销售，很多单位甚至个人未经批准自己创办各种期刊，公开向社会进行征订和发行。即使是经过批准成立的出版社和杂志社，从生产到销售各个环节都没有相应的规范和标准，具有很大的随意性，从而造成了不应有的混乱，也加大了社会成本。因此这一阶段的最紧要的工作就是尽快制定相应的规章制度和行业标准，减少交易成本，规范出版行为，净化出版市场，这也是这一阶段政府所做的最主要的工作，与此同时也开展了一些具有公共服务性质的工作。

1.制定出版相关管理法律和规章制度

1980年，中宣部批转了国家出版局制定的《出版社工作暂行条例》，从出版社的方针政策、图书质量与数量、出书规划与计划、作者、编辑、印校、发行、宣传评介、经营管理、后勤保障、干部、党的领导等十个方面对出版社的各项工进行较为系统全面的规范。此后不久，中共中央、国务院作出了《关于加强出版工作的决定》（1983年），从出版战线面临的形势和任务、出版工作的性质和指导方针、加强出版队伍建设、改变印刷发行落后的现状、进一步加强和完善对出版工作的领导五个方面对出版工作进行了宏观部署。之后，党和国家从出版的各个方面制定相关管理法律法规和管理规定。

在法律法规层面，《中华人民共和国宪法》规定了公民有言论和出版的自由，同时规定公民在行使自由和权利的时候，不得损害国家的、社会的、集体的利益和其他公民的合法的自由和权利。1990年《中华人民共和国著作权法》获得通过，随后国务院制定了《中华人民共和国著作权法实施条例》。1997年国务院颁布了《出版管理条例》，对图书、报纸、期刊、音像制品和电子出版物等的出版、印刷（复制）、发行活动的管理确定了基本原则和基本制度，并对出版的性质、任务、功能以及出版机构的设立与管理、出版物的进口、出版保障和奖励、法律责任等做出了规定，这是新中国成立以来第一个比较全面系统的有关出版管理的行政法规。此外，国务院在90年代相继颁布了《音像制品管理条例》《印刷业管理条例》《计算机软件保护条例》《中国人民共和国地图编制出版管理条例》等相关条例，形成了一法六条例的出版法律法规结构框架。

在行政规章和管理制度方面，出版管理部门相继颁布了《出版物市场管理暂行规定》《报纸出版管理规定》《期刊出版管理规定》《图书质量管理规定》《图书质量保障体系》等一系列管理规定，从各个环节对出版行为进行规范和管理。在内容管理方面，出版管理部门先后出台了大量的文件，对涉及党和国家领导人著作和回忆录、民族宗教、军事、重大历史问题、统战、苏（联）东（欧）、台港澳、古籍整理、地图、保密等题材，以及涉及未成年人读物、三农、古旧小说、挂历和美术图书、迷信和伪科学、辞书、地方志、中小学教材教辅等方面的出版物，作出了详细的具有可操作性的相关规定。在其他行政管理方面，先后出台了关于出版社年检、协作出版、书号管理、图书定价、稿酬、出版物条码、在版编目管理、样书管理、书市、展会、进出口、评奖、统计等方面的规章制度，使出版行为有章可循。

可以说，上述出版法律法规和规章制度已经基本涵盖了出版的主要环节和方方面面，形成了较为系统的有中国特色的依法依规进行出版管理的制度体系。

2. 制定相应行业标准

标准是人类文明进步的成果，标准化是现代化的一个重要特征。通过标准的统一化、简化、通用化和系列化，能够达到规范行为、提高效率、提升质量、方便用户、加强管理的目的。在这一阶段，国家标准管理部门和出版管理部门先后出台了一系列行业标准，其中包括《中华人民共和国国家标准中国标准书号》等关于中国标准书号的使用规定，《中华人民共和国国家标准标点符号用法》《中华人民共和国国家通用语言文字法》《校对符号及其用法》等语言文字符号标准，《中华人民共和国计量单位名称与符号方案（试行）》《中华人民共和国法定计量单位》《中华人民共和国国家标准出版物上数字用法的规定》等计量单位标准，《中华人民共和国国家标准图书和其他出版物的书脊规则》《中华人民共和国国家标准图书书名页》等图书标识规定标准等，从内容到形式为出版行业制定了必须遵循的行业标准。

3. 对出版公共服务相关政策的探索

20世纪80年代至90年代初，在分税制改革之前，我国中央政府所掌握的财政资金较少，没有更多力量投入到出版公共服务建设中去。90年代中后期，随着分税制的实施，国家财政状况大幅好转，国家开始加大对出版公共服务的资金投入。党中央也对加大出版公共投入提出了明确要求，1996年党的十四届六中全会提出：出版工作"要及时反映国内外新的优秀文化成果，重视出版传统文化精品和有价值的学术著作，积极扶持少数民族出版事业，不断满足人民群众多层次、多方面的需求"。[1]

一是支持学术著作的出版。1980年4月，中央书记处书记胡乔木提出：社会主义的出版工作绝不能仅仅为着盈利，出版界有责任把那些有科学价值、但发行量不大的学术著作出版出来。为了支持学术著作和发行量较小的高校及中等专业学校教材的出版，1986年国家教育委员会、财政部、国家出版局联合发布《高等学校和中等专业学校教材定额补贴暂行办法》。1987年新闻出版署发文，同意印数在3000册以下的学术著作和专业著作参照成本定价。1988年全国政协提案委员会就如何解决科技书刊出版难问题，邀请国家出版、财政、税务等部门领导和政协委员座谈，新闻出版署等部门负责人表示将尽快采取措施，逐步解决科技书刊出版难问题。90年代随着国家财政状况的改善，1991年财政部、新闻出版署联合发布《关于建立出版企业发展专项资金的规定》，专项资金的适用范围之一就是"专业学术著作及党和国家提倡的重点图书出版的困难补助"。[2] 1995年新闻出版署发布《新闻出版署出版发展专项资金管理办法》《新闻出版署出版技术进步专项资金管理章程》和《新闻出版署学术著作、重点图书出版专项资金管理章程》。1997年国家科委、财政部、新闻出版署联合发布《国家科学技术学术著作出版基金管理办法（试行）》，对科学技术学术著作出版基金的组织机构和职责、资金来源和使用、资金资助范围、申请的条件、评议和审批要求、基金管理和要求等作出了明确规定。这些举措在一定程度上有效解决了学术著作出版难的问题。

二是支持少数民族的出版。1980年国家专门召开全国少数民族文字图书出版工作座谈会，随后国务院批转国家民委、国家出版局《关于大力加强少数民族文字图书出版工作的报告》，提出了少数民族文字图书出版工作的方针政策，民族出版机构的设

【1】中共中央文献研究室：《改革开放三十年重要文献选编（上）》，中央文献出版社，2008年版，第877页。

【2】财政部、新闻出版署：《关于建立出版企业发展专项资金的规定》[DB/OL]. http://www.chinalawedu.com/new/201309/xuhuijian20130912135500633 95320.shtml.

置和调整，加强编译队伍建设，大力扩充民族文字图书印刷生产能力，做好图书发行工作以及妥善解决民族文字图书出版经费等问题。1991年新闻出版署、财政部联合发出《关于调整少数民族省（区）图书发行折扣的若干规定》指出，新华书店发货店、出版社自办发行部门向少数民族省（区）销货店、省（区）新华书店供货，一律按照七折发货。这一折扣在当时要比对其他省市的批销折扣优惠5%—10%。新闻出版管理部门还通过专题会议等形式探讨对西藏、新疆等少数民族地区出版的援助或支持。

三是支持古籍出版发行工作。1981年陈云两次指示要把古籍整理工作抓紧搞好。之后不久中共中央发出《关于整理我国古籍的指示》，从人才培养、队伍建设、领导机制、出版规划、古籍抢救与整理以及经费支持等方面对古籍整理和出版工作作出部署。同年底，国务院成立古籍整理出版规划小组，并领导制订了《关于1982年至1990年古籍整理规划的报告》《中国古籍整理出版十年规划和"八五"计划》等，两个规划都经国务院批准实施。为了加强古籍图书的发行工作，1993年新闻出版署、国家物价局联合发文，就加强古旧书业工作，恢复和建立古旧书业经营网点，积极支持古旧书业的发展提出了具体要求和政策措施。

四是支持农村图书发行工作和网点建设。1980年国家出版局和中宣部共同主办农村图书发行工作座谈会，会议提出和研究了加强农村图书发行工作、活跃农村文化生活的建议和措施。1981年中宣部批转国家出版局关于《全国农村读物出版发行工作会议纪要》，提出认真抓好编写出版工作、分配城乡共需的图书要注意照顾农村、挑选好书专发农村、采取多种方法把农村图书发行工作搞活、开展农村读物的竞赛和评奖活动、加强对农村读物出版发行工作的领导六条意见。1991年新闻出版署、国家计委、建设部联合发出《关于图书发行网点建设若干问题的通知》，要求各省（市、区）和计划单列市新闻出版局商计划、城建部门，制定图书发行网点建设规划，争取用五年左右时间，使图书发行网点严重不适应两个文明建设的状况有所改变；在制定规划中，要特别注意农村供销社售书点的恢复。同年，新闻出版署、中宣部等五部委联合发布《关于加强农村图书发行工作的意见》提出，要切实做好农村图书的货源组织和供应工作；改善经营管理，提高服务质量；发展和巩固农村图书发行网点；加强图书发行队伍建设；对农村发行实行优惠的经济政策；加强农村发行工作的领导等。1996年中华全国供销合作总社、新闻出版署联合发出《关于加强农村图书、音像制品发行工作的通知》指出，供销合作社是图书、音像制品发行的重要渠道，新闻出版部门要密切配合、积极支持供销合作社搞好发行工作。由于农村新华书店发行网点大多数赔本运行，主要服务于农村文化发展，其亏损部分主要由增值税返还和发行中小学教材利润进行补贴。与此同时，国家还实行科技教育文化"三下乡"制度，送书下乡，建立"万村书库"，在广大农村地区建立了一大批农村图书阅览室。[1]

4. 对出版公共服务活动的直接投入

除了上述对出版公共服务的政策支持外，在出版管理部门的大力倡导、协调下，政府、企业以及其他部门还通过建立各种基金等形式，加大对出版公共服务的资金支持。一是由财政部和新闻出版署主持设立的出版企业发展专项资金、出版技术进步专项资金、优秀学术著作和国家重点图书专项资金、古籍整理专项资金以及国家科学技术学术著作出版基金等，对高质量的学术著作予以资助；同时中央财政对农村发行网点建设、少数民族出版等拨出专门的资金进行支持。二是中央其他部门设立出版基金进行资助，如1989年中国少年儿童基金会宣布设立中国儿童读物奖励基金，地方出版管理部门设立学术著作出版基金，同年，中国科学院设立科学出版基金，每年拨款300万元，资助优秀科技书出版，1994年中国科协设立"科技专家出版基金委员会"等。三是地方新闻出版管理部门设立学术著作出版基金进行资助，如1991年浙江省新闻出版局（以浙江省出版总社名义）每年集中

---

[1] 郝振省：《构筑新闻出版业公共服务体系，促进全民文化共享——新闻出版业公共服务发展的初步报告》，中国网，2007-12-2。

100万元资金，专门扶持出版由于经济原因难以问世的高质量学术著作，上海市新闻出版局当年拨款300万元设立学术著作出版基金，江苏省新闻出版局筹集500万元资金设立图书发行基金，主要用于促进农村发行网点建设等。四是由企业自筹资金设立学术出版基金，支持学术著作出版，如1988年山东科技出版社设立"泰山科技专著出版基金"，这是我国最早设立的出版基金。1994年山东教育出版社出资设立"教师出版基金"，每年出资60万元，为全国大、中、小学教师出版学术专著和多人论文合集。1996年由河南教育出版社和中国科学院自然科学史研究所联合设立"中国科学史著作出版基金"等。

5. 打击非法出版活动，维护出版市场秩序

改革开放初期，社会上出现了滥编滥印书刊之风，很多不具有出版资质的学校、机关、团体和企事业单位擅自编印、翻印书刊，这些书刊粗制滥造，错误百出，质量低劣，有些甚至掺杂了淫秽、错误乃至反动的内容，造成了恶劣的影响。他们将这些质量低劣的书刊向社会高价兜售，有的进行黑市交易，严重扰乱了市场秩序。因此，我国有关管理部门分别于1980年、1985年、1987年、1989年开展了一轮又一轮的打击非法出版、整顿出版秩序、严禁淫秽出版物的专项行动。为了加大对非法出版物的打击力度，1989年8月，中央专门成立了全国扫黄打非工作小组及其办公室，拟订出版物市场"扫黄打非"的方针、政策和计划，参与起草出版物市场监管的法律、法规和规章，并组织实施，对出版物市场进行监管。1996年新闻出版署发布《关于培育和规范图书市场的若干意见》，对发展和完善图书市场网络体系，推行多种购销形式、建立新型购销关系，加快转换国有书店的经营机制等八个方面提出了具体的要求。1999年新闻出版署颁布了《出版物市场管理暂行规定》，对建立全国统一、开放、竞争、有序的出版物市场从发行环节做出了详细的规定，对加强出版物市场管理、维护出版秩序起到了有力的推动作用。

党的十四届六中全会通过了《中共中央关于加强社会主义精神文明建设若干重要问题的决议》，提出要增加对文化事业的投入、对国家兴办的图书馆等公益性事业单位要给予经费保障、在城市建设中要配套搞好公共文化设施建设等具体举措和要求。2001年党的十五届五中全会第一次对公益文化事业和文化产业做出区分，提出继续实行支持文化事业发展的有关政策，增加对重要新闻媒体和公益文化事业的投入，完善文化产业政策，加强文化市场建设和管理，推动有关文化产业发展，可以说，明确的文化公共服务概念呼之欲出了。

（二）对出版公共服务体系积极探索的自为阶段（2002—2012）

2002年江泽民在党的十六大报告中提出："国家支持和保障文化公益事业，并鼓励它们增强自身发展活力。"报告还进一步指出，国家坚持和完善支持文化公益事业发展的政策措施，扶持党和国家重要的新闻媒体、体现民族特色和国家水准的重大文化项目等，扶持老少边穷地区和中西部地区的文化发展，加强文化基础设施建设，发展各类群众文化。[1]这里已经涵盖了公共文化服务的一些重要内容。此后不久，《政府工作报告》中把公共服务作为社会主义市场经济条件下政府的主要职能之一。[2]之后，文化（包括出版）公共服务作为政府的一项基本职能被反复重申和强调。2003年李长春在《文化体制改革试点工作会议上的讲话》中指出："要以增加投入、转换机制、增强活力、改善服务为重点，抓好公益性文化事业的改革和发展。"增加投入的重点是要增加对文化基础设施建设的投入。[3]2005年的《政府工作报告》中提出了"努力建设服务型政府"的要求，[4]同年召开的十六届五中全会通过了《中共中央关于制定国民经济和社会发展第十一个五年规划的建议》，提出"积极发展文化事业和文化产业。加大政府对文化事业的投入，逐步形成覆盖全社会的

[1]中共中央文献研究室：《改革开放三十年重要文献选编（下）》，中央文献出版社，2008年版，第1261页。
[2]中共中央文献研究室：《改革开放三十年重要文献选编（下）》，中央文献出版社，2008年版，第1261页。
[3]中共中央文献研究室：《十六大以来重要文献选编（上）》，中央文献出版社，2005年版，第346页。
[4]中共中央文献研究室：《十六大以来重要文献选编（中）》，中央文献出版社，2006年版，第789页。

比较完备的公共文化服务体系"。[1]这是在党的重要文献里第一次明确提出"公共文化服务体系"概念，具有里程碑式的意义。此后，党和政府对文化公共服务的认识有了质的飞跃，并从理念、政策、配套措施等方面形成了较为系统的文化公共服务体系。

1. 文化公共服务理念

这期间，党中央、国务院形成了文化公共服务的基本理念，主要体现在以下三个方面：一是充分肯定文化公共服务的极端重要性；二是清晰把握文化公共服务的目标任务；三是确立文化公共服务的基本原则。

关于文化公共服务的重要性，党中央从三个方面加以论述：一是把它放到制度层面加以认识，认为加强文化公共服务是从中国特色社会主义总体布局和全面建成小康社会全局出发而提出的一项重要任务，是建设社会主义现代化国家的必然要求，也是社会主义制度优越性的体现；二是把它放在文化层面加以认识，认为加强文化公共服务是繁荣发展社会主义先进文化、建设和谐文化的必然要求，加快构建覆盖全社会的公共文化服务体系，是维护好、实现好、发展好人民群众基本文化权益的主要途径，反映了广大人民群众的意愿；三是把它放到提高民族素质的角度加以认识，认为加快构建覆盖全社会的公共文化服务体系对于促进人的全面发展、提高全民族的思想道德和科学文化素养具有重要意义。因此，各级党委和政府要把公共文化服务体系建设作为提高党的执政能力、建设服务型政府的重要任务，放在全局工作的突出位置，把握方向，制定政策，整合力量，营造环境，切实担负起领导责任。[2]

关于文化公共服务的目标任务，党中央提出，要坚持文化事业和文化产业协调发展。公益性文化事业的根本任务是为人民群众提供基本的文化公共服务，构建覆盖全社会的公共文化服务体系，普及文化知识，传播先进文化，提供精神食粮，体现人文关怀，不断满足人民群众最基本的文化需求。发展公益性文化事业

[1] 中共中央文献研究室：《十六大以来重要文献选编（中）》，中央文献出版社，2006年版，第1080页。

[2] 中共中央文献研究室：《十六大以来重要文献选编（下）》，中央文献出版社，2008年版，第1132、1140页。

要以政府为主导,增加投入、转换机制,增强活力、改善服务,实现和保障广大人民群众的基本文化权益。

关于公共服务的基本原则,党中央提出了以下几点要求:一是坚持把社会效益放在首位,努力实现社会效益和经济效益的统一,最大限度发挥文化引导社会、教育人民、推动经济发展的功能;二是要体现公益性、基本性、均等性、便利性的要求,即文化公共服务不能以营利为目的,所提供的是基本的公共服务,满足人民群众对精神产品的基本需求,坚持城乡、区域文化协调发展,逐步实现文化公共服务的均等化,要把文化公共服务的重点放在基层和农村,让人民群众享受到便捷的服务等;三是坚持结构合理、发展平衡、网络健全、运行有效、惠及全民的原则。

2. 出版公共服务政策

这一阶段,胡锦涛分别于2007年和2010年两次主持中央政治局会议讨论发展与繁荣社会主义文化、加强公共文化服务建设问题。这期间党和政府密集出台了一系列文件或政策对加强公共文化服务建设作出具体部署,这些文件或政策除了党的十七大报告及十七届六中全会审议通过的《中共中央关于深化文化体制改革、推动社会主义文化大发展大繁荣若干重大问题的决定》这两个重要文献外,还包括《关于进一步加强农村文化建设的意见》(2005年)、《中共中央、国务院关于深化文化体制改革的若干意见》(2005)、《国家"十一五"时期文化发展规划纲要》(2006)、《新闻出版业"十一五"发展规划》(2007)、《关于加强公共文化服务体系建设的若干意见》(2007)、《农家书屋工程实施意见》(2007)、《农家书屋工程建设管理暂行办法》(2008)、《国家出版基金资助项目管理办法》(2008)、《关于进一步繁荣发展少数民族文化事业的若干意见》(2009)、《关于进一步推进新闻出版体制改革的指导意见》(2009)、《新闻出版业"十二五"发展规划》(2011)、《关于加强城乡出版物发行网点建设的通知》(2011)、《国家"十二五"时期文化改革发展规划纲要》(2012)等。

3. 出版公共服务保障措施

为了落实中央关于文化公共服务的各项部署，国家出台了一系列保障措施，这些措施主要包括建立健全领导和工作机制、实施重大出版公共服务工程、增强公共文化产品供给能力、建立创新出版公共服务机制、完善出版公共服务投入机制以及加强出版公共服务队伍建设等。

关于建立健全领导和工作机制，《关于加强公共文化服务体系建设的若干意见》中指出："要建立健全党委和政府统一领导，发展改革、财政、文化、广电、新闻出版等部门分工负责，工会、共青团、妇联、文联、作协等人民团体积极参与的工作机制。"[1] 政府要认真履行公共服务职责，转变职能、强化服务、改进管理、明确责任、提高效能，重点加强公共文化服务体系建设规划和标准的制定，加强对重大公共文化服务工程和项目实施情况的监督检查。要进一步健全相关法律法规，推动公共文化服务体系建设的制度化、规范化和法制化。

[1] 中共中央文献研究室：《十六大以来重要文献选编（下）》，中央文献出版社，2008年版，第1140页。

关于实施重大公共服务工程，《新闻出版公共服务体系建设"十二五"时期规划》提出了重点建设实施中国共产党思想理论资源数据库与传播工程、农家书屋工程、城乡阅报栏（屏）工程、新闻出版东风工程、重点民文出版译制工程、盲文出版工程、党报党刊等重点报刊传播能力建设工程、国家古籍整理出版工程、全民阅读工程以及中国出版博物馆建设项目等重大工程项目。通过这些工程项目促进公共服务体系建设的落实。

关于增强文化产品供给能力，《关于加强公共文化服务体系建设的若干意见》提出了各出版发行单位要按照普遍服务原则，加强农村和少数民族地区分销网点建设，发挥现有公益性文化设施的作用，发挥公益性出版单位在公共出版服务体系中的骨干作用，着力提高其生产能力和服务水平，加强"三农"及少数民族文字出版物的出版发行，做好古籍出版工作，加强盲文出版，充分发挥好政府补贴、项目补贴等机制，引导出版产业资源向公共文化服务领域合理流动，拓展产品空间，增强服务效能。

关于创新公共服务运行机制，国家保留了人民出版社、盲文出版社、民族出版社等若干家公益性出版单位，按照增加投入、转换机制、增强活力、改善服务的要求，深化劳动人事、收入分配等内部机制改革，加强财务管理和经济核算，建立健全竞争、激励、约束机制，提高公共出版服务能力和水平。引入竞争机制，对重要公共出版产品、重大公共出版服务项目以及公益性出版活动等，实行政府采购、项目补贴、定向资助、贷款贴息等，扩大服务范围，提高服务质量，提高服务效益。通过支持出版技术创新和融合发展，重点建设中华字库工程、国家知识资源数据库工程、国家数字出版复合出版工程、数字版权保护技术研发工程等新兴数字出版技术，构建数字化出版物的生产、传播和网络平台，提高公共出版技术水平。

在完善公共出版投入机制方面，《新闻出版公共服务体系建设"十二五"时期规划》提出建立健全新闻出版公共服务的财政保障机制，大力争取财政对新闻出版公共服务建设工程项目的支持。2007年，在前期国家重大出版专项基金的基础上，国务院批准成立了"国家出版基金"相关管理机构，并制定了《国家出版基金资助项目管理办法》，这是继国家自然科学基金、国家社会科学基金之后成立的第三个国家级基金，基金主要用于对不能通过市场资源完全解决出版资金的优秀公益性出版物的补助。国家还通过税收优惠、项目补贴等方式，从资金投入等方面加大对公共出版的支持。此外，国家还提出加强公共出版服务人才队伍建设，为公共服务提供人力资源保障。

三、新时代对出版公共服务体系建设的自觉阶段（2012年至今）

党的十八大以来，以习近平为核心的党中央对意识形态工作、社会主义文化建设和公共服务给予了前所未有的高度重视。习近平总书记多次就新闻舆论工作发表重要讲话，提出了增强"四个意识"、坚定"四个自信"，自觉承担起举旗帜、聚民心、育新人、兴文化、展形象的使命任务，为服务党和国家事业全局作出更大贡献。我党对出版公共服务进入了从自在、自为迈向自觉的新时代。这一时期党和政府积极主动地开展出版公共服务，掌握了一定的出版公共服务规律，并通过立法对出版公共服务进行保障，初步形成了出版公共服务体系。

这一阶段，党和政府进一步加大了公共文化服务的力度，在公共文化服务领域除了继续实施之前的一些重大举措外，重点加强了以下几个方面的工作。

1.加强公共文化服务的立法工作

前一阶段虽然出台了一系列加强出版公共服务的重大举措，但缺少法律层面的制度保障，还没有达到制度化、规范化和法制化的要求。党的十八大后，中央和一些地方相关立法机构都加大了公共文化服务的立法工作。2014年，江苏省通过了《江苏省人大常委会关于全民阅读的决定》，这是我国第一部关于全民阅读的地方性法规；2015年，湖北省颁布实施《湖北省全民阅读促进办法》，随后，辽宁、四川、深圳等地先后为全民阅读立法；2016年国家新闻出版广电总局公布《全民阅读促进条例（征求意见稿）》，向社会公开征求意见。2016年，全国人大常委会通过了《中华人民共和国公共文化服务保障法》，该法共65条，从法律层面对公共文化服务做了系统的规范和要求，从立法目的、各部门职责、领导机制、公共文化设施建设与管理、公共文化服务提供、保障措施、法律责任等方面对公共文化服务保障从法律层面做了系统的规定，提出了硬性的要求。2017年全国人大常委会又通过了《中华人民共和国公共图书馆法》，这是公共文化服务领域继《中华人民共和国公共文化服务保障法》之后又一部重要法律。同时，国家还发布了国家基本公共文化服务指导标准（2015—2020）。这几部法规的颁布初步奠定了公共文化服务的基本法律框架。此外，2015年中共中央办公厅、国务院办公厅印发了《关于加快构建现代公共文化服务体系的意见》，提出到2020年，基本建成覆盖城乡、便捷高效、保基本、促公平的现代公共文化服务体系，这也为公共文化服务体系提出了明确的目标和方向。

2. 着力培育出版消费者市场

党的十八大后，党和政府在出版公共服务方面的一个重大举措就是在培育出版消费者市场上着力，通过各种措施扩大对出版物的需求。这方面的主要措施包括：

推进全民阅读活动。除了上面提到的从立法层面促进全民阅读活动外，《关于加快构建现代公共文化服务体系的意见》明确提出，要深入开展全民阅读活动，推动全民阅读进家庭、进社区、进校园、进农村、进企业、进机关。李克强总理连续多年在《政府工作报告》中提出"推动全民阅读"，他明确表示"我希望全民阅读能够形成一种氛围，无处不在。我们国家全民的阅读量能够逐年增加，这也是我们社会进步、文明程度提高的十分重要的标志"。[1]在党和政府的推动下，各地纷纷举办形式多样的全民阅读活动，创建阅读城市、书香城市等，成立了一些旨在推进全民阅读的社会组织和出版文化企业，一些地方政府还拨出专项资金支持全民阅读活动，目前全民阅读活动方兴未艾、蓬勃发展，为出版物提供了强大的市场消费支撑，也对促进社会进步、提高民族素质起到了有力的推动作用。

支持实体书店建设。随着电子商务的兴起，实体书店受到了很大的冲击，图书销售网点不断减少，极大地影响了图书的正常

---

[1] 李克强：《希望全民阅读能够形成一种氛围，无处不在》，[DB/OL]. http://www.xinhuanet.com/politics/2015lh/2015-03/15/c_127582498.htm.

流通和覆盖范围。为了改变这种状况，2014年国家新闻出版广电总局和财政部在上海召开实体书店发展推进会，研究推动实体书店长期健康发展的政策措施，在此基础上，2016年由中宣部等11部门联合印发了《关于支持实体书店发展的指导意见》，提出到2020年，要基本建立以大城市为中心、中小城市相配套、乡镇网点为延伸、贯通城乡的实体书店建设体系，形成大型书城、连锁书店、中小特色书店及社区便民书店、农村书店、校园书店等合理分布、协调发展的良性格局。《指导意见》还提出了加强城乡实体书店网点建设、创新实体书店经营发展模式、推动实体书店与网络融合发展等六项任务，重点提出完善规划和土地政策、加强财税和金融扶持、提供创业和培训服务、简化行政审批管理、规范出版物市场秩序五项具体措施，鼓励实体书店改革创新。

大力推动出版"走出去"战略。党的十八后，中央不仅把文化"走出去"作为开拓两个市场、利用两种资源的重要手段，更是将它作为树立文化自信、提升文化软实力、建设文化强国的重要战略性任务加以认识。中央先后出台了《关于进一步加强和改进中华文化走出去工作的指导意见》《关于加快发展对外文化贸易的意见》《关于加强"一带一路"软力量建设的指导意见》，提出要加强顶层设计和统筹协调，创新内容形式和体制机制，拓展渠道平台，创新方法手段，增强中华文化亲和力、感染力、吸引力、竞争力，向世界阐释推介更多具有中国特色、体现中国精神、蕴藏中国智慧的优秀文化，提高国家文化软实力。国家还从财税政策、金融政策、服务保障等各个方面制订了相关的政策措施。"经典中国国际出版工程""丝路书香出版工程"等国家级出版工程都加大了对出版走出去的扶持力度，一些地方政府也拨出专项资金扶持走出去项目，对拓展国际出版市场、提升出版国际影响力和传播力起到了有力的推动作用。

3. 扶持传承中华优秀传统文化的出版项目

2017年，中共中央办公厅、国务院办公厅下发了《关于实施中华优秀传统文化传承发展工程的意见》，首次以中央文件形式推动对中华传统文化的传承、保护和发展。《意见》对出版领域实施中华优秀传统文化传承发展工程的任务做了部署，主要包括：一是实施中华文化资源普查工程，构建准确权威、开放共享的中华文化资源公共数据平台，建设国家文献战略储备库、革命文物资源目录和大数据库；二是实施国家古籍保护工程，加强中华文化典籍整理编纂出版工作；三是以幼儿、小学、中学教材为重点，构建中华文化课程和教材体系，编写中华文化幼儿读物，开展"少年传承中华传统美德"系列教育活动，创作系列绘本、童谣、儿歌、动画等；四是加强对中华诗词、音乐舞蹈、书法绘画、曲艺杂技和历史文化纪录片、动画片、出版物等的扶持；五是实施中华文化新媒体传播工程，编纂出版系列文化经典；六是推进国际汉学交流和中外智库合作，加强中国出版物国际推广与传播，扶持汉学家和海外出版机构翻译出版中国图书，讲好中国故事、传播好中国声音、阐释好中国特色、展示好中国形象。

4.大力推动传统出版业和新兴媒介融合发展

2014年8月，中央全面深化改革领导小组审议通过了《关于推动传统媒体与新兴媒体融合发展的指导意见》。2015年新闻出版广电总局根据这一文件和习近平总书记重要讲话精神，制订了《关于推动传统出版和新兴出版融合发展的指导意见》，提出："坚持传统出版和新兴出版优势互补、此长彼长、一体化发展。按照积极推进、科学发展、规范管理、确保导向的要求，立足传统出版，发挥内容优势，运用先进技术，走向网络空间，切实推动传统出版和新兴出版在内容、渠道、平台、经营、管理等方面深度融合，实现出版内容、技术应用、平台终端、人才队伍的共享融通，形成一体化的组织结构、传播体系和管理机制。"[1]这个文件还根据出版业的发展状况和实际，提出了一系列新的举措。包括创新内容生产和服务，将传统出版的专业采编优势、内容资源优势延伸到新兴出版，建立全媒体资源管理等一体化内容

【1】国家新闻出版广电总局、财政部：《关于推动传统出版和新兴出版融合发展的指导意见》[DB/OL].http://www.law-lib.com/law/law_view.asp?id=494297。

生产平台，强化用户理念和体验至上的服务意识等；加强重点平台建设，整合、集约优质内容资源，推动建立国家级出版内容发布投送平台；针对扩展内容传播渠道，提出大力发展电子商务，探索以用户为中心的全渠道服务模式，建立出版网络社区等传播载体等；拓展新技术新业态，提高数据采集、存储、管理、分析和运用能力，加快发展移动阅读、按需印刷、电子商务等新业态；完善经营管理机制，建立健全一个内容多种创意、一个创意多次开发、一次开发多种产品、一种产品多个形态、一次销售多条渠道、一次投入多次产出、一次产出多次增值的生产经营运行方式，激发出版融合发展的活力和创造力等。《意见》还提出了政府在修订相关法律法规、加大财政政策支持力度、优化出版行政管理、实施项目带动战略、强化人才队伍建设等方面所推出的新举措以及加强领导、统筹推进落实等组织保障措施。这是在传统出版业受到新兴媒体冲击的大环境下，政府强化出版公共服务、支持出版业健康发展的一项重大举措。

5. 加强对公共文化服务的协调组织

为了加强对公共文化服务的领导与协调工作，2014年经中央文化体制改革和发展工作领导小组同意，成立了国家公共文化服务体系建设协调组。协调组的主要目的在于促进公共文化服务领域法规、部门规章、规划、编制及政策规定的统筹协调，依法正确履行行政监督职责；及时、有效地解决公共文化服务体系建设中存在的突出矛盾和问题，促进公共文化服务体系建设规范有序进行；深化公共文化服务管理体制改革和服务机制创新，完善各项公共文化制度，提高文化治理能力。协调组的主要职责包括：协调推进重大政策、规划的制定和实施，标准的制定和实施，重点惠民项目，人才队伍建设等；协调建立稳定的投入保障机制；建立健全基层公共文化服务体系监督评估机制；统筹推进基层文化设施和文化项目的建设与管理以及其他重大事项等。

四、出版公共服务体系建设的成就和历史性作用

经过70年的发展,我国出版公共服务取得了举世瞩目的成就,在我国文化建设尤其是出版强国建设的伟大征程中发挥了巨大的历史作用。

(一)出版公共服务所取得的成就

经过70年的艰辛探索,我国出版公共服务取得了巨大成就,主要体现在:一是形成了较为系统的出版(以及出版公共服务)法律法规保障体系和相关规范标准,使整个社会尤其是出版行业有章可循,极大地减少了交易成本,目前我国已经初步形成了较为完善的出版法律法规体系,使出版公共服务走上了规范化、法制化轨道;二是形成了全党全社会重视文化(包括出版)公共服务的理念和自觉认识。改革开放之前,我们虽然在出版公共服务方面做了大量工作,但却没有认识到出版公共服务的意义。改革开放后在出版公共服务方面一度走过一些弯路,那就是在一段时间内过于强调市场的作用,忽视了政府在公共服务中的主体地位,把应该由政府承担的出版公共服务职能交给市场,出现了一些问题。进入新世纪以来,尤其是党的十八大以来,我党已经形成了文化产业和文化事业共同发展的自觉意识,文化自信已经成为四个自信的一个有机组成部分,文化自觉、文化自信、文化自强成为我国社会主义文化强国建设的重要内容,加强包括出版公共服务在内的文化公共服务建设已经成为全党的共识,也成为各级政府决策时的一个重要方面,这也为出版公共服务的发展繁荣提供了条件。三是建立了较为健全的出版公共服务领导体制、协调机制和工作运行机制,完善了党委领导、政府管理、部门协同、权责明确、统筹推进的公共文化服务体系建设管理制度,建立了党委抓总、政府相关部门各司其职、社会各界力量共同参与的协调机制和工作机制。四是建立了支持出版公共服务的投入机制和其他保障机制,国家通过建立国家出版基金等专项基金支持,评选

新闻出版发展各种公益性项目，税收优惠等方式，对各种公益性出版项目从资金上予以保障。五是初步建成覆盖城乡、便捷高效、保基本、促公平的现代出版公共文化服务体系。这些成就对我国社会主义现代化建设和文化强国建设、对促进我国社会发展和社会治理的现代化将起到巨大的历史作用。

（二）出版公共服务发挥的历史性作用

1. 出版公共服务对社会主义核心价值观的弘扬

出版公共服务的一个显著特点是它的公益性，它不是以市场为主导，而是以政府为主导。因此，体现国家意志、弘扬社会主义核心价值观是它最重要的价值导向，坚持把社会效益放在第一位是它的最基本要求。《中华人民共和国公共文化服务保障法》"第三条"规定："公共文化服务应当坚持社会主义先进文化前进方向，坚持以人民为中心，坚持以社会主义核心价值观为引领"；《关于加快构建现代公共文化服务体系的意见》中也明确要求："坚持正确导向，以人民为中心，以社会主义核心价值观为引领，发展先进文化，创新传统文化，扶持通俗文化，引导流行文化，改造落后文化，抵制有害文化，巩固基层文化阵地，促进在全社会形成积极向上的精神追求和健康文明的生活方式。"[1] 社会主义核心价值观的引领和在出版公共服务中的弘扬体现在各个方面：在国家重大出版工程的确立，重大资助项目的评估中，是否坚持社会主义核心价值观作为最重要的判断标准；在新闻出版发展规划中，明确将"社会主义核心价值观传播项目"纳入规划的最重要内容；在国家出版基金的立项和评审中，弘扬社会主义核心价值观的选题以及主题出版选题不仅作为其最重要的支持内容，而且是否坚持社会主义核心价值观也是最重要的判断标准；在对具体出版单位的评价中，2018年中宣部印发的《图书出版单位社会效益评价考核试行办法》提出，"对出版单位的社会效益评价考核要坚持正确政治方向、出版导向、价值取向，聚焦内

---

[1] 中共中央办公厅、国务院办公厅：《关于加快构建现代公共文化服务体系的意见》[DB/OL].http://www.gov.cn/xinwen/2015-01/14/content_2804250.htm。

容生产，鼓励多出精品，提高出版质量"。所有这些措施都在出版公共服务中充分体现了社会主义核心价值观的引领，同时这些出版公共服务的实施也有利于弘扬和树立社会主义核心价值观。

2. 出版公共服务对公民权的保障

出版公共服务不仅是出版业自身发展的需要，对于促进出版业持续发展具有重大意义，更重要的是，它对落实《中华人民共和国宪法》所提出的保障公民依法行使文化权利同样具有重大意义。《宪法》中规定了公民有受教育以及进行文化活动的权利，这些权利要通过相应的措施加以保障。在国务院新闻办公室发布的《国家人权行动计划（2016—2020）》中明确把文化权利作为一个公民一项重要的人权，在这个计划中提出，要"实施《国家"十三五"时期文化改革发展规划纲要》，完善公共文化服务体系、文化产业体系、文化市场体系，提升公民基本文化权利的保障水平。"[1]公民权利的确立及其维护，需要国家为公民提供更充分的基本的精神文化产品，让他们享受到基本的文化（包括出版）公共服务，使他们能够更为便利、更为快捷、更为公平地获得基础设施、基本产品等方面的保障和服务。这也是政府对人民的社会福利和社会保障的一项重要内容，通过政府基础性均等性的文化公共服务，使广大人民群众在履行文化权利方面有实实在在的获得感，使他们能够真切感受到党和政府把执政为民的理念落实在方方面面，使他们真正感受到社会主义制度的优越性。

3. 出版公共服务对文化多样性的保护

文化多样性指的是世界上每个国家、民族都有自己独特的文化，文化多样性是人类社会的基本特征，是人类的共同文化遗产，也是人类文明进步的重要动力。2006年我国批准的联合国《保护和促进文化表现形式多样性公约》中指出："文化多样性创造了一个多姿多彩的世界，它使人类有了更多的选择，得以提高自己的能力和形成价值观，并因此成为各社区、各民族和各国可持续发展的一股主要推动力"；"考虑到文化活力的重要性，包括

---

[1] 国务院新闻办公室：《国家人权行动计划（2016—2020年）》[DB/OL].http://www.scio.gov.cn/wz/Document/1492804/1492804_1.htm.

对少数民族和原住民人群中的个体的重要性,这种重要的活力体现为创造、传播、销售及获取其传统文化表现形式的自由,以有益于他们自身的发展"[1]。党和政府极为重视少数民族的公共服务和文化权益保障,在《国家人权行动计划(2016—2020)》中明确提出:要保障少数民族均等享有公共服务的权利,推动国家公共服务资源向民族自治地方倾斜;保障少数民族的文化权利,保护和传承少数民族传统文化,做好少数民族古籍保护、抢救、整理、出版和研究工作。在我国出版公共服务体系建设中,对少数民族文化和出版的支持历来是重要的内容,新中国成立后出台了一系列政策支持少数民族出版,资助少数民族古籍整理,加强少数民族地区出版物网点建设和对少数民族地区出版的对口援建等,力度不断加大,在《关于加快构建现代公共文化服务体系的意见》中明确提出:"进一步完善转移支付体制,加大中央财政和省级财政转移支付力度,重点向革命老区、民族地区、边疆地区、贫困地区倾斜。"[2]新闻出版管理部门还制定政策,先后出台了《关于大力加强少数民族文字图书出版工作的报告》《关于进一步加大对少数民族文字出版事业扶持力度的通知》等文件,先后制定了"十二五""十三五"《国家少数民族语言文字出版规划》,除了在发行折扣、税收优惠、各种基金资助等方面对少数民族地区出版给予倾斜外,还采取了设立少数民族文字出版专项基金、补贴少数民族文字中小学教材出版发行、在国家各种专项资金的使用上优先向关系少数民族群众切身利益的出版建设项目倾斜等具体措施。例如,在《新闻出版业"十二五"发展规划》中,"新闻出版公共服务建设工程"共列出了7项内容加以重点建设,其中直接支持少数民族出版的项目就有"新闻出版东风工程"和"重点民文出版译制工程"两项。2017年,中共中央办公厅、国务院办公厅下发的《关于实施中华优秀传统文化传承发展工程的意见》中指出,"开展少数民族特色文化保护工作,加强少数民族语言文字和经典文献的保护和传播,做好少数民族经

[1]联合国教育、科学及文化组织:《保护和促进文化表现形式多样性公约》[DB/OL].http://www.npc.gov.cn/wxzl/gongbao/2007-02/01/content_5357668.htm。

[2]中共中央办公厅、国务院办公厅:《关于加快构建现代公共文化服务体系的意见》[DB/OL].http://www.gov.cn/xinwen/2015-01/14/content_2804250.htm。

典文献和汉族经典文献互译出版工作。实施中华民族音乐传承出版工程、中国民间文学大系出版工程。"[1]通过这一系列出版公共服务重大举措，促进了少数民族出版事业的发展和文化多样性的保护。

4.出版公共服务对中华优秀传统文化的传承和弘扬

习近平总书记多次指出，中华优秀传统文化是中华民族的"根"和"魂"，是我们必须世代传承的文化根脉、文化基因，是我们国家和民族的精神血脉，也是我们坚定"四个自信"的深厚基础，因此，"我们要推动中华文明创造性转化、创新性发展，激活其生命力，让中华文明同各国人民创造的多彩文明一道，为人类提供正确精神指引。"[2]出版活动作为文化传承的最重要载体形式，在传承中华优秀传统文化方面具有不可替代的作用。中国传统文化资源丰富，古籍文献源远流长、绵延不断、生生不息，是出版富矿，也为出版提供了广阔的开拓空间。党和政府一直重视对传统文化的整理、挖掘和利用工作，从20世纪50年代起，就组建了高规格的古籍整理出版规划小组（后改为"全国古籍整理出版规划领导小组"），建立健全领导机构，相继出台了一系列文件，从健全机构、出版规划、出版专项经费拨付、人才培养等方面，对古籍整理和出版工作给予专项部署和大力支持。由于古籍整理出版投入较大、市场面较窄，因此，国家在古籍整理出版方面的支持主要通过出版公共服务相关政策加以落实。《关于实施中华优秀传统文化传承发展工程的意见》从各种出版物形式方面对出版在中华优秀传统文化传承中所起的作用进行了系统的阐发，包括传统文化资源的整理、文献库的建设、中华文化课程和教材编写、中华文化读物的出版、文化经典的编纂出版、中国优秀传统文化的国际传播与推广等。[3]从中华优秀传统文化传承发展工程对出版工作相关任务的部署中，我们可以看到，出版公共服务对传承、弘扬和发展中国优秀的传统文化具有独特的不可替代的作用。

---

[1] 中共中央办公厅、国务院办公厅：《关于实施中华优秀传统文化传承发展工程的意见》[DB/OL].http://www.gov.cn/zhengce/2017-01/25/content_5163472.htm。

[2] 习近平：《习近平谈治国理政（第二卷）》，外文出版社，2017年版，第340页。

[3] 中共中央办公厅、国务院办公厅：《关于实施中华优秀传统文化传承发展工程的意见》[DB/OL].http://www.gov.cn/zhengce/2017-01/25/content_5163472.htm。

5. 出版公共服务对市场失灵的弥补

正如我们在第一部分所论述的，出版具有外部性，它的社会价值很多是不能通过市场进行检验的，出版公共服务的一个重要功能是弥补市场的不足。出版公共服务基础设施是为了满足老少边穷地区人民对出版产品的需求，在这些地区建设基础设施投入大、产出少，居民消费能力弱，如果单纯从市场的角度看，是没有企业愿意投入的。但满足这些地区人们的基本文化需求，是党和政府义不容辞的职责，也是解决我们社会主要矛盾的必由之路。因此，国家通过转移支付等形式，加大对这些地区的出版资源投入，恰恰体现了政府这只看得见的手的作用。从具体出版物门类看，像古籍整理项目、盲文出版项目、少数民族语言文字项目等面向特定群体的出版物，它们具有很强的外部性或者溢出效应，但就生产这些产品的机构而言，很难进行营利，没有政府的公共投入，单纯靠市场是无法履行这些特殊功能的，这就需要政府通过补贴、奖励、税收优惠等措施，对其加以扶持。而对从事这些非营利性活动的具体机构（无论是企业单位还是事业单位），不能用经济指标进行衡量，而必须在科学评价其社会效益的基础上，在经济效益方面给予一定的补偿，这样才能建立出版公共服务的长效机制。因此，出版公共服务体系有效地弥补了市场的不足，既发挥了市场的作用，也更好地发挥了政府的作用，这正是政府"公共性"和"人民性"的体现，既是市场规律的客观要求，也是转变政府职能的内在要求。

6. 出版公共服务对市场秩序的维护

在公共服务体系建设中，政府的另一个重要功能是作为市场规则的制定者和市场秩序的维护者。就制定市场规则而言，是当前全面依法治国、建设社会主义法治国家"四个全面"战略布局的一项重要内容。依法治国首先要有法可依，建立和健全相关法律法规，并严格依法行政，按法律办事。在出版领域，就是要进一步完善出版相关法律法规，建立健全符合我国国情和出版业发展实际的出版法律体系，特别是出版公共服务法律体系，减少不确定性，降低交易成本。就维护市场秩序而言，由于受到计划经济的长期影响，我国出版物市场条块分割、区域封锁的情况时有发生，这与我国社会主义市场经济所要求的建立全国统一、竞争有序的出版物市场目标背道而驰，因此，政府要制定相关规制，规范市场行为，维护公平竞争市场环境，这方面作用主要体现在：一是加大对非法出版活动的打击力度，严厉惩处非法出版物的制造者、传播者；二是依法打击破坏市场秩序的行政垄断、区域封锁、价格欺诈、高定价低折扣等不正当竞争行为；三是建立健全出版物质量监督和保障体系，严格出版物质量标准，严肃查处质量低劣的出版物和出版单位；四是加大对知识产权的保护力度，鼓励创新创造，使出版业成为我国创新型国家建设的重要推动力。

我国的出版公共服务体系建设不是孤立进行的，它是和我国政治、经济、文化、社会等方面的改革发展密不可分的。经过几十年的艰辛探索，我国出版公共服务体系建设取得了巨大的成就，但我们应该清醒地看到，这些成就与当前经济社会发展水平和人民群众日益增长的精神文化需求相比，与基本建成公共文化服务体系的目标要求相比，与建设出版强国的宏伟目标相比，还有很大的差距，还有很长的路要走，需要出版业同仁同心协力，为把我国建设成为社会主义出版强国而不懈奋斗。

（周蔚华：中国人民大学新闻学院教授、博士研究生导师）

第八章
新中国出版法制建设70年

范　军　赵　冰

新中国出版法制建设已走过70年的历程。70年来，在中国共产党的坚强领导下，出版法制建设与共和国法制建设、出版业发展紧紧联系在一起，经过不断探索与不懈实践，初步形成中国特色出版法律体系，为中国特色社会主义出版业的繁荣发展，发挥了重要的作用。

今天，站在新的历史节点上，在迈向新时代的征程中，回顾我国出版法制建设不平凡的历程，总结中国特色出版法律体系形成与完善的宝贵经验，对于不断推进新时代中国特色社会主义出版业的繁荣发展，具有十分重大的现实意义。

一、出版法规框架的创建

1949年9月29日，中国人民政治协商会议第一届全体会议，通过了《中国人民政治协商会议共同纲领》。其中第49条规定："发展人民出版事业，并注重出版有益于人民的通俗书报。"1954年9月20日，第一届全国人民代表大会第一次会议通过新中国第一部《宪法》。其中第87条规定："中华人民共和国公民有言论、出版……的自由。国家供给必需的物质上的便利，以保证公民享受这些自由。"这些条款的设立，成为新中国出版法制建设的重要基石。

1949年10月1日，中华人民共和国成立。作为出版规章制订和法律法规实施的行政部门，政务院[1]出版总署和新闻总署于1949年11月1日开始办公。1952年2月12日，新闻总署撤销，其报纸管理有关工作划归出版总署。1954年11月30日，国务院[2]决定不再设立出版总署，其所有出版行政业务划归文化部，文化部内设出版事业管理局，履行对全国出版业务指导职责。但凡涉及出版管理的重大事项，均须向文化部或经文化部向中宣部请示定夺。

这一时期，除全国人民代表大会发布的法律、国务院（或政务院）颁布的法规、出版行政部门制订的规章外，规范性文件占有相当大的比重，并发挥着特殊作用。出版业许多重要举措，正是通过这些规范性文件，包括请示、报告、指示、决定、通知来体现。它们与法规规章一起，构成新中国出版法治建设的重要组成部分。

1949年至1956年，新中国出版业的中心工作就是"统一集中革命的、进步的出版事业，接管国民党官僚资本的出版机构，对私营出版业团结、利用和社会主义改造，逐步发展和壮大国营出版业。"为完成这一任务，一大批法规、规章和规范性文件陆续出台实施。

1950年3月25日，出版总署公布《关于统一全国新华书店的决定》，要求"全国新华书店必须迅速走向统一、集中，加强专业化、企业化，以担任国家的出版任务，发展人民出版事业。"并于1950年4月1日，在北京成立了隶属出版总署的新华书店总管理处，领导全国各地新华书店的各项业务工作。同年10月28日，出版总署公布"关于发展人民出版事业的基本方针""改进和发展出版工作""改进和发展书刊发行工作""改进期刊工作""改进书刊印刷工作"等五项决议，又于1951年1月17日将兼具出版、印刷、发行业务的新华书店总管理处进行专业化分工，成立了人民出版社、新华印刷厂、新华书店，分别承担出版、

---

[1] 1949年10月21日至1954年9月27日期间，中华人民共和国"国家政务的最高执行机关"，是中央人民政府的一个机构。

[2] 1954年9月15日至28日，第一届全国人民代表大会第一次会议举行，国务院设立。国务院，即中央人民政府，是最高国家权力机关的执行机关，是最高国家行政机关。

印刷、发行业务。

与此同时，加强对私营出版业团结、利用和社会主义改造，不断发展和壮大国营出版业。1950年10月28日，政务院公布《关于改进和发展全国出版事业的指示》，明确要求"出版总署协助全国各大行政区[1]分别筹建、改进或扶植地方出版事业。"1954年8月14日，中宣部批转了出版总署《关于改造私营图书发行业的报告》。经过一系列整顿和改造措施，到1956年底，国家完成对私营出版业的社会主义改造。在全国97家出版社中，国营出版社有80家，公私合营出版社有17家，国营出版社和公私合营出版社占比分别从1950年的11.9%和0.9%上升到1956年82.5%和17.5%。随后，若干国家级专业出版社相继成立，如人民教育出版社、人民文学出版社、人民美术出版社、中国青年出版社等。一大批科技专业出版社也陆续诞生，如科学出版社、机械工业出版社、人民铁道出版社、外文出版社等。

1952年8月16日，政务院颁布《管理书刊出版业印刷业发行业暂行条例》和《期刊登记暂行办法》，对经营者的资质作出明确规定。同年9月8日，出版总署印发《关于公营出版社编辑机构及工作制度的规定》，其中首次提出对书稿实行编辑初审、编辑主任复审、总编辑终审的"三审制"。这项规定作为一项行之有效的基本制度一直沿用至今。同年12月28日，出版总署和邮电部联合印发《关于改进出版物发行工作的联合决定》和《关于改进发行工作具体办法的联合决定》，确定从1953年1月1日起报纸、期刊由邮电局负责总发行。至此，也确定了图书、报纸、期刊发行的工作格局。

1955年7月22日，国务院作出《关于处理反动的、淫秽的、荒诞的书刊图画的指示》，强调"反动的、淫秽的、荒诞的书刊图画对人民群众，特别是青年、少年、儿童的身心健康，对社会公共秩序的巩固，对于国家社会主义建设和社会主义改造事业，都具有很大的危害，要作为一项重要的政治任务来坚决、有计划、

[1]当时全国分为东北、华东、西南、西北、中南和华北六大行政区。

有步骤地处理这类出版物。"

1957年至1965年是我国社会主义出版事业取得初步发展而又经历曲折的时期。1956年4月，毛泽东主席提出"百花齐放、百家争鸣"的重要方针，使科学事业和文艺创作一度出现活跃的局面，由此也带动了出版业的繁荣发展。但接下来1957年反右派斗争严重扩大化，出版界一大批富有才学的知识分子被错划为右派，受到不公正的待遇，严重挫伤了工作的积极性。1958年开展的"大跃进"又片面追求高指标，出版业出现一些粗制滥造的现象。而1959年至1961年三年自然灾害，更使出版业出现萎缩甚至倒退。1963年至1965年间在意识形态领域开展的一系列斗争，错误地批判了一批有价值的文艺作品和学术著作。在这样的背景下，出版法制建设停滞不前，不管是法规、规章，还是规范性文件出台实施的都很少。这其中，围绕书籍稿酬所作出朝令夕改的规定，充分反映这一时期政治气候的变化。

1958年7月14日，文化部颁发《关于文学和社会科学书籍稿酬的暂行规定》（草案），请北京、上海两地有关出版社试行的通知》（以下简称《暂行规定》），将1950年11月24日经出版总署批准由新华书店总管理处印发的《书刊报酬暂行办法》（草案）中有关按印数定额付酬的办法改为"基本稿酬"加"印数稿酬"相结合的计酬办法，重印不再支付基本稿酬，只付印数稿酬。

但在随后"批判资产阶级法权，消灭脑力劳动与体力劳动的差别"的氛围中，文化部于1958年10月10日发布《关于北京各报刊、出版社降低稿酬标准的通报》（以下简称《通报》），将刚刚推行不久的《暂行规定》废止，把书刊稿酬消减一半，并取消印数稿酬。由于当时绝大多数作家是以写作为生，减低稿酬后使其生活变得困难。因此，《通报》引起很多作家的强烈反应。于是，1959年10月19日，文化部又印发《关于北京、上海两地有关出版社继续试行〈关于文学和社会科学书籍稿酬的暂行规定〉的通知》，并指出该部于 1958 年 10 月 10 日印发的《通报》"对于繁荣创作和提高书籍质量都有不利影响"，决定自 1959 年 11 月 1 日起继续试行《暂行规定》。

然而，1961 年 3 月 21 日和 5 月 5 日，文化部分别印发《请贯彻执行中央关于废除版税制、彻底改革稿酬制度的批示》和《各地出版社应贯彻执行中央关于废除版税制、彻底改革稿酬制度的批示》，要求"废除按印数付酬的版税制度，一律按作品的字数和质量支付一次稿费，重印不再付酬；专业作者由国家给予工资和福利待遇"。可是，8 月 28 日，文化部又印发《关于正确执行稿酬制度，恰当掌握稿酬标准的通知》，认为该部 3 月 21 日和 5 月 5 日的两个批示"对于鼓励优秀著译，繁荣创作很为不利"，要求"各出版社领导人员正确贯彻多劳多得的精神，反对平均主义，坚决纠正偏低掌握标准的偏差"。1962 年 5 月 22 日，经中央批准，文化部发出《关于恢复 1959 年颁发的试行的稿酬暂行规定的通知》，决定该部 1961 年 3 月 21 日和 5 月 5 日的"两个批示应即作废"，继续执行《暂行规定》。

可是，1964 年 12 月 21 日，文化部又发出《关于改革稿酬制度的通知》，认为社会主义制度下的稿酬与资本主义的稿酬制度有着根本不同，仅属奖励补贴性质，决定废除印数稿酬，只按字数一次付酬，再版不再付酬。

尽管如此，新中国成立以来所出台实施关于出版的法规规章，对促进和保证新中国出版业的发展，发挥了重要作用，也为之后中国特色出版法律体系的构建奠定了一定的基础。

1966 年至 1976 年的十年，是我国出版法制建设遭受严重挫折的十年。1966 年 5 月，"文革"开始后，"公检法"被砸烂，国家法制建设遭到践踏，新中国成立以来所创建的出版法规架构也随之轰然倒塌。

二、出版法制建设迅速发展

1976年10月6日,"四人帮"被粉碎,"文革"宣告结束。1978年12月,在经过一场全国性的真理标准大讨论和思想理论上的拨乱反正之后,党中央召开了十一届三中全会,作出把工作重点转移到社会主义现代化建设上来的重大战略决策。

鉴于"文革"期间无法无天的状况,在十一届三中全会之前的中央工作会议上,邓小平同志作了《解放思想,实事求是,团结一致向前看》的著名讲话,强调"现在的问题是法律很不完备,很多法律还没有制定出来。""所以,应该集中力量制定刑法、民法、诉讼法和其他各种必要的法律。""做到有法必依,执法必严,违法必究。"[1]

随后,《刑法》《刑事诉讼法》《民事诉讼法》《民法通则》《行政诉讼法》等一批基本法律陆续出台。尤其是以1982年12月4日第五届全国人民代表大会第五次会议通过的《宪法》为标志,我国社会主义法治建设进入了一个崭新的历史阶段。这部《宪法》第35条规定:"中华人民共和国公民有言论、出版、集会、结社、游行、示威的自由。"第22条规定:"国家发展为人民服务、为社会主义服务的文学艺术事业、新闻广播电视事业、出版发行事业、图书馆博物馆文化馆和其他文化事业,开展群众性的文化活动。"这些为改革开放后我国出版法制建设指明了方向,提供了基本遵循。

1983年6月,在第六届全国人民代表大会第一次会议和中国人民政治协商会议第六届全国委员会第一次会议期间,"两会"代表委员提交了《关于起草新闻法和出版法的议案》。随着议案的提出,各个方面要求制订新闻法、出版法的呼声逐渐高涨。尽管此前出版业出台实施了一些法规规章,但显然难以适应改革开放形势发展的需要,亟待更高层级的法律法规来保驾护航。

自1985年3月11日开始,出版法起草小组开展了起草工

---

[1] 邓小平:《邓小平文选(一九七五——一九八二)》,人民出版社,1983年版,第136-137页。

作，在多次易稿后，形成《中华人民共和国出版法（送审稿）》。1994年8月16日，新闻出版署[1]按立法程序将其报送国务院审议。1994年8月中旬，国务院法制工作领导小组办公室在广泛征求各方意见、反复修改论证的基础上，形成《中华人民共和国出版法（草案）》［以下简称《出版法（草案）》］，并于1994年9月20日提交国务院第25次常务会议审议。会议原则通过《出版法（草案）》，并确定经进一步修改后，提交全国人大常委会审议。1994年10月21日至27日，第八届全国人大常委会第十次会议在审议《出版法（草案）》时，由于对出版自由的表述和公民办出版等条款产生分歧且意见难以统一，未付表决，在之后的常委会也未将《出版法（草案）》提交审议。[2]

由于出版业迫切需要一部基本性的出版法规予以规范，1996年9月8日，国务院办公厅向全国人大常委会提请撤回《出版法（草案）》的议案，并提出出台出版管理的行政法规，待条件成熟时再上升为法律。随后，根据立法权限，国务院将《出版法（草案）》作了适当调整，于1997年1月2日以国务院第210号令的形式颁布《出版管理条例》，自1997年2月1日起实施。

《出版管理条例》首次以国务院法规的形式确定了我国出版业的基本构成和基本范畴，即出版物的出版、印刷或者复制、发行等出版活动和报纸、期刊、图书、音像制品、电子出版物等出版物，以及出版单位设立与管理等，内容涵盖出版业的各个领域与环节，作为新中国成立以来第一部比较系统全面的出版行政法规，在《出版法》尚未出台的情况下，起着出版管理基本法律规范的作用。

《音像制品管理条例》与《出版管理条例》法律层级一样，也是一部国务院颁布的行政法规。在1980年以前，我国境内仅有中国唱片总公司一家录音制品出版单位，音像制品作为新兴出版物没有专门的机构进行归口管理。1980年之后，录音录像制品在我国境内迅速兴起，很快成为深受人民群众欢迎的精神食粮。

【1】1987年1月13日，国务院决定成立新闻出版署，作为国务院的直属机构。

【2】宋木文：《一个"出版官"的自述：出版是我一生的事业》，中国书籍出版社，2015年版，第399页。

但同时非法走私录音录像制品、内部参考资料片随意扩散、国产录像带格调不高等问题也十分严重,社会对此反响强烈。1982年2月27日,中共中央、国务院决定委托中央广播事业局管理录音录像制品出版发行工作,并于1982年12月23日批转了广播电视部[1]所制订的《录音录像制品管理暂行规定》。但由于是时电影管理工作归属文化部,为此,中共中央办公厅、国务院办公厅于1985年8月26日在所印发的《关于禁止营业性录像放映和加强录像管理的通知》中作出规定:"进口外国及港、台录像带(包括由电影片改制的录像带)的权力,收归广播电视部、文化部审查批准。文化部批准进口的,抄广播电视部备案;广播电视部批准进口的,抄文化部备案。"这就出现了文化部与广播电视部交叉共管音像制品的工作格局。1989年6月15日,国家机构编制委员会印发《关于录音录像管理分工问题的通知》,对音像制品管理归属又进行调整,决定由文化部、广播电影电视部[2]和新闻出版署共同管理。1994年8月25日,国务院颁布《音像制品管理条例》。其中明确新闻出版署主管音像制品的出版、复制和进口工作;文化部和广播电影电视部共同主管音像制品的内容审核;文化部主管音像制品的批发、零售、出租和放映工作。随后,根据《音像制品管理条例》,新闻出版署于1996年2月1日出台《音像制品出版管理办法》《音像制品进口管理办法》《音像制品复制管理办法》。同时,广播电影电视部和文化部也出台了相应的管理规定。《音像制品管理条例》的颁布时间早于《出版管理条例》,后《出版管理条例》将音像制品纳入其中,目的是让这两个条例通过整合逐渐融为一体,从而为制定出版法奠定基础。但由于上述提及的音像制品多个管理主体,相互之间需要协调等原因,故《音像制品管理条例》作为一部单项出版法规一直保留至今。

由于包装装潢印刷品及其他印刷品的印刷经营活动已超出出版的范畴,且对印刷业管理涉及多个行政部门。因此,国务院于

[1] 1982年5月,国务院撤销中央广播事业局成立广播电视部。

[2] 1986年1月,文化部电影管理职能划归广播电视部,国务院设立广播电影电视部。

1997年3月8日颁布了《印刷业管理条例》。

这一时期，围绕着国务院颁布的《出版管理条例》《音像制品管理条例》《印刷业管理条例》，前后出台一大批行政规章。这包括《期刊管理暂行规定》《报刊管理暂行规定》《电子出版物管理暂行规定》《印刷行业管理暂行办法》《内部资料性出版物管理办法》《图书总发行管理的暂行规定》《出版物市场管理暂行规定》《出版物鉴定规则》《出版管理行政处罚实施办法》《新闻出版行政执法证管理办法》等。

三、出版法律法规不断完善

进入21世纪，随着我国出版体制改革的不断深入，出版业的快速发展，特别是我国加入世界贸易组织，我国出版市场进入全方位多层次宽领域对外开放的新阶段。按照有关承诺，入世后我国将在一年后开放书报刊零售市场，两年后全面开放出版物批发市场。据此，我国全面修订了《出版管理条例》《音像制品管理条例》《印刷业管理条例》等法规和一些部门规章，同时也制订实施了一批新的规章。

2001年12月25日，国务院以第343号令出台新的《出版管理条例》，自2002年2月1日起施行。与1997年的《出版管理条例》不同，在新的《出版管理条例》中增加了一些新的规定，这包括允许在我国境内设立从事图书、报纸、期刊分销业务的中外合资经营企业、中外合作经营企业、外资企业等条款；从事出版物进口经营单位设立要经审批，未经批准其他单位和个人不得从事出版物进口业务；经批准设立的出版物进口经营单位要对其进口的出版物内容负有审查之责；在进口出版物前将拟进口的出版物目录报省级以上人民政府出版行政主管部门备案；发行进口出版物须从出版物进口单位进货；出版物进口单位在境内举办境外出版物展览须经国务院行政部门批准等。同时，将中小学教材出版、印刷、发行单位由省级以上出版行政部门指定改为由省级以上出版、教育、价格等行政部门招标确定。

此后，国务院又对2001年的《出版管理条例》先后进行了四次修订。2011年3月19日，国务院以第594号令公布《关于修改〈出版管理条例〉的决定》，对《出版管理条例》进行了第一次修订。这是2001年的《出版管理条例》实施十年后的一次比较重大的修订。在这次修订中，为体现新闻出版体制改革和出版产业发展的要求，在相关条款中增加关于出版产业的表述；按照事业单位法人和企业法人类别，在出版单位设立、变更、注销等程序方面分别作出不同规定；还规定利用信息网络从事出版物发行要取得《出版物经营许可证》，同时强化了网络交易平台经营者身份验证义务和监督责任；删除关于从事出版物印刷业务要由公安机关按照特殊行业进行审批的规定，进一步开放了出版物印刷的准入门槛。

2013年7月18日，根据《国务院关于废止和修改部分行政法规的决定》（国务院令第638号），删去《出版管理条例》第35条第4款，取消了从事出版物连锁经营业务单位设立的审批事项。

2014年7月29日，国务院公布《关于修改部分行政法规的决定》（国务院令第653号），取消了总发行单位设立及变更事项的审批。出版物总发行制度是计划经济的产物，按照原有法规规章规定，只有经出版行政管理部门批准的出版物总发行单位方可从事出版物总发行业务，即以统一包销的方式销售出版物，其他单位需从其进货，然后再开展批发、零售业务。这一做法致使一些在市场竞争中脱颖而出、具有相当规模的批发单位，因未取得出版物总发行资质而不能从事总发行业务。这项审批的取消，使"出版物总发行单位"退出了历史舞台。至此，任何出版物批发单位均可与出版单位合作，从事出版物总发行，开展统一包销业务。当然，考虑到中小学教科书发行的特殊性，对其实行了例外的政策。

2016年2月6日，国务院公布《关于修改部分行政法规的决定》（国务院令第666号）。《出版管理条例》也相应进行了第四次修改。这次修订将设立出版物批发、零售单位审批由"先证后照"改为企业或个体工商户先取得营业执照后，再到省级或县级出版行政主管部门审批获得《出版物经营许可证》。

同样是在2001年12月25日，国务院颁布新的《音像制品管理条例》（国务院令第341号），对音像制品管理主体重新作出分工，由三家改为两家，即新闻出版总署[1]负责全国音像制品的出版、制作和复制的监管工作；文化部负责全国音像制品的进口、批发、零售、出租的监管工作。2011年3月19日，国务院以第595号令公布《关于修改〈音像制品管理条例〉的决定》，将音像制品管理主体由两家改为由新闻出版总署一家负责，同时简化了复制单位接受委托复制音像制品的程序要求。此外，考虑到电子出版物与音像制品管理基本相同，明确除个别条款外，电子出版物的出版、制作、复制、进口、发行等出版活动适用于修改后的《音像制品管理条例》。

2001年8月2日，国务院废止1997年3月8日颁布的《印刷业管理条例》，以第315号令出台了新的《印刷业管理条例》。其中一项重大调整就是确定包括包装装潢印刷品印刷经营活动在内的印刷业监管工作均由国务院新闻出版行政部门负责。2016年2月6日，在国务院公布的《关于修改部分行政法规的决定》（国务院令第666号）中将印刷经营许可证由前置审批事项改为后置审批。2017年3月1日，国务院公布《关于修改和废止部分行政法规的决定》（国务院令第676号），将会同公安部门的相关审批内容删除，增加了由国务院新闻出版行政部门实现印刷企业信息与公安部门、工商行政管理部门等互联共享等内容。

随着新技术的迅猛发展和广泛应用，与出版业的加速融合，网络的开放性和交互性使人们自由表达观点与意见的渠道更加畅通、更加丰富。但是，随之也带来一些新的法律问题。为此，

[1] 2001年4月30日，新闻出版署升格为新闻出版总署。

2002年6月27日，新闻出版总署和信息产业部联合颁布《互联网出版管理暂行规定》；2011年3月19日，国务院在《关于修改〈出版管理条例〉的决定》中授权由新闻出版总署另行制定《网络出版审批和管理办法》；2016年2月4日，国家新闻出版广电总局[1]与工业和信息化部[2]联合颁布《网络出版服务管理规定》。其中明确了网络出版服务是指通过信息网络向公众提供网络出版物；认可传统出版单位从事网络出版业务仅需较少条件，而其他单位进入网络出版服务领域则需更为严格的资质条件，如应达到8名以上编辑出版等相关专业技术人员等条件；中外合资经营、中外合作经营和外资经营的单位不得从事网络出版服务；网络出版服务单位与外资企业或境外组织及个人进行网络出版服务业务的项目合作，应事前报新闻出版广电总局审批等。

四、中国特色出版法律体系形成及主要特征

随着这些出版法规规章的不断修订与完善，中国特色出版法律体系已基本形成。这一法律体系是以《宪法》为依据，以国务院颁布的《出版管理条例》《音像制品管理条例》《印刷业管理条例》等三部法规为核心，以国务院新闻出版行政部门颁布或修订的关于图书、报纸、期刊、音像制品、电子出版物、网络出版物，印刷复制、出版物发行以及出版物进口等25部行政规章为基础，以260多部规范性文件为补充所构成。这一些体系具有以下几个鲜明的特征：

（一）公民应依法行使出版自由权利

这一法律体系如何体现《宪法》第35条有关公民出版自由，无疑是其核心问题。这一问题不仅出现于出版立法过程中，也在法规实施过程中不断被提及。

关于公民出版自由，《出版管理条例》第5条规定："公民依法行使出版自由的权利，各级人民政府应当予以保障。" 第

---

[1] 2013年3月，根据《国务院机构改革和职能转变方案》，新闻出版总署与广播电影电视总局合并组建成立国家新闻出版广电总局。

[2] 2008年3月，根据国家机构改革方案，信息产业部撤销，国务院成立工业和信息化部。

23条还规定："公民可以依照本条例规定，在出版物上自由表达自己对国家事务、经济和文化事业、社会事务的见解和意愿，自由发表自己从事科学研究、文学艺术创作和其他文化活动的成果"。同时，第5条又规定："公民在行使出版自由的权利的时候，必须遵守宪法和法律，不得反对宪法确定的基本原则，不得损害国家的、社会的、集体的利益和其他公民的合法的自由和权利"，并通过第25条和第26条明确了出版物的禁载内容。这就明确公民在行使出版自由的权利时，必须在法律的框架之内。

任何自由都是有条件、有限制的，都与法律、责任密切相连。法国思想家孟德斯鸠就曾经说过："自由是做法律所许可的一切事情的权利"。英国作家萧伯纳也说过："自由意味着责任"。正如权利和义务始终对等一样，出版自由与遵守法律同样不能分割。出版自由不能理解为想出什么就出什么、想怎么出就怎么出，而同样是有条件的、有责任的，既受到法律保护，又必须以法律为准绳。即使在美国法律也规定出版自由不得藐视法庭。根据美国的法律和法院判例，出版物不得出现引发危害公共秩序导致暴乱，泄露国家机密，猥亵、淫秽、色情，恶意诽谤，侮辱和取笑任何种族、民族、信仰或宗教等内容。

（二）明确设立出版单位实行审批制

根据法律所规定条件和程序的不同，世界各国对设立出版单位大体实行两种制度，即登记制和审批制。实行登记制的国家对设立出版单位控制较为宽松，个人或组织只要符合资金、场所等一定条件并到登记机关履行登记手续，便可以设立出版单位，从事出版活动。实行审批制的国家对出版单位设立控制比较严格，要求必须具备许多条件，并且必须履行法定的申请、批准手续，经过主管行政机关审查批准，方可设立出版单位，从事出版活动。

新中国成立以来都实行的是设立出版单位审批制，各个时期审批主体也不尽相同。早在1978年4月12日，在国务院批转国家计委等部门《关于开展节约纸张工作的报告》中提出,"今后,建立出版社要经国家出版局研究同意,报党中央宣传部批准"。"出版全国性的社会科学、文艺、体育以及工、青、妇等群众教育期刊要经党中央宣传部批准;出版全国性的自然科学和医药卫生期刊要经国家科委批准;地方性期刊要经省、自治区、直辖市党委批准。经批准出版的刊物,都要报国家出版局和省、市、自治区出版行政机关备案"。[1]1982年7月21日,中宣部印发《关于改变期刊审批办法的通知》,其中规定创办哲学、社会科学类期刊由文化部审批;自然科学类期刊,统由国家科委审批。解放军系统创办期刊,统由总政治部审批。地方出版的期刊仍由各省、市、自治区、直辖市党委审批。所有新办期刊,都要向中宣部备案。同年10月4日,经中宣部批准,文化部[2]也发布《审批期刊实施办法》,规定中央有关部门、国务院有关部委和全国性群众团体及其所属单位申请创办哲学、社会科学类期刊统由文化部审批,并向中宣部备案。[3]《出版管理条例》《音像制品管理条例》将这一系列关于设立出版单位审批的政策以国务院法规的形式固定了下来,明确设立出版单位,由其主办单位向所在地省、自治区、直辖市人民政府出版行政主管部门提出申请;省、自治区、直辖市人民政府出版行政主管部门审核同意后,报国务院出版行政主管部门审批。

（三）主办主管制度成为设立出版单位的前置条件

《出版管理条例》第11条和《音像制品管理条例》第8条规定了设立出版单位所具备的条件,要"有符合国务院出版行政主管部门认定的主办单位及其主管机关",即通常所说的出版单位主办主管制度。

出版单位主办主管制度不是天上掉下来的,也不是舶来品,而是根据我国国情逐步发展形成的。新中国成立初期,人民出版社"为直属出版总署的国营出版企业";人民教育出版社"由中

---

[1] 国家出版事业管理局办公室编印:《出版工作文件选编（1978.10—1980.12）》,第392页。

[2] 1982年5月5日,文化部、国家出版事业局等五部委合并组成新的文化部,内设出版事业管理局。

[3] 国家出版事业管理局办公室编印:《出版工作文件选编（1981.10—1983.12）》,第418页。

央人民政府教育部及出版总署共同负责";人民卫生出版社"以中央人民政府卫生部为主、出版总署为辅会同领导";法律出版社"在编辑方针,编辑业务上受中国政治法律学会领导;在出版业务及财务管理上受文化部出版事业局领导"。由此,逐步形成中央各部委所办所管、地方新闻出版部门及其他有关部门所办所管、各大学及其上级教育部门所办所管、各主要科研单位及其上级科研机构所办所管、全国性人民团体所办所管、中国人民解放军所办所管等几大类管办系统。[1]

20世纪80年代,针对许多部门的出版单位被批准设立以后而又疏于管理的状况,新闻出版署于1993年6月29日发布《关于出版单位的主办单位和主管单位职责的暂行规定》。由于《出版管理条例》《音像制品管理条例》对主办单位和主管单位的概念没有作出明确的定义,在执行过程中还是以《关于出版单位的主办单位和主管单位职责的暂行规定》作为依据。其第5条规定:"主管单位,在中央应是部级(含副部级)以上单位;在省、自治区、直辖市应是厅(局)级以上单位;在自治州、设县的市和省、自治区设立的行政公署,应是局(处)级以上单位;在县级行政区域,应是县(处)级领导机关。"第6条规定:"主管单位、主办单位与出版单位之间必须是领导与被领导的关系,不能是挂靠与被挂靠的关系。出版单位的主要负责人员应是主办单位所属的在职人员,禁止将出版单位承包给其他组织和个人"等。

(四)严禁非公资本参与出版编辑环节

《出版管理条例》第21条规定,出版单位不得向任何单位或者个人出售或者以其他形式转让本单位的名称、书号、刊号或者版号、版面,并不得出租本单位的名称、刊号。但从20世纪80年代初开始,伴随着我国出版物发行体制的重大改革,民营资本进入了图书零售发行领域和二级图书批发市场。特别是自筹资金"委托出版"科研类图书和出版单位承包责任制的实行,一

[1] 宋木文:《亲历出版三十年——新时期出版纪事与思考(下卷)》,商务印书馆,2007年版,第646页。

些个体书商通过出版物发行环节进入了出版编辑环节。进入20世纪90年代后，社会资本介入出版活动进一步加速，个体书商逐步被一大批"民营出版工作室"所取代。2000年以后，国家赋予民营发行企业总发行权，发行市场进一步开放，"民营出版工作室"实力和市场影响力也迅速扩大。目前，尽管个人和合伙投资注册资金在100万元以下的小型"民营出版工作室"仍然是主流，但部分注册资金在500万以上、年销售额超过亿元的"民营出版工作室"并不在少数。教辅出版特别是中小学教辅更是"民营出版工作室"的主战场，往往在一些品牌教辅图书封面上除注有某某出版社的同时，还在明显位置印有"民营出版工作室"的标记。

由于"民营出版工作室"没有出版权，但通过与国有出版单位合作，参与了出版活动。由此，与《出版管理条例》的规定发生了冲突与矛盾。尽管2016年国家新闻出版广电总局分别在江苏、北京、湖北等地开展了"制版分离"改革试点工作，江苏省新闻出版广电局和北京市新闻出版广电局分别印发《江苏省图书制作和出版分开改革试点工作实施细则》《北京市图书制作和出版分开改革试点工作方案》《北京市图书制作和出版分开改革试点工作实施细则》等，但在《出版管理条例》中如何体现图书制作和出版分开，仍是一个值得探讨的重大课题。

如果说2000年以前"民营出版工作室"介入出版环节问题显得比较突出的话，2000年以后随着新媒体迅速发展对出版环节带来的挑战则上升为主要矛盾。前文提及，国家新闻出版广电总局与工业和信息化部为此联合颁布了《网络出版服务管理规定》来加以规范。但目前网络出版服务行为的内涵和外延如何界定，网络出版许可的条件如何规范、网络出版编辑责任制如何落实等，都是出版法律法规所要解决的现实问题。

（五）出版物重大选题必须备案

从20世纪90年代开始，针对涉及政治性、民族宗教、国家安全等题材不断出现，国务院新闻出版行政部门加大监管工作力度，出台一系列规定。

一是加强对描写党和国家主要领导人出版物的把关。1990年5月5日，新闻出版署出台《关于对描写党和国家主要领导人的出版物加强管理的规定》，对描写党和国家主要领导人的出版物作出界定，指定专门的出版单位出版此类出版物。1993年2月15日，中宣部、新闻出版署印发《关于发表和出版有关党和国家主要领导人工作和生活情况作品的补充规定》，强调新闻出版署在审批这类出版物过程中，必要时视情况分别转请中央文献研究室、中央党史研究室和军事科学院等部门协助审核。1994年8月26日，新闻出版署又出台《关于期刊发表有关党和国家主要领导人工作和生活文章、图片的规定》，明确要求各期刊必须遵守有关规定。

二是加强党和国家重要文件、文献选题的管理。1991年4月2日，新闻出版署出台《关于出版党代会、党中央全会和全国人代会文件及学习辅导材料的暂行规定》，强调党代会、党中央全会和全国人代会文件只能由人民出版社出版；其学习辅导材料由指定的出版社出版，学习辅导材料的书稿须报出版社的主管部门审批，并在新闻出版署备案；学习辅导材料只能在会议文件正式发布之后出版发行。

三是出台涉及民族问题和宗教问题的规定。1989年3月，上海文艺出版社卖售书号给山西希望书社，出版发行《性风俗》一书，严重伤害了穆斯林的感情，引起广大穆斯林群众的极大愤慨，造成1989年5月5日穆斯林群众在北京、甘肃兰州和临夏等地上街游行的严重后果。对此，中央有关部门采取强有力措施，有效平息了这一事件。在处理事件过程中，新闻出版署于1989年5月5日和5月10日分别印发《关于果断处理〈性风俗〉一书的情况通报》和《认真检查涉及民族、宗教问题书刊的通知》，为事件的解决发挥了应有的作用。为进一步加强对涉及伊斯兰教出版物的管理，中共中央宣传部、中共中央统战部、新闻出版署、国家民委宗教事务局于 1993 年 10 月 19 日印发《关于对涉及伊斯兰教的出版物加强管理的通知》。

四是把握其他重大出版选题。这包括，1987 年 7 月 20 日新闻出版署转发中宣部、统战部、对台办的《关于在文艺作品中反映和宣传国民党历史人物问题的几点意见》；1988 年 11 月 21 日新闻出版署出台的《关于出版台港澳作品和翻印台港澳图书的规定》；1988 年 12 月 10 日中宣部、新闻出版署联合出台的《关于出版"文化大革命"图书问题的若干规定》；1990 年 4 月 9 日新闻出版署印发的《关于对涉及苏联、东欧国家的图书的出版加强管理的通知》；1994 年 3 月 12 日中宣部、新闻出版署、总政治部联合印发的《关于军事题材出版物出版管理规定》等。

在总结经验的基础上，1997 年 10 月 10 日，新闻出版署印发《图书、期刊、音像制品、电子出版物重大选题备案办法》，规定了 15 项必须备案的重大选题。此后，又作了一些补充。

此外，在这一法律体系中还包括了有关印刷品承印管理、设立外商投资印刷企业管理、内部资料性出版物管理、认定淫秽及色情出版物、中小学教辅材料管理、征集图书杂志报纸样本、出版专业技术人员职业资格等制度。

中国特色出版法律体系形成与完善的历程表明，任何一项法律都不可能是完美无缺的，任何一个法律体系的形成也不可能是一蹴而就的。我们有理由相信，在党的十九大坚持全面依法治国的精神指引下，中国特色出版法律体系一定会随着中国特色社会主义出版业的持续发展，保障公民依法行使出版自由权利的不断推进而与时俱进、不断创新，并为新时代中国特色社会主义出版业繁荣发挥出更加重要的作用，作出更加突出的贡献。

（范军：中国新闻出版研究院副院长、研究员；
赵冰：中国新闻出版研究院政策法规所所长、研究员）

第九章
新中国出版科研 70 年

刘兰肖

新中国成立 70 年来，出版科研与新中国历史进程和出版业发展历程同步，紧扣时代主题，结出丰硕成果，取得突出成就，对建设中国特色社会主义出版事业起到了应有作用，实现了自身从"无学"到"有学"的历史性转变。

一、出版科研的发展历程

早在 1931 年，文献学者杨家骆就在《图书年鉴》第一编中首次提出"出版学"[1]的名词概念。中华人民共和国成立至党的十一届三中全会前，出版研究者发表了一系列论文，对我国出版事业进行了归纳和总结，对出版业务知识进行了介绍，对中国近现代出版史料进行系统整理，对国外出版类著作翻译引进，但总体来看较为零散。[2]真正自觉而又系统的出版科学研究是从 1978 年改革开放以后才开始的。如果对其进行历史分期的话，大体可划分为五个阶段。

（一）第一个阶段：1949 年 10 月至 1957 年第一个五年计划时期结束

新中国成立后，面临建立社会主义出版事业的新形势，学习、借鉴苏联建设社会主义出版事业的经验，成为当时的重要任务。

[1] 张志强：《"出版学"概念的历史考察》，《编辑学刊》2001 年第 2 期。

[2] 张志强：《新中国成立至十一届三中全会前的出版研究》，《编辑学刊》2001 年第 4 期；吴赟：《中国编辑出版研究学术史简论》，《河南大学学报（社会科学版）》，2008 年第 5 期。

引进苏联有关出版工作的科研成果,成为起步阶段出版科研的主要内容。从1953年到1957年,生活·读书·新知三联书店、时代出版社、商务印书馆、中国人民大学出版社等出版单位先后翻译出版了苏联有关出版方面的专著20余种[1]。《人民日报》《光明日报》以及中国人民大学新闻系创办的《新闻与出版》等报刊,刊登了列宁、斯大林论报刊和苏联新闻出版工作经验的文章数十篇。人民出版社内部编印的《出版周报》仅1951年转载和翻译介绍苏联出版社经验的文章就达12篇[2]。与此同时,出版行政管理部门还通过请进来和走出去的方式,深入了解苏联出版业的发展概况,梳理苏联出版、发行、印刷等方面的情况和工作经验,并于1956年编印《苏联的出版事业》一书,供全国出8版界学习参考。这不仅促进了新中国出版事业的建设,也开启了新中国出版科研工作的序幕。

(二)第二个阶段:从1958年至1978年党的十一届三中全会前

1966年5月"文化大革命"开始前,出版行政部门、高等院校和各地出版发行部门开始有组织地开展出版科研工作。继1953年9月上海印刷学校设立之后,新华书店总店于1958年设立图书发行干部学校。同年11月,文化部成立文化学院,将图书发行干部学校并入该院。该院在负责全国文化部系统科处级以上在职干部岗位培训工作的同时,还设置编辑出版系、印刷工艺系等正规的大学专业系科,为出版系统培养高等专业人才。虽然到1961年暑假之后就停办了,但在出版界产生的影响却是深远的。当年培训的学员,散布在全国各地,后来有不少成为出版战线上的骨干力量。[3]此外,1956年中宣部决定在中国人民大学新闻系内开设出版专业,招收从事出版工作三年以上的党团员。1959年,在国务院科学规划委员会领导下的古籍整理出版规划小组推动下,北京大学中文系设立古典文献专业,并于次年开始

[1] 方厚枢、魏玉山:《中国出版通史·中华人民共和国卷》,中国书籍出版社,2008年版,第93页。

[2] 方厚枢、魏玉山:《中国出版通史·中华人民共和国卷》,中国书籍出版社,2008年版,第94页。

[3] 赵晓恩:《六十年出版风云散记》,中国书籍出版社,1994年版,第151-160页。

招收研究生。这两所高等院校出版和相关专业的设立，标志着新中国出版高等教育的正式建立。特别是北京大学古典文献专业，为古籍整理出版和图书档案相关部门培养了一大批骨干力量。他们当中的很多人发表过论著和古籍整理成果，得到学术界的好评。[1]

1957年，文化部出版事业管理局为了向国外介绍我国出版事业情况，由倪子明执笔编写《中国书籍出版事业概况》（初稿），主要论及全国解放前书籍出版事业发展简况、中华人民共和国成立到国民经济恢复时期的中国出版事业、第一个五年计划时期出版事业的建设以及书籍的品种和质量情况（下限到1956年）。该文简明扼要、材料充实、叙述清楚，具备了中国出版简史的雏形，并成为后来编写中国出版史的重要参考资料。1958年，中国人民大学新闻系出版班编写完成《中国人民出版事业简史》，介绍我国解放前和新中国成立十年间出版事业发展情况。该书叙述简略、内容单薄，因有些问题的论述和表述不当而未能出版。这反映了我国出版科学研究起步阶段的艰难，同时也代表着出版科学研究开始从翻译引进逐步走向独立思考的学术自觉。1959年，文化部出版局组织编写《出版工作十年》，由时任出版局副局长的陈原主持，参与撰稿者有倪子明、袁立盛、周天泽、浦一之等，全书力图反映解放前的出版事业并对新中国出版事业作历史的分析，并重点就社会主义出版工作的方针任务、社会主义出版事业的建立、私营出版业的社会主义改造、出版工作的计划化、民族出版工作和出版队伍加以专题论述，旨在对新中国成立十年出版工作中正反两方面经验教训进行总结研究。后因"反右倾"运动开展和"左"倾思想的蔓延，该书的编写修改工作中断。1961年，新华书店总店组织写作班子着手编写《图书发行概论》《中国图书发行事业简史》《书籍学》等教材，总结新华书店长期实践的做法与经验，供全国出版发行系统专业培训使用。经过几年的努力，三本教材的初稿得以完成，但"文化大革命"开始后全部散佚，未能出版面世。在出版事业集中的上海和北京两地，地方出版行

[1] 方厚枢、魏玉山：《中国出版通史·中华人民共和国卷》，中国书籍出版社，2008年版，第91页。

政部门推动开展了一系列的研究工作。上海市出版局1958年组织编写《十年来上海的出版工作》，主要介绍解放前上海出版事业状况和解放后上海出版事业的发展，梳理新中国成立十年来上海出版界出版的出版物和上海出版系统队伍建设情况。这项工作也被迫中辍，但其中部分章节曾油印成册，征求各方面意见，为研究撰写上海出版事业的历史打下了基础。这一时期得以出版的研究成果，集中在出版史领域，其中有刘国钧著的《中国书史简编》《中国古代书籍史话》，王利器编的《中国书史》，皮高品著的《中国图书史讲义》等书史研究专著；中国人民大学新闻系编的《中国新闻事业史（新民主主义革命时期）》《中国现代报刊史讲义》及其与中央党校新闻班、复旦大学新闻系合编的《中国现代革命报刊史讲义》、杭州大学新闻系编著的《中国新民主主义时期新闻事业史》、方汉奇著的《中国近代报刊简史》等报刊史专著，张秀民著的《中国印刷术的发明及其影响》和张秀民、龙顺宜著的《活字印刷史话》等印刷史专著。1966年"文化大革命"开始后，出版事业经历曲折，出版科研工作也陷于停滞状态。

（三）第三个阶段：从1978年党的十一届三中全会起至整个80年代

1978年12月党的十一届三中全会召开，将党的工作重心转移到经济建设上来，不仅开启了改革开放的历史征程，也迎来了出版业的繁荣发展。由于国家有关部门大力推动和各方面共同努力，出版专业研究机构、专业高等教育、专业学术刊物等初步形成建制，对于印刷科学、编辑学理论和实践的探讨初步形成热点。1978年9月，国家出版局在石家庄召开印刷科研工作会议，讨论通过《全国印刷科学技术发展规划（草案）》，明确书刊印刷科学研究的主攻方向等问题。在这次会议号召下，广东、云南、辽宁、山东、山西、北京、吉林、湖南、黑龙江、山西、新疆、河北等12省（市区）相继成立印刷技术研究所，至1980年，全国印刷科学技术研究所达到了14个[1]。此后，印刷科学研究机构的建设速度相对放慢，到2000年全国印刷科学技术研究所有17个[2]。随着数字印刷的兴起，原有的印刷科学技术研究机构逐渐式微，有些被合并到相应的出版研究机构。1979年12月，中国出版工作者协会成立，作为出版界自愿结成的全国性全行业的社会团体，开始有组织有计划地开展出版理论研究和业务交流活动。1983年中共中央、国务院印发《关于加强出版工作的决定》，要求加速建设北京印刷学院、选择有条件的大学设立图书发行专业，并提出要"建立出版发行研究所，充实印刷技术研究所，加强出版、印刷、发行的科研工作"。也就在这一年，由国家教委批准，武汉大学图书情报学院设立了图书发行管理学专业，填补了我国高等院校专业建设中的空白。[3] 1984年，在时任中共中央政治局委员的胡乔木倡导下，南开大学、北京大学、复旦大学率先设立编辑学专业，并于次年开始招收本科生。1985年，国务院批准成立中国出版发行科学研究所（1989年更名为中国出版科学研究所），是为我国第一个专门从事出版科学研究的科研机构。该所在创建初期，即组织编写、翻译出版《出版知识丛书》，其中阙道隆主编的《实用编辑学》、韩仲民主编的《中国书籍编纂史稿》、林穗芳主编的《列宁与编辑出版工作》等均为我国出版研究之作。《出版知识译丛》等专业图书，为出版科学研究提供了基础资料。与此同时，《出版工作》《出版通讯》《科技出版通讯》《图书发行》《出版史料》等内部发行的有关出版研究的学术性、资料性刊物纷纷诞生，《编辑之友》《出版与发行》[4]相继公开发行；[5] 我国第一个以出版有关出版业务知识读物和出版科学学术著作为主的专业性出版社——中国书籍出版社于1986年成立，为出版科学研究提供了多层次的成果发表和学术交流平台。各种类型的专业研究机构、专业刊物和高校编辑、发行专业教育的建设，使得出版学术研究呈现出互相探讨、彼此切磋

【1】王子野主编：《当代中国的出版事业》（中），当代中国出版社，1993年出版，第360页。

【2】《中国出版年鉴》，中国出版年鉴社，2001年版。

【3】黄先蓉：《武汉大学编辑出版学专业二十年》，《出版科学》，2003年第期。

【4】1988年刊名改为《出版发行研究》。

【5】邵益文：《回顾与纪念：中国出版发行科学研究所的建立》，《出版史料》，2016年第1辑。

的局面。伍杰、许力以、边春光、蔡学俭、高斯等从中央机关到地方出版系统的领导同志身体力行，带头开展出版科研工作；曾彦修、阙道隆、沈昌文、戴文葆、林穗芳、吴道弘、巢峰、徐柏容、李景端等具有实践经验又认真钻研出版科学的业务骨干，对出版实践经验加以系统总结和理论升华，推动编辑出版界形成了研究自身学问的高潮。由南开大学编辑专业组织策划，伍杰、邵益文主编的《编辑教学丛书》，集中反映了这一学术热潮的研究成果。该丛书共八本分别是《编辑理论与实践》（伍杰、许力以主编），《编辑出版学概论》（叶再生）、《编辑实用汉语》（谢文庆）、《中文工具书实用法》（邓宗荣）、《编辑应用写作》（赵航）、《版权法概论》（沈仁干、钟颖科），以上六本于1988年由黑龙江教育出版社出版。另外两本《书籍出版的技术与技巧》（小赫伯特·S.贝利著，郭茂生等译）和《书籍编辑学》（徐柏容、杨钟贤）出版于1991年。其中《编辑理论与实践》一书由34位作者共同完成，汇集了当时中国出版管理部门的高层领导、业界精英和资深编辑。[1]对于编辑学基本概念以及研究对象、内容和方法等问题进行系统阐述，体现了可贵的学术自觉和非凡的理论勇气，代表了这一时期我国编辑出版研究达到的高度和水平，转变了长期形成的"编辑无学""出版无学"的观念。

（四）第四阶段：从20世纪90年代到2001年

如果说改革开放初期的出版科学研究还处于"披荆斩棘的草创阶段"[2]的话，那么这一时期则在出版业市场化改革的进程中逐渐步入正轨。其主要表现有：一是1992年10月，经新闻出版署和民政部批准，首个具有独立法人资格的全国性、群众性的编辑出版学术团体——中国编辑学会成立，其业务范围包括：组织编辑研究活动，制订研究工作计划，举行学术讨论会、报告会，推动国内编辑研究信息的汇集与交流；组织编写编辑学、编辑业务、编辑史及编辑管理等方面的著作并推荐出版；编辑出版编辑

【1】张希玉：《中国第一套高校编辑专业教学丛书出版前后》，《出版史料》，2012年第1期。

【2】边春光：《出版知识译丛·总序》，中国书籍出版社，1988年版。

研究的学术性刊物；与国外出版编辑学会建立联系，增进国际间的学术交流与信息资料交流，吸取国外有用的经验，介绍我国的研究成果。中国编辑学会的成立使我国的编辑学研究步入了有组织、有计划的研究历程，掀开了中国编辑学研究的新篇章[1]。二是出版理论建设初具成效。这一时期，从中央到地方的出版科研队伍持续壮大，围绕揭示出版工作客观规律，建立出版科学的理论体系这一任务，[2]持续开展探索研究和学术交流。从1997年开始，中国出版工作者协会、中国出版科学研究所和中国编辑学会将各自独立召开的学术讨论会整合为"全国出版理论研讨会"，每两年举办一次。许多地方也纷纷开展出版理论的研讨，其中晋冀鲁豫到1997年共举办7届出版理论研讨会，闽浙赣鄂4省到2000年共举办10届出版理论研讨会。这些学术活动围绕出版、印刷、发行、编辑、版权、校对等领域的诸多历史、现实和理论问题展开深入研讨，营造了浓厚的学术氛围，为发展中国特色社会主义出版事业提供了一定理论基础。三是编辑出版学学科地位得以确立。1993年，国家教委颁布新修订的《普通高等学校本科专业目录》，把编辑学和图书出版发行学两个专业正式列入其中。到1997年3月，开设编辑学专业的高等院校达到15所，从事编辑学研究和教学的大约有数千人，发表论文数千篇，出版专著数百种和教材几十种。[3]以刘光裕、王振铎、宋应离、赵航、罗紫初、曹之、肖东发、王余光等为代表的高校学者日益成为出版科研的中坚力量。1998年，教育部颁布新调整的《普通高等教育本科专业目录》，把编辑学和图书出版发行学两个专业合并为"编辑出版学"，作为"新闻传播学"之下的二级学科。与此同时，一批高校依托相关专业，开始招收编辑出版方向的硕士生和博士生，为编辑出版研究培养了后备军。四是推出一批具有奠基性的专业著作。中国大百科全书出版社组织编写的《中国大百科全书·新闻出版卷》（1991年）汇集了出版学科最新研究成果，是世界上少有的系统编撰出版的出版方面的百科全书，反映了中

【1】姬建敏：《编辑学研究的现实路径探寻——从中国编辑学会历届学术年会与理论研讨会主题出发》，《河南大学学报（社会科学版）》，2013年第3期。

【2】邵益文：《第二届全国出版科学学术讨论会开幕词》，中国出版发行科学研究所科研处编：《编辑学论集——第二届全国出版科学学术讨论会论文选集》，中国书籍出版社，1997年版，第5页。

【3】王建平：《我国编辑出版学教育30年研究》，《河南大学学报（社会科学版）》，2015年第6期。

国思想界对出版作为一个学术领域的共识。中国出版科学研究所组织编撰的《出版词典》（上海辞书出版社1992年）、《当代中国的出版事业》（上中下）（当代中国出版社1993年）、《编辑实用百科全书》（中国书籍出版社1994年）等凝结了改革开放以来出版科学研究取得的成果。该所组织编辑的《中国出版工作论丛》（中国书籍出版社）自1993年相继推出胡愈之、叶圣陶、陈翰伯、王子野、王益、王仿子、许力以、陈原、宋木文、刘杲等出版管理者有关出版工作的文集。来自出版业界的林穗芳论文集《中外编辑出版研究》，也于1998年由华中师范大学出版社出版。由新闻出版署编辑出版专业教材领导小组组织撰写的普通高等教育编辑出版类规划教材，经过近十年的研究编撰，陆续推出12种图书分别是：《外国出版概况》《期刊编辑学概论》《图书发行教程》《社科中文工具书使用》《著作权法概论》《计算机在出版工作中的应用》《书籍装帧设计教程》《书籍编辑学概论》《科技工具书及其使用》《出版社的经营管理》《中国编辑出版史》《科技书籍编辑学教程》（辽宁教育出版社），对于出版学科建设发挥了积极作用。

（五）第五阶段：从2002年至今

适应市场经济发展和文化体制改革的需要，出版科学研究在理论和实践的结合上取得了新的进展。一是高校成为出版科学研究的重镇。在高校扩大招生规模的时代背景下，许多高校结合自身特色增设编辑出版专业。据统计，仅2001年至2005年的5年中，就38所高校新增出版专业[1]。2010年以来，经国务院学位委员会批准，有20所高校获得出版硕士专业学位的授予权，着力培养出版行业的高层次应用型人才。加之部分高校在相关一级学科下自设出版学学术型硕士点和博士点，在一定程度上提高了出版人才培养的层次。截至2015年，我国高校编辑出版学专业建设点有82个，数字出版专业建设点达13个，[2]初步形成了一

【1】陈丹、张聪、仲诚：《全国高校出版专业建设现状调查与分析》，《现代出版》，2014年第2期。

【2】邬书林：《出版概论·前言》，高等教育出版社，2017年版。

个多专业、多层次、多渠道、多规格的专业教育体系，并在出版科学研究方面体现了自身特色。如河南大学的编辑学研究，武汉大学的发行学研究，北京印刷学院的区域出版研究，南京大学中外出版比较研究，北京大学、武汉理工大学的数字出版研究等，在国内外产生了广泛影响。2016年，中国新闻史学会编辑出版研究委员会的成立，被认为是我国编辑出版教育发展和专业学科建设迈向新阶段的重要标志。二是基础理论研究走向深入。出版业数字化发展和媒体融合的趋势，引发了人们对"编辑""出版"等出版研究基本概念和范畴的新一轮讨论。针对这一问题，陈昕、聂震宁、郝振省、魏玉山、周蔚华、范军、周百义、张志强、方卿、李频、于翠玲、吴永贵、姬建敏、易图强等来自产学研三方面的学者均从不同角度提出了具有建设性的理论认识。特别是中国编辑学会组织编写的《普通编辑学》[1]，陈洁主编的《数字化时代的出版学》[2]，北京印刷学院组织编写的《出版概论》[3]及李苓著《数字出版学概论》[4]等代表了数字化时代编辑学和出版学理论探索的成果；中国出版科学研究所组织专家学者编撰的9卷本《中国出版通史》[5]作为我国第一部出版领域的通史性著作，也为出版科学提供了丰沛的理论源泉。而2010年中国出版科学研究所更名为中国新闻出版研究院的变化，既反映出经济社会与新闻出版业发展对出版科研提出的现实需要，也昭示了对出版科学的重新定位和研究领域全面拓展的趋势。三是出版科研的问题意识和实践属性进一步增强。随着出版体制改革的全面推开，出版研究者面向市场，面向行业，面向企业，从出版改革发展第一线发现问题，提出问题，研究问题，解决问题，提高了出版科研的现实针对性。特别是针对关系出版业全局和长远发展的重大问题，针对转变发展方式和调整产业结构过程一系列迫切的政策问题，针对数字出版、数字传播中的技术问题，展开了全方位的前瞻性研究。以数字出版为例，2006年，中国出版科学研究所把当年确定为"数字出版研究年"。2008年，北京印刷

【1】邵益文、周蔚华主编：《普通编辑学》，中国人民大学出版社，2011年版。
【2】陈洁主编：《数字化时代的出版学》，北京大学出版社，2014年版。
【3】张文红主编：《出版概论》，高等教育出版社，2017年版。
【4】李苓：《数字出版学概论》，四川大学出版社，2017年版。
【5】石宗源总主编：《中国出版通史》，中国书籍出版社，2008年版。

学院开设我国第一个数字出版专业。2012年，数字出版专业作为特设专业，被列入普通高校本科专业目录。中国知网学术期刊数据库以"出版"为篇名的检索结果显示，1978年至2018年6月底，以"数字出版"为关键词的学术论文数量居于首位。

二、出版科研取得的主要成就

新中国成立70年来，中国出版科学研究形成了由专业研究队伍、专业教育、专业期刊、专业学术团体以及专业科研机构等构成的比较完善的学术建制关于学科建制的内涵，大体上包括5个部分："一是学会；二是专业研究机构；三是各大学的学系；四是图书资料中心；五是学科的专门出版机构，包括专业刊物、丛书、教材和通俗读物。"[1]。学者之间的广泛交流，以及有关热点问题的争鸣，使既有认识得到了深化；研究视野的拓展、内容的深化以及成果的积累，是出版科学研究走向成熟的表现；一批有影响的教材、论著出版和专业媒体的出现，也使得出版科学研究呈现出生机勃勃的局面。

（一）建设了一批专业学术团体和研究机构

专业学术团体和研究机构是出版学术建制的重要组成部分。2000年之前，出版科学研究机构主要有两大类，即以印刷技术为主要对象的印刷科学技术研究机构和以出版理论为主要对象的出版科学研究机构。此外，许多高校也纷纷建立编辑出版研究机构。2000年之后，随着信息技术和网络技术在出版业的应用和推广，以数字出版为研究对象的机构如雨后春笋般出现，以北京开卷图书市场研究所为代表的一批面向市场的具有企业性质的出版研究机构，凭借在书业领域的专业研究异军突起，为出版业提供专业的决策支持。党的十八大以来，原有的编辑出版研究机构更多地向智库转型。目前的出版智库大致可分为几类：一是以中国新闻出版研究院为代表的中央所属出版产业研究智库，二是高

---

[1] 费孝通：《略谈中国的社会学》，《高等教育研究》，1993第4期。

等院校主办的出版研究院（所），三是出版企业建立的研究院（所、中心）等，四是中国出版协会、中国编辑学会等出版行业组织，也具备智库的某些功能。这些机构主动对接国家重大战略需求，注重总结出版规律、关注出版产业疑难点，既起着咨政的作用，同时也为出版业界实践提供理论指导。[1]

【1】李丽萍：《出版业新型智库新"打法"》，《中国出版传媒商报》，2018年6月1日第1版。

（二）形成了一批具有号召力的学术交流活动品牌

以高等院校、学术团体和科研机构为依托，全国性出版科研年会和国际性出版研讨会持续开展，出版学术交流日益广泛。最早以出版为主题召开的科研会议是中国出版工作者协会1983年在广西阳朔召开的首届出版研究年会，到1995年共举办6届。1985年中国出版发行科学研究所建立后，也定期召开全国出版科学学术讨论会，到1996年共召开10届。此后形成一定学术传统的出版科研活动主要有：一是由中国编辑学会轮值主办的国际出版学研讨会，二是中国编辑学会组织的年会，三是中国出版科学研究所与韩国出版学会轮流主办的中韩出版学术研讨会。国际出版学研讨会是以亚洲国家学者为主的较为稳定的国际出版学术交流平台，每两年举行一次。从第四届开始，历届国际出版学研讨会都有中国出版研究者与会。1993年第6届会议、2004年第11届会议、2016年第18届会议均由中国编辑学会轮值主办。中韩出版学术研讨会自1995年以来，迄今已经举办20届。中国编辑学会年会自1993年以来已经举办19届，旨在通过理论和业务的研究，探索编辑工作规律和科学原理，建立编辑学理论体系。这些学术会议提供了交流出版科研成果的机会和舞台，使出版科研逐渐发展成为群众性的活动。[2]

【2】罗琳：《群众性的出版科研好》，《中国出版》，1996年第6期。

（三）创办了一批具有影响力的出版专业刊物

研究力量的壮大和研究成果的积累，需要更加多元的交流平台。出版类期刊品种不断增多，办刊质量逐渐提升，即是学术发展的内在要求。改革开放之前，出版类专业期刊一直处于空白状态。以1978年《出版工作》内刊的创办为起点，出版类专业期刊经历了从无到有、从弱到强的发展之路。[1]早期的出版类刊物多为内部发行，到1988年底，各地创办的内部出版业务刊物及信息报刊达到153种。20世纪80年代中期，适应学术研究和行业发展的要求，一部分内刊陆续在国内外公开发行，一批新刊相继创办，出版类刊物由此走上了发展的快车道。进入新世纪以来，《中国编辑》《出版人》《出版史料》《出版商务周报》《中国出版史研究》等新的专业刊物陆续创办，拓展了出版学研究阵地。与此同时，许多前期基础较为坚实的品牌刊物，通过出版周期的调整、编辑业务的创新和新技术的应用，为出版科学研究提供多元化成果发表园地和学术交流平台，学术影响力持续提升，其中有多种出版类期刊被收入中文社会科学引文索引[2]目录由南京大学中国社会科学研究评价中心组织评定，每两年评选一次。入选的出版类期刊，从2000—2001年的3种[3]，到2014—2015年增加到9种[4]。根据2017—2018年的评定结果，出版类期刊为8种。越来越多期刊在发行纸质版的同时，还通过客户端、微博、微信公众号等传播平台，进一步扩大出版学术交流的范围。

（四）建立了一套出版科研评价激励机制

出版科学研究的深入开展，在一定程度上得益于科学技术进步奖、优秀出版科研论文奖等出版科研奖励制度的政策导向作用。科学技术进步奖主要奖励印刷技术研究，兼有少量的出版研究方面的软科学项目。该奖项始于1978年2月召开的全国科学大会，出版系统共有电子彩色刻版机（Ⅱ型）（上海照相制版厂、上海印刷技术研究所研制）等18个项目获奖。1983年和1985年，文化部先后两次举办科技成果评奖，共有48项与印刷技术有关的科学研究成果获奖。按照1985年颁布的《中华人民共和国科学技术进步奖励条例》，1987年新闻出版署成立后即开始

---

[1] 姬建敏：《论我国编辑出版类期刊的发展》，《中国编辑》，2015年第6期。

[2] CSSCI来源期刊。

[3]《编辑学报》《编辑学刊》《中国出版》。

[4]《编辑学报》《编辑之友》《出版发行研究》《出版科学》《科技与出版》《现代出版》《中国编辑》《中国出版》《中国科技期刊研究》。

对1985年至1986年的科研成果进行评选。至2000年，新闻出版署共举办13次科学技术进步奖评选，有387项科研成果获奖。2000年以后，国务院有关部委的科学技术进步奖不再单独设立。

优秀出版科研论文评奖由中国出版科学研究所、中国出版工作者协会等设立，奖励对象主要是在省级以上公开发行的报刊和论文集上发表过的有关出版学、编辑学、图书发行学等基础理论或应用理论方面的文章；有关出版经营管理、出版改革、书刊编辑与出版史料以及书评学等方面的学术理论文章。1991年举办的首届评奖活动，从1983年6月至1991年3月发表的548篇参评论文中评出了100篇，在全国引起很大反响。为使这项活动继续进行，1994年3月，在许力以、刘杲、袁亮等倡议下，杭州大学出版社经营部、中国书籍出版社共同捐资20万元，设立"中国出版科研奖励基金"，用以支持出版科研事业[1]。此后全国出版科研优秀论文奖评选活动逐渐制度化，到2005年共开展5次，341篇论文获奖。2005年初，根据中共中央办公厅、国务院办公厅印发的《全国性文艺新闻出版评奖管理办法》，中央宣传部批复同意中国出版工作者协会将"全国优秀出版科研论文奖"作为"中华优秀出版物奖"的子奖项之一，每两年评选一次。截至2017年，中华优秀出版物奖出版科研论文奖评选6届，共评出优秀论文288篇。

（五）出版科研队伍不断壮大

新中国成立70年来，产、学、研三方力量在对话与合作中实现研究成果、学术理论和实践经验的融合，[2]推动出版科学研究不断走向深入。1990年，全国从事出版科学研究的专业队伍（包括研究机构和学术界、教育界专门从事出版科研的人员）250余人；从事印刷科学技术研究的专业印刷技术队伍800余人；从事出版科学的业余研究队伍就有近500人。[3]20世纪90年代以来，伴随着科研体制改革的发展，专业的出版科研机构数量发

[1]章宏伟：《中国出版科研奖励基金设立》，《中国出版年鉴》，1995年版。

[2]本刊记者：《主动、重构、共享：编辑和编辑学的价值和未来》，《编辑之友》，2014年第12期。

[3]方厚枢：《新中国出版事业四十年》，《中国出版年鉴》（1990—1991），第15页。

展缓慢，高等院校、出版集团或出版社内部设立的各种研究机构发展却非常迅速，出版科研队伍的人员总量因而继续增长。据湖北省新闻出版局 1999 年调查，仅湖北省 15 家出版社参加出版科研的人数就达 102 人[1]。与此同时，陈平原、刘增人、何朝晖、周武、胡逢祥等来自文学、历史学、社会学等学科领域的研究者从各自角度观察和研究编辑出版活动与现象，提升了出版科研的学术水平，丰富了出版科研队伍的结构。总体来看，当前出版科学研究队伍主要有三个方面的力量构成：一是高校出版专业教师和出版科研院所专业人员，他们大多受过严格学术训练，以学理分析见长；二是来自出版管理和出版产业一线的实践者，他们对行业发展的实际有切身经历，问题意识较为突出；三是从事社会学、历史学、文学、传播学等相关学科研究的学者，他们以跨学科的视角获得新的认识，对出版科研起到了丰富和提升作用。此外，一批相关学科专业的博士生、硕士生以出版相关问题作为学位论文研究选题，为出版科学研究增添了新军，注入了活力。

（六）出版科研成果不断丰富

一个学科特别是人文学科的范式，通常体现在它的经典著作和教科书中，出版学也不例外。在教材编写、专题论著、译著出版等方面，改革开放以来取得了丰硕成果，内容涵盖多个领域。以教材为例，我国第一套系统的高校出版专业教材"编辑教学丛书"问世于 20 世纪 80 年代；90 年代高等教育出版社出版的图书发行大专教材、辽宁教育出版社出版的"普通高等教育编辑出版类教材"以及武汉大学图书情报学院编撰的"出版发行管理丛书"在当时产生了较大的影响；进入新世纪以来，除了苏州大学出版社推出"现代出版学丛书"、中国人民大学出版社推出"21 世纪编辑出版学系列教材"之外，高校出版专业教材大多被纳入新闻传播学教材系列出版。如北京大学出版社出版的"21 世纪新闻与传播学基础教材"、中国人民大学出版社出版的"新编 21 世

---

[1] 吴永贵：《湖北省近二十年的出版科研》，《出版科学》，2002 年增刊。

纪新闻传播学系列教材"、高等教育出版社出版的"全媒体时代新闻传播学系列教材"等。这些教材的撰写和出版，对于编辑出版学学科建设发挥了重要作用。此外，中国编辑学会、中国新闻出版研究院、武汉大学信息管理学院等行业组织、学术机构和高等院校，以及各地出版管理部门推出的年会及各种研讨会论文集，动态展现了出版科研的最新成果。国家社科基金数据库的检索数据显示，1990年至2017年，与编辑出版相关的立项课题达262项[1]；中国知网学术期刊数据库以"出版"为篇名的检索结果显示，自1979年至2018年6月底发表的论文共有87269篇；中国知网以"出版"为题名的检索数据显示，自2000年至2018年6月底共有博士和硕士学位论文1435篇。

【1】该数据是以"编辑""出版""版权""阅读"为题名检索后，去除重复和语言学学科的课题数目而计算出来的结果。

三、出版科研的突出特色

新中国70年来的出版科学研究是我国学术界颇为引人注目的现象，这种势头在世界上都是少见的，产生的影响也是世界性的。1990年12月，美国《克利弗兰旗帜日报》就曾刊文向西方读者介绍"中国新近发展起来的一门学科——编辑学"。[2]70年来，在出版业界、学界有识之士推动下，出版科学研究凸显出以下特色。

【2】林穗芳：《编辑学和编辑概念》，《中国新闻出版报》，1993年8月26日。

（一）坚持以马克思主义为指导

新中国70年来的出版科学研究始终自觉坚持以马克思主义理论、观点和方法为指导，着力对马克思主义关于出版工作的经典论述和思想观点，以及中国共产党领导的出版工作的经验作出系统总结。中共中央宣传部出版局编纂的《马克思恩格斯关于出版问题的言论》（中国展望出版社1986年）、周文熙编著的《马克思恩格斯的书刊出版活动》、林穗芳编著的《列宁和编辑出版工作》（中国书籍出版社1987、1988年）等对马克思、恩格斯、列宁编辑出版思想加以梳理，为出版科学研究提供了珍贵的文献资料和精神财富。袁亮主编的《毛泽东邓小平出版实践出版思想探论》（江苏教育出版社1995年）、《毛泽东邓小平与中国出版》（中国书籍出版社1995年），陈其相等主编的《毛泽东编辑思想与实践》（广西师范大学出版社1996年）等初步阐述了毛泽东、邓小平的编辑出版思想；关于周恩来、胡耀邦、江泽民、胡锦涛、习近平等党和国家领导人出版思想的研究，也推出了丰富的理论成果[1]，深化了马克思主义新闻出版观，探索了中国特色社会主义新闻出版理论。中国出版科学研究所更是在1992年，就明确以"马克思主义的出版理论阵地"[2]作为自己的建设目标。

（二）重视基础理论和学科建设

改革开放以来的出版科学研究始终具有理论建构的高度自觉意识，围绕"创建具有特色的社会主义出版学、编辑学"（边春光：《出版知识译丛·总序》，中国书籍出版社1986年版。）的目标，出版了一系列从宏观到微观上对出版科学及其分支学科进行理论探讨的著作。[3]据统计，仅我国编著、译著的出版概论类相关教材或著作就达50多种。[4]这些著作针对"出版"的内涵与外延、出版学研究对象、出版学学科体系、出版学与编辑学等学科的关系等问题进行积极探索，持续努力地厘清学科边界，尤其是出版学与传播学、编辑学、新闻学、图书馆学等学科之间的关系，以彰显自己的独立地位。其中，郑士德主编的《图书发行学概论》（新华书店总店1984年）被认为是第一部图书发行学方面的专著；阙道隆主编的《实用编辑学》（中国书籍出版社1987年）被认为是我国第一部图书编辑学著作；彭建炎的《出版学概论》（吉林大学出版社1992年）被认为是第一部以"出版学"为书名的著作；徐柏荣《书评学》（黑龙江教育出版社1993年）被认为是改革开放后第一部书评研究专著；张进贤的《书籍装帧设计教程》被认为是我国第一部书籍装帧学教科书。此外，梁宝柱的《出版经济学导论》（中国书籍出版社1991年）、张如法的《编辑社会学》（河南大学出版社1993年）、高斯的

---

[1] 张志强：《十一届三中全会以后的出版研究（上）》，《编辑学刊》，2001年第5期。

[2] 中国新闻出版研究院编：《中国新闻出版研究院纪事》，中国书籍出版社，2015年版，第57页。

[3] 张志强：《十一届三中全会以后的出版研究（上）》，《编辑学刊》，2001年第5期。

[4] 邬书林：《出版概论·前言》，高等教育出版社，2017年版。

《出版审美论》（江苏教育出版社1994年）、谢新洲和曾蕾著的《电子出版物及其制作》（东方出版社1996年）、薛鸿赢的《编辑心理学》（山东教育出版社1995年）、孙宝寅的《出版经营管理》（清华大学出版社1995年）、方卿和姚永春的《图书营销学》（山西经济出版社1998年）、王益和汪轶千主编的《图书商品学》（人民出版社1999年）、罗紫初《出版学原理》（武汉大学出版社1999年）、欧阳广主编的《图书校对学》（广西人民出版社2001年）、黄先蓉主编的《出版物市场管理概论》（武汉大学出版社2005年）、于春迟和谢文辉的《出版管理学》（中国人民大学出版社2011年）、匡文波的《数字出版教程》（中国人民大学出版社2015年）、张立和汤雪梅等著的《数字出版商业模式研究》（中国书籍出版社2017年）等专业著作，以及伍杰《关于建立编辑学的意见》、李翔德《图书质量学初论》、孙琇《建立编辑学概念体系的随想》、杜厚勤《试论编辑概念的要素构成》（《编辑之友》1985年第1期，1986年第2、4期，1987年第4期）、李景端的《翻译出版学初探》（《出版工作》1988年第6期）、林穗芳《明确"出版"概念加强出版学研究》（《出版发行研究》1990年第6期）、缪咏禾《开展比较编辑学的研究》（《出版发行研究》1991年第6期）、刘光裕《也谈编辑、出版的概念》（《出版科学》1994年第2期）、王振铎《关于编辑学理论框架问题的意见》（《编辑之友》2000年第4期）、罗紫初《论出版学的学科体系》（《出版发行研究》2004年第7期）、魏玉山《关于数字出版领域几个概念的思考》（《出版发行研究》2010年第10期）、张文红《再论"出版"的概念》（《出版发行研究》2016年第9期）等成果，在构建出版学的分支学科、确立和完善出版学理论体系和学科体系方面发挥了积极作用，为出版事业与出版产业提供了前进道路上的理论营养。

（三）关注出版业发展的时代课题

出版科学是一门实践性极强的学问，其产生是出版实践发展的需要。加强出版工作中实践问题和理论问题的研究，揭示其固有规律，对于实际工作的意义已经被越来越多的人所认识和理解。[1]新中国70年来，对出版业的认识从事业到企业，从企业化经营、事业化管理，再到市场经营主体地位的确立，全行业思想观念经历了重大转变。出版科研围绕转企改制、集团化发展、上市融资、建设现代产业体系、市场体系和公共服务体系，以及出版走出去、出版强国建设等时代热点、行业焦点和改革发展难点，针对编辑、出版、版权、印刷复制、市场发行、阅读消费、数字技术等出版产业各主要环节，进行具有前瞻性、针对性的理性探讨并提出了相应对策，发挥了科研的先导作用，大大拓展了出版科学的研究领域。改革开放初期，围绕图书发行领域开放搞活的改革，周一苇《增强新华书店图书市场竞争能力初探》、张浩炎《图书定价的客观依据和生产成本高位定价法》、陆本瑞《整治出版发行工作秩序的思考》（《出版发行研究》1988年第3期，1989年第1、2期）、王仿子《图书发行体制改革的几个问题》（《出版工作》1990年第3期）等为改革决策提供了重要参考；围绕市场化进程中如何认识出版物的属性和两个效益问题，韦君宜《关于出版物的经济效益问题》（《出版工作》1984年第1期）、遇衍滨《怎样认识图书的商品属性》（《出版工作》1989年第3期）、王益《论图书商品在生产和流通中的若干特点》（《中国出版》1991年第6期）、蔡学俭《市场经济与出版改革》（《出版发行研究》1993年第3期）等提出了具有价值的理论观点；新世纪以来，魏玉山《加入WTO后的关税与出版》（《出版发行研究》2000年第5期）、张志强《全球化与中国出版业的发展》（《中国出版》2002年第5期）等对于我国加入世界贸易组织以后出版业发展提出了具有前瞻性的对策建议；杨海波《出版集团治理结构问题刍议》（《出版科学》2005年第5期）、

[1] 于翠玲：《出版学要研究出版活动的变化与发展趋势》，《济南大学学报（社会科学版）》，2011年第3期。

周正兵《我国出版集团产权管理问题研究》(《中国出版》2009年第3期)等对我国出版集团化改革过程的诸多问题开展持续跟踪研究;范卫平《出版创新:中国出版业的必然选择》(《出版发行研究》1999年4期)、姚德全《编辑创新的内涵》(《编辑之友》2000年第3、4期)、胡光清《创新出版理念》(《中国编辑》2004年第5期)等探索出版创新的具体途径;徐丽芳、钟琼《网络出版及其类型》(《出版发行研究》2000年第11期)、王京山和王锦贵《论网络出版的利弊》(《编辑学刊》2001第4期)、张立《数字出版相关概念的比较分析》(《中国出版》2006年第12期)、徐升国《数字化时代的阅读:趋势与挑战》(《出版广角》2012年第8期)、方卿《论数字出版产业发展中的五大关系》(《编辑学刊》2013年第1期)、吴平《数字出版时代编辑工作的哲学思考》(《出版科学》2016年第2期)等探讨信息技术、网络技术以及大数据、云计算等新技术新业态的概念、特征、社会功能以及产业化发展面临的实际问题,并从中概括出新兴出版不同于传统出版的特征。此外,如吴培华《中国出版业"上市热"的冷思考》(《中国出版》2008年第10期)、范军《中国内地新闻出版上市公司一瞥》(《中国出版史研究》2015年第1期)、袁金萍《"一带一路"背景下我国图书版权输出的新路径》(《科技传播》2017年第10期)等均聚焦出版改革开放的具体问题,反映出中国出版业的逻辑进程,代表了几代人对改革发展的深入思考。而中国新闻出版研究院每年度推出的《中国出版业发展报告》《中国数字出版产业年度报告》《中国民营书业发展报告》《新闻出版产业分析报告》《国际出版业发展报告》等也留下了出版科研服务行业的历史记录。从2017年中国出版研究来看,对于技术给中国出版业带来新机遇、"一带一路"与中国出版面向世界关联度较高、特殊管理股为落实企业社会责任提供了制度安排、出版业作为服务业的属性被揭示、供给侧改革是当下中国出版提高质量的主要路径、新技术带来版权新问题的同时也为版权运营带来生机[1]等六大热点问题，均通过理论联系实际的探讨，把科研成果变成制定政策的先导，使出版科研成为直接推动出版业发展的重要生产力。

（四）以资料整理出版夯实研究基础

资料是研究工作的基础。新中国成立后，出版资料的收集整理工作受到各方面重视。张静庐辑注的《中国近代出版史料》《中国现代出版史料》《中国出版史料补编》7编8册约250万字，收录了自1862年京师同文馆创立至1949年中华人民共和国成立87年间有关我国出版事业的重要资料，包括图书、报刊、教科书、印订技术、发行、出版法令、报律等。改革开放以后，除了《出版史料》该刊于1982年创办于上海，1993年停刊，2001年在北京复刊，季刊，由开明出版社出版发行，2014年停刊。《江苏出版史志》（不定期刊）、《北京出版史志》（1993年创刊）以及《中国出版史研究》《中国出版年鉴》《中国期刊年鉴》等专业刊物刊登大量出版史料外，新华书店总店编辑出版的《书店工作史料》（1979年出版第1辑）也刊登了许多书业史料。新闻出版署还成立了党史资料征集工作领导小组，组织开展出版史料征集工作。1992年，这项工作被移交给中国出版科学研究所，该所乃联合中央档案馆编纂并于1995年至2013年推出《中华人民共和国出版史料》15卷（第14、15卷由中国新闻出版研究院独立编纂，中国书籍出版社出版），系统收集整理1948年12月至1978年12月我国出版行政部门颁发的有关出版工作的法律法规，党和国家领导人指示、批示、题词，重要会议资料以及各种统计资料等。这一时期，在大型史料编纂方面取得的成果还有：宋原放主编的《中国出版史料》分古代、近代、现代三部分共10册，于2001年至2006年由山东教育出版社、湖北教育出版社出版发行；吴永贵主编的《民国时期出版史料汇编》（国家图书馆出版社2013年）系统地收录民国时期各种出版史料120种；宋应离、

---

[1] 焦俊波、崔波：《中国出版学研究热点与趋势——以2017年八大出版类CSSCI期刊为基础数据》，《科技与出版》，2018年第3期。

袁喜生、刘小敏编纂的8卷本《中国当代出版史料》（大象出版社1999年）和10卷本的《20世纪中国著名编辑出版家研究资料汇编》（河南大学出版社2009年）为研究20世纪特别是新中国出版事业发展历程和辉煌成就提供了全面系统的文献资料。专题出版史料方面，上海市新四军历史研究会印刷印钞分会编的《中国印刷史料选辑》（印刷工业出版社1990—1991年，中国书籍出版社1993年）收录百年来关于中国印刷术研究的文章；刘哲民编的《近现代出版新闻法规汇编》（学林出版社1992年）、周林和李明山主编的《中国版权史研究文献》（中国方正出版社1999年）全面收录中国历代版权文献；《湖南省志·新闻出版志》（湖南人民出版社1991年）、《上海出版志》（上海社会科学院出版社2000年）、《北京志·出版志》（北京出版社2005年）等代表了20世纪90年代以来地方出版史料整理的成果。[1] 在近现代出版机构和出版家史料整理出版方面，朱联保编纂的《近现代上海出版业印象记》和上海市出版工作者协会、上海市编辑学会编纂的《我与上海出版》（学林出版社1993、1999年），汪耀华主编的《上海书业同业公会史料与研究》（上海交通大学出版社2010年）、陈原等编纂的《商务印书馆百年大事记（1897—1997）》（商务印书馆1997年），中华书局编辑部编纂的《回忆中华书局》（中华书局1987年），中国出版工作者协会编纂的《我与开明（1926—1985）》（中国青年出版社1985年），李文主编的《生活书店史稿》（三联书店1995年）以及由韬奋基金会著作编辑部编纂的"走近韬奋丛书"（学林出版社2000年），赵家璧撰写的《编辑忆旧》《文坛故旧录——编辑忆旧续编》（三联书店1984、1991年），张人凤和柳和城编著的《张元济年谱长编》（上海交通大学出版社2011）以及《叶圣陶集》（江苏教育出版社2004年）、《舒新城日记》（上海辞书出版社2013年）、《宋云彬日记》（中华书局2016年）、《商务印书馆同仁日记丛书》（商务印书馆2018年）等有关出版机构和出版人的回忆

[1] 张志强：《专题性出版史料编纂出版概况》，《出版史料》，2013年第2辑。

录、日记、年谱和文集等的整理出版，为相关研究创造了便利条件，提供了基础依据。特别值得一提的是由中国新闻出版研究院组织实施的口述出版史项目，自2012年启动以来陆续开展了对宋木文、刘杲、王仿子、袁亮、邵益文、方厚枢、郑士德等当代中国出版界老领导、老专家、老编辑的访谈，[1]推出了宋木文《一个"出版官"的自述：出版是我一生的事业》、邵益文《一个编辑出版者的自述：为编辑研究和编辑学学科建设尽一份力》等图书，丰富了出版资料的形式和内容。以上挂一漏万的回顾，仅为出版研究资料整理出版之一隅。而这项基础性工作的持续开展，也推动出版史研究成为出版科研的重要分支，形成了一批有价值的专业著作。通史性著作方面，张树栋、庞多益、郑如斯等著的《中国印刷通史》（印刷工业出版社1999年版）被认为是第一部系统反映我国印刷技术和印刷文化发展的著作；傅璇琮、谢灼华著的《中国藏书通史》（宁波出版社2001年）被认为是第一部全面系统论述中国历代藏书史实的著作；中国出版科学研究所组织撰写的《中国出版通史》（中国书籍出版社2008年）被认为是第一部梳理中国出版的渊源、演变及发展脉络的巨著；王余光主编的《中国阅读通史》（安徽教育出版社2018年）被认为是第一部系统书写我国阅读历史和传统的研究著作。较具代表性的还有：由中国出版科学研究所承担编纂任务的《当代中国的出版事业》（当代中国出版社1993年）、叶再生编著的《中国近现代出版通史》（华文出版社2002年）、缪咏禾著的《明代出版史稿》（江苏人民出版社2000年）、张志强著的《20世纪中国的出版研究》（广西教育出版社2004年）、吴永贵著的《民国出版史》（福建人民出版社2011年）、田建平著的《宋代出版史》（人民出版社2017年）等一批断代出版史著作，张宪文和穆纬铭主编的《江苏民国出版史》（江苏人民出版社1993年）、李瑞良著的《福建出版史话》（鹭江出版社1997年）、熊复主编的《中国抗日战争大后方出版史》（重庆出版社1999年）、辛广伟著

---

[1] 冯建辉：《当代出版史的另一种书写——谈口述出版史的实践与思考》，《中国出版史研究》，2015年第2期。

的《台湾出版史》（河北教育出版社2000年）、江凌著的《清代两湖地区的出版业》（中国书籍出版社2011年）、徐学林著的《徽州刻书史长编》（安徽教育出版社2014年）等一批地方出版史著作；郑如斯和肖东发编著的《中国书史》（书目文献出版社1987年）、张秀民著的《中国印刷史》（上海人民出版社1989年）、姚福申著的《中国编辑史》（复旦大学出版社1990年）、彭斐章主编的《中外图书交流史》（湖南教育出版社1998年）、郑士德著的《中国图书发行事业史》（高等教育出版社2000年）、何明星著的《新中国书刊海外传播60年（1949—2009）》（中国书籍出版社2010年）、《中华人民共和国外文图书出版发行编年史（1949—1979）》（学习出版社2013年）、吴平和钱荣贵主编的《中国编辑思想史》（学习出版社2015年）、石峰主编的《中国期刊史》（人民出版社2017年）等一批专题出版史研究著作；钱小柏和雷群明编著的《韬奋与出版》（学林出版社1983年版）、俞筱尧和刘彦捷著的《陆费逵与中华书局》（中华书局2002年）、范军和何国梅著的《商务印书馆企业制度研究（1897—1949）》（华中师范大学出版社2014年）、商金林著的《叶圣陶全传》（人民教育出版社2014年）等出版家和出版机构的个案研究著作。此外，柳斌杰主编的"中国出版家丛书"自2012年启动以来陆续推出成果，该丛书第一次规模化地为50余位活跃于20世纪并已过世的出版人立传，以弘扬其优良传统和职业精神，在为当代新闻出版树立行业标杆的同时，大大丰富和推进了出版史研究。

（五）积极吸收借鉴国外研究成果

除了加强研究马克思主义关于出版工作的理论、悠久的中国出版史以及党领导的出版工作的经验外，出版研究者还积极译介世界各国的出版学说，包括国外不同学派的学术观点，了解当代世界各国先进的出版科学技术、有益经验和科研成果，并结合我国的出版实践加以研究。新中国成立之初，以翻译出版苏联方面的有关成果为主。1955年，商务印书馆出版了美国学者卡特著、吴泽炎译的《中国印刷术的发明和它的西传》，该书是西方学者第一部较系统论述中国印刷史的专书。20世纪80年代以来，我国学术界开始对西方研究成果的大规模译介。中国书籍出版社组织翻译的"出版知识译丛"陆续推出成果，该丛书包括英国G.昂温、P.S.昂温著，陈生铮译的《外国出版史》（1988年版）；日本清水英夫著，沈洵澧、乐惟清译的《现代出版学》（1991年版）；美国小赫伯特·S.贝利著的《图书出版的艺术和科学》（1995年版）；美国德索尔著，姜乐英、杨杰译的《出版学概说》；英国斯坦利·昂温著，菲利普·昂温增订，谢婉若、吴仁勇译的《出版概论》（1988年版）；英国托马斯·乔伊著，李孝枢译的《图书销售概论》（1990年版）；日本布川、角左卫门主编，申非、祖秉和等译的《简明出版百科辞典》（1990年版）；刘秀媛、陈宝贵译的《日本出版流通及其体制》（1992年版）；日本村上信明著，祖秉和译的《日本出版流通图鉴》（1992年版）；英国麦高文、迈考尔编，徐明强译的《国际出版原则与实践》（2000年版）等。该丛书着力介绍美、英、日等国的出版理论和出版实践等基础知识。与这套丛书以基础性和学理性为选目原则不同，河北教育出版社出版的"出版人丛书"（2005年）则包括［美］艾佛利·卡多佐著，徐丽芳等译的《成功出版完全指南》；［美］小赫伯特·贝利著，王益译的《图书出版的艺术与科学》；［英］吉尔·戴维斯著，宋伟航译的《我是编辑高手》；［英］艾莉森·贝弗斯托克著，张美娟等译的《图书营销》；［美］埃弗里特·E.丹尼斯等著，张志强等译的《图书出版面面观》；［美］乔迪·布兰科著，张志强等译的《图书宣传》；［美］杰夫·赫曼、德博拉·利文·赫曼著，崔人元、宋健健译的《选题策划》；［美］玛丽莲·罗斯、汤姆·罗斯著，张静译的《售书攻略》等。针对我国出版业市场经验相对欠缺的状况，更多地从企业管理、商业实践和操作技巧的角度选择翻译书目，介绍较为发达国家出版业的成功经验；世界图书出版公司的"世界出版业丛书"，从1997年至1998年相继推出日本卷、德国卷、美国卷、中国台湾卷、港澳卷；联合国教科文组织图书出版培训中心编写的《图书推广、销售和发行》《图书出版业务》《图书销售》（刘光琴等译，中国对外翻译出版公司1993—1996年出版）对国外图书出版业务和发行方面的知识作了介绍。山西书海出版社1988年出版的"国外编辑出版丛书"该丛书包括［日］出川沙美雄著，李长声译的《漫话世界出版社》；［日］创月刊编辑部著，徐耀庭译的《日本出版界的操纵者》；［苏］尼古拉·斯米尔诺夫·索科尔斯基著，浥尘、尚劭译的《书的故事》等6种。新华书店总店编的《海外书林丛刊》以及［德］汉斯赫尔穆特·勒林著，邓西录等译的《现代图书出版导论》（商务印书馆1988年版）；世界知识产权组织编，江伟珊、连先译的《世界各国版权法概论》（中国政法大学出版社1990年版），［德］霍尔格·贝姆等著，邓西录译的《未来的出版家——出版社的管理与营销》（商务印书馆1998年版）；［西］利普希克著，联合国译的《著作权与邻接权》（中国对外翻译出版公司2000年版）等也开阔了我国出版研究者的视野。进入21世纪以来，中国出版走向世界的步伐大大加快，对于国外出版研究前沿成果的译介也更加及时迅速。［日］小林一博著，甄西译的《出版大崩溃》（上海三联书店2004年）和［英］保罗·理查森著，袁方译的《英国出版业》（世界图书出版公司2006年）等对未来世界出版趋势的判断在国内出版界产生了广泛影响；［美］大卫·科尔著，杨贵山译的《图书营销全攻略》（中国人民大学出版社2010年）为出版、营销、销售或推广图书提供行业参考指南；［英］迈克尔·巴斯卡尔著，赵丹、梁嘉馨译的《内容之王：出版业的颠覆与重生》（机械工业出版社2017年）追溯从15世纪德国的印刷业到21世纪的硅谷的出版历史，将媒体理论与商业经历融合在一起，提供了看待内容、出版和技术的全新视角。特别是译林出版社 2015 年开始推出的"凤凰出版研究译丛",其中的《数字时代的图书》《文化商人：21 世纪的出版业》（约翰·B. 汤普森著,张志强译）较好地回答了经济、社会和文化的变迁所带来的出版变化,透析了当代英美国家大众出版产业的生存状态与转型趋势;《日本出版产业》（日本出版学会编）从"产业"角度出发,结合数字和图表分析介绍日本出版产业的实际状态和构造;《1001 种图书营销方法》（约翰·克雷默著,张志强等译）揭示了从纸媒时代到互联网时代图书营销的变与不变。另外,杰拉尔德·格罗斯主编的《编辑人的世界》自 1962 年问世,分别于 1985 年、1993 年进行了两次修订,被认为是"美国编辑艺术和技巧的标准读本";中国工人出版社于 2000 年根据第三版翻译出版,收录美国当代杰出的出版人撰写的 38 篇文章,代表了美国编辑群体的主流思想,对我们研究编辑工作和编辑理论,借鉴美国的成功经验有重要的参考价值。[1] 在翻译介绍国外出版理论和出版实践经验的基础上,对于国外出版理论和出版业发展的研究也取得长足进展。其代表性成果主要有：杨胜伟、燕汉生编著的《法国图书出版业》,魏玉山、杨贵山编著的《西方六国出版管理研究》（中国书籍出版社 1993 年、1995 年）,陆本瑞主编的《外国出版概况》（辽宁教育出版社 1996 年）,李苓著的《世界书业通论》（四川人民出版社 1996 年）,沈固朝著的《欧洲书报检查制度的兴衰》（南京大学出版社 1999 年）,魏龙泉编著的《美国出版社的组织和营销》（中国经济出版社 2000 年）、叶新编著的《美国杂志的出版与经营》（中国传媒大学出版社 2007 年）、刘银娣著的《数字出版启示录：西方数字出版经典案例分析》（世界图书出版公司 2014 年）。

四、出版科研的主要经验

新中国成立 70 年来,出版科研对中国特色社会主义出版事业和出版强国建设发挥了应有的作用,逐步形成较为完备的知识

---

[1] 刘杲：《美国编辑怎样看待编辑工作》,齐若兰译《编辑人的世界》,中国工人出版社,2000 年版,第 1-6 页。

体系和学科体系。这是出版科研走向成熟的标志之一。站在新时代的历史方位上,面对出版大国向出版强国迈进的历史使命,我们比以往任何时候都更加需要强有力的科学理论和科学技术支撑,更加需要广大出版科研工作者的创造性劳动。展望未来出版科研工作的方向,我们深信,只要不断增强学术自信和理论自觉,加强政产学研之间的科研协作,推出更多创新成果,更好服务产业发展,就一定能够让出版科研的生命之树保持常青。

一是增强学术自信。由于出版学被认为是一门深深植根于行业的应用学科,特别强调对现实问题的研究,但现实研究、对策研究必须与基础理论研究、历史研究更好地结合起来,即使是历史研究,也要从新的时代高度出发去研究过去。客观地看,出版研究对于真正意义上的学科理论和研究方法,还有待进一步的摸索和探讨;新技术条件下关于出版的基本概念等问题还存在争论和分歧,而这些争论和分歧,也正是出版科学研究未来创新和发展的基点。在出版学学科属性明晰以后,学理研究必须提上议事日程;尤其是在"出版学"的学科建制初步形成之后,内在的学术规范必须建立起来。因为没有学科范式,就不会有严格意义上的学术积累和进步。同时也应该看到,与其他学科领域不同的是,中国的出版学研究具有独立性、自主性、原创性的特点,较少受到西方强势学术话语的影响、支配。[1]这是出版科研的优势所在,需要我们切实增强学术自信,积极构建中国特色的出版学科体系、学术体系、话语体系,用中国特色出版学理论,指导中国出版业发展与实践。

二是加强科研协作。出版科研是研究出版工作的规律,探讨编辑、出版、发行和印刷工作中的问题,追溯历史的渊源,联系国内外出版活动的实践,从理论上加以总结和提高。[2]从这个意义上说,需要用工作研究、理论研究和学术研究的不同形式,从不同层面来开展出版科研。为此,有必要把学术研究、行业实践、行业管理、专业教育更加紧密地结合起来,完善政产学研相

[1]吴赟:《中国编辑出版研究学术史简论》,《河南大学学报(社会科学版)》,2008年第5期。

[2]方厚枢:《历史回望:新中国出版科研的起步和发展》,《中国出版》,2003年第2期。

结合的研究机制，在人才培养、学科建设、学术研究等方面密切协作，以出版领域的智库建设为契机，积极开展对重大理论、重点问题、重要行业技术的联合攻关，提高出版科研的前瞻性、创造性和现实针对性。

三是坚持创新发展。创新是科学研究的本质要求，坚持创新才能促进研究的深入。出版科学研究具有极强的应用性和实践性，其动态研究的特点提供了广阔的研究领域，有许多大大小小的专题，许多不同的观点有待交流与讨论。为此，一方面需要面向市场、面向行业、面向企业，把出版业作为一个完整的产业链来研究，强化产业链意识[1]，密切关注出版业改革发展的前沿问题、战略问题、热点与难点问题，特别是新技术在出版应用中带来的新问题，从产业发展的实践中获得创新的动力，用创新成果指导并服务于产业发展的实践；另一方面加强与新闻传播学、知识社会学等学科之间的学术交流，加强与国际出版研究同行的学术合作，促进多学科融合，运用跨学科方法，吸收借鉴国内外最新研究成果，不断拓展理论创新、学术创新、技术创新的研究领域，开创数字时代出版科学研究的新局面。

四是夯实研究基础。经过40年的快速发展，出版研究目前已经进入调整区间。一方面由于许多高校的编辑出版学专业被裁减，从事编辑出版研究的学者正在转投研究其他领域；[2] 另一方面由于学科基础薄弱，出版研究缺乏理论深度，对新媒体研究不足，对交叉学科的深度思考不够，出版科研服务行业发展的作用没有很好地发挥出来。对于这一状况，许多学者自觉地进行深刻反思。有的研究者希望能够通过扩大学科研究的学术范畴，来稳固编辑出版学的学科地位；也有研究者认为这样"放开马圈地"之后，会导致基本理论问题陷入无休止的论争，难以取得普遍共识，学术研究因而裹足不前[3]。这两种看似互相抵牾的观点，实则反映了出版科研当前面临的困境。从根本上来说，作为一门由行业生发出来的科学，出版科研的发展与中国出版业的发展休

【1】郝振省：《出版科研的两个特征》，《出版发行研究》，2005年第11期。

【2】朱鸿军：《编辑出版研究反思：领域拓展、理论建构、方法科学化》，《现代出版》，2018年第1期。

【3】赵均：《编辑出版学研究的原点：由行业生发而来的学科》，《现代传播》，2011年第9期。

戚相关。由于中国出版业尚处于剧烈的产业变革转型时期，有些现象尚难定论，体制改革和业务活动的变化尚在发展，许多问题无法在短期内得到比较令人满意的解决。因此，我们不妨从基础做起，充分运用大数据，加快建设出版行业资料数据库，积极开展以小见大的微观研究和个案研究，在不断积累的过程中提升认识、探索规律、寻求突破。

（刘兰肖：国家出版基金规划管理办公室编审）

第十章
新中国出版专业教育 70 年

施勇勤　黄思颖　周彦宏

新中国 70 年的出版专业教育是伴随着新中国的建设发展繁荣的 70 年，见证了我国出版专业人才培养的起步、发展、兴盛、改革的 70 年。70 年来我国出版专业教育不断开展学科发展、专业建设、教学改革、产学融合、国际合作，提高人才培养质量，适应社会经济文化发展和出版行业发展的人才需求，取得了突出的成绩。归纳成就，总结经验，继往开来，将有利于我国出版专业教育事业的繁荣发展。本文以中国大陆地区出版专业教育情况为例，汇总总结 70 年我国出版专业教育的发展历程和取得的成绩。

一、出版专业教育的发展历程

新中国成立以来，我国的出版专业教育取得了长足发展，大致可以分为起步、发展、兴盛、改革期四个发展时期。

（一）新中国出版专业教育的起步期（1949 年—1978 年）

1950 年 4 月出版总署署长胡愈之在新华书店总管理处成立大会上讲话指出，"总署和新华书店，最困难的是干部不够的问题……人力非常缺乏，数量和质量，都不能满足一般的要求"[1]。为了培训出版干部，出版总署在 1950 年工作计划中专门设立"继

[1] 中国出版科学研究所、中央档案馆编：《中华人民共和国出版史料（1950）》，中国书籍出版社，1996年版，第 128-129 页。

续开办业务训练班，轮训新来干部及改造旧出版业从业人员"的规定。从此，出版总署在今后历年的工作计划中都把干部培训、人才培养列出专项。在出版领导机构和主管部门的重视下，出版、印刷、发行工作人员的培训和教育得到加强，出版专业教育和培训逐步开展。

1. 新华书店的职工教育与图书发行业务培训

1951年3月，新华书店总店与北京师范大学签订了《共同办理新华书店总店职工业余学校合约》，成立了新华书店职工业余学校。职工业余学校以提高职工的文化水平为主，开展职工培训和教育工作。共举办了两期培训，每期三个月，开设语文、数学、历史、地理等课程。此外，新华书店总店组织职工开展在职自修学习，邀请叶圣陶、吕叔湘、孙伏园等教授语法修辞、文学史、鲁迅作品等，利用晚上时间学习，提高职工的文化修养。1956年1月，为抓好全国的教育工作，新华书店总店举办了业务研究班，对全国省级书店的经理、业务和财务骨干人员进行培训。每期学习时间3-6个月，到1958年共举办5期，培训干部业务骨干270多名。[1]

为加快对图书发行专业人才的培养，1958年9月，新华书店总店建立了业务研究班，在通州建立了新中国第一所培训图书发行干部的学校——文化部图书发行干部学校，行政上归文化部管理，教学业务由新华书店总店负责。9月20日开学，招收全国省级新华书店的科长和地市书店经理156人参加培训，学习马列主义基础、哲学和图书发行业务等知识。同年11月，学校并入文化部新成立的文化学院图书发行系进修班，图书发行系举办了第二期进修班和一期研究班。1961年年底停办。1964年新华书店总店举办了发行干部训练班，省店经理、科长、专区书店经理等41名学员参加，学习国际形势、文化出版工作方针政策、人民解放军政治工作经验等，一期结束后停办。此外各地方也开设培训工作，如上海图书发行学校、山西图书发行学校、广西图

[1] 方厚枢:《出版工作70年》，商务印书馆，2015年版，第113-114页。

书发行干部学校、辽宁新华书店举办的科技图书发行专业培训班等。这些机构的职工培训工作在"文革"开始后停办。

2. 面向出版行业的出版专业教育和高等教育

为了满足新中国出版印刷业的快速发展对专业人才培养的需要，1952年上海华东军政委员会新闻出版局印刷管理处开始筹建上海印刷学校，1953年9月中央人民政府出版总署批准成立上海印刷学校，作为中央人民政府出版总署直属机构，委托华东行政委员会新闻出版局代管，是新中国第一家中等印刷专业人才培养教育机构。初期为技工学校，1957年6月改制为中等专业学校。1958年9月成立上海出版学校，招收初中毕业生，设有发行、制版等专业，是新中国第一所图书发行专业人才培养学校。1962年上海出版学校并入上海印刷学校。1953—1965年，上海印刷学校和上海出版学校前后开设了平制、凸制、平印、凸印、机修、发行等专业，累计招收全国和上海地区的学生1797名[1]，毕业生除了部分留校之外，绝大多数都回原单位工作。"文革"开始学校停办；1978年上海印刷学校恢复招生；1981年开始招收全国统考高中毕业生；1987年升格为大专，改名上海出版印刷专科学校，首届招收印刷专业、制版专业、出版专业、美术设计专业的大专生，成为一所工、文、艺结合的专科学校。为新中国的印刷、出版、发行和设计等出版专业人才培养作出了贡献。1992年更名为上海出版印刷高等专科学校，延续至今。

1958年11月文化部成立文化学院，设置印刷工艺系，是新中国第一个高等印刷教育系科，1960年印刷工艺系招收平版印刷专业。1961年文化学院停办，印刷工艺系并入中央工艺美术学院。1962—1965年共招收4届本科生。1978年12月在中央工艺美术学院印刷工艺系的基础上成立了北京印刷学院。[2]北京印刷学院与上海出版印刷高等专科学校，这两所高校曾隶属于文化部原国家新闻出版署、原国家新闻出版总署。2002年开始，这两所高校分别划归北京市和上海市地方管理，是新中国成立以

[1] 上海出版印刷高等专科学校志编纂委员会编：《上海出版印刷高等专科学校志（1953—2006）》，上海市新闻出版局内部资料准印证（2006）245号，2006年。

[2] 赵晓恩：《六十年出版风云散记》，中国书籍出版社，1994年版，第159页。

来的两所行业内培养出版专业人才的高等学校。

3. 普通高等教育

除了北京、上海两所新闻出版行业内的高等教育机构外，从1956年开始，出版专业的普通高等教育开始起步。

1951年8月，时任中央人民政府出版总署署长胡乔木在全国第一届出版行政工作会议第二次会议上作《改进出版工作的几个问题》的工作报告，首次提出："党也要负责领导教育出版工作的教育工作，学校中也没有这样一系，应该有这一系，应该包括出版业中的各项的业务，在这系中学习的学生应当受到严格的训练"，倡导在学校教育汇总设立出版系[1]。1955年4月中国人民大学新闻系成立，是新中国成立后的第一个大学新闻系。1956年6月，在新闻系内开设出版专业，学制3年，招收21家出版社报送的学员23名。该系创办了《新闻与出版》报纸，1956—1957年，共出版了30期，最高订数达12万份，是我国新闻出版界的第一份有影响力的专业报纸。[2]

（二）新中国出版专业教育的发展期（1979年—1997年）

党的十一届三中全会以后，随着出版业快速发展，编辑学出版学研究逐渐兴起。1982年胡乔木多次在各种会议上提出要建设编辑学的问题，1985年《编辑学刊》创刊号上发表了胡乔木给教育部有关设立编辑学和编辑专业问题的信函，提出"为促成这个专业的诞生，我宁愿不惮烦言"。他请教育部高教司协助北大、南开、复旦三校具体筹备该专业。从1981年胡乔木倡议大学开设编辑学、出版学专业开始，到1998年教育部公布编辑出版学本科专业目录为止，我国的出版专业教育有了快速发展。国内重点大学纷纷开设编辑学和出版发行本科专业。1983年6月中共中央、国务院做出《关于加强出版工作的决定》，明确强调未来编辑工作的专业人员必须具备大学以上的文化和专业水平。

1983年教育部正式批复我国第一个出版类专业——武汉大

【1】陈燕：《胡乔木与中国高等教育编辑出版专业的诞生》，《出版发行研究》，2011年第12期。

【2】方厚枢：《出版工作70年》，商务印书馆，2015年版，第116页。

学图书发行管理学本科专业招收首届本科生，是我国图书发行专业高等教育的开端。1985年北京大学、复旦大学和南开大学设置编辑学本科专业。1985年后多家重点大学获批开设编辑出版类本科专业。1985年清华大学中文系设立科技编辑专业，招收5年制本科生；同年中国科技大学开设科技编辑专业；同年复旦大学获批编辑学本科专业（未招生，1989年专业撤销）。1990年河南大学中文系招收第一届编辑学本科生，首届招生30名。截至1997年3月，有包括北京大学、南开大学、清华大学、中国科技大学、四川大学、南京大学、北京师范大学、河南大学等15所重点高校建立编辑学本科专业。

1993年7月教育部颁行《普通高等学校本科专业目录》，设有编辑学、图书出版发行学两个专业。从此，我国出版专业高等教育结束了试办的阶段，进入了快速发展时期。1995年2月，原新闻出版署印发《新闻出版署1995年工作要点》，提出"加强直属院校领导，在北京印刷学院增设出版管理专业"。同年，北京印刷学院成立出版系，招收图书出版发行学本科专业；1998年，招收编辑学本科生。上海出版印刷高等专科学校自1989年升格大专，设置出版系，该系设出版与电脑编辑技术专业，1993年设出版商务专业，1995年设电子出版专业，1997年设广告与会展设计专业，2010年设数字出版专业。

1985年，四川社会科学院招收书刊编辑专业的硕士研究生，培养社科编辑，学制3年。1986年，河南大学中文系开设编辑学专业硕士研究生班，学制3年。1987年，南京大学情报学院在图书馆学硕士点下设置编辑出版研究方向，招收出版类研究生。同年武汉大学在图书馆学硕士点下设文献与出版研究方向研究生。此期间各高等院校纷纷设立编辑出版类本科专业，有北京大学、南开大学、复旦大学、河南大学、清华大学、南京大学、北京师范大学、上海大学、中国科技大学等，其中上海大学开设的编辑学专业注重培养社科编辑，而1985年清华大学中文系5年制的科技编辑专业、中国科技大学科技管理系下设 5 年制科技编辑，则侧重科技编辑人才的培养。1989 年武汉大学中文系在全国首次设办编辑学第二学士学位，学制 2 年，招生 20 名。1986 年河南大学学报编辑部依托文学、教育、地理硕士学位点，招收了 3 位编辑学研究方向的硕士研究生，是我国最早招收编辑学方向研究生的高校；1987 年—1992 年，连续招收编辑学研究生课程进修班。1987 年武汉大学在图书馆学硕士点下设置出版学专业，招收编辑出版方向的硕士研究生。1995 年北京大学在图书馆学硕士点下设编辑出版方向。1998 年北京印刷学院出版系在传播学硕士点下设立编辑、出版、发行研究方向。为编辑出版专业办学层次的提高奠定了良好的基础。

（三）新中国出版专业教育的兴盛期（1998 年—2002 年）

1998 年教育部公布《普通高等学校本科专业目录》，将"编辑学""科技编辑"与"图书出版发行学"等编辑出版类本科专业合并，在文学门下的一级学科新闻传播学类下，设置"编辑出版学"本科专业，专业名称和培养目标得到统一和确定。自此，我国出版专业教育进入了统一管理和规范化建设的阶段，迎来了出版专业高等教育的大发展和兴盛时期。

1998 年，国务院学位委员会将申报编辑出版学硕士学位点的报告纳入新闻学与传播学学科下受理，并在国务院学位委员会会议上，批准了北京印刷学院联合中国出版科学研究所、河南大学申报的传播学硕士点，招收出版类研究方向的硕士研究生，暂定出版学、国外出版、编辑美学、期刊学等四个研究方向。1998 年河南大学获批新闻学（编辑出版方向）硕士点。1999 年，北京大学信息管理系在图书馆学与情报学一级硕士点下，开始设置图书学与出版事业研究方向研究生。

截至 2002 年 12 月，我国高校设立编辑、出版、发行等专业的高校有 40 余所，教育部在研究生培养学科、专业设置方面有所改变：允许具有一级学科授权点的培养单位自行设置该学科下的二级学科专业并招收研究生。2002年武汉大学在"图书馆、情报与档案管理"一级学科下备案"出版发行学"博士，招收出版发行博士研究生，是我国最早招收出版专业类博士生的高校。之后中国传媒大学、北京大学、复旦大学也分别依托优势学科备案了"编辑出版学"博士授权点或者博士点研究方向。[1] 至此，编辑出版学专业设置本科、硕士、博士的高等教育层级基本完备，为学科发展提供了有利条件，标志着我国编辑出版学学科发展向前迈进了可喜的一步。

此外，国家新闻出版管理部门十分重视在职在岗人员的出版教育和培训体系建设，除国家新闻出版广电总局设立全国新闻出版教育培训中心外，各地新闻出版局都建有地方性的新闻出版培训机构，开展在职在岗的教育培训。1998年图书发行员实行职业资格证书制度，纳入新闻出版行业特有工种的职业技能鉴定和全国职业技能鉴定工作系统之中。

（四）新中国出版专业教育的改革期（2003年至今）

2002年，国务院发布了《关于大力发展职业教育的决定》通知，强调加强对职业教育工作的领导和支持，从中等职业教育培养专业技术型人才、从本科职业教育培养高级技术型人才、从本科普通教育培养专业知识型人才，实行分层次教学，进行专业改革。2003年开始，出版专业的职业教育得到社会重视。随着互联网和数字技术的发展，数字出版的新形态逐渐兴起，对编辑出版人才培养提出了新的需求。各高校的编辑出版学专业积极开展专业改革，在人才培养模式、专业发展、课程建设、师资团队建设、实验教学、实践能力培养等方面开展教学改革，以适应社会对出版专业人才的需求。同时出版专业教育更加体现专业培养特色，结合自身高校的办学特色和资源优势，开展错位竞争，凸显专业特色；并提高出版专业的教育层次，在硕士点、博士点的

[1] 黄先蓉：《论编辑出版学专业的培养目标与学科建设》，《出版科学》，2007年第3期。

设置数量上有了较大增加。形成了不同层次的人才培养体系。

2003年之后，出版专业教育呈现了调整、提高和凝练特色的局面。有部分高校根据自身办学特色，开展学科专业调整，停办或者撤销了编辑出版学专业；部分高校结合自身资源和优势，加大对编辑出版学专业建设的力度，努力提高办学层次，依托所在高校学科优势，在管理学科、经济学科、人文学科、新闻传播学科类下设置出版类的硕士点和博士点或者研究方向，努力申报硕士、博士学位授权点。因此，此时期是编辑出版学专业教育处在调整、提高和改革时期。

2009年，我国设置编辑出版学本科专业和开设编辑出版学类课程的高校有216所。[1] 7所高校在8个办学点招收编辑出版学或相近专业的博士研究生；47所高校在54个办学点招收编辑出版学和相似专业的硕士研究生。[2] 分别归属于新闻传播学、文学、法学、管理学等不同的学科，整合学科教育资源和优势，培养编辑出版硕士生。

2003年中国传媒大学（原北京广播学院）、复旦大学，在"新闻传播学"一级硕士点下设置了"编辑出版"硕士点，招收出版专业研究生。2006年南京大学在"图书馆、情报、档案学"一级学科下设置了"编辑出版学"硕士研究生。

2003年中国传媒大学在新闻传播学博士点下增设"编辑出版学"二级博士点，是直接以"编辑出版学"命名的二级博士点。2003年北京大学在"图书情报与档案管理"下设"编辑出版学"二级博士点，独立招生，又在新闻传播学一级博士点下设传播学（出版管理）研究方向。2006年上海理工大学在管理科学与工程一级博士点下设传媒管理二级博士点，培养出版传媒管理、出版产业经济方向博士生。此外，南京大学在"图书馆、情报与档案管理"一级博士点下设"编辑出版学"二级博士点。中国人民大学在"新闻传播学"一级博士点下设传媒经济学（数字化与出版转型研究）博士点方向；武汉大学在"图书馆、情报与档案管

【1】李建伟：《中国编辑出版学本科教育现状研究》，《编辑之友》，2009年第1期。

【2】张志强、潘文年：《改革开放以来的出版研究生教育：成就、问题与对策》，《编辑之友》，2008年第6期。

理"一级博士点下设置出版发行学二级博士点；厦门大学在"管理科学与工程"一级博士点下设置公共管理（知识产权与出版事业管理）博士研究方向；南开大学在"图书馆、情报与档案管理"下设"图书馆学（出版管理）"二级博士点研究方向。

2010年9月，国务院学位委员会将出版专业学位研究生教育正式纳入研究生教育专业目录，开始了我国出版专业学位研究生教育的历史，并公布了首批14所高校获批出版硕士专业学位授权点[1]。随着互联网与数字媒体技术的普及，2005年首届中国数字出版博览会的召开，彰显了数字出版行业快速发展的势头，尤其是网络小说兴起，对网络编辑、网络出版的数字编辑、数字出版专业人才的需求骤增。2011年教育部本科备案目录增设"数字出版"特设专业，其中武汉大学率先增设，其为高校人才培养适应数字出版产业发展奠定了基础。期间，多家拥有硕士、博士授权点的高校，通过开设二级学位点和增设研究方向等方式，积极开展出版专业的硕博士研究生教育。截至目前共有28所高校获得出版专业学位授权点，包括：北京印刷学院、中国传媒大学、南开大学、河北大学、辽宁大学、吉林师范大学、复旦大学、上海理工大学、华东师范大学、南京大学、苏州大学、南京师范大学、安徽大学、南昌大学、青岛科技大学、济南大学、河南大学、武汉大学、华中科技大学、湖南师范大学、暨南大学、华南师范大学、广东财经大学、广西师范大学、四川大学、昆明理工大学、云南民族大学、陕西师范大学，成为培养高层次出版专业人才的主力军。

进入21世纪，出版专业技术人员职业资格制度，已纳入被全国专业技术人员职业资格制度统一规划。2004年，全国出版专业职业资格考试和鉴定工作正式开始，国家职业教育认证系统和专业职务晋升的考核系统将出版职业资格培训、鉴定和认证纳入之中。2015年，北京市开始数字编辑职业资格考试以及鉴定，以满足数字出版和互联网环境下对出版专业人才新的社会需求。

[1] 国务院学位办首批授予出版专业学位硕士授权点的高校共14家：安徽大学、北京印刷学院、复旦大学、河北大学、河南大学、湖南师范大学、华中科技大学、吉林师范大学、南京大学、南开大学、北京大学、四川大学、武汉大学、中国传媒大学。

此外，国家新闻出版管理部门十分重视在职在岗人员的出版教育和培训体系建设，除了国家新闻出版广电总局设立全国新闻出版教育培训中心外，各地新闻出版局都建有地方性的新闻出版培训机构，开展在职在岗的教育培训。1998年国家对图书发行员实行职业资格证书制度，纳入新闻出版行业特有工种的职业技能鉴定和全国职业技能鉴定工作系统之中。进入21世纪，国家对出版专业技术人员实行职业资格制度，纳入全国专业技术人员职业资格制度的统一规划。2004年开始全国出版专业职业资格考试和鉴定工作，把出版职业资格培训、鉴定和认证工作纳入国家职业教育认证系统和专业职务晋升的考核系统之中。2015年北京市开始数字编辑职业资格考试和鉴定工作，以满足数字出版和互联网环境下对出版专业人才新的社会需求。

二、出版专业教育的发展现状

（一）开设出版专业的学校和机构数量

1. 高等职业教育

职业教育强调职业技能和岗位适应性，2015年10月国家教育部调整了普通高等学校职业教育（专科）专业设置目录，新闻传播大类下一共设置了23个专业，其中新闻出版类专业8个，分别是：图文信息处理、网络新闻与传播、版面编辑与校对、出版商务、出版与电脑编辑技术、出版信息管理、数字出版、数字媒体设备管理。涉及出版行业岗位特征的专业还包括图文信息处理、媒体设计编创、营销等方面的高职专业。我们通过登录全国职业院校专业设置管理与公共信息服务平台[1]，检索专业备案数据库，得出2019年度在教育部备案的高职高专出版专业及相近专业的开设情况，统计数据汇总如表1：

[1] 全国职业院校专业设置管理与公共信息服务平台，网址 http://www.zyyxzy.cn，检索2019年度高等职业教育专业设置备案的结果。

表1　高职院校出版及相近专业开设情况

专业名称	开设学校数	5年制专业数	3年制专业数	2年制专业数	专业类别
出版商务	7	1	6	1	新闻出版类专业
出版与电脑编辑技术	3		3		新闻出版类专业
数字出版	12	1	11	2	新闻出版类专业
出版信息管理	1		1		新闻出版类专业
版面编辑与校对	1		1		新闻出版类专业
图文信息处理	11	1	11	3	新闻出版类专业
网络新闻与传播	34		34		新闻出版类专业
数字图文信息技术	23	1	21	2	出版相近专业
数字媒体应用技术	441	22	416	51	出版相近专业
网络营销	76	4	76		出版相近专业
媒体营销	8		8		出版相近专业
印刷媒体设计与制作	1		1		出版相近专业
印刷媒体技术	27	2	27	5	出版相近专业
数字印刷技术	4		4		出版相近专业
传播与策划	47		47	1	出版相近专业
文化创意与策划	30	2	30		出版相近专业

因此，据上述数据汇总得出，截至2019年6月，在高等职业教育领域，共有723所高职院校开设了745个出版及相近专业的办学点[1]；如果按照每个专业招收60人计算，每年招收近4万名专业学生。全国高职高专院校开设出版类专业情况如下：

开设"数字出版"3年制高职专业的共12家，分别是：吉林经济管理干部学院、上海出版印刷高等专科学校（该校开设有3年制和2年制的数字出版专业）、江苏城市职业学院、苏州工业园区服务外包职业学院、安徽新闻出版职业技术学院（该校开设有3年制和2年制的数字出版专业）、湖南大众传媒职业技术学院、广东轻工业职业技术学院、深圳职业技术学院、成都工业学院、山东传媒职业学院、江西传媒职业学院、江苏联合职业技术学院。

[1] 登录全国职业院校专业设置管理与公共信息服务平台，检索2019年度高等职业教育专业设置备案结果。

开设"出版商务"3年制专业共7家，分别是：上海出版印刷高等专科学校（该校开设有3年制和2年制的数字出版专业）、安徽新闻出版职业技术学院、广东轻工职业技术学院、广西教育学院、南充职业技术学院、四川文化产业职业学院、四川文轩职业学院。

开设"出版与电脑编辑技术"3年制专业共3家：上海出版印刷高等专科学校、东莞职业技术学院、四川文轩职业学院。

开设"出版信息管理"3年制专业共1家：安徽新闻出版职业技术学院。

开设"版面编辑与校对"3年制专业共1家：安徽新闻出版职业技术学院。

不少高职院校开设多个出版及相近专业，与出版行业企业的岗位设置相匹配，形成了专业集群的办学特征，以适应出版企业的岗位群。例如上海出版印刷高等专科学校开设有出版与电脑编辑、出版商务、数字出版、数字图文信息技术、印刷媒体技术、数字印刷技术等专业以及出版会计、网络编辑的专业方向，该校每年培养出版类专业学生达到1000人。

2. 本科教育

我国开办本科出版专业的高等院校数量位居世界前茅。截至2019年5月，目前全国有96所普通本科院校[1]开设编辑出版学、数字出版的本科专业，其中20所本科院校[2]开设数字出版专业（分别为北京印刷学院、天津科技大学、武汉大学、中南大学、湘潭大学、浙江传媒学院、金陵科技大学、曲阜师范大学、电子科技大学成都学院、四川传媒学院、西北师范大学、西安欧亚学院、绥化学院、辽宁传媒学院、重庆工商大学融智学院、兰州文理学院、西北民族大学、广西师范大学、漓江学院、河北传媒学院）。按照平均每校每专业50人计算，全国每年培养至少5000多位出版专业的本科生。开设编辑出版学、数字出版本科专业的高校中，985和211类高校有23所，约占总数的25%；普通高校中的一

【1】全国高校出版专业建设现状调查与分析（陈丹等，2014）统计数据为83所编辑出版学本科院校。据此，检索2013—2018年教育部网站公布的全国高校新增本科专业和撤销本科专业目录得出：2013年新增本科专业2所：湖北大学（编辑出版学）、云南师范大学文理学院（编辑出版学）；2013年撤销本科专业1所：广西师范大学（编辑出版学）；2014年新增本科专业2所：广东财经大学（编辑出版学）、新疆大学（编辑出版学）；2015年撤销本科专业2所：四川传媒学院（编辑出版学）、武汉大学（编辑出版学）；2016年撤销本科专业1所：山东财经大学（编辑出版学）；2017年新增本科专业1所：天津大学仁爱学院（编辑出版学）；2017年撤销本科专业1所：西安欧亚学院（编辑出版学）；2018年撤销编辑出版学本科专业7所：内蒙古民族大学、南京医科大学、山东工艺美术学院、武汉华夏理工学院、湘潭大学、西北大学。因此，统计到2019年4月，全国开设编辑出版专业的院校共76所。

【2】根据教育部网站各年公布的新增本科专业高校和撤销本科专业高校的文件统计，2013年前开设"数字出版"本科专业的高校有5所：北京印刷学院、天津科技大学、武汉大学、中南大学、湘潭大学；2013年新增5所：浙江传媒学院（数字出版）、金陵科技学院（数字出版）、曲阜师范大学（数字出版）、电子科技大学成都学院（数字出版）、四川传媒学院（数字出版）；2014年新增本科专业2所：西北师范大学（甘肃）（数字出版）、西安欧亚学院（数字出版）；2015年新增本科专业1所：绥化学院（黑龙江）（数字出版）；2016年新增本科专业3所：辽宁传媒学院（数字

出版）、重庆工商大学融智学院（数字出版）、兰州文理学院（数字出版）；2017年新增本科专业3所：西北民族大学（数字出版）、广西师范大学·漓江学院（数字出版）；2018年新增本科专业1所：河北传媒学院（数字出版）。如此，截至2019年6月全国共有20所高校开设数字出版本科专业。

【1】根据中国研究生招生信息网上公布的2019年度各高校研究生招生专业信息统计，在硕士点和研究方向上注明"编辑""出版""数字出版""发行"等名称的学术型硕士点和研究方向的院校共45所；未标注研究方法的硕士点未统计在内。

【2】尚有不少高校按照一级学科招生，没有标明二级学科名称和研究方向，未统计在此。

本高校有17所，约占总数18.5%，二本学校有35所，约占高校总数38%，三本学校有17所，约占高校总数18.5%。可见我国开办编辑出版学和数字出版本科专业的高校以二本院校和重点高校为主。

3. 硕士研究生教育

根据各高校网上公布的2019年度研究生招生专业的信息进行数据统计，全国至少有45所高校[1]的52个学术型硕士点招收出版专业的研究生[2]。其中设置了"编辑出版学"二级硕士点有2家（中国传媒大学、四川大学），"数字出版与传播"二级硕士点1家（上海理工大学），"出版发行学"二级硕士点1家（武汉大学），"出版学"二级硕士点1家（南京大学）。在"新闻传播学"一级学科下招收出版研究方向的高校有5家；在"新闻学"二级点开设出版研究方向的高校有9家；29家高校在"传播学"二级点下开设编辑出版研究方向；4所高校在"图书馆、情报与档案管理学"和"图书馆学"硕士点下开设出版研究方向；1所高校在"应用经济学"下设二级点"传媒经济学"，开设研究方向：出版产业研究。

根据全国出版专业学位研究生教学指导委员会网站信息的统计，全国共有28所高校获批出版专业学位硕士授权点。2010年7月，首批获得出版硕士专业学位授予权的院校有14所：北京大学、南京大学、武汉大学、复旦大学、南开大学、四川大学、北京印刷学院、中国传媒大学、河北大学、河南大学、湖南师范大学、华中科技大学、吉林师范大学、安徽大学。2014年5月，第二批获得出版硕士专业学位授予权的院校有青岛科技大学、华东师范大学、上海理工大学、南昌大学、苏州大学、陕西师范大学6所。其中河南大学、青岛科技大学、武汉大学于2016年9月开始通过全国硕士研究生统一招生考试招收非全日制出版专硕学生。根据教育部发布的《2017年审核增列的博士、硕士学位授权点名单》，2018年3月，辽宁大学、南京师范大学、暨南大学、济南大学、华南师范大学、广东财经大学、广西师范大学、昆明理工大学、云南民族大学 9 所院校的出版专硕学位点申请通过审核。全国出版专业学位硕士点开设院校情况见表 2：

表 2　全国出版专业学位硕士点开设院校情况

学校名称	开设时间	开设院系
北京大学	2010 年 7 月	停止招生
南京大学	2010 年 7 月	信息管理学院
武汉大学	2010 年 7 月	信息管理学院
复旦大学	2010 年 7 月	中国语言文学系
南开大学	2010 年 7 月	文学院传播学系
四川大学	2010 年 7 月	文学与新闻学院
北京印刷学院	2010 年 7 月	新闻出版学院
中国传媒大学	2010 年 7 月	新闻传播学部传播研究院
河北大学	2010 年 7 月	新闻传播学院
河南大学	2010 年 7 月	新闻与传播学院
湖南师范大学	2010 年 7 月	新闻与传播学院
华中科技大学	2010 年 7 月	新闻与信息传播学院
吉林师范大学	2010 年 7 月	传媒学院
安徽大学	2010 年 7 月	新闻传播学院
青岛科技大学	2014 年 5 月	传播与动漫学院
华东师范大学	2014 年 5 月	传播学院
上海理工大学	2014 年 5 月	出版印刷与艺术设计学院
南昌大学	2014 年 5 月	新闻与传播学院
苏州大学	2014 年 5 月	凤凰传媒学院
陕西师范大学	2014 年 5 月	新闻与传播学院
辽宁大学	2018 年 3 月	新闻与传播学院
南京师范大学	2018 年 3 月	文学院
暨南大学	2018 年 3 月	文学院
济南大学	2018 年 3 月	文学院
华南师范大学	2018 年 3 月	文学院
广东财经大学	2018 年 3 月	人文与传播学院
广西师范大学	2018 年 3 月	文学院
昆明理工大学	2018 年 3 月	艺术与传媒
云南民族大学	2018 年 3 月	民族文化学院

2019年度全国出版专业学位硕士授权点的全日制招生情况如下[1]：

（1）中国传媒大学传播研究院"出版"专业学位硕士点，研究方向：出版经营管理、现代出版业务，专业拟招生数15人（不含推免）；

（2）北京印刷学院新闻出版学院"出版"专业学位硕士点，研究方向：编辑出版、出版产业与管理、数字出版，专业拟招生数32人（不含推免）；

（3）河北大学新闻传播学院"出版"专业学位硕士点，研究方向：版权贸易、编辑出版业务、出版经营与管理，专业拟招生数12人（不含推免）；

（4）吉林师范大学新闻与传播学院"出版"专业学位硕士点，研究方向：不分方向，专业拟招生数14人（不含推免）；

（5）复旦大学中国语言文学系"出版"专业学位硕士点，研究方向：出版业务与实践、数字出版，专业拟招生数17人（不含推免）；

（6）上海理工大学出版印刷与艺术设计学院"出版"专业学位硕士点，研究方向：出版经营与管理、数字编辑、数字营销，专业招生数27人（不含推免）；

（7）华东师范大学传播学院"出版"专业学位硕士点，研究方向：书刊编辑出版、数字出版，专业招生数7人（不含推免）；

（8）南京大学信息管理学院"出版"专业学位硕士点，研究方向：图书出版、报刊出版、音像出版、数字出版（含大数据与出版）、出版物编辑、出版物营销、出版经营管理、外国出版，专业拟招生数22人（不含推免）；

（9）苏州大学传媒学院"出版"专业学位硕士点，研究方向：数字出版、出版编辑、出版经营管理，专业拟招生数5人（不含推免）；

（10）安徽大学新闻传播学院"出版"专业学位硕士点，研

[1] 根据中国研究生招生信息网公布的2019年度招生数据信息进行统计。

究方向：不分方向，专业拟招生数 10 人；

（11）南昌大学新闻与传播学院"出版"专业学位硕士点，研究方向：编辑出版实务、新媒体与数字出版、出版创意与营销、苏区文化出版，专业拟招生数 5 人（不含推免）；

（12）青岛科技大学传播学院"出版"专业学位硕士点，研究方向：出版实务、新媒体出版，专业拟招生数 10 人（不含推免）；

（13）河南大学新闻与传播学院"出版"专业学位硕士点，研究方向：不分方向，专业拟招生数 14 人（不含推免）；

（14）武汉大学信息管理学院"出版"专业学位硕士点，研究方向：不分方向，专业拟招生总数 8 人（不含推免）；

（15）华中科技大学新闻与传播学院"出版"专业学位硕士点，研究方向：不分方向，专业拟招生总数 11 人（不含推免）；

（16）湖南师范大学新闻与传播学院"出版"专业学位硕士点，研究方向：出版理论与实务，专业拟数 10 人（不含推免）；

（17）四川大学文学与新闻学院"出版"专业学位硕士点，研究方向：不分方向，专业拟招生数 6 人；

（18）陕西师范大学"出版"专业学位硕士点，研究方向：不分方向，专业拟招生数 11 人；

（19）辽宁大学新闻与传播学院"出版"专业学位硕士点，研究方向：不分方向，专业拟招生数 7 人（不含推免）；

（20）南京师范大学文学院"出版"专业学位硕士点，研究方向：出版经营管理、新媒体与数字出版、阅读文化学，专业拟招生数 35 人（不含推免）；

（21）济南大学文学院"出版"专业学位硕士点，研究方向：数字出版、出版文化、出版实务，专业拟招生数 5 人（不含推免）；

（22）暨南大学文学院"出版"专业学位硕士点，研究方向：跨媒介数字出版与产业化、新媒体编辑、版权管理与运营，专业拟招生数 9 人（不含推免）；

（23）华南师范大学文学院"出版"专业学位硕士点，研究方向：编辑出版业务、出版产业与媒介经营管理、新媒体出版，专业拟招生数 8 人（不含推免）；

（24）广东财经大学人文与传播学院"出版"专业学位硕士点，研究方向：编辑出版、出版产业经营与管理、数字出版与媒体融合，专业拟招生数 19 人（不含推免）；

（25）广西师范大学文学院"出版"专业学位硕士点，研究方向：不分方向，专业拟招生数 9 人（不含推免）；

（26）昆明理工大学艺术与传媒学院"出版"专业学位硕士点，研究方向：新媒体与数字出版、出版策划与设计、对外出版、新媒体与数字出版、出版策划与设计，专业拟招生数 5 人（不含推免）；

（27）云南民族大学民族文化学院"出版"专业学位硕士点，研究方向：出版理论与实践、中国少数民族语言文字出版、国际出版，专业拟招生数 14 人（不含推免）；

（28）南开大学文学院"出版"专业学位硕士点，研究方向：现代出版业务、出版经营与管理、出版物营销，停止招生；

（29）北京大学"出版"专业学位硕士点，校内调整，不招生；

2019 年度招收出版专业学位研究生的高校共 27 家（南开大学、北京大学 2016 年度停招）；2019 年全国共招收出版专业学位硕士研究生约 310 人。

此外，目前全国共有 165 所高校设有"新闻与传播"专业学位硕士授权点，其中有 18 所高校在该硕士点下开设编辑出版相关研究方向。[1] 基本情况如下：

（1）北京印刷学院"新闻与传播"专业学位硕士点，研究方向：数字出版与传播、版权运营与管理；

（2）中国传媒大学"新闻与传播"专业学位硕士点，研究方向：新媒体采编实务；

（3）大连理工大学"新闻与传播"专业学位硕士点，研究方向：广告与编辑出版研究；

[1] 根据中国研究生招生信息网公布的 2019 年度招生数据信息进行统计。

（4）南京师范大学"新闻与传播"专业学位硕士点，研究方向：编辑出版；

（5）南昌大学"新闻与传播"专业学位硕士点：研究方向：新媒体的采编与管理；

（6）湖北民族学院"新闻与传播"专业学位硕士点：研究方向：编辑出版文化与数字产业；

（7）湘潭大学"新闻与传播"专业学位硕士点，研究方向：报刊采编与出版发行；

（8）广西大学"新闻与传播"专业学位硕士点，研究方向：编辑出版；

（9）重庆大学"新闻与传播"专业学位硕士点，研究方向：编辑与出版、新闻采编业务；

（10）电子科技大学"新闻与传播"专业学位硕士点，研究方向：编辑与出版；

（11）西安工业大学"新闻与传播"专业学位硕士点，研究方向：数字出版技术；

（12）西安工程大学"新闻与传播"专业学位硕士点，研究方向：新媒体策划与编辑；

（13）长安大学"新闻与传播"专业学位硕士点，研究方向：新闻报刊。

（14）广州体育大学"新闻与传播"专业学位硕士点，研究方向：编辑出版；

（15）哈尔滨师范大学"新闻与传播"专业学位硕士点，研究方向：全媒体采编制作；

（16）同济大学"新闻与传播"专业学位硕士点，研究方向：数字出版；

（17）上海师范大学"新闻与传播"专业学位硕士点，研究方向：媒介融合与新媒体出版；

（18）南京林业大学"新闻与传播"专业学位硕士点，研究方向：编辑与出版；

因此，根据上述信息，估计全国每年招收出版专业或研究方向的学术学位硕士生和专业学位硕士生超过 2000 名。

4. 博士研究生教育

2002 年武汉大学在"图书馆、情报与档案管理"一级学科之下自设"出版发行学"二级学科博士点之后，多所高校纷纷在"图书馆、情报与档案管理""管理科学与工程""新闻传播学"等一级学科之下自设二级博士点或增设研究方向。目前我国开设出版专业二级博士点和研究方向的院校共 12 所[1]。分别是：

（1）武汉大学 在信息管理学院图书情报学与档案管理一级博士点下 自设"出版发行学"（1205Z1），研究方向：出版营销管理、数字出版、出版政策与法规、文化产业管理与版权贸易、阅读史与阅读文化、近现代出版史、中国编辑思想史、编辑理论研究、新媒体信息管理、欧美出版产业研究、语义出版理论与技术；在"图书馆学"（120501）二级点下设置研究方向：知识组织与知识管理、知识产权、数字图书馆建设与服务、用户信息行为、信息检索与服务、图书馆发展研究等。

（2）北京大学 在信息管理系挂靠图书情报与档案管理一级博士点，自设"图书情报与档案管理（编辑出版学）（120520）博士点，研究方向：不分；"图书馆学"博士点（120501），研究方向不分；"情报学"博士点（120502），研究方向：情报学理论与应用、情报方法与技术。

（3）中国传媒大学 在新闻传播学一级学科下自设二级博士点"编辑出版"（0503Z4），研究方向：不分。

（4）北京师范大学 在文学院中国现当代文学（050106）博士点下，设置研究方向：中国现代文学、中国当代文学、儿童文学、当代文学与影视文化研究；在新闻传播学院中国现当代文学（050106）博士点下，设置研究方向：大数据与数字出版、媒体融合与文化创新、新媒体传播与社会发展等。

[1] 根据各高校公布的博士点名称和研究方向名称中含有"编辑""出版""发行"等词汇进行统计。

（5）中国人民大学 在新闻传播学一级博士点下自设二级博士点"传媒经济学"（0503Z1），设置研究方向：当代出版研究。

（6）清华大学 在新闻传播一级学科下设置"文化产业与媒介经济"，研究方向：出版传媒产业。

（7）南京大学 图书情报与档案管理一级博士点下自设多个编辑出版研究方向：出版理论与历史、数字出版与文化产业发展、出版经济与管理、数字出版与新媒体出版等。

（8）南开大学 在商学院图书情报学与档案管理的二级学科"图书馆学（120501）"，设置研究方向：出版管理、现代图书馆管理、知识管理、图书馆管理；

（9）上海理工大学 在管理科学与工程一级博士点下设传媒管理二级博士点，研究方向：出版传媒管理；

（10）华东师范大学 在传播学院新闻传播学下的二级博士点新闻学（050301）设置研究方向：大众传媒与社会变迁、新媒体与数字化创意研究、媒介与社会变迁等；

（11）浙江大学 在中国现当代文学（050106）博士点设置研究方向：编辑出版与当代文化；

（12）中国社会科学院研究生院 新闻传播学下的二级博士点新闻学（050301）设置研究方向：传媒经营管理研究。

保守估计，全国每年培养出版研究方向的博士研究生约50人。

5. 相关专业的培养

除了直接以编辑出版命名的本科、硕士、博士专业和方向之外，许多高校在传播学、新闻学、网络与新媒体、数字媒体技术、数字媒体艺术、影视艺术、广播电视新闻学、计算机信息科学、管理科学与工程、工商管理、公共事业管理、金融、会计、多媒体制作、广告学等相关专业中，开设编辑出版专业课程和选修课程，培养适应出版行业需求的专业人才。如果加上这类专业的毕业生，估计全国每年为出版行业培养的相关人才将超过10万人。

[1] 施勇勤:《我国出版专业教育现状与发展对策》,《出版发行研究》,2017年第1期。

（二）出版专业课程体系设置情况[1]

1. 出版本科课程体系设置

根据全国出版专业教学指导委员会对全国高校编辑出版学专业负责人问卷调查数据显示，编辑出版学本科专业的专业核心课程有：出版学概论、编辑实务、传播学、中外编辑出版史、出版物市场营销、出版法规等；数字出版专业核心课程有：数字出版概论、数字媒体技术与应用、传播学、数字媒体编辑、数字版权管理、数字出版营销等课程。大多数高校编辑出版学、数字出版的培养方案设计了多个课程组模块，主要有语言文字文化类课程、专业基础类课程、专业课程、实践课程和综合素质类课程，围绕厚基础、宽口径、多技能等方向培养出版人才。

2. 出版研究生课程体系设置

学术型研究生的课程体系主要根据所隶属的硕士点的课程体系设置，一般分为学科大类基础课程、研究方向专业课程、实践科研课程和跨学科跨专业的选修课程等，主要培养一专多能的科学研究和应用型人才。出版专业学位研究生课程体系是在全国出版专业学位研究生教育指导委员会的指导下设置的，分为：公共课、必修课、选修课和实习实践四个课程组，建议的核心课程有：出版学概论、出版物编辑与制作、出版物营销、数字出版及技术、出版企业经营与管理、出版法规。各高校可以根据办学特色增设编辑实务类、市场营销类、数字出版类、项目管理类等专业课程和选修课程，培养适应出版行业实务型、应用型高级专业人才。

此外，中专和高职高专的课程紧密围绕专业岗位群人才培养目标，突出技能型和实践动手能力的培养。

3. 实践教学情况

出版专业是一门应用型学科，各教育层次学校都比较重视出版专业实践能力和动手能力的培养，多数学校都建立了出版专业实验室、出版实训实验室和出版实践基地，不少本科高校积极开展产学合作建立产学研合作基地、实践教学基地，突出动手能力培养、行业专业教育、创新能力培养和职业能力培养等特色。职业教育类院校更是突出实践教学和生产实训和实习实践，多数学校建有实训基地，与行业企业紧密合作进行职业教育。实践教学主要体现在两个方面，一是设置实践类课程，提高实践课程学时数占比。多数本科高校的实践课程占总培养计划学时的15%以上，职业教育类学校的实践课程课时大多超过30%。二是积极引进行业资源，产学合作开展出版人才培养工作，各校都重视专业教育的基地建设，这些实训实践基地或产学研基地为各校出版专业实践教育提供了良好的空间和平台。

4. 师资团队建设情况

全国高等学校出版专业教学指导委员会秘书处2013年对我国开设出版专业的80所本科高校进行调研，对师资团队、核心课程设置、教材建设等情况进行调查，数据显示：全国各高校出版专业师资团队的教授职称占35%，副教授占26%，讲师占26%，助教占13%。70%的高校专业教师拥有博士学位的教师比例大于30%，更有40%的高校具有博士学位的出版专业教师占教师总数的60%以上。[1]

近年来，各院校也纷纷引进出版行业一线的中高层专业人才进入学校充实专业教师队伍；逐步形成高校高层级人才和行业高层级人才相结合的双师型教师团队。尤其是出版专业硕士学位的师资，国家明文规定要求双导师制联合培养。行业教师和导师进入课程、进入学生指导工作，将实践经验、行业最新发展和前沿信息融入到出版专业教学中，将学术研究和生产实践相结合，缩短了高校教育与行业实践之间的距离，为培养符合出版业需求的高质量复合型人才奠定了坚实的基础。

[1] 陈丹、张聪、仲诚：《全国高校出版专业建设现状调查与分析》，《现代出版》，2014年第2期。

三、出版专业教育取得的主要成就

（一）形成了层级化、多元化、全方位的出版专业教育体系

从新中国成立初期新华书店系统的职工培训开始，到上世纪五六十年代出版、发行、印刷中专、大专、本科学校教育的起步；到七八十年代本科专业教育兴起。1998年教育部本科目录的颁布，带来了出版本科教育的兴盛；2011年教育部本科目录增设"数字出版"特设专业，为高校人才培养适应数字出版产业发展奠定了基础。21世纪开始多家拥有硕士、博士授权点的高校，通过开设二级学位点和增设研究方向等方式，积极开展出版专业的硕博士研究生教育。2010年出版专业学位研究生教育正式纳入国务院学位办的研究生教育专业目录，开始了我国出版专业学位研究生教育的历史，14所高校获批出版专硕授权点，成为培养高层次出版专业人才的主力军。同时，出版职业教育和在职培训蓬勃发展，形成了我国出版专业中高等教育与职业教育并进的格局。

目前，我国出版教育体系结构已经形成了中等职业教育、高等职业教育、普通本科教育、硕士研究生教育和博士研究生教育等多教育层级的教育体系；形成中专、大专、高职本科、普通本科、科学学位硕士、专业学位硕士、科学学位博士多学位层次的教育体系；形成了全日制高校、职业教育、成人教育、函授自考、网络教育、委托代培、专业证书班、在职培训、岗位培训、专题培训班、业务研修班等多类型的教育体系，为出版专业人才的培养提供了多元化、全方位的教育环境，可以说中国新中国70年的出版教育形式多样、体系完善、方式多样，较好地适应行业和社会对多类型出版专业人才的需求。

（二）出版专业教育已正式纳入国家教育体系

新中国成立以来，党和国家对出版专业教育和人才培养十

分重视，使我国成为世界上为数不多的将出版专业教育和人才培养纳入国家教育体系的国家，中等教育、职业教育、本科教育、硕士和博士研究生教育等领域全都纳入国家教育体系之中，同时出版编辑类职业教育被纳入国家职业资格认证和职业教育体系之中。这种人才培养模式在全世界范围内是较为罕见的，反映出我国出版专业教育的系统化、组织化和专业化。

2010年1月国务院学位委员会批准出版硕士专业学位设置方案，同年3月全国出版专业学位教育指导委员会成立，标志着出版专业研究生教育正式列入我国研究生教育体系。2013年3月全国高等学校出版专业教学指导委员会成立，旨在充分发挥出版教育专家、行业专家的桥梁纽带和咨询指导作用，加强教育行政部门与行业主管部门与高等院校之间的沟通与联系，为出版专业高等教育改革发展创造良好环境。

（三）出版专业开办院校多、分布地区广、毕业生众多

据笔者调查，统计到2019年6月，教育部批复专业建设的高职高专院校共1072所[1]，大约有723所高职院校开设了745个出版及相近专业[2]；开设编辑出版学、数字出版等本科专业的普通高校共96家，招收学术型硕士研究生的高校约45家，出版专业学位硕士授权点高校28家，招收出版专业或设立研究方向的博士点院校约12家。开办院校分布全国地区。每年高职高专的出版及相近专业招生总人数超过4万人[3]，本科生约5500多人[4]，硕士研究生约2000多人[5]，博士生约50多人[6]；再加上本科第二专业学生，以及设立出版专业课程的其他本科专业的学生人数，预计每年为出版行业输送各学历层次的毕业生超过5万人，这些毕业生为出版行业的发展提供了多样化的基础人才保障。

【1】根据全国高等职业教育专业建设和职业发展管理平台（http://www.tech.net.cn/web/index_zyjs.aspx）的数据统计统计截止时间为2019年6月。

【2】根据《普通高等学校高等职业教育（专科）专业设置管理办法》新闻出版类专业包括：图文信息处理、网络新闻与传播、版面编辑与校对、出版商务、出版与电脑编辑技术、出版信息管理、数字出版、数字媒体设备管理等，涉及出版行业岗位特征的专业还包括媒体设计编创、营销等方面的高职专业。

【3】按照每校每专业每年招收60人计算。

【4】按照每个本科专业每年招收60人计算。

【5】按照每个硕士点每年招收20人计算。

【6】根据全国新闻出版职业教育教学指导委员会：《教育部关于印发〈普通高等学校高等职业教育（专科）专业设置管理办法〉和〈普通高等学校高等职业教育（专科）专业目录（2015年）〉的通知》，全国新闻出版职业教育教学指导委员会网站按照每个博士点每年招收5人计算。

（四）注重产学研合作的人才培养教育模式创新

我国出版教育注重产学合作，发挥高校和出版企业的优势，充分整合高校的人才资源和出版企业的行业资源，努力打造多层次的出版专业人才培养机制。目前，许多高校与出版企业联合建立了出版人才培养基地和出版专业实验室；原国家新闻出版广电总局在武汉大学、北京印刷学院和上海理工大学等高校设立国家新闻出版广电总局出版高级人才培养基地。积极开展产学合作办学模式的创新，引进行业高端专业人才和先进技术，在师资团队建设、课程建设、教材建设和实践教学等环节充分利用行业资源和高校本身的优势，在人才培养上紧跟行业发展和行业动态，提升学生的实践能力和专业技能，为出版行业培养高素质专业人才。

同时，许多高校都设立了校外实践基地和产学研基地。据统计，有46%的高校设立了校外出版实践基地或校内出版研究中心，且大部分开设出版专业高校的出版实践类学时超过总学时的15%，体现了出版专业教学的应用性和创新性。[1]对动手能力和创新能力的培养，体现了我国的出版教育注重应用性和实用性。绝大多数高校积极推进产学研合作，在专业建设、师资团队建设、实践基地建设和教学科研合作等方面，开展深度合作，力求产学研合作模式的创新。通过行业资源进专业、行业专家进校园、行业新知进课堂、行业课题进学校等方式，提高专业教育质量，提高毕业生的行业适应性，促进毕业生就业和创业。并且紧跟出版行业新发展和新业态，创新产学研合作教育模式。成为培养新型复合型出版专业人才的一种常态手段。

（五）关注行业和技术发展、学科融合培养出版专业人才

70年的出版专业教育，反映出我国出版专业教育紧跟行业发展和技术发展，把专业建设融合在自身的办学背景和学科优势之中。从各学校的办学背景上看，大多依托文学、政法、经济、管理、新闻传播等学科背景优势，把出版专业教育与背景学科的

---

[1] 陈丹、张聪、仲诚：《全国高校出版专业建设现状调查与分析》，《现代出版》，2014年第2期。

优势相互结合，形成培养特色。如有侧重社科编辑、科技编辑、图书发行、网络编辑、数字出版、出版贸易、版权经营、新媒体编辑等，专业培养目标和培养方式各具特色。

随着出版机制改革和出版融合发展趋势，移动终端、社交媒体、云计算、大数据等领域将给出版行业带来变革，也给出版专业教育带来深刻的影响。出版专业教育院校已经认识到这些新变化和人才培养的新要求，积极整合学科资源，注重多学科交叉融合开展专业教育。在课程的设置上，注重各学科的交叉融合，新媒体编辑、数字营销、AR&VR、数字编辑、微内容编创、大数据出版、数据营销等课程已经在部分高校开设，以更新知识体系和能力结构，培养适应出版新业态、新产品、新市场需求的新出版专业人才。

（五）注重实践教学，积极拓展实践基地建设，加强实践动手能力和创新能力培养

出版学是实践性极强的学科，出版专业教育自始至终都把实践能力培养放在重要位置。各教育机构积极拓展行业资源，注重产学研合作，增强实践教学，提升学生的实践能力和创新能力，将理论与实践相结合，通过实践教学环节的设计、实验室和实践平台建设、实习实践基地建设、出版研究中心建设等方式，深化实践教学的成效。同时，各出版行业协会、学会等中间组织，积极推进出版专业教育。如在中国音像与数字出版协会下设出版教育与研究分会，中国新闻史学会下设编辑出版研究会，推进出版专业教育和产学研合作开展人才培养。并且面向全国高校开展出版类专业竞赛和创新竞赛。多年来已经举办各种类型、类别的专业竞赛活动。从 1995 年开始，出版行业主管部门和出版行业组织积极推动全国大学生创新竞赛活动，通过专业竞赛提高专业教育与行业的融合。如国家新闻出版署举办的全国图书编辑出版能力大赛，全国大学生韬奋杯征文竞赛、全国大学生新媒体创意大

赛、全国大学生数字编辑大赛、全国大学生网络编辑大赛等。此外，还有各类创新创业大赛，如："挑战杯"全国大学生课外学术科技作品竞赛、全国大学生广告大赛、中国"互联网+"大学生创新创业竞赛、"创青春"全国大学生创业大赛创业实践挑战大赛等。全国出版系统的青年编辑和全国高校出版专业学生都积极参加竞赛，以竞赛促进实践能力提高、促进出版专业建设和发展。此外，充分发挥高校和出版企业各自的优势资源，合力打造产学研基地、出版实验室和出版研究中心等人才培养平台，形成多层次的复合型出版专业人才培养机制，推动培养出版企业适用的高质量复合型人才。

（六）专业师资团队建设水平整体提高，双师型师资增多

师资团队建设是提高出版专业教育质量的前提条件。经过70年的努力和发展，出版专业师资从无到有，早期的师资大多是借用其他学科的师资从事出版专业教育；上个世纪90年代后，师资团队力量渐强，逐渐向高层次、高学历、高技能、高素质、专业化方向发展。各个高校通过行业引进、高校培养、老中青传帮带等多种师资培养模式，提高了专业教师的整体水平和教学能力，呈现出良好的师资建设成效。如武汉大学、北京印刷学院、上海理工大学等高校，从国内外名校引进师资、从行业引进师资，同时加大对青年教师的培养和带教工作，使得专业师资团队学科背景适用、学缘结构合理、年龄分布正态，具有良好的专业背景和突出的科研能力，并在专业建设、教学、科研和学生指导带教方面取得杰出成绩。打造多学科、双师型、产学合作的教学团队已经成为出版专业建设和人才培养质量的重要保障，因此引进优秀的行业高层次专业人才和海内外高学历专业人才，着力打造高素质、多元化的出版专业师资团队，对提高出版专业人才培养质量具有重要作用。

（七）积极开展国际教育和学术交流，拓展国际视野，国际合作有成效

面向国际出版市场，开展国际化专业教育，培养具有国际视野的出版专业人才是出版教育的重要内容。不少高校积极与国际出版教育同行合作，开展国际学术交流、国际科研合作和国际教育合作。如武汉大学、北京印刷学院、河南大学、上海理工大学等众多高校与美国、英国、荷兰、法国、日本、韩国、澳大利亚等众多海外名校开展出版专业教育合作。学生教师国际访学交流、学历教育合作、课程教学合作、科研合作、学术交流互访、国际留学生培养、学生出国留学升学等活动已成为出版专业教育的日常教学工作。通过开放实验室和产学研基地，吸引人才、吸引社会资源；同时积极拓展中外合作办学途径，与国外高校联合开展教学合作、科研合作、教师互访、互换学分、专业教育国际认证、交换留学生、联合举办国际学术会议等，提高专业教育的国际化水平，开拓了教师和学生的国际视野，为培养适应国际化出版市场需求的出版专业人才奠定了基础。

未来，我国出版专业教育将面向出版行业、面向社会、面向未来，通过学科交叉融合、理论与实践相结合、打造产学研的专业建设发展平台，促进国际学术交流与教育合作、加强师资团队建设等多种措施，进一步提高我国的出版专业教育水平，更好地服务出版行业、服务社会，为出版业的美好未来奠定人才基础。

（施勇勤：上海理工大学出版印刷与艺术设计学院出版与数字传播系主任、教授；

黄思颖：上海理工大学数字出版与传播专业硕士研究生；

周彦宏：上海理工大学数字出版与传播专业硕士研究生）

第十一章
新中国新闻出版人才队伍建设 70 年

李文娟

千秋基业，人才为本。党的十九大将"人才战略"作为国家发展必须坚定实施的七大战略之一，这是中国特色社会主义进入新时代后，党对于人才工作的新的定位。2018 年 8 月，习近平总书记在全国组织工作会议上再次对做好人才工作提出了要求，强调要加快实施人才强国战略，确立人才引领发展的战略地位，努力建设一支矢志爱国奉献、勇于创新创造的优秀人才队伍。

人才是第一资源，是发展的第一要务。在坚定文化自信、建设社会主义文化强国的关键历史时刻，新闻出版人才作为宣传思想战线的重要力量，必须自觉承担起举旗帜、聚民心、育新人、兴文化、展形象的使命任务。[1] 新闻出版行业需要比以往任何时候都更要重视人才队伍建设。新中国成立七十年来，在中华文化伟大复兴的方针指引下，新闻出版行业持续稳定健康发展，行业人才队伍建设也取得了重大成就，从数量规模到质量结构都有了不同程度的提高。在人才类别上，初步形成了以专业技术人员、经营管理人员、发行人员、印刷技术人员和版权贸易人员等为主体的从业人员队伍；在人才结构上，逐渐形成了以高级管理人才、出版专业技术人才、新闻采编人才、市场营销人才、印刷复制人才、数字出版人才、版权贸易人才等为骨干的专业人才队伍，为新时期新闻出版业的改革发展提供了有力的条件保障和智力支持。新时期，在十九大报告提出的"坚持党管人才原则，聚天下英才而

[1] 习近平：《举旗帜聚民心育新人兴文化展形象 更好完成新形势下宣传思想工作使命任务》，载《人民日报》2018 年 8 月 23 日第 1 版。

用之"，"实行更加积极、更加开放、更加有效的人才政策"的新要求下，这样的梳理总结既是必要的，也是紧迫的。

一、新闻出版人才队伍建设的发展历程

新中国成立七十年来，新闻出版人才队伍建设取得了重大成就。在决胜全面建成小康社会、进而全面建设社会主义现代化强国的重要历史节点，在实现两个一百年奋斗目标的时代征程中，要强化人才战略，着力打造政治强、业务精、纪律严、作风正、能担当的新闻出版人才队伍，就需要对七十年来的新闻出版人才队伍发展历程进行梳理，好的方面继续坚持完善，不足之处提出相应的改进方案。

（一）新闻出版人才队伍的成长阶段（1949年—1965年）

新中国成立伊始，百业待兴、百废待举。年轻的新闻出版业面临着人才极度匮乏的局面，党和国家采取了多种措施鼓励和吸引大量人才加入出版工作者队伍。政务院于1952年8月16日公布了《管理书刊出版业印刷业发行业暂行条例》，规定"凡经营书刊出版业者，应有确定的专业方向，设有编辑机构或专职编辑人员"，从法规层面对出版机构从业人员的职业资格作出要求。新中国成立初期，一线新闻出版从业人员文化水平普遍不高，因此出版机构开展了多种形式的教育和培训活动。如1951年3月，新华书店总店与北京师范大学签订了《共同办理新华书店总店职工业余学校合约》，职工业余学校以学习和提高文化为基础，开设语文、数学、历史、地理等课程，并建立较严格的学习和考试制度。"职校"每期3个月，共办了两期。[1]除对现有的从业人员进行培训外，还开办了多种职业学校培养新生力量。如1953年9月15日成立的上海印刷学校，这是新中国成立后第一所培养中等印刷人才的学校（1987年12月该校升格为大专，改名为"上海出版印刷专科学校"，1992年又经国家教委批准改

[1] 曹国辉、李俊杰编：《华北区新华书店编年纪事（1937—1954）》，中国盲文出版社，2000年版，第125页。

名为"上海出版印刷高等专科学校",培养高级应用型印刷人才)。一些地区的出版部门和有条件的印刷厂还创办了或在厂内附设半工半读的印刷技工学校,招收初中毕业生,半天生产,半天学习,培养目标为技术工人,毕业后由本厂吸收。[1]又如1964年10月和1965年12月,新华书店北京发行所和外文发行所经文化部报教育部批准,先后创办了图书发行职业学校和半工半读专科学校。前者入学新生中有高中毕业生11名,初中毕业生35名,混合编班,学制两年;后者入学新生30名均为高中毕业生,学制两年。在地方也办了一些培训发行干部的机构,如上海图书发行学校、山西图书发行学校、广西图书发行干部学校,辽宁省新华书店举办的科技书发行专业训练班等。[2]此外,出版高等教育开始发轫。1956年到1961年,中国人民大学新闻系的出版专业、北京大学古典文献专业和文化学院三处培养出版人才的高校相继开始招生,为急需补充血液的新闻出版行业培养储备高学历人才。

据统计,"文化大革命"前,全国有出版社87家(不包括副牌出版社,下同),其中中央级出版社38家,地方出版社49家,职工10149人(其中编辑4570人)。[3]

(二)新闻出版人才队伍的凋零阶段(1966年—1976年)

"文革"十年浩劫对新闻出版事业造成了不可估量的损失,新闻出版人才队伍建设也遭到了毁灭性打击。"文革"开始后,许多出版社被合并或撤销,有的出版业务完全停顿。到1970年底,全国出版社仅剩下53家,其中中央级出版社20家,地方出版社33家,职工4694人(其中编辑1355人)。[4]"文革"期间,出版界的许多领导干部、业务骨干被打成"走资本主义道路的当权派"或"忠实执行反革命修正主义的黑线人物",受到批判、斗争。以中华书局为例,"文革"中该社从事古籍整理出版工作的党员干部和业务骨干近70人被打成了"黑帮分子"和"牛鬼蛇神",被揪出来隔离审查和批斗,占全局总人数的1/3以上。[5]

[1] 方厚枢、魏玉山:《中国出版通史·中华人民共和国卷》,中国书籍出版社,2008年版,第89页。

[2] 鲁明:《新华书店的队伍建设和发展》,《新华书店总店史(1951—1992)》,人民出版社,1996年版,第178-183页。

[3] 方厚枢、魏玉山:《中国出版通史·中华人民共和国卷》,中国书籍出版社,2008年版,第123页。

[4] 方厚枢、魏玉山:《中国出版通史·中华人民共和国卷》,中国书籍出版社,2008年版,第123页。

[5] 俞筱尧:《金灿然和中华书局》,《回忆中华书局·下编》,中华书局,1987年版,第38页。

1969年9月，文化部机关包括在京直属单位，除留少数留守人员和有出版任务的人员外，绝大多数职工连同家属都下放到湖北咸宁文化部"五七"干校。北京的其他出版单位和各地出版单位的大批职工也被下放。有的到"五七"干校，有的全家到农村插队落户。[1]总之，"文革"十年里，新中国成立初期好不容易积累起来的新闻出版从业人员队伍遭受巨大挫折，不但数量锐减，仅存的有生力量也饱受摧残。

【1】方厚枢、魏玉山：《中国出版通史·中华人民共和国卷》，中国书籍出版社，2008年版，第125页。

（三）新闻出版人才队伍的恢复阶段（1977年—1991年）

1978年党的十一届三中全会以后，全党全国的工作重心逐渐转移到经济建设的轨道上来。新闻出版事业这一时期得以迅猛发展。出版机构方面，部分出版社恢复了"文革"前的建制，如人民出版社、商务印书馆、中华书局等；新建了一批出版社，如中国大百科全书出版社、中国社会科学出版社等。新闻出版行政管理机关也从中央到地方逐步恢复与健全，理顺和加强了对新闻出版业的管理。随着地方出版社数量的增加，1979年底，在长沙召开了"全国出版工作座谈会"，会议提出了"立足本省、面向全国"的发展方针，地方出版社出书自此不受"地方化、通俗化、群众化"限制。在上述恢复建制、新建机构、突破"出版专业分工"的历史背景下，为尽快解决人才匮乏的问题，1978年7月国务院批转的国家出版局《关于加强和改进出版工作的报告》中提出：在尽快落实有关政策，使已经调离出版部门的专业人员"归队"的同时，"对青年编辑要规定适当的进修制度，大力进行培训"[2]。1983年中共中央、国务院在《关于加强出版工作的决定》中也提出："充实和培训提高编辑队伍是当务之急。"[3]此后有关政府机关和各种群众团体都举办各种形式的培训班、短训班，对编辑出版、发行、印刷职工进行技术培训。在此背景下，大量人员回到或进入新闻出版行业，从业人员的数量和质量较之"文革"期间有了显著的增长和提高。

【2】国家出版事业管理局办公室编印：《出版工作文件选编》（1976年10月—1980年12月），第3页。

【3】国家出版事业管理局办公室编印：《出版工作文件选编》（1976年10月—1980年12月），第38页。

（四）新闻出版人才队伍的壮大阶段（1992年—2002年）

党的十四大后，伴随着各行各业探索社会主义市场经济体制的浪潮，新闻出版行业也开始摸索构建适合行业特征的新阶段发展机制。上一阶段末期发轫的发行业改革以及开放民营资本进入出版业在这一阶段稳步推进，市场化和产业化作为出版业改革的方向逐渐得到认可。在开放书报刊分销市场、开放民营资本进入出版领域、出台税收减免或返还等产业政策的基础上，传统新闻出版业发展迅猛，新闻出版从业人员队伍急剧壮大，人才结构和人才质量也有了质的飞跃。发行人才是数量增长最为显著的队伍，民营出版人才队伍的出现和快速成长是这一阶段出版业发展的点睛之笔。同时，对于当时尚处于事业身份的大部分国有出版单位来说，这是黄金发展的十年，也是新闻出版从业人员收入稳步增长、社会地位不断提高的十年，即社会大众眼里的"好工作""好岗位"。

（五）新闻出版人才队伍的调整阶段（2003年—2011年）

党的十六大提出到2020年建成完善的社会主义市场经济体制的改革目标，第一次正式把文化事业和文化产业区分开来，并明确了文化产业在全面建设小康社会中的重要地位和作用。这一时期，作为文化体制改革的先行者，新闻出版领域的改革逐渐向纵深推进，经营性出版单位基本实现转企改制，部分已转制企业实现盈利模式多元化，少数出版企业成功上市融资，出版单位的所有制结构趋向多样化。[1]集团化、数字化、产业化成为这一时期新闻出版业发展的重要特征。随着经营性出版单位全面转企改制，大量从业人员由事业身份转变为企业员工，是本阶段新闻出版人才队伍发展最为突出的变化。此外，新闻出版从业人员数量呈现井喷式增长，高学历、年轻化趋势显著，但数字出版人才、版权贸易人才、经营管理人才等专业人才队伍仍然紧缺。

【1】改革开放三十年新闻出版工作的经验与启示课题组：《新中国成立三十年新闻出版工作的经验与启示》，《出版发行研究》2008年第11期。

（六）新闻出版人才队伍的深化发展阶段（2012年至今）

党的十八大以来，宣传文化战线高举改革旗帜，"相继出台了'两个效益'相统一、媒体融合发展、特殊管理股试点、新闻单位采编播管人事管理制度改革、采编和经营两分开、文艺评奖改革、构建现代公共文化服务体系、实施中华优秀传统文化传承发展工程、国际传播能力建设等40多个改革文件，细化了文化体制改革的路线图、时间表、任务书"[1]，取得了一批具备前瞻性和标志意义的制度创新成果，文化体制改革的主体框架基本确立。之后，十九大将"人才战略"作为新时期必须坚持的七大战略之一，提出"人才是实现民族振兴、赢得国际竞争主动的战略资源"。新闻出版业各项深化改革走在前列，继经营性出版单位之后，非时政类报刊的转企改制基本完成，媒体融合进一步加深，新闻出版公共文化服务体系初具规模。新闻出版人才队伍建设进入由量的增长向质的飞跃的转折期，总量规模变化不大，甚至部分领域如报刊从业人员数量有所下降，但从业人员整体学历水平明显上升，硕士学历成为大多数国有新闻出版单位招聘的门槛。人才结构更为优化，复合型、专业型、数字化、国际化人才紧缺的局面有所改善。

[1]新华社：《激发文化创造活力 向着社会主义文化强国迈进——党的十八大以来文化体制改革成果述评》，2017年7月23日电。

新中国成立七十年来，新闻出版行业人才队伍总的发展趋势是：在行业人才队伍整体规模逐渐扩大的基础上，政府层面对于行业人才发展的期许更加务实，从片面强调规模效应向强调人才质量转变；从重点强调培养领军人才等高层次人才向重点强调培养各级各类急需紧缺人才发展；人才制度改革创新取得突破，但人才工作基础建设仍然任重道远。

二、新闻出版人才队伍建设取得的主要成就

新中国成立七十年来，在文化强国战略的指引下，在文化大发展大繁荣的总趋势下，我国正在逐渐由新闻出版大国向新闻出版强国迈进，新闻出版人才队伍建设也取得了重大成就。

（一）新闻出版从业人员数量稳步增长

新中国成立七十年来，新闻出版人才队伍的数量发展经历了六个阶段：一是1949年到1965年，在党和国家各项政策的激励下，新闻出版从业人员数量较之新中国成立前有了明显的增长。1956年全国出版社工作人员据不完全统计有9690人，其中编辑人员3730人（中央一级出版社工作人员6540人，其中编辑人员2680人；地方出版社工作人员3150人，其中编辑人员1050人）。[1]但经过"反右派斗争"等一系列的政治运动，"文革"前新闻出版从业人员队伍在前一阶段增长的基础上已经有所下降；二是1966年到1976年，"文革"十年中，新闻出版业受到很大冲击，从业人员队伍凋零；三是1977年到1991年，经历过"十年浩劫"的从业人员队伍逐渐恢复；四是1992年到2002年，随着社会主义市场经济体制的发展，新闻出版单位数量迅速增长，从业人员数量也随之急剧上升，平均年增长率达11%左右；五是2003年到2011年，在新闻出版体制改革的浪潮中，行业人才数量以平均年增长率16%的速度井喷式增长；六是2012年至今，随着新闻出版业体制改革逐步深化，新闻出版单位转企改制基本完成，民营文化工作室、新媒体发展日新月异，传统新闻出版从业人员数量与新媒体从业人员数量此消彼长。据《2017年新闻出版产业分析报告》统计，2017年全国新闻出版业直接就业人数为405.9万人（不包含数字出版、版权贸易与服务、行业服务与其他新闻出版业务单位就业人员），较2016年同口径降低3.4%；其中男性216.2万人，女性189.7万人，分别占全行业直接就业人数的53.3%和46.7%，男女比例基本平衡。印刷复制业直接就业人数310.6万人，降低2.9%；出版物发行业57.0万人，降低4.8%；报纸出版业20.6万人，降低7.9%；期刊出版业10.1万人，降低2.6%；图书出版业6.7万人，增长0.7%。[2]

---

[1] 方厚枢、魏玉山：《中国出版通史·中华人民共和国卷》，中国书籍出版社，2008年版，第46页。

[2] 数据来源于《2017年新闻出版产业分析报告》。

（二）新闻出版人才队伍结构逐渐优化

在新闻出版行业主体从业人员数量稳步增长的同时，人才基本结构也日趋合理：一是骨干从业人员年轻化趋势明显，各个层次人才年龄结构趋于合理，大部分单位形成了以六零后领导、七零后中层、八零后骨干为主要梯队的人才队伍；二是从业人员受教育层次有了显著提高。中青年骨干从业人员学历基本都在本科以上，大多数出版单位里硕士研究生学历以上的人才超过半数。硕士研究生学历成为很多大社、专业社招聘的门槛；三是从业人员大多具备初中级、高级专业技术职称；四是获得职业资格证书的从业人员逐年增加。随着新闻出版人才从业资格制度的确立和逐步完善，持证上岗制度已经成为新闻出版行业人才准入的基本制度；五是从业人员的基本素质有了比较明显的提高。随着从业人员学历层次的提升、职称结构的优化，在现代传播技术，尤其是新媒体一日千里的发展趋势下，新闻出版人才的基本素质提升显著，个人知识结构呈现出复合化和专业化并重的局面，也表现出了一定程度的现代化、国际化趋势。

（三）新闻出版高等人才储备日新月异

"文革"后，出版高等教育得到迅速发展，逐步建立了较为完备的高学历人才教育体系。高等出版教育首先是从印刷教育开始的，然后扩展到发行教育，进而开展编辑教育。1984年，胡乔木致函教育部，倡议在高等院校设置编辑学（后改为"编辑出版学"）专业。经过三十余年的建设与发展，高校编辑出版学专业从无到有，从小到大，已经初步形成了具有中国特色的编辑出版学高等教育体系。不仅成立了北京印刷学院、上海出版印刷高等专科学校等两所专门从事高等出版教育的院校，还在多所大学内设立了有关编辑、出版、印刷、发行等专业，使我国出版高等教育跨上了一个新台阶。伴随着新闻出版业的发展，又派生出了许多相关的高等教育专业，如科技编辑、新闻编辑等，一些院校还试招编辑专业的硕士研究生或双学位班。除了编辑出版专业以外，还有一些与出版业密切相关的专业，如印刷专业、美术设计专业、知识产权专业等。三十余年来，出版高等教育工作走向正规化、规范化，相关高校为新闻出版行业培养输送了大量高学历人才，新闻出版人才队伍整体素质的稳步提高，新闻出版业的凝聚力逐步增强。

（四）新闻出版人才在岗培养机制逐渐形成

1996年5月，全国新闻出版系统跨世纪人才培养工程工作会议在江西井冈山举行，讨论了《新闻出版行业跨世纪人才培养工程纲要（讨论稿）》《新闻出版系统跨世纪人才培养基金章程（草案）》等5个文件，会上和会后为出版系统人才培养筹集基金441万元。1997年9月，全国出版行业人才培养专项资金管委会成立暨第一次全体会议在北京举行，会议确定：设立跨世纪专业人才科研活动和著作出版补助资金、出版行业紧缺专业人才助学金、出版行业人才培养园丁奖、优秀出版人才出国考察进修费用补助等项目。1997年10月，新闻出版署发布《出版行业跨世纪专业技术人才选拔培养实施办法（试行）》，提出用10—15年时间，在我国出版专业技术队伍中选拔培养2 000名左右优秀人才，80名左右杰出人才，10名左右卓越人才。

近年来在党中央、国务院颁布的各项人才发展战略的指引下，国家新闻出版行政管理部门非常重视行业人才队伍建设，相继颁布了三个指导人才工作的专项规划，分别是1998年颁布的《新闻出版行业"跨世纪人才工程"纲要》[1]，2005年颁布的《2005年—2010年全国新闻出版（版权）人才工作纲要》[2]，2011年颁布的《新闻出版业"十二五"时期人才发展规划》[3]。以上三个规划是二十年来新闻出版行政管理部门指导行业人才队伍发展的纲领性文件。在这些规划的指引下，二十年来基本形成了一套新闻出版人才岗前选拔、在岗培养和继续教育的长效机制。如

【1】【2】新闻出版总署：《2005年—2010年全国新闻出版（版权）人才工作纲要》：《中国出版》2005年第11期。

【3】新闻出版总署：《新闻出版业"十二五"时期人才发展规划》：《中国出版》2011年第12期。

不同岗位的新闻出版人才必须参加的各种日常培训（如社长、总编辑培训班等）；再如编辑为获得初级和中级从业证书而必须参加的全国出版专业职业资格考试以及新闻采编人员为获得《新闻采编人员资格培训合格证书》而参加的培训考核；又如换发新闻记者证必须参加的培训；还有新闻出版单位中青年业务骨干出国研修（培训）等，从业人员全员培训制度基本建立。此外，实施新闻出版行业领军人才工程、落实"四个一批"人才培养规划等，这些措施都对新闻出版人才队伍建设起到了重要的推动作用。

（五）职业资格准入和在岗登记注册制度日趋完善

1979年国家出版局为提高印刷工人的技术水平，发布了《印刷工人技术等级标准》，对印刷领域的59个工种，分为2—8级工。1980年11月国务院批转了国家出版局、国家人事局制定的《编辑干部业务职称暂行规定》，把编辑的业务职称定为编审、副编审、编辑、助理编辑四级。1986年中央职称改革工作领导小组发布了《新闻专业人员职务试行条例》和《出版专业人员职务试行条例》，把新闻专业人员分为高级记者、主任记者、记者、助理记者四级，编辑人员的划分与1980年文件相同。[1]各种职称要通过评审获得。至此新闻出版专业技术人员的职称体系基本确立。[2]新闻出版行业职称制度的出现与发展，对专业技术人员队伍建设起到了至关重要的作用。

国家新闻出版署作为新闻出版行业的政府管理部门，自十二五以来着力构建以企业（法人）准入、市场准入、职业准入、岗位准入为基础的新闻出版管理"四大准入"体系[3]。其中职业准入、岗位准入都与人才队伍建设密不可分。在国家职业资格管理体系中，出版专业第一批对从业人员实施职业资格管理。2002年新闻出版总署颁布了《出版专业技术人员职业资格管理暂行规定》，开始由职称管理向职业资格管理过渡。出版专业技术人员的职业资格分为初级、中级、高级三级，初级、中级资格

[1]国家出版局编：《出版工作文件选编》（1976年10月—1980年12月），第29页；新闻出版署编：《中华人民共和国现行新闻出版法规汇编》（1949—1990），人民出版社，1991年版，第539—749页

[2]方厚枢、魏玉山：《中国出版通史·中华人民共和国卷》，中国书籍出版社2008年版，第301页。

[3]新闻出版总署：《新闻出版业"十二五"时期人才发展规划》，《中国出版》，2011年第12期。

实行全国统一考试制度，高级计划实行考试与评审相结合的制度（目前高级资格仍然是评审获得）。所有在出版单位工作的专业技术人员，必须通过相应的出版专业职业资格考试，取得规定级别的资格证书才能上岗。2002年举行了第一次考试。据全国出版专业职业资格考试办公室统计，截至2018年底，全国共有208971人次参加了出版专业职业资格考试，78007人次考试合格。[1] 迄今为止，该项考试取得了十七年无差错的记录，成为人力资源与社会保障部人事考试中心管理的几十种职业资格考试的标杆。出版专业职业资格考试工作的成功证明，以考试为核心的职业资格准入制度的确立，不但使主体从业人员的能力水平评价机制更加公平客观公正，也促进相关预备从业人员加强了有关出版基础知识及实务方面的系统学习，为从事出版专业技术工作打下了较为坚实的基础。

为实施从业人员在岗登记注册制度，2008年，新闻出版总署颁布了《出版专业技术人员职业资格管理规定》，计划从2008年6月1日起对全国出版单位从业人员实行职业资格登记管理，特别是对责任编辑实施注册管理制度，规定没有经过职业资格注册的人员将不能继续从事责任编辑工作。据国家出版行政管理部门统计，截至2018年底，全国累计通过登记注册的出版专业技术人员73000余人，其中，责任编辑注册68000余人，资格登记4000余人。[2] 此外，在新闻采编人员管理方面，新闻出版行政管理部门加大违规报刊、记者站、记者证清理和退出力度，十二五期间共停办注销报刊144种、注销新闻记者证34419个，规范了新闻采编秩序。[3] 新闻出版从业人员职业资格准入、在岗登记注册、违规退出机制日臻完善。

（六）继续教育体系基本确立

对于在岗新闻出版从业人员的继续教育培训，从新中国成立伊始就开始了，但系统不间断的培训要从20世纪80年代算起。

【1】数据来源于国家新闻出版署全国出版专业职业资格考试办公室。

【2】数据来源于中宣部干部局。

【3】《新闻出版广播影视"十三五"发展规划》。

据不完全统计，仅中国出版工作者协会在1980到1986年间办的短训班就有50多期，培训人员3000多人。[1]1982年到1986年新华书店系统平均每年举办各种形式的轮训班170多期，轮训总人数多达6万人次，占全国书店应轮训人数的80%左右。[2]到20世纪80年代末期，以技术培训为主的培训工作基本结束。从20世纪90年代初期开始，出版培训的重点开始转向岗位培训。卢玉忆在《认清形势加强领导把职工教育培训工作推上一个新台阶》中提出"我们研究提出了全国新闻出版系统今后十年奋斗目标是：在全系统建成一个以岗位培训为重点的，多形式、多层次、多渠道的职工教育培训体系"[3]。

为做好岗位培训工作，1996年5月，新闻出版署成立教育培训中心，负责组织全国出版社社长、总编辑，中央部门在京出版社编辑室主任，中央部门在京期刊和全国重点期刊主编，国家级书刊定点印刷企业厂长，新华书店省级书店、外文书店、古旧书店和其他一级书刊批发单位经理的培训工作。[4]此后河北等11个省（市、区）相继建立和准备建立永久性培训中心，对新闻出版各关键岗位人员进行在职培训。[5]到1997年底，除西藏、重庆外，其他29个省、自治区、直辖市均开展了岗位培训，全国累计举办岗位培训班300期，培训总数达17200多人，完成8个岗位培训总任务75%。[6]1995年以来全国出版行业共举办岗位培训班530余期，累计培训22万多人。其中出版社社长、总编辑1300余人，编辑室主任2800余人。全国有90%的省（区、市）已基本完成了8个岗位的培训任务，尤其是西藏、新疆、内蒙古、甘肃、青海等较为困难的省、区也基本完成了岗位培训的任务。[7]

近年以来，为贯彻落实党中央、国务院提出的增强从业人员职业素质的要求，各级新闻出版行政管理部门组织开展了大规模的在岗从业人员继续教育培训工作，大幅度提高从业人员基本素质，初步形成了基本覆盖全行业的多形式、多层次的继续教育培训体系，为新闻出版业的稳步发展提供了强有力的人才保证和智

【1】王子野主编：《当代中国的出版事业》（中），当代中国出版社，1993年版，第543页。

【2】汪轶千：《全国新华书店教育培训情况汇报》，《出版教育》，1990年第4期。

【3】《出版教育》编辑部编：《出版教育》，1990年第4期。

【4】欣文：《新闻出版署教育培训中心在京成立》，《中国出版年鉴（1997）》。

【5】方厚枢、魏玉山：《中国出版通史·中华人民共和国卷》，中国书籍出版社，2008年版，第339页。

【6】署人：《全国出版行业岗位培训进展顺利》，《中国出版年鉴（1998）》。

【7】桂本东：《全国出版行业8个主要岗位培训任务基本完成》，《中国出版年鉴（1998）》。

力支持。具体来讲,在出版方面,各级出版行政管理部门直属的培训中心、各省或自治区新闻出版局、中国编辑学会、各省编辑学会、部分大型出版集团等组织开展了多层次、全方位的有针对性的业务培训或政策培训,其中总编辑培训、编辑室主任培训、"数字出版千人培养计划"、新编辑业务培训、出版职业资格考前培训、图书选题策划培训等项目得到了行业的普遍认可,出版专业各类人才队伍整体素质明显提升。

在新闻方面,全国重点期刊社和中央在京期刊社社长、总编辑、主编,中央单位在京报社、全国省级、地(市)级党报、全国都市报、晚报社长、总编辑等关键岗位人员均要参加干部调训,这是新闻出版行政管理部门对新闻单位领导干部和相应职务干部进行履行职务和职责必备知识能力的重要培训。此外,新闻采编从业人员为取得《新闻采编人员资格培训合格证书》和换发《新闻记者证》,都必须参加相应的培训和考核。

(七)各项奖励措施初见成效

为表彰和鼓励对发展繁荣新闻出版业作出重要贡献的各类人才,多年来新闻出版行政管理部门和行业协会采取了多种奖励措施。如"毕昇奖"作为我国印刷界最高的个人奖励,是由中国印刷技术协会于1986年起设立的,奖励长期从事印刷事业,为振兴我国印刷工业,推动印刷技术进步而勤奋工作,并在印刷科学技术研究生产等方面作出重大成就的人员。[1]再如中国出版政府奖中的优秀出版人物奖(含优秀编辑奖),这是依据2005年《全国性文艺新闻出版评奖管理办法》整合若干奖项后设立的我国新闻出版领域的最高奖,迄今已经连续组织评选出了4届;再如"韬奋出版奖",这是由中国出版工作者协会主办、韬奋基金会协办的中国出版界的最高荣誉奖项,迄今组织评选了12届;又如全国新闻出版行业领军人才奖,这是储备新闻出版行业高层次"国家队"人才的一个重要奖项,囊括业务类、经营管理类、学术类、

【1】《中国出版年鉴》(1980—2000年)光盘。

技术科研类等多种领军人才，至今已经组织评选出了5批。

此外，在某些特定纪念日，政府会对取得重大成就或者为新闻出版事业作出重要贡献的人才进行表彰。比如，为庆祝新中国成立60周年，原新闻出版总署表彰了新中国60年杰出出版家、新中国60年百名优秀出版人物、中国百名优秀出版企业家和百名有突出贡献的新闻出版专业技术人员，等等。胡愈之、周建人、胡绳、叶圣陶等22人获评"新中国60年杰出出版家"，王仿子、任慧英、李朋义、武文祥等100人获"新中国60年百名优秀出版人物"称号。这些奖励措施对于激励新闻出版人才队伍，促进各类人才队伍建设、尤其是领军人才队伍建设起到了重要的推动作用。与此同时，部分用人单位通过设立荣誉岗位，如"首席编辑""首席记者"，给予相应的待遇和补贴，使一些能力、业绩突出的从业人员得到奖励，从而激发全体从业人员力争上游的积极性。

三、新闻出版人才队伍建设的主要经验

当前，我们正处于全面建成小康社会的关键时期，新闻出版行业正处于由规模数量向质量效益、由传统业态向新兴业态、由新闻出版大国向新闻出版强国的转型阶段，因此培养一大批高素质的新闻出版人才具有重要战略意义。[1]现阶段，新闻出版人才队伍建设必须积极适应新闻出版改革发展的新形势、新任务、新要求，按照习近平总书记在全国宣传思想工作会议上要求的那样，不断增强脚力、眼力、脑力、笔力，努力打造一支政治过硬、本领高强、求实创新、能打胜仗的宣传思想工作队伍。[2]要进一步加强新闻出版各级各类干部人才队伍的政治素养、理论水平、政策水平、法治意识和业务能力建设，才能培养造就一支政治坚定、业务精湛、作风优良、党和人民放心的新闻出版工作队伍。[3]

【1】李宏葵：《把握新形势、掌握新规律、大力培养高素质出版人才》，《出版科学》，2015年第1期。

【2】《增强"四力"打造过硬队伍——论学习贯彻习近平总书记在全国宣传思想工作会议重要讲话精神》，人民网，2018年9月3日。

【3】《新闻出版广播影视"十三五"发展规划（公开版）》，2017年9月。

（一）坚持党管人才的原则

新闻出版占据着舆论制高点，在当前复杂多变的国内国际大势面前，新闻出版是必须坚守的前沿阵地。行业的特殊性决定了新闻出版人才的特殊性，要保证新闻出版舆论导向的正确，就必须坚持党管人才的原则，选拔政治思想过硬的人才充实队伍。2018年3月21日，中共中央印发了《深化党和国家机构改革方案》。该方案提出，"为加强党对新闻舆论工作的集中统一领导，加强对出版活动的管理，发展和繁荣中国特色社会主义出版事业，将国家新闻出版广电总局的新闻出版管理职责划入中央宣传部"[1]，由"中央宣传部统一管理新闻出版工作"。新闻出版管理职责归口中宣部管理，新闻出版行业坚持党管人才的原则更是必须进一步强化。习近平总书记在2013年8月召开的全国宣传思想工作会议上强调，"所有宣传思想部门和单位，所有宣传思想战线上的党员、干部都要旗帜鲜明坚持党性原则"[2]，"要坚持党管媒体，坚持政治家办报、办刊、办台、办新闻网站，各级各类传播渠道都要坚持党的领导。牢记守土有责、守土负责、守土尽责，加大管理力度，提高管理水平，确保所属宣传思想文化阵地坚持正确导向"[3]。今后，在选拔培养新闻出版人才时一定要围绕中心、服务大局，认真贯彻落实习近平总书记在全国宣传思想工作会议上的讲话精神，进一步加强新闻出版人才的党性原则和政治素养，促使新闻出版人才把握当前新闻出版工作的政治导向、重点任务，了解规范新闻出版活动的有关法律法规，增强政治意识、大局意识、责任意识，抵御错误思想观点侵蚀，增强把关能力和鉴别能力，从而弘扬主旋律，传播正能量，提高宣传引导水平。

（二）营造有利于新闻出版人才成长的制度环境

新闻出版业是人才密集型的内容产业，要在全行业营造有利于新闻出版人才成长的制度环境，必须树立科学的人才观，坚持

[1] 新华社：《中共中央关于深化党和国家机构改革的决定》，新华网，2018年3月4日。

[2]《"平语"近人——习近平如何指导宣传思想工作》，新华网，2016年2月20日。

[3] 雒树刚：《要坚持政治家办报、办刊、办台、办新闻网站》，人民网，2013年9月18日。

以人为本。要贯彻习近平总书记在2016年5月6日就深化人才发展体制机制改革作出的重要指示：树立强烈的人才意识，做好团结、引领、服务工作，真诚关心人才、爱护人才、成就人才，激励广大人才为实现"两个一百年"奋斗目标、实现中华民族伟大复兴的中国梦贡献聪明才智。新闻出版业要进一步在人力资源管理方面深化体制机制改革，以现代企业普遍遵循的人力资源管理的理念为指导，逐步走向科学化系统化管理，人力资源管理部门也要从传统的行政事务性部门转变为出版企业发展必不可少的战略性前瞻部门。具体来讲，新闻出版单位可以在以下几点着力：一是完善薪酬体系。根据自身经营管理和盈利情况对高层管理者在年薪制的基础上配以股权进行激励；对基层员工的绩效薪酬体系可以比较灵活，通过协议工资制等多种形式来实现，切忌"一刀切"；对于有突出贡献的员工，不论职位高低，可考虑公司配股或者给予弃权奖励，等等。二是创新人才评选表彰评价和激励机制。加强对优秀人才和先进模范的培养、发现、宣传和激励，营造人才成长良好氛围，形成有利于各类人才脱颖而出的体制环境。[1]政府层面，发挥好韬奋出版奖、中国出版政府奖、劳动模范等国家级奖项的激励和示范作用。新闻出版单位内部，通过市场化选聘人才的办法，探索实行职业经理人制度；逐步实施重大项目首席专家制度，推进建立首席记者、首席编辑制度。三是与人力资源和社会保障部门通力合作，为部分岗位人才晋升、重点人才引进、特殊人才优惠政策、人才退休后的社会保障体系等打通制度关隘，将新闻出版人才纳入国家及地方政府广泛承认的人才评定序列及社会保障体系，解决新闻出版人才发展的后顾之忧。

（三）加强专业人才队伍建设，实施重点人才培养工程

新时期，要深入贯彻落实中央和新闻出版行政管理部门关于加强人才队伍建设的要求，全面规划、系统培养领军人才、经营

---

[1]《新闻出版广播影视"十三五"发展规划（公开版）》，2017年9月。

管理人才、专业技术人才,特别是复合型人才与行业急需紧缺人才。根据《新闻出版广播影视"十三五"发展规划(公开版)》,十三五期间,新闻出版行业要通过学历教育、日常培训、国外进修、项目带动、资金支持等重点支持方式,培养和造就一批杰出记者、杰出编辑、著名经理人、著名企业家、著名经销商和其他优秀人才,改善人才队伍结构,形成新闻出版人才的梯队效应和品牌效应。[1]此外,建议新闻出版单位采取"走出去""请进来"等途径,通过研修培训、参观讲座等多种方式,"培养一批熟悉国际出版运作规律、熟悉市场规则、懂经营、善管理的经营管理人才;一批能够从宏观上把握国际、国内行业发展趋势的战略型人才;一批既懂出版又擅长资本运作的资本运作人才;一批既善于掌握市场又了解国际出版惯例的外向型人才;一批既懂编辑策划又懂市场运作的营销策划人才"[2]。开展数字出版千人培养计划,实施"新闻出版专业技术人才知识更新工程",建立新闻出版高端人才和专业人才库。重点建设一批具有较大影响力的高端产业智库,造就一支坚持正确政治方向、德才兼备、富于创新精神的政策研究和决策咨询队伍,支持有条件的新闻出版科研单位先行开展高端智库建设试点,鼓励国有及国有控股新闻出版企业兴办产学研用紧密结合的新型智库。[3]

(四)完善职业资格管理制度

职业资格管理制度包括准入(选拔)、继续教育(培养)、日常管理(登记注册)和退出机制(淘汰)四个部分。现阶段,要制定新闻采编、数字编辑人员职业资格制度及职业资格考试办法,实现对新闻出版从业人员管理的全覆盖。进一步加强记者职业资格管理,研究建立新媒体从业人员职业资格制度,做好体制外人员的管理服务工作。[4]要完善出版专业技术人员职业资格管理制度,建议将出版专业职业资格初中级考试向全社会开放,不再人为设置报考门槛,欢迎有志于从事出版工作的体制外人员,

[1]《新闻出版广播影视"十三五"发展规划(公开版)》,2017年9月。

[2]《新闻出版广播影视"十三五"发展规划(公开版)》,2017年9月。

[3]《新闻出版广播影视"十三五"发展规划(公开版)》,2017年9月。

[4]《新闻出版广播影视"十三五"发展规划(公开版)》,2017年9月。

尤其是已经在民营出版业、新媒体等单位从事出版工作的人员参加出版专业职业资格考试，从而合法地获得从业资格，从源头上解决全行业从业人员持证上岗的问题，并在一定程度上保证从业人员的整体素质；对于少数民族出版从业人员的职业资格，建议实行基本素质由国家统考、民文编辑能力由民族地区单考相结合的方式来解决。在加强从业人员准入管理的同时，分类组织开展行业急需紧缺人才和专业技术人才继续教育，积极推进行业教育培训师资队伍建设和培训教材建设，加强培训基地建设，拓展培训手段，丰富培训内容，提高培训的针对性和实效性。在从业人员日常管理方面，建议实施全面的在岗专业技术人员登记注册管理制度，即全行业性的登记注册，而不仅仅是国有新闻出版单位从业人员的登记注册。此外，根据行业发展需要，推进新闻出版职称制度改革工作，修订新闻出版职称评价标准，健全高级职称层级设置。建议建立并细化"淘汰机制"，处罚严重违规的个人或单位时能做到有法可依、有法必依，从而实现对从业人员及其单位的规范管理和正确导向，促进新闻出版人才队伍的专业化和职业化建设。

（五）创新人才合理流动体系

"流水不腐，户枢不蠹"。新时期，新闻出版业要抓住机遇稳定快速发展，必须创新人才合理流动体系，推动从业人员专业化和职业化进程，建立和完善体制内外、行业内外人才的市场交流机制。通过调研发现，现阶段行业人才流动有三个特点：一是出版企业的领导或者骨干人才向其上级主管主办的事业单位回流，这个情况在科研院所、高等院校主办的出版社、报刊社尤为明显；二是各层次人才平行向行业内的"待遇高地"转移，目标单位以网络为代表的新媒体为主；三是部分优秀人才向行业外流动，如向金融咨询公司、版权代理机构等流动。可以看出，以上的三个特点都是人才单向"流失"，要保证新闻出版行业的稳步发展，必须做到人才流动是双向的。首先，建议通过职业资格统一管理、职称评定统一标准等措施解决国有出版单位与民营出版单位之间，通过媒体融合等措施解决传统出版单位与新媒体之间人才相对固化的状况，鼓励行业内的优秀人才双向流动，甚至可以采取类似于"挂职"的方式，创造机会鼓励从业人员学习其他单位的好的做法，达到良性互动。其次，建议通过进一步完善薪酬体系、给予待遇和奖励等方式留住人才并吸引有志于从事新闻出版工作的业外优秀人才。最后，新闻出版工作者坚守宣传思想战线，必须有传承和传播中华文化的高度使命感和政治责任感。新闻出版工作是一项立德立言的漫漫长路，在即将全面建成小康社会的重要历史节点，新闻出版人才队伍必须增强"四个意识"、坚定"四个自信"，以举旗帜、聚民心、育新人、兴文化、展形象[1]的使命要求自己，为服务党和国家事业发展全局作出更大贡献。

【1】习近平：《举旗帜聚民心育新人兴文化展形象 更好完成新形势下宣传思想工作使命任务》，《人民日报》，2018年8月23日第1版。

（李文娟：中国新闻出版研究院副研究员）

第十二章
新中国出版对外交流合作 70 年

何明星

中国出版对外交流 70 年的历史，自 1949 年至 2018 年，按照不同历史时期的发展特征，大体可以分为 1949 年至 1978 年的前 30 年、1979 年至 2008 年的后 30 年，2009 年至今的新时期三个历史阶段。在三个历史阶段，分别有实物出口、对外翻译出版、国际化发展这三条主线基本贯穿其间，承前启后，阶段性发展，构成中国出版对外交流 70 年的主要历史脉络。

一、书报刊实物出口的发展历程

所谓实物出口，指的是将中国出版的图书、期刊（含中文、外文等）实物出口到世界其他国家、地区的国际贸易行为，其中经过出关、远洋运输、对象国入关，再到对象国读者手中的多个环节。实物出口曾经为中国新闻出版做出过巨大历史贡献，并成为中国出版对外交流发展 70 年的基础。整体上看，中国出版业的实物出口，大体上可以分为三个阶段，一是 1949 年至 1978 年的 30 年间，突出文化政治的实物出口阶段，二是 1979 年至 2008 年，强调文化生意、市场效益的实物出口阶段，三是自 2009 年至今，中国出版物的实物出口作为中国出版走出去的基础，形成了网络销售与实体书店、线上线下结合、华文书店与跨国集团并举的多元化、多主体、多层次的海外推广布局。以下分别详述之。

（一）突出文化政治的实物出口阶段

本文所说的文化政治，指的是书刊这种文化产品的国际贸易，因为本身所带有的文化属性，往往因为国际政治的发展变化，从出口国家到出口对象国，有时贸易额会突然增大，有时候则突然减少；有时候因为国际政治的需要放大其文化属性，变成一种超级"畅销书"，有时候则会因为国际政治的突然变化，书刊国际贸易会成为一种"违法"行为而被封杀。

1949年，中华人民共和国成立后，加入了以苏联为首的社会主义国家阵营，在政治、经济、文化方面采取了"一边倒"的政策，这是20世纪国际政治格局中的一件大事。以美国为首的西方资本主义国家，对中国采取全方位的封锁、打压政策。中国书刊的实物出口作为中国出版对外文化交流的一个主体，书刊的文化政治属性被充分放大，从书刊出口的品种、书刊经销网络，再到出口对象国的选择，十分典型地体现了文化政治的特征。

新中国成立后，建立了一个专营书刊出口的机构——国际书店，1964年曾更名为"中国国际书店"，1980年更名为"中国国际图书馆贸易总公司"，即人们通常所说的"国图公司"。该机构在1949年至1980年的30年间一直独家经营全国书刊的出口业务。从1949年至1978年，具体数量如下表。

【1】何明星：《新中国书刊海外发行传播60年（1949—1999）》，中国书籍出版社，2010年版。

表1 中华人民共和国实物出口册数（1949—1978年）[1]

年份	外文图书（万册）	中文图书（万册）
1949	0.00	0.00
1950	0.00	0.00
1951	4.00	5.00
1952	17.00	9.00
1953	33.00	10.88
1954	47.00	121.78
1955	37.00	67.20

续 表

年份	外文图书（万册）	中文图书（万册）
1956	44.00	102.24
1957	33.00	135.23
1958	92.00	136.27
1959	51.00	80.91
1960	121.00	30.22
1961	105.00	34.53
1962	58.00	135.53
1963	326.00	227.38
1964	266.00	327.23
1965	284.00	401.07
1966	358.00	37.95
1967	617.00	46.61
1968	773.00	11.16
1969	613.00	9.78
1970	582.00	4.57
1971	444.00	17.66
1972	371.00	36.98
1973	228.00	66.24
1974	329.00	63.82
1975	627.00	54.90
1976	455.00	36.16
1977	467.00	30.77
1978	321.00	31.09

由表1可以发现，在前30年里，由国图公司负责的中国实物出口，分为两大类，一大类是由中国出版机构出版的外文图书和期刊，主要是由中国外文局所属的外文出版社、新世界出版社、《中国建设》杂志社、《人民画报》杂志社、《北京周报》杂志社、《中国文学》杂志社等9家机构出版，30年累计发行品种数量为8069种，由商务印书馆、北京人民出版社等15家非外文局系统出版机构出版的外文书刊仅有84种。这些外文书刊涉及语种45个，累计册数达到了7703万册。发行国家经由5000多

家书店覆盖全世界 180 多个国家和地区。

另一大类是中文书刊的出口业务，主要由国图公司代理中国大陆多家出版社、报刊社的产品，在前 30 年里，累计对外发行了大约 2200 万册，大约是外文书刊的 30% 左右，发行国家和地区以亚洲国家和地区最多，占总数的 81% 还多，欧洲、美洲等经济发达国家为 12%，中国港澳地区占 5%，非洲为 0.02%，拉美为 0.01%。中文书刊显然具有一定的区域市场性质，具体详见下表 2。

表2　中华人民共和国中文图书出口世界各地区数量（1953—1978 年）

	亚洲	非洲	拉美	欧美洲	港澳地区
1953 年	3979930	2089	1339	24297	1335
1954 年	180035	497	382	18170	39
1955 年	125863	2602	242	50870	0
1956 年	34047	519	201	10797	20
1957 年	38673	197	54	34346	0
1958 年	27072	4303	447	8909	1
1959 年	101317	5727	1173	58367	0
1960 年	217207	2138	327	134647	3022
1961 年	348891	5346	660	278981	24200
1962 年	317917	3231	737	315261	101
1963 年	308316	804	210	234608	37
1964 年	174934	2787	215	177983	0
1965 年	74172			22733	10696
1966 年	183372			43850	989822
1967 年	519934	1452	1806	86425	42550
1968 年	924879	2448	1268	83018	10787
1969 年	1230882	1847	622	94540	23923
1970 年	1011231	5743	2	345283	449
1971 年	735719	2280	105	70024	986
1972 年	308947	798	324	25045	23
1973 年	301091	235	7080	30325	6544
1974 年	1309063	115	7738	35299	2526
1975 年	2132761	2378	11968	102036	1709
1976 年	3239607	1297	3011	19579	1735
1977 年	134671	2251	517	165160	0
1978 年	154039	3276	194	140498	642

无论是外文书刊还是中文书刊，30年具体特征如下：

第一是前30年的书刊出口，明显地存在着两条主线：（1）贸易发行。即按照书刊的定价扣除报关、运输等成本进行定期结算，这类书刊贸易自1950年开始就一直坚持，即便在"文革"期间仍然坚持记账，直到1979年改革开放后，贸易发行成为国际书刊贸易的主线。以中文书刊出口为例，从1953年开始，就出口10.8万册，1956年开始出口超过了102万册，最高的1965年超过了400万册，出口金额在1978年已经接近100多万人民币。（2）非贸易发行。主要是以外文书刊为主，即根据国家外交、国际政治的需要，供应前方使馆，并主要通过出口对象国的经销商扩大中国的文化影响。非贸易发行主要集中在国际政治形势激烈变化的历史时期，如20世纪60—70年代中苏关系破裂和"文革"期间。总之，贸易发行是主线，非贸易发行是次要的。

第二是迫于前30年的国际政治形势，出口量最大的是毛泽东著作、政治理论以及中国基本情况介绍等三类书刊，三种书刊比例分别为17%、22%、25%，突出了通过书刊向世界反映中国摆脱侵略、取得民族独立胜利的经验，介绍新中国的理念和宗旨。

第三是前30年的书刊出口，在进入对象国的时机、时间节点以及对象国经销商网的建立上，紧随国际政治的变化，首先是从政治倾向性与中国一致的各国共产党、左派组织、协会机构所创办的书刊出版机构、书店、协会合作开始。这一点对于中国书刊出口的好处是能够迅速开辟市场，形成政治影响，但同时也是前30年书刊出口的一个短板，往往因为国际政治的突然变化，书刊贸易额迅速下降，造成巨大经济损失。

（二）强调经济效益的实物出口阶段

1978年十一届三中全会后，中国社会全方位步入改革开放时期，经济建设成为国家一切工作的重心，因此中国出版的对外交流，例如海外代理商选择、出版物内容种类、发行推广方式以及组织结构调整，以及结算方式等方面开始了全方位的变化。其中最为重要的变化是在前30年长期由国图公司一家垄断出口的局面被打破，形成了多主体、多元化、多层次的中国出版物实物出口格局。

1. 根据经济效益调整出口布局、出口品种

（1）根据市场收益调整出口业务布局。在国图公司的出口区域布局上，长期以来亚洲、非洲两大区域由1965年开始的处级设置下降为一个科室，原亚洲处与非洲处合并为一个亚非部，下设亚洲科、英斯科（即英文、斯瓦希里文）、阿法科（阿拉伯文、法文）；欧美部下设批发、邮购业务，并新增艺术品出口部等经济收益较强的部门，这种设置一直维持到1992年11月，又将拉美部门合并进亚非部，名称改为亚非拉部，人员也大幅减少。到了1996年12月，又撤销亚非拉部、欧美部、开拓部，重组为外文期刊出口部、外文图书出口部，由传统的分区域管理彻底转变为品种管理，推广宣传的制作实现编、译、印一体化管理。截至20世纪90年代初，前30年里的非贸易发行彻底取消了。

在书刊实物出口运输方式上也彻底改变了。这一时期，凡是能够走海运的，不走国际邮政；凡是能够走航空运输的，不走航空邮政，凡不能货运而必须通过邮寄的，尽量走"平"不走"航"，且充分利用"专袋"运输方式。比如为海外订户发运《人民画报》，前30年基本是航空邮寄，1978年后改用"专袋"空运到对象国的书刊代理发行公司，由该公司负责分户投寄；国际书店负责当地邮费和少量同业的劳务费，并从当地同业的欠款中抵付。文化政治与文化生意两种组织原则的变化，在组织结构的调整历程中得到了清晰的体现。

（2）由缩微出版物到中国知网。1980年，国图公司抓住数字技术对于文献载体的变化，率先筹备成立中国缩微出版物进出口公司，1981年开始直接从事缩微出版物生产，1982年开始针对西方发达国家图书馆等机构用户提供文献收藏服务。根据国图

公司的材料介绍，从1984年开始，历时4年，将文渊阁《四库全书》制成16毫米缩微卷片570卷，并拷贝百余套，销往世界各地，这是中国缩微出版业中的最大项目。同时，还缩微出版了中国共产党成立初期创办的《向导》《新青年》《共产党人》等重要期刊，新中国成立后创刊的全卷本《红旗》《近代史资料》等。1988年出口中国书报刊缩微出版物达1000余种。基本以欧洲、北美地区的各个大学图书馆为主，尤其是美国各大学东亚图书馆，专门收藏中文书刊、年鉴、方志等，包含书刊、缩微制品和电子出版物在内，仅国图公司一家与美国的贸易额年均保持在100万美元左右。但是缩微出版物作为替代性产品，随着数字出版技术对于新闻出版的革命性变化，很快便退出了出版物的出口市场。

1999年6月，由清华大学、清华同方发起成立"中国知识期刊网"，采用自主开发的数字图书馆技术，建成了覆盖中文报纸、期刊、硕博论文、专利文献、年鉴、部分图书的《中国知识资源总库》及CNKI网络资源共享平台。中国知网成立后，使传统的报纸、期刊、图书的实物出口市场迅速得到更替，这是数字技术为出版业带来的革命性变化，首先在出版物出口市场上得到了体现。截至2009年，中国知网已经覆盖海外43个国家和地区的885个机构用户，并在美国、日本、韩国、德国、中国台湾和香港地区设立服务站点，出口金额达到620万美元，是1987年缩微出版物的6倍。

2. 大幅减少政治理论图书出口

（1）外文书刊内容的变化。政治理论图书出口大幅减少，取而代之的是中国文学、艺术、历史以及文化典籍等书刊成为出口的主体。中国基本情况类图书、学术论著、文学名著、中医学图书、艺术画册及少儿读物的品种迅速增加。如英文版的《红楼梦》《史记选》《孙子兵法》《黄帝内经》《中国针灸学概要》《中国风光》等。为进一步增加适销品种，国图公司于1981年成立朝华出版社，用多种文字出版了一批制作精湛的大型画册及中外文对照图书,《古都北京》《京剧脸谱》《现代中国画集粹》《中国画技法概论》《怎样做中国菜》等很畅销。

除了中国文学、艺术类书刊外,自1978年至2009年的后30年间,中国儿童出版物大幅增长,超过甚至代替了前30年的政治性读物。这种转变的动力来自于中国儿童读物在拉美、中东、非洲大陆存在着的巨大市场。中国儿童读物在图片、色彩、形象等等方面,在拉美、非洲等第三世界的人们看来,具有与欧美资本主义流行文化完全不同的特征,色彩鲜艳、人物形象清新、故事与情节纯净健康,富有教育意义。因此,中国儿童出版物得到了广大读者的欢迎。如1986年1月组建的海豚出版社,主要以出版外文版儿童书为主,其中包括的语种有:英文版、法文版、德文版、日文版、阿拉伯文版、斯瓦希里文等,发行到全世界的180多个国家和地区。1987年曾发运1万册斯瓦希里文儿童读物参加坦桑尼亚国际书展,并在当地获得了较好的收益。

(2)大幅增加中文典籍、艺术品种出口。自1978年之后,中国出版业进入繁荣发展时期,古今名著大量出版,为中文图书出口提供了充足的货源。根据国图公司自己的介绍,在此一阶段大力组织中文图书出口,将很多品种销往国外,其中标点本《二十四史》《资治通鉴》,影印本《四库全书》《永乐大典》《文苑英华》,一批文学总集,许多重要古籍的选注本、今译本、木版印刷本,当代文学名著和学术著作,以及《三希堂法帖》《甲骨文合集》《辞源》《辞海》等,均被国外经销商、图书馆、研究机构、高等院校、汉学家踊跃订购。日本、欧洲、北美、东南亚成为中文图书出口的主要市场。

1980年,国图公司成立艺术品出口部,进一步开拓国外艺术品市场,重点加强书画原作出口,并多次在国外举办中国书法家、画家个人作品展,对传播中华传统文化艺术和提高中国书画家的国际知名度起到了积极作用。

(3)多个经营主体,出口业务迅速发展。自1980年开始,国家新闻出版总署又批准成立了中国出版对外贸易公司,俗称"版图公司",并在两年内于上海、天津、福建、广东等地分别成立分公司,也经营出口业务。前30年由国图公司一家单独垄断中国书刊出口的局面得到了彻底改变。

自2003年文化体制改革以来,地方出版外贸公司分别被归入不同的地方出版集团,在全国范围内形成了出版集团—外贸公司、发行集团—外贸公司、出版发行集团(印刷物资集团)—外贸公司3种格局。2007年9月,在新闻出版总署召开的全国出版物进出口工作会议期间,各地出版外贸公司成立全国地方出版外贸联合体(简称地贸联)。至此,形成了国图公司、中图公司以及地贸联等多个经营图书进出口的主体。

经过中央与地方多个主体推动的中国出版物实物出口业务,在1978年至2008年的30年间得到了飞速发展。1987年,经由国图公司一家对外出口的外文书刊不到1000种,中文书刊品种为2.5万种、数量为143万册,出口金额为637万人民币;这个数字截至2009年,经由拥有出口权的出版集团、地方出版外贸联合体等多个渠道出口的外文品种,已经超过了2000种,仅12家地贸联成员单位的出口金额就达到557.5万美元[1]。中外文书刊主要内容为中国菜谱、中国武术、太极拳、剑术、中医针灸、中医挂图等,以及俄汉、西汉、英汉辞典、汉语教科书等具有中华文化特性的内容品种,载体形式也从传统纸介印刷品扩展到录音、录像、电子书以及数据库等。

总之,中国出版的实物出口,在1978年之后,开始转变为以经济效益为中心的多样化产品种类、强调经济效益的海外经销商网络以及中央与地方多个出口主体等,前30年突出文化政治的做法得到了彻底改变,实物出口业务金额远远超过了前30年。

(三)实物出口的新时期

2005年7月中办、国办印发《关于进一步加强和改进文化

---

[1] 洪玉华:《地贸联:国际贸易嫁接出版产业,促出版集团适应未来产品形态、传播方式、产业形式转变》,《中国新闻出版报》,2010年5月10日。

产品和服务出口工作的意见》，2006 年 11 月国办转发了财政部、商务部等多部委《关于鼓励和支持文化产品和服务出口的若干政策》，2007 年 4 月新闻出版总署印发了关于扶持新闻出版走出去的 8 项政策措施，2008 年新闻出版总署与 50 多个国家签署了"中外图书互译计划"，2009 年新闻出版总署实施了"经典中国国际出版工程""重点新闻出版企业海外发展扶持计划""边疆地区新闻出版企业走出去扶持计划"，2010 年新闻出版总署再次推出了"中国出版物国际营销渠道拓展工程"，2011 年又颁布了《新闻出版业"十二五"时期走出去发展规划》，2012年 1 月又公布了《关于加快我国新闻出版走出去的若干意见》。这些政策既涉及版权输出、对外翻译出版，也涉及在海外设立分支机构，同时包含中国出版物出口的退税、出口奖励等多个层面，一系列政策的密集出台，构建了一个立体化的支持中国出版走出去的政策体系。

在宏观利好的政策环境下，中国出版对外交流自 2009 年至 2017 年的新时期里，在前 60 年里一直以实物出口为主要形式的中国出版对外交流，开始步入一个全新发展时期。该时期的主要特征除了实物出口类型的增加，如从传统中文书刊、中文典籍、传统艺术品到录音录像带、电子书以及数据库等变化之外，另外一个重要变化是依据互联网信息传播技术的变化，建设了为海外机构用户、海外读者服务的网络书店，其中以亚马逊中国书店最具代表性，其他如专门面向国内读者服务的当当网、淘宝网、京东网也不同程度上为海外中文读者提供图书阅读服务。这是中国出版物拓展海内外市场的一次划时代变革，中国图书的实物出口步入线上线下结合的全方位发展时期。

中国国际图书贸易集团公司与亚马逊公司借助亚马逊的品牌和全球物流渠道，在亚马逊网站上专门开始"亚马逊中国书店"，并于 2011 年 9 月 29 日上线，拥有专用的短域名 www.amazon.com/chinabooks。作为美国亚马逊主站上唯一一个以国家命名的特色书店，"亚马逊中国书店"有着 30 多万种适合海外读者的中国出版物品种，其销售范围覆盖了 185 个国家和地区。截至 2018 年，亚马逊中国书店上线品种达到了 40 多万种。中国出版物通过"亚马逊中国书店"项目，已斩获了一条自主、便捷、被国外读者广为接受的商业化渠道，实现了中国图书在全球最大电子商务平台实时销售，使承载中国文化的中国出版物海外销售之路，与前 60 年相比，可以说是"天堑变通途"。

在亚马逊中国书店项目的带动下，当当网、卓越网、博库书城等多家只针对国内读者市场的网络书店，也逐步加大国际网络发行渠道建设力度，扩大出版物国际销售。

除了网络书店外，在新闻出版总署主持推动下，上海新闻出版发展公司与法国拉加代尔集团开展国际销售服务合作，中方将通过拉加代尔集团遍布全球重要机场、车站的 3100 家零售书店，销售外文版中国图书、杂志等文化产品。特别是 2011 年中国春节期间（1 月 23 日—2 月 12 日），大批中国出版的外文书刊直接在美国、加拿大、法国、德国、澳大利亚等 10 个国家的 20 个国际机场、100 家书店同时举办了为期 3 周的外文版中国图书全球春节联合展销活动，取得了很好的宣传效果。

除跨国发行集团的合作之外，由中国国际图书贸易总公司(简称国图公司)和全国地方出版对外贸易公司联合体(简称地贸联)共同承办了全球百家华文书店中国图书联展活动，在韩国、新加坡、越南、日本、美国、加拿大、巴西、英国、毛里求斯等 27 个国家的 100 家华文书店，从 2011 年 12 月 16 日开始举办了历时一个月的中国图书联展活动。该活动每年一次，有效整合了海外华文图书渠道资源，形成有利于中文图书海外销售的网点布局，从而扩大了中文图书出口和重点图书海外销售，为海外华人华侨和读中文的外国人提供了内容丰富的最新中文图书。

总之，中国出版的实物出口，从前 30 年单一的书刊出口到后 30 年的书刊、艺术品、电子书、音像、数据库等多元化产品，再到 2009 至今基本形成的中国出版物（中外文）网络实时销售平台，并覆盖全世界 185 个国家和地区，中国出版实物出口 70 年已经基本完成了线上线下的销售布局，形成了一个多元化、多层次、多主体的国际化渠道。

二、对外翻译出版的基本情况

对外翻译出版，一直是中国出版 70 年对外交流的核心。环顾世界，从来没有哪一个民族、哪一个国家像中国这样，如此大规模地将中文的政治、法律，历史、地理，文学艺术，教育文化等内容的图书有系统、成规模、长时间地翻译成为其他语言。无论是对外翻译的语种还是翻译数量，都开创了世界翻译历史的纪录。

中国对外翻译出版 70 年，与不同时期社会发展的主要任务、目标相呼应，从译介内容上，大体可以分为三个阶段，一是 1949 年至 1978 年，又称"前 30 年"，侧重反映中国"站起来"的历程和经验；二是 1979 年至 2008 年，又称"后 30 年"，侧重对外介绍中国"富起来"的历程；三是 2009 年至今，又称"新时期"，侧重由"阐释中国"到"中国阐释"的转变。以下分别详述之。

（一）侧重译介中国"站起来"的历程和经验

中国对外翻译出版前 30 年间，累计翻译出版的总品种数 9356 种，涉及 44 个语言，在出版内容、外译文种以及印刷、发行数量等方面，都创造了中国对外翻译出版事业的高峰[1]。

1. 对外翻译出版的内容

中国对外翻译出版前 30 年的累计图书品种为 9356 种，涉及 44 种语言。这些图书按照中图法分类，大约分为 12 类，第一类为马克思、列宁主义、毛泽东思想、邓小平理论，该类图书的品种数量为 3045 种，是品种最多的一类内容，其中主要是毛泽东著作选集（一、二、三、四卷）、毛泽东各种著作的单行本、毛主席语录等，其他少量是马克思、恩格斯、列宁等著作的英译本，

[1] 本段数据来源以《全国总数目》的"外国文字图书目录"为基础，同时结合外文出版社、中国国际图书贸易总公司的内部资料和数据，使之更加完善。

其中邓小平的讲话各个语种的外译出版品种数量为37种；第二类为中国政治、法律类，30年间共出版了2709种；第三类为社会科学总论类，共出版了424种；第四类为综合性图书，共出版了1138种；第五类为中国文化、科学、教育、体育类，30年间共出版了1232种；第六类为中国文学类，共出版了190种；第七类中国艺术类，共出版了344种；第八类为中国历史、地理类，30年间共出版了187种，第九类为中国哲学、宗教类，共24种，第十类为中国医药类，共出版了31种；第十一类为中国经济类，共出版了25种；第十二类为语言文字类，共出版了7种。

这里要特别说明的是，毛泽东著作的对外翻译出版、发行在前30年里占据了中国外文出版发行的绝大部分比重。1961—1976年，外文图书出版社用18种外文，出版了《毛泽东选集》第1—4卷，共印429万多册；用13种外文出版了《毛泽东军事文选》。毛泽东著作外文版中，单行本占相当大的部分，毛泽东著作中的一些著名篇目基本上包括在其中。《毛泽东诗词》的各种文版：在1959—1963年出版了英、法、西、荷、印地、印尼6种文字的19首本和法文版21首本。1976—1979年，又出版了英、法、西、阿拉伯、朝、印尼6种文字和汉英对照版的39首本；1979年出版了日文、泰文版的42首本。1966年至1972年，外文出版社用37种外文出版了《毛泽东语录》1008万册。此外，还用英、法、西、俄、德5种外文出版了张贴式《毛泽东语录》，印数为133万张。

仅次于第一类的是中国政治、法律类，在中译外的2709种政治、法律类文献中，包括《中华人民共和国宪法》、土地法、《中国共产党党章》、党代会文件、政治会议决议、历次人民代表大会文件、中国与其他国家建交公报、联合声明等发布性法律文件、外交公告，除此之外，还有大量的政治声明，诸如在与苏联关系破裂之后，中苏两国关于国际共运论战的"九评"文件，声援印度支那三国人民的抗法斗争、声援非洲、拉丁美洲人民的民族独立运动等政治文件,都属于此类内容。

这两类内容占据了整个中国外文图书出版总品种的62%,体现了前30年间中国对外译介的文化特征。这两类图书集中了中国政府和中国共产党对于当时国际局势的政治思考和哲学判断,具有鲜明的时代政治特征。比如在以毛泽东思想为代表的新中国政治理念当中,不仅具有丰富的传统文化内容,而且还是中华民族取得民族独立斗争胜利的经验总结,如游击战争思想,农村包围城市战略,新中国经济建设时期的自力更生思想,"三个世界"的划分理论,都在20世纪获得了广泛的世界影响,是新中国给予当代世界政治文化理论的巨大贡献。

在第五、第六、第七、第八类图书中,1232种文化、科学、教育、体育类图书,190种文学图书,344种艺术图书和187种地理、历史类外译图书,这些图书在当时的特殊历史时期是作为毛泽东思想以及政治、法律等文献的辅助对外翻译出版的,但却获得了久远的传播效果。

在内容选择上,既有中国经典文学作品《红楼梦》《水浒传》《西游记》《三国演义》以及李白、杜甫诗歌的翻译出版,也有《林海雪原》《暴风骤雨》《青春之歌》《红旗谱》《红岩》《铁道游击队》《敌后武工队》《英雄儿女》等红色经典文学作品的翻译;既有《鲁迅小说选》、巴金的《茶馆》和《龙须沟》、茅盾的《子夜》等现代文学代表作的翻译,也有京剧样板戏《红灯记》《奇袭白虎团》《沙家浜》和现代芭蕾舞剧《红色娘子军》《白毛女》等剧本的翻译;既有《中国民间故事》《阿诗玛》《刘三姐》的翻译,也有栩栩如生的配图连环画《鸡毛信》《狼牙山五壮士》《刘胡兰》的翻译和出版,还有大量的由各地美术出版社、各地人民出版社出版的人文地理风光、传统建筑遗迹摄影、中国绘画、工艺美术摄影等明信片、画册、摄影集。这些图书作为新中国主动向世界传播自己灿烂而丰富文化内容的一种努力,不仅塑造了中华儿女在摆脱殖民侵略和民族独立斗争的新形象,也续写了自16世纪开始，以西方传教士、海外汉学家、支持和同情中华民族独立斗争的进步人士、海外华侨为主体，介绍中国、宣传中国、传播中华文化的四百年历史，鲜明生动地展示了当代中国的人文地理风光。今天看来，虽然其中不乏挫折、失败和历史教训，但从传播范围的广度、深度以及传播效果来看，这是整个中华民族主动对外传播自己优秀文化最为成功的一次。

2. 对外翻译出版的语种

在前30年里，中国外文图书出版的语种达到了44种，其中欧美文字21种，亚非文字22种，再加上一个多语种对照，总共为44个语种。多语种对照指的是一个出版物分别配上两个以上语种，如中、英对照，中、英、法对照，甚至是中、英、法、德、西班牙四种以上文字对照，还有英、阿拉伯对照，英、乌尔都对照等，这类出版物多是明信片、摄影、画片、连环画等图书。多语种对照出版物适应了当时风云变幻的国际形势，图文并茂，易于接受和理解，取得了十分良好的对外传播效果。

（1）欧美文字的翻译出版

在所有外译图书的语种中，欧美文字是重点，这和新中国独立伊始，就着力向西方世界传达自己的政治主张和发展理念高度相关，因此对欧美文字对外翻译的语种、内容和出版图书的对外发行量上投入力度较大。在语种数量上欧美语种要远远多于亚非语种的数量。欧美文字除了英文、法文、西班牙文、德文、俄文等主要西方国家语言之外，还有葡萄牙文、意大利文、塞尔维亚、荷兰文、瑞典文、阿尔巴尼亚文、波兰文、捷克文、匈牙利文、保加利亚文、希腊文、挪威文、芬兰文、葡萄牙（巴西）文和世界语等21个语种。

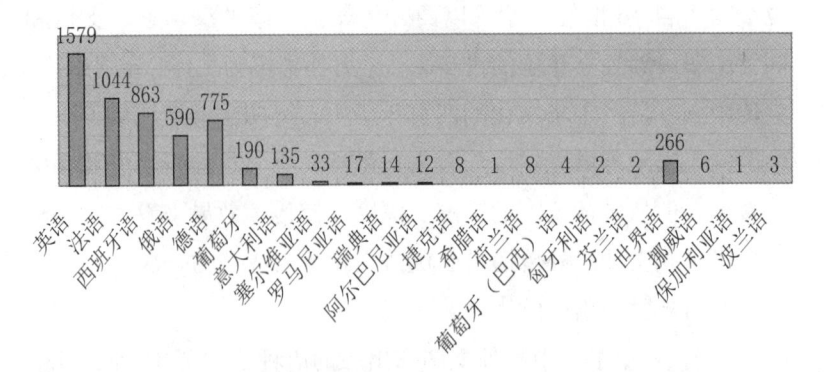

图1 1949—1979年中国文化欧美文字翻译的品种数量（图中数字为品种数）

由图1可看出，在1949至1979年的30年里，中国文化外译欧美文字的总品种数量达到了5544种。其中英语1579种，法语1044种，西班牙语863种，俄语590种，德语775种，葡萄牙语190种，意大利语135种，塞尔维亚语33种，罗马尼亚语17种，瑞典语14种，阿尔巴尼亚语12种，捷克语、荷兰语分别是8种，葡萄牙（巴西）语4种，波兰语3种，匈牙利语2种，芬兰语2种，希腊语、保加利亚语分别是1种，而并不通用的世界语却达到了266种。除世界语外，外译最多的英、法、德、俄、西班牙、葡萄牙、意大利等文字都是西方主要大国，也是使用人口数量相对较多的语种。

新中国成立后的五年间，主要欧美文字的译介一直处于很低的水平，1949有俄、英、法3种，1950年仅有德、英2种，1951、1952、1953年连续三年仅有英、法、德、俄4种，直到1954年才有第一本西班牙语的出版物，1955年达到7种，1956年才超过了10种。1958年第一次出版芬兰语图书，1959年出版第一本荷兰语图书。基本形成出版规模是在1959年，主要欧美文字，英、法、德、俄、西班牙等语种的图书品种数都超过了年度20种以上，语种数量达到15种。实现这个目标，可以说是新中国在百废待兴的国家建设过程中，动员各种力量才实现的，正是这第一个十年的艰苦努力，才形成了整个中国对外翻译事业的基础。

（2）亚非文字翻译语种最多

在前30年对外翻译出版外国文字当中，亚非文字的语种数量最多，达到22种文字，比欧美文字多1种，但出版的总品种数量却少于欧美文字的5544种，仅有3900种。

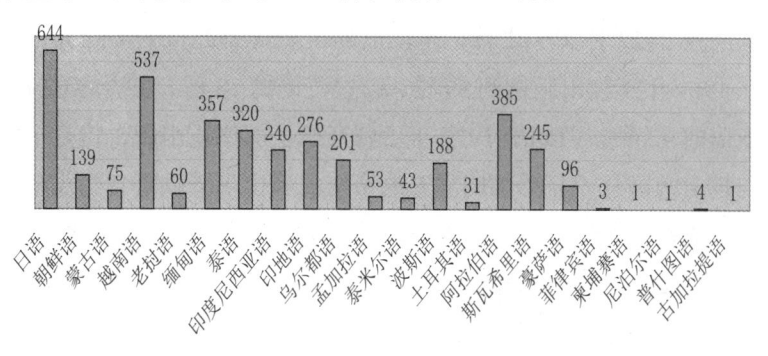

644　139　75　537　60　357　320　240　276　201　53　43　188　31　385　245　96　3　1　1　4　1

日语　朝鲜语　蒙古语　越南语　老挝语　缅甸语　泰语　印度尼西亚语　印地语　乌尔都语　孟加拉语　泰米尔语　波斯语　土耳其语　阿拉伯语　斯瓦希里语　豪萨语　菲律宾语　柬埔寨语　尼泊尔语　普什图语　古加拉提语

图2　1949—1979年中国文化翻译亚非22种文字品种（图中数字为品种数）

由图2可以看出，出版数量最多的是日语，达到644种，其次为越南语，537种，再次是阿拉伯语，为385种，此后依次为缅甸语357种，泰语320种，印地语276种，斯瓦希里语245种，印度尼西亚语240种，乌尔都语201种，波斯语188种，朝鲜语139种，豪萨语96种，蒙古语75种，老挝语60种，孟加拉语53种，泰米尔语43种，土耳其语31种，普什图语4种，菲律宾语3种，柬埔寨语、尼泊尔语、古加拉提语各1种。

这22个亚非文字的翻译出版，也与新中国在前30年间根据国际形势所制定的外交政策、对外宣传策略紧密相关。以1955年印尼万隆会议召开为标志，中国开始确立和平共处五项原则的外交理念，积极支持第三世界国家的民族解放和反对霸权主义事业。因此大量用亚、非文字翻译介绍中国的时间是在1955年，形成高潮则是在1969年左右。

在亚洲文字中，以印尼语的翻译出版最早，延续时间最长。从1949年就开始出版，并形成了两个出版高峰，一是1955年至1958年，一个是1968至1970年。这和新中国与印度尼西亚的外交关系在前30年间曾经产生过巨大波动有关。而日语、缅甸、越南语的翻译出版能力形成差不多是在同一时期，都是在1956年开始出版第一本日语、越南语、缅甸语、泰语图书，三种文字的年度翻译出版量在1967至1970年达到出版最高峰。而其中日语图书的翻译出版一直很稳定，年度出版翻译数量、对外发行量都居亚非22种文字之首，越南语的出版则是起伏变动最大，曾在1969年年度出版达到89种，超过英语的38种、法语的62种、俄语的42种，但到了1979年后则开始全部终止出版，这是中国与越南两国从"兄弟加同志"的亲密关系一下子跌落到兵戎相见的巨大波折所致。可见，中国30年的对外文化的翻译推广与外交格局发展变化息息相关。

用阿拉伯语翻译介绍中国各个方面的图书出版从1953年就开始了，形成出版能力是在1958年，年度出版达到6种，此后1959年至1975年的17年间，一直保持年度出版10种以上的规模，最高的年份是1959年，达到48种。与阿拉伯语类似，中国用印地语翻译介绍中国的图书出版也很早，1957年开始出版第一本印地语图书，1958年就达到年度出版44种，超过了俄语的26种、西班牙语的38种，此后到1971年，一直保持年度出版5种以上规模，只是在1962年为3种。印地语、阿拉伯语在南亚大陆、西亚、北非地区的使用人口数量都超过了一亿人，从这两个语种的年度翻译出版数量和出版时间来看，都充分体现了中国对于这些地区的重视程度。

（二）侧重译介"富起来"历程和改革开放

以1972年中美关系正常化为标志，截至20世纪70年代末，中国不仅恢复了联合国的合法席位，同时与世界上独立的130多个国家中的110个国家建立了大使级外交关系，从根本上改变了中国与美国、日本、西欧等主要资本主义国家的关系，中国外交逐步走上正常化的发展轨道。在这一个大的国际政治背景下，中国确立了全面改革开放的发展道路，进入了中国历史上最好的发展时期。

在改革开放的时代背景下，从1979年至2008年的后30年，中国对外翻译出版真正成为中外信息沟通、文化交流的桥梁和使者，无论是政府对外招商引资、专业教育交流，还是民间经贸往来，在社会各个层面，对外翻译都发挥了关键的中介作用，并逐步恢复语言服务业的产业本质。但在对外翻译语种、发行数量等方面，却远不及前30年。

1. 对外翻译出版的内容

以十一届三中全会为标志，中国在对外文化交流事业的指导思想、方针政策、目标任务、传播对象、传播策略等方面发生了彻底变化。1980年4月，中共中央决定成立对外宣传领导小组，由中宣部、中联部、外交部、文化部、国务院侨办、港澳办、人民日报社、新华社、广电总局、外文局等14个单位组成，全面负责组织领导和管理协调当时整个对外宣传工作。十年后的1991年，国家成立国务院新闻办公室，由国务院新闻办领导对外新闻传播工作。在指导思想上，对外文化交流调整到以创造有利于中国经济发展战略的国际环境，增进世界各国人民对于中国人民的了解和友谊为目标。

在这样一个时代背景下，中国对外翻译出版领域最为明显的标志是翻译介绍中国人文历史、各地地理风光的图书品种大量增加，而相应地前30年里占据对外译介70%以上的毛泽东著作、政治理论文献等翻译出版开始迅速减少。

图3是依据《全国总书目》的数据，根据上文所列出的统计依据，进行整理的内容分类示意图。

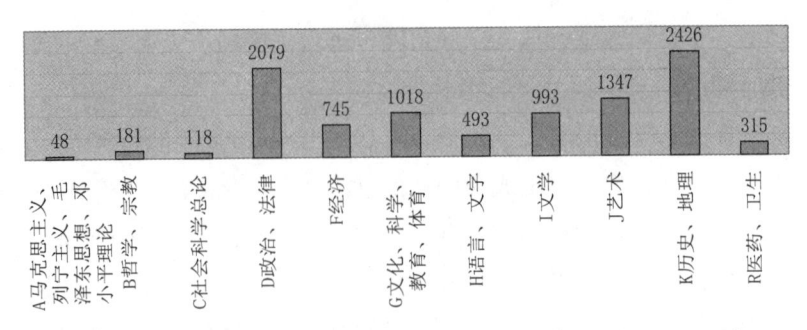

图3 1980—2009年中国出版的外文图书内容分类（图中数字为品种数）

由图3中数据显示，后30年间累计翻译出版的品种共有9763种。最高的是历史、地理类，达到2426种，其次是中国政治、法律类，为2079种，再次为中国艺术类，为1347种，文化、科学、教育、体育类为1018种（其中包含中国武术类），中国文学类993种，中国经济类745种，语言文字类493种，中医药类315种，哲学宗教类181种，社会科学总论类118种，最少的为马克思主义、列宁主义、毛泽东思想、邓小平理论类，仅有48种。从总品种来看，后30年仅比前30年的9356种多407种，总量上并没有增加多少，但从翻译出版的内容分类来看，前后30年呈现截然不同的面貌。

最为显著的不同就是，前30年最多的是马克思、列宁主义、毛泽东思想、邓小平理论这一类内容，在1980至2009年的30年间成为最少的一类，仅有48种。而前30年排名第八位的历史、地理类图书成为大宗品种，总数达到2426种，占整个比例的25%。

之所以出现这种截然相反现象，那就是在国家改革开放的大背景下，对外翻译承担起向世界全面深入介绍中国、说明中国的中介职能，顺应了改革开放的社会发展大势。而改革开放的第一波，就是中国特有的自然风光、历史遗迹的对外推介，并由此逐步深入到对外招商引资、法律法规、科技资料等经济建设各个关键环节。这表明中国改革开放的30年发展，基本是从中国历史地理、中国法律类两个方面向世界介绍自己、说明自己，侧重的是中国改革开放的历程。

2. 对外翻译出版语种

在后30年间，中国对外翻译的语种为24种，其中欧美文字为10种，亚非文字为14种，加上一个多语种对照，总共25种，与前30年相比，减少了19种。

（1）欧美文字的翻译出版

在后30年间，中国用欧美文字的对外译介与前30年相比有两个不同：一是欧美文字种数与前30年的21个语种相比，减少到仅有8种，分别是英语、法语、西班牙语、德语、俄语、葡萄牙语、世界语、意大利语，新增拉丁语和丹麦语，合计10种。而前30年的塞尔维亚语、荷兰语、瑞典语、阿尔巴尼亚语、波兰语、捷克语、匈牙利语、保加利亚语、希腊语、挪威语、芬兰语、葡萄牙（巴西）语等12个语种在1980年之后就再没有出版过。

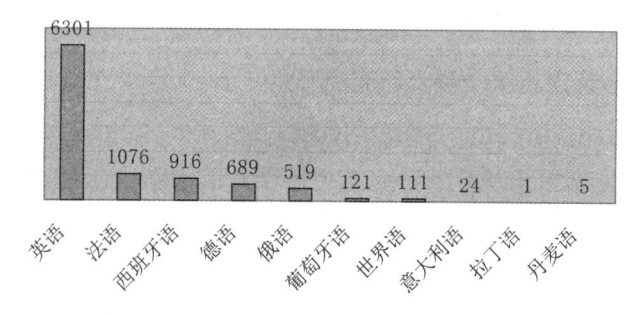

语种	品种数
英语	6301
法语	1076
西班牙语	916
德语	689
俄语	519
葡萄牙语	121
世界语	111
意大利语	24
拉丁语	1
丹麦语	5

图4　1980—2009年中国外译欧美文字30年累计品种（图中数字为品种数）

后30年间中国对外译介语种的变化，反映了20世纪80年代走上全方位改革开放道路的中国，其文化发展重心以经济发达国家为主，与相关语言文化区之间的文化交流不如30年前那样密切，相应地一些欧洲国家文字的翻译出版就大幅减少。

与之相反，英语译介一枝独秀，后30年的累计翻译出版品种达到6301种，远远超出了法语、德语、西班牙语、俄语等通用语，占据了所有外译文字的半壁江山。出现这种现象的原因，在于中国开始于20世纪80年代的改革开放，主要是与美、英等主要发达资本主义国家打交道，因此学习和掌握英语，能够用英语同外界交流，曾经一度是中国社会改革开放程度的一个标志。尤其是冷战结束后，随着全球化和信息化的到来，英语在全世界各个领域被广泛应用，包括政治、经济、贸易、文化、外交、旅游、通讯、自然科学和人文科学的学术研究等。据统计，世界上有60多个国家把英语作为官方性的语言，有85%的国际组织把英语列为通用语言（联合国、欧盟等），世界上有75%的邮件是用英语写的，80%的出版物和互联网信息都是用英语出版和发布的。因此，着力用英语翻译介绍改革开发的中国就成为一种历史的必然选择。

（2）亚非文字的翻译出版

在后30年间用14种亚非语言文字翻译中国内容的图书品种为2231种，用日语翻译中国内容的品种最多，达到789种，其次为阿拉伯语420种，印地语225种，孟加拉语190种，朝鲜语144种，越南语114种，乌尔都语102种，泰语86种，斯瓦希里语60种，缅甸语54种，僧伽罗语31种，土耳其语9种，泰米尔语、蒙古语均是2种。其中僧伽罗语为新增语种。与1949至1979年的前30年的22个语种相比少了9种，这9种分别是老挝语、印度尼西亚语、波斯语、豪萨语、菲律宾语、柬埔寨语、尼泊尔语、普什图语、古加拉提语，意味着这9种文字在1980年之后再没有一本图书出版过。

出现这种现象的原因，与后30年欧美文字翻译出版中国图书一样，那就是中国自1979年之后的改革开放，主要是面向世界上经济发达的资本主义国家，西方国家中有美国、法国、英国、德国等主要国家，在亚洲有日本、韩国，这也是日语在14种亚非文字翻译出版中最多的原因。另外一个原因则在于，在前30年间关系密切的其他亚非国家，因为英语也在这些国家非常通用，像西非的豪萨语地区，更为通用的是法语，而东南亚的印度尼西亚、柬埔寨、菲律宾、老挝也同时通用英语，因此这种减少是一种必然趋势。

值得充分重视的是，与前30年相比，后30年欧美文字和亚非文字合计，整体减少了19种。这些语种均为非通用语，使用人群数量少，绝大部分属于经济不发达地区。从投入与产出回报来看，这些语种的开发，是新中国前30年间在财力、物力极为短缺的时代千辛万苦建立起来的，30年前形成的44个语种的翻译人才、海外发行网络等，在后30年里没有得到有效的继承、巩固和发展。这对于中国对外翻译出版事业而言，很难说是完全正确的一种选择，甚至可以说是一种巨大的损失。某种程度上说，这也是中国出版在后30年里侧重经济效益发展而忽视了社会效益的缺陷、不足，在对外翻译出版事业上的一个体现。

（三）从阐释中国到中国阐释的新时期

不难看出，无论是前30年的"站起来"经验，还是后30年"富起来"的发展历程，中国主题图书对外翻译的内容都是介绍与说明，侧重点在"阐释中国"。随着中国国际影响力的日益增强，亟需要从中国悠久的历史传统、丰富的文化资源出发，对于中国"站起来""富起来"伟大历史实践给予论证、阐发。

1. 以国家项目方式调动全社会资源

为了突破这种接受屏幕，相关部门推出了一系列支持中国主题图书的全面对外翻译出版的重大工程、计划，继2005年启动的"中国图书对外推广计划"，2009年启动的"中国文化著作翻译工程"以及同年启动的"经典中国工程""丝路书香翻译工程"基础之上，2010年启动的"中华学术外译计划"、2013年启动的"中国当代文学对外翻译推广计划"等，这些项目均强调对于反映中国当代社会政治、经济、文化内容的图书给予翻译资助支持。

"中国图书对外推广计划"作为最早实施的外译项目，在外译内容、中外出版机构遴选、翻译人才组织等方面做出了许多有价值的尝试。2019年特别强调,要改变中国"走出去"图书偏重武术、中医、饮食、旅游,偏重对于传统作品的改编选编,强调真正把中华优秀传统文化的精神标识以及当代价值、世界意义的文化精髓提炼出来、展示出来。

"经典中国国际出版工程"旨在鼓励和支持中国出版机构翻译和出版适合国外市场需求的图书为主,资助外向型中国精品图书以版权输出、合作出版等形式,在海外翻译出版,自2009年开始实施。"丝路书香出版工程"是推动中国新闻出版业与"一带一路"国家开展交流的专项项目,2014年12月5日正式获得立项,规划设计到2020年,涵盖重点翻译资助、丝路国家图书互译项目、汉语教材推广项目、境外参展项目、出版物数据库推广项目等,旨在面向"一带一路"国家讲好中国故事、传播中国声音,阐释中国特色,认识中国、了解中国、理解中国。2019年开始,明确要求"经典中国国际出版工程"支持国内出版单位向美、英等西方发达国家翻译出版中国图书,"丝路书香工程"支持中国出版机构向周边国家和"一带一路"沿线国家输出中国图书版权并翻译出版相关图书。

"中华学术外译项目"自实施以来,便开始面向全社会征集学术图书外译项目。2019年项目征集要求对外翻译代表中国学术水准、体现中华优秀文化精髓、反映中国学术前沿、传播当代中国价值观念的学术精品,并侧重研究当代中国马克思主义特别是习近平新时代中国特色社会主义思想,研究阐释中国道路、中国模式、中国经验的优秀成果;研究当代中国经济、政治、文化、法律、社会等各个领域的优秀成果;研究世界共同关注的问题、重大国际问题和地区问题的优秀成果。相关外译成果以外文形式在国外权威出版机构出版并进入国外主流发行渠道,深化中外学术交流与对话,突出了"中国阐释"的目标与要求。

"中国当代作品翻译工程"是鼓励当代文学作品走出去的资

助计划，于 2013 年开始实施。资助范围包括 1978 年以来至新时期创作发表的中国当代文学作品，包括小说、诗歌、散文、报告文学（纪实文学）等作品。对面向国外市场的外文翻译出版项目提供支持，主要在翻译环节，即对于翻译费用实施资助和补贴。组织实施单位为中国作家协会和中国原国家新闻出版总署。

同时，为了解决中国出版机构对于翻译人才的需求，2015 年由文化部外联局和北京语言大学共同组建成立了中国文化译研网（CCTSS），致力于为关注中国文化的全球读者、观众、译者、专业人士找作品、找翻译、找资助、找渠道等公益服务，支持中国出版机构与世界各国出版机构之间开展广泛的文化互译合作。目前已经成立了 30 个语种的中外互译委员会，与 60 多个国家的 1000 多家出版机构建立了合作关系，包含汉学家、专业译者人数已经超过了 3000 人。

2. 出现一批品牌性中国主题图书

进入新世纪，特别是十八大以来，世界各国对于当代中国政治、经济、文化等各个方面所取得的成功经验存在着巨大需求，一些基于中国文化、中国价值、中国哲学的理论视野回答世界普遍关注的热点问题的学术图书逐年增多。如早在 2007 年荷兰布睿尔出版社就组织编写了一套"布睿尔中国人文丛书"，这套丛书就包含洪子诚、陈平原、骆玉明、荣新江、葛兆光等中国学者的著作，但仍然是从历史、文化的角度进行解释和说明中国。中国社科院赵汀阳的《天下体系》《天下体系的当代性》等学术图书，侧重"中国阐释"，因此获得世界学术界的广泛关注和讨论。2011 年出版的《历史的轨迹：中国共产党为什么能》（海外馆藏量为 29 家），2012 年出版的《中国震撼：一个"文明型国家"的崛起》（海外馆藏量为 161 家），2016 年出版的《中国超越：一个"文明型"国家的光荣与梦想》（海外馆藏量为 58 家），丰富了中国主题图书走出去的内容和形式，扩大了传播覆盖范围。

外文出版社在 2014 年面向全世界出版发行了《习近平谈治

国理政》(第一卷),集中介绍新时期中国发展理念以及相关政策,给世界各国,特别是"一带一路"沿线发展中国家提供中国道路、中国智慧。该书中文版出版后,外文出版社自2014年开始与韩国、越南、尼泊尔、泰国、柬埔寨、巴基斯坦、土耳其、匈牙利、蒙古、意大利、阿尔巴尼亚、乌兹别克斯坦、缅甸共13个国家的出版机构合作翻译出版,包括韩文、越南文、尼泊尔文、泰文、柬埔寨文、乌尔都文、土耳其文、匈牙利文、蒙古文、意大利文、阿尔巴尼亚文、乌兹别克文、哈萨克文、缅甸文14个语种的版本;又与俄罗斯、秘鲁合作出版了俄文版和秘鲁版。同时与捷克、老挝、吉尔吉斯斯坦、波兰、塞尔维亚、塔吉克斯坦、孟加拉国、印度、斯里兰卡、罗马尼亚、冰岛、马来西亚、阿富汗、克罗地亚、乌克兰、肯尼亚、伊朗共17个国家的一流出版机构展开翻译出版合作,按照统一封面、统一格式等方式,面向当地读者推出本土化语种版本。同时,外文出版社也与美国圣智学习集团签订了该书中文繁体、英、西三种语言的电子分销协议。截至2017年11月,已出版24个语种,27个版本,累计发行超过660万册。[1]

根据世界图书馆平台显示,截至2018年底,《习近平谈治国理政》一书英文版已经进入全球265家图书馆,中文版(包括简体和繁体)92家图书馆收藏,法文版11家、西班牙文版5家、葡萄牙文版2家、日文版30家图书馆收藏。这些图书馆分别是美国、澳大利亚、英国、加拿大等国家的国家图书馆、公共图书馆、专业图书馆、高校图书馆、军事图书馆等,其中主要以大学、智库和科研机构图书馆居多。

《习近平谈治国理政》在全世界引发的"中国热",是自改革开放40年来,中国在政治、经济、文化等各方面不断取得成功,综合国力日益增强的时代背景下出现的一个重要文化现象,与毛泽东著作对外翻译出版有着一致的逻辑。这些反映中国道路、中国智慧、中国方案等内容的电子书、影像产品和互联网在线资源迅速推出,对于突破欧美社会对于当代中国的接受屏幕,起到了

---

[1] 数据来源于中国新闻网 http://www.chinanews.com/gn/2017/11-25/8385548.shtml

一定的引领作用。

三、出版国际化发展

所谓国际化，指的是中国出版按照国际出版发展的一般性规律，逐步从具有浓厚特色的中文出版、区域出版走向国际性出版的过程。中国出版的国际化发展方式，主要包含三个方面：一是国际书展，从参加其他国家、地区的国际书展到主办一个具有世界影响的北京国际图书博览会（BIBF）；二是版权贸易，从前30年以实物贸易出口为主到后30年的授权出版、包销、版权输出，最后版权贸易成为考核指标；三是本土化发展，从合资、引进到海外本土化发展。以下分别详述之。

（一）从参加书展到举办国际书展

参加书展是一个国家出版拓展世界市场的普遍方式，但是中国出版机构参加国际书展却走过了一段不平凡的历史。如国图公司1956年首次参加法兰克福书展，参展人员发现展场外面悬挂国民党旗帜，涉及两个中国问题，便与主办方严正交涉，终于使其在开幕前换上了新中国国旗。此后因会展主办方屡次犯同样错误，中国方面在1959年不得以中断参展，一直到16年后的1975年，法兰克福书展主办方不再邀请台湾地区参加后，中国才恢复参展，此后每年参加一直到新世纪。

此外，中国出版在前30年参加的国际书展，一般局限在已建交的国家举办一些书展等文化交流活动，规模小，局限性大。而且大部分是倚重渠道代理商、经销商举办推广活动。自1956年至1978年，中国出版的图书、画册，先后有17次获得民主德国颁发的大奖、金奖、银奖等奖项，1956年国际书店参加莱比锡书展的成员曾获得民主德国总理格罗提渥的接见。

在1978年改革开放之后，中国参加书展真正成为中国国际书店销售中国图书的一种方式。在以下三个方面，与前30年呈现不同的特征：

第一是参加各类国际书展的次数大幅增多。从 1978 至 1988 的 10 年间，仅以国图公司一家的数据为例，直接派人参加国际书展的次数为 150 起，委托使馆和海外代理商参加的书展次数达到 250 起，累计各类书展、画展、艺术品展的次数达到 400 起，这是前 30 年无法相比的。

大规模参加海外书展的好处是很多的。尤其是非洲、拉丁美洲、中东、亚洲等第三世界的书展，大部分是既展示又可以批发销售，同时又起到了宣传中国的作用。

第二是书展成为中国出版物拓展国际市场的方式之一。前 30 年里，图书展览以国家政治外交关系为中心，局限在有外交关系并且对中国友好的国家。改革开放之后的书展，则不再局限于有外交关系的国家，比前 30 年参加的范围更大、更广。如在中东、非洲地区，除每年一度的开罗国际书展之外，还在尼日利亚、坦桑尼亚、赞比亚、津巴布韦、毛里求斯、马达加斯加、加纳、阿尔及利亚、突尼斯、摩洛哥、贝宁、多哥、马里、刚果、扎伊尔、塞内加尔、苏丹、留尼汪等 20 多个国家、地区展出中国图书，有效地扩大了中国书刊在这些国家的发行，促进了图书贸易。

在参展方式上，1978 年之后，参展机构一改过去做法，不仅仅用参加书展对一些没有建立书刊经销网的国家、地区宣传中国文化宣传，还核算每次书展的投入与产出，注重经济实效。如在遥远的拉丁美洲大陆，每年举办书展的次数很多，参加书展要支付很高的旅费、宿费、运费，因此每次到这个地区参展，都是一次顺便参加多个书展，力争把每个书展都变成一次销售行为。拉美地区的书展除古巴外，基本上都可以现场销售图书。以国图公司拉美部参展为例，一般是两个人一组，每次出国都要参加 3 至 4 个书展，通常要带一大批图书，大约 2 万册左右，60 多个品种，每种 100 至 500 册左右。从 1980 至 1988 年，国际书店共在秘鲁、阿根廷、墨西哥、巴西、厄瓜多尔、乌拉圭、圭亚那等 8 国举办中国书展48起，这种方式起到了宣传中国、巩固新老关系的作用，同时又与80多家书商建立了常年联系，书展成为后30年里中国出版拓展国际市场的有效方式之一。

除实物销售、联系当地经销商之外，进入2000年之后，国际书展成为中国出版机构联系国际译者、作者，合作出版和版权输出的一个重要形式。如2009年中国成为法兰克福国际书展主宾国，成功举办了600多场活动，达成版权贸易2147项，此后又成功在2012年伦敦书展、2015年美国书展举办主宾国活动，截至2018年，中国在这一时期以主宾国身份成功举办了19个国际书展，覆盖亚洲、非洲、美洲等多个区域性、国际性、专业性书展。书展成为中国出版拓展世界市场的一个重要方式。

第三是成功举办北京国际书展。1986年北京国际图书博览会（Beijing International Book Fair）经国务院正式批准创办，每两年举办一次，从2002年开始由两年一届的办展周期缩短为一年一届。博览会坚守"把世界优秀图书引进中国，让中国图书走向世界，以促进国际科技文化交流，增强各国人民的相互了解和友谊，扩大中外合作出版和版权贸易，发展图书进出口贸易"的宗旨，吸引国内500多家出版单位及来自英、法、美、日等国家和地区的2000多家中外出版机构参展，展览面积逐年扩大，截至2018年，已经成功举办了25届。如今北京国际书展已经成为世界上仅次于法兰克福书展的第二大国际书展。从参加书展到自己举办国际书展，中国出版的国际化发展步伐日益加快。

（二）版权贸易、合作出版

版权贸易、合作出版是国际出版市场通行的作法，中国出版对外交流70年的历史过程中同样也有许多版权贸易、合作出版的成功案例。

最早的版权输出案例应该是1953年5月，柯烈茨书店经理罗素代表英国共产党所属劳伦斯—威夏特（Lawrence & Wisart）

出版社与中国达成了翻译出版《毛泽东选集》第1—3卷的协议，并支付第一笔版税1.5万英镑。这是新中国成立后第一本委托翻译出版的书籍，主要发行对象是世界各国共产党、左派团体和会员。根据笔者的统计，在1990年之前属于版权输出、合作出版形式的项目有57例，具体如下表。

表4　1953—2000年中外合作出版项目[1]

序号	时间	合作出版社	合作项目摘要
1	1953年5月	英国劳伦斯—威夏特出版社	国际书店与该社签署在英国翻译、出版、发行《毛泽东选集》英文版（1—3卷）的协议，开创了新中国对外合作出版的先河
2	1958年11月	日本东京光文社	《人民中国》杂志社提供日本战犯忏悔稿件，该社以《三光》书名在日出版发行，两个月销售20万册，轰动日本
3	1979年6月	法国Arthhaud出版社	人民画报杂志社与该出版社合作出版法文版《丝绸之路》
4	1979年10月	美国读者文摘杂志社	人民画报社出版，该杂志社包销《中国风光》画册，第一版4000册，再版15000册，不久销售一空
5	1979年11月	美国立新书店	外文出版社与该书店合作出版英文版《苏州园林》，美方负责出版、印刷、发行，并支付中方版税
6	1979年11月	美国Hwong Publishing公司	国际书店与该公司合作翻译出版《中国概貌》英文版，美方支付中方版税
7	1980年2月	美国时代明镜出版公司下属哈利·艾布拉姆斯出版社	人民画报社与其合作出版《中国文物》画册英文版
8	1980年3月	斯里兰卡黎明书店	外文出版社与其合作出版僧伽罗文版儿童读物
9	1980年3月	美国赫斯特集团《好管家》杂志	人民画报社与其合作出版《北京的100种名菜》《中国苏州双面绣》，分别在1980年、1983年在美国出版

[1] 何明星：《新中国书刊海外发行传播60年（1949—2009）》，中国书籍出版社，2010年版，第190-193页。

续 表

序号	时间	合作出版社	合作项目摘要
10	1980年4月	芬兰图书出版公司	在外文出版社1977年英译本巴金小说《家》的基础上翻译成芬兰文版出版
11	1980年5月	美国印第安纳大学出版社	外文出版社就《水浒传》《骆驼祥子》《中国最佳短篇小说选1978—1979》《呐喊》《彷徨》五部小说签订一揽子协议。美方负责影印出版，并支付中方版税。该社已经出版的中国作品有《中华人民共和国文学》《中国文学概论》《原野》《石头记》《蔡晔集》《围城》《生死场》《呼兰河传》《尹县长》等
12	1980年9月	意大利皮钦出版社	国际书店与其合作出版《针灸经穴图》意大利文版，意方负责翻译、印刷、发行并支付中方版税。
13	1980年10月	美国西蒙·舒斯特出版社	外文出版社授权该社出版《体育新苗》一书
14	1981年2月	日本东方书店	人民中国杂志社连载《日本回想》在该社出版
15	1981年2月	日本极东书店	人民中国杂志社连载《中国历史之旅》在该社出版
16	1981年2月	日本讲坛社	《人民中国》杂志社连载《中国史话》在该社出版
17	1981年4月	日本美乃美出版社	外文出版社自1980年12月起与其签订了《贵州苗族腊染图案》《大足石刻艺术》《中国陶瓷》《永乐宫壁画》4本画册合同，1982年5月出版。这是第一次与日本签订画册合作出版合同
18	1982年4月	日本小学馆	《人民中国》杂志社游记连载《丝绸之路的今与昔》在该社出版
20	1982年8月	美国哈利·艾布拉姆斯出版社	外文出版社与其合作出20版《探索青藏高原的奥秘》英文版
21	1982年8月	叙利亚大马士革出版社	外文出版社与其合作出版《三国演义》《西游记》《边城及其他故事》《聊斋故事》阿拉伯文版
22	1983年12月	美国印第安纳大学出版社	外文出版社与其合作出版《艾青诗选》英、汉文版

续 表

序号	时间	合作出版社	合作项目摘要
23	1982年12月	西班牙勃香格拉出版社	外文出版社与其合作出版《西游记》1—3卷
24	1983年8月	日本东方书店	外文出版社与其合作出版日文版《邓小平文选》
25	1983年10月	澳大利亚威廉·柯林斯出版社	中国文学杂志社与该社合作出版《现代中国文学作品选》
26	1983年12月	美国布莱克敦出版社	人民画报社与其合作出版《中国菜谱》，印刷2.5万册，在英、法、澳大利亚发行
27	1984年8月	香港商务出版公司	外文出版社与其合作出版画册《西藏佛教密宗艺术》，在香港发行，这是第一本与香港出版界合作的画册
28	1984年12月	美国印第安纳大学出版社	外文出版社与其合作出版英文版《水浒传》、英文版《骆驼祥子》
29	1984年12月	日本美乃美出版社	外文出版社与其合作出版《新疆克孜尔壁画》（上下集）
30	1984年12月	香港海鸥出版社	外文图书出版社与其合作出版英文版《中国民间故事集》
31	1984年12月	香港三联书店	外文出版社与其合作出版英文版《中国古典文学简史》
32	1984年12月	英国牛津培格曼出版社	授权英国培格曼出版英文版《邓小平副主席文集》，1985年1月在美国发行。1987年11月第二版由英国培格曼出版公司出版并向世界各地发行。
33	1985年3月	叙利亚大马士革出版社	外文出版社与其合作出版阿拉伯文版《水浒传》，由叙利亚著名翻译家、作家苏海尔·艾尤布翻译
34	1985年9月	英国培格曼出版公司	包销英文版《刘少奇选集》第2卷，并在版权页上加盖该公司经销字样
35	1985年10月	叙利亚人马士革出版社	外文出版社与其合作出版阿拉伯义版《刘少奇选集》上卷

续 表

序号	时间	合作出版社	合作项目摘要
36	1985年11月	日本教育出版社	人民画报社与日本教育出版社合作在日本印刷、发行日文版《中国画报》
37	1985年	澳大利亚开文·威尔顿公司	中国出版对外贸易公司与澳大利亚开文·威尔顿公司合作出版《中国－长征》大型画册协议，并在1986年10月纪念中国红军长征胜利五十周年之际面向全世界首发，杨尚昆、李鹏等国家领导人以及老红军代表出席首发式
38	1986年3月	西班牙阿兰帕拉出版社	外文出版社与其合作出版《中国针灸丛书》
39	1986年1月	意大利联合出版社	授权意大利联合出版社出版意大利文《邓小平文选》，该书是由意共中央机关报《团结报》驻北京记者金兹伯格翻译
40	1986年10月	孟加拉国新潮出版社	授权孟加拉新潮出版社出版孟加拉文《邓小平文选》，孟加拉国学者纳茹尔·胡达·米尔扎选编、翻译
41	1986年11月	美国中国刊社	中国文学杂志社与其合作出版英文版《爱是不能忘记的》（张洁著）
42	1987年5月	新加坡亚太图书有限公司	中国文学出版社与其签订重印出版《聊斋志异选》合约
43	1987年6月	香港和平图书有限公司、香港佛教文化事业公司	中国建设出版社与其合作出版大型画册《四大名山——五台山、峨眉山、普陀山、九华山》
44	1987年9月	罗马尼亚布加勒斯特政治出版社	授权罗马尼亚布加勒斯特政治出版社出版了罗马尼亚文版《邓小平文选》
45	1987年10月	比利时范登出版社	人民美术出版社、上海人民美术出版社、文物出版社与其合作出版《中国美术全集》
46	1987年11月	加拿大莫塞克出版社	外文出版社与其合作出版《中国历史图册》

续 表

序号	时间	合作出版社	合作项目摘要
47	1988年1月	苏联政治书籍出版社	授权苏联政治书籍出版社出版了俄罗斯文版邓小平文集《论当代中国基本问题》
48	1988年8月	荷兰Novip Ainbo出版社	中国文学出版社与其合作出版荷兰文版《中国文学编目》
49	1988年9月	荷兰Novip Ainbo出版社	中国文学出版社与其合作出版荷兰文《芙蓉镇》（古华著）
50	1988年9月	西班牙格拉纳达大学	由中国外文出版社提供译文，西班牙文版《红楼梦》5000册，限在西班牙境内发行
51	1988年10月	联邦德国西柏林西德勒出版社	授权联邦德国西柏林西德勒出版社出版了德文版《邓小平文选》
52	1988年11月	波兰书籍与知识出版社	授权波兰书籍与知识出版社出版了波兰文版邓小平的文集《中国的社会主义道路》
53	1988年	澳大利亚开文·威尔顿公司	中国出版对外贸易公司与澳大利亚开文·威尔顿公司合作出版《俯瞰中国》大型画册
54	1989年1月	苏联进步出版社	外文出版社与其合作出版俄文版《中国手册》，1989年9月在俄发行
55	1989年12月	苏联进步出版社	外文出版社与其合作出版俄、汉文版《农业对话》
56	1990年	耶鲁大学出版社	中国外文局与耶鲁大学出版社合作出版《中国文化与文明》系列丛书，共计70余种。1997年，该丛书中的《中国绘画三千年》曾作为江泽民主席1997年访美的礼物赠予克林顿总统
57	1999年8月	保文版《中国》杂志社、保加利亚利科出版社和雪花出版社	由保文版《中国》杂志社、保加利亚利科出版社和雪花出版社合作翻译、出版和发行《邓小平文选》保加利亚文版

上述表格57项中外合作出版项目中，有《刘少奇选集》《邓小平文选》等领导人著作，除东欧等个别语种属于中国支持翻译经费外，英文、日文的翻译出版，均采取了收取版税或者包销出版的方式。如1984年国图公司与英国培格曼出版社达成了《邓小平文选》的包销协议，1985年国图公司与英国培格曼出版公司就包销英文版《刘少奇选集》第2卷达成协议，这种包销均属于国际合作出版的一种形式，其他合作项目内容均是中国经典文学、历史文物、旅游风光等内容，或者是属于版权输出，或者是包销出版。

进入2000年之后，版权输出数据作为中国出版拓展国际市场的主要方式之一，这个数字成为衡量中国出版走出去的重要指标之一。如《狼图腾》一书2004年由长江文艺出版社出版后，2005年8月31日与企鹅集团签订英文版输出协议。按照协议，《狼图腾》的英文版在全球同步发行，企鹅集团支付10%的版税，并预付10万美元。此后接连输出法文版、德文版、日文版、意大利文版、西班牙文版、荷兰文版、土耳其文版、希腊文版、匈牙利文版、韩文版、泰文版、越南文版等20多个版权。截至2006年，版权贸易总额已达110万美元，其中包括意大利文版的20万欧元。《狼图腾》一书以版权输出金额最高、单笔预付版权最大、首次进入西方主流市场而创下中国出版界的三个第一。[1] 相关出版机构在宏观利好的政策环境里，加大版权输出力度，截至2017年，中国出版的引进版权18120种，输出版权已经达到13816种，引进与输出比由20世纪90年代的5∶1成功下降到1.3∶1。

（三）本土化发展

所谓"本土化"，是指跨国公司的海外子公司在东道国从事生产和经营活动的过程中，为迅速适应东道国的经济、文化、政治环境，淡化企业的母国色彩，在人员、资金、产品零部件的来源、技术开发等方面都实施当地化策略，使其成为地道的当地公

[1] 何明星：《由〈狼图腾〉的海外影响看中国图书的海外发行体系建设》，《出版发行研究》，2013年第2期。

司。因此,"本土化"的实质是跨国公司将生产、营销、管理、人事等经营诸方面全方位融入东道国经济中的过程,本土化是一个行业、领域国际化水平高低的标志。中国出版的本土化,即意味着出版机构本土化、人员本土化和选题本土化三个层面的含义。

中国出版对外交流的70年历史,在不同的历史阶段同样也呈现了本土化特征。具体而言,在1949年至1978年的前30年里,中国出版的本土化发展,是以"海外同业"的发展为主,侧重发展中国书刊在推广对象国的本土化代销机构,中国出版的本土化机构主要是在亚洲、中东和非洲地区、拉美地区、欧洲和北美地区、中东欧地区设立办事处,主要任务是协调中国出版物的订户、发行和运输等相关事宜,个别涉及翻译人才的遴选和推荐,一般不涉及选题。

表5 新中国书刊海外经销商网点数量[1]

时间	国家/地区	销售中国书刊户	备注
1955年	42	278	
1957年	50	370	
1961年	73	367	
1963年	87	545	其中左派书店55家
1964年	91	738	其中左派书店113家
1984年	180	870	
1985年	98	792	
1986年	100	813	其中160家个人代销户

[1]何明星:《新中国书刊海外发行传播60年(1949—2009)》,中国书籍出版社,2010年版,第290页。

在1979年至2008年的后30年里,中国出版的本土化发展从经销网路逐步到以股权、合资、合作等形式发展本土化机构。最具有代表性的是2002年由中国外文局收购了自1960年开始一直专营中国出版物发行业务的美国中国书刊社,并与香港联合出版集团共同在美国注册了长河出版社,各控股50%股权,并派驻中国高级管理人员,对于当地员工进行管理,此后中国外文局相继收购了法国百周年出版社、法国巴黎的凤凰书店。

中国出版对外贸易公司在2004年5月与新加坡大众控股集团在香港合资成立了现代大众图书有限公司，2007年9月，收购了法国博杜安出版公司，在澳大利亚悉尼收购了澳大利亚多元文化出版社。2009年中国出版对外贸易公司业务重组后在海外的发行网络框架为：香港和海外已有10家书店、海外出版公司已有7家、海外分公司共有6家。

进入2000年之后，中国出版的本土化发展逐步提速，除长期从事对外出版的中国外文局、国图公司、版图公司之外，其他地方出版机构、民营公司也纷纷试水本土化发展。如2007年中国青年出版社在伦敦成立了分社（CYP international Ltd.）；2008年人民卫生出版社成功收购了加拿大戴克出版公司，使该社拥有了肿瘤、口腔类专业一大批名列世界前茅的作者和图书；2008年在中国开办民营图书公司的黄永军在伦敦注册了新经典出版社（New Classic Press）；2009年科学出版社在日本东京设立了中国科技出版传媒股份有限公司的全资子公司；2012年7月，北京时代华语图书股份有限公司在美国第五大道501号注册了中国时代出版公司（CNTIMESINC）；2015年安徽时代出版社在黎巴嫩注册了时代未来有限责任公司；2016年新经典文化公司收购了法国长期出版中国图书的菲利普·比基耶出版社。截至2017年，中国有40多家出版机构在海外设立了400多家本土化出版机构。总体上看，中国出版的本土化发展还处于初期阶段，相比中国出版70年的对外翻译出版成就、实物出口业绩还有很大差距。

中国出版对外交流70年的发展历史，可以总结的内容很多，本文仅仅按照中国出版物的实物出口、对外翻译出版以及书展、版权输出、本土化等国际化发展的三个维度进行梳理，肯定是挂一漏万的。但是不管怎样进行整理和总结，都会涉及内容产品、发行市场、人员机构等三个方面在70年发展历程中的变化。在内容产品方面，中国出版70年的对外交流与发展，逐步提高了跨语种的出版能力，这一点在1949年至1978年的前30年里达到了高峰，出版语种从中文单一语种到超过历史记录的 44 个语种，开创了 70 年的最高记录。可惜的是，前 30 年 44 个语种翻译出版人才、海外发行网络在后 30 年没有得到很好的继承和巩固。在跨地域、跨国别的市场拓展方面，1979 年至 2008 年的后 30 年要好于前 30 年，这主要是因为对外出版发行机构从单一机构逐步放开，中国出版物逐步采取了合作出版、版权输出、国际书展等通常做法，并在 2000 年之后逐步搭建了以亚马逊中国书店为标志的一个线上线下、网络书店与海外华文、专业中国书店相结合的中国出版物的海外发行网，中国出版物的实物出口数量、传播范围的广泛性、针对人群的有效性、专业性方面都是前 30 年所无法比拟的。在出版机构和人才队伍的国际化方面，中国出版经过 70 年的发展，从前 30 年单一专业机构封闭运作，到采取国家项目、工程、计划方式面向全社会、国内外的专业出版机构公开招标，专业化实施运作，团结了一批跨国出版集团、世界知名的专业出版社、一大批长期从事中国文化研究、翻译的汉学家、学者。有关当代中国政治、经济、文化的作者、译者、出版队伍国际化水平日益提高，正在发生从"阐释中国"到"中国阐释"的转变。

当然，中国出版 70 年的对外交流历史过程中，与跨语种的出版能力、跨国别的出版市场相比，出版机构和人才队伍的国际化是亟需提升的一块短板。如何在世界层面上进行筛选和组织人才，不仅要在传统出版的策划、编辑、印刷、发行等层面，具有吸纳世界一流人才的能力，还包括要拥有数字出版、网络出版、移动终端和社交媒体等领域的创新人才队伍。人才队伍建设非旦夕之功，中国出版应及早出台中国出版人才的国际化目标、规划以及建设保障措施，从出版人才国际化的建设角度推动中国出版早日成为一个世界出版强国。

（何明星：北京外国语大学国际新闻与传播学院教授、
中国文化走出去效果评估中心主任）

附录一
新中国新闻出版业大事记

（1949年10月—2019年8月）

1949年（10月—12月）

10月1日 中华人民共和国成立。中央人民政府设立管理全国新闻事业和出版事业的新闻总署和出版总署。

10月3日—19日 全国新华书店出版工作会议在北京举行。毛泽东为会议题词："认真作好出版工作"，并于10月18日接见了全体代表。

10月19日 中央人民政府委员会第三次会议通过任命：胡乔木为新闻总署署长，范长江、萨空了为副署长；胡愈之为出版总署署长。叶圣陶、周建人为副署长。新闻总署、出版总署于11月1日开始办公。

11月15日 《新华月报》创刊，毛泽东为创刊号题词："爱祖国、爱人民、爱劳动、爱护公共财物为全体国民的公德。"

11月25日 《人民文学》创刊，毛泽东为创刊号题词："希望有更多的好作品出世。"

12月1日 统一经营书刊进出口贸易和进口书刊国内发行业务的国际书店在北京成立。

12月5日 中共中央决定撤销中宣部出版委员会，将工作移交出版总署。

12月21日　政务院批准由财政部、轻工业部、新闻总署、出版总署、财政经济委员会计划局等8个单位组织文化用纸管理委员会，统筹全国新闻、出版用纸。

1950年

1月1日　《人民中国》（半月刊）英文版创刊。1958年3月4日，改刊为《北京周报》英文版。

1月31日　出版总署印发《关于新出图书杂志应寄赠北京图书馆致出版单位的通知》，要求全国各出版单位，送交书刊样本，以供保存和调查统计之用。

3月25日　出版总署作出《关于统一全国新华书店的决定》，将各地分散经营的新华书店统一为全国性的国营出版企业，在北京设新华书店总管理处（1950年4月1日成立），在各大行政区设新华书店总分店，各省市设分店。

同日　出版总署作出关于稿费制度的决定。各出版社据此拟定了各自的稿酬办法。

4月1日　《儿童时代》杂志创刊。

5月1日　毛泽东为《北大周刊》"五四"专号题词。

5月15日　中国科学院编辑出版的《科学通报》创刊。

5月24日　政务院颁布《禁止珍贵文物图书出口暂行办法》。

6月20日　出版总署召开京津发行工作会议。7月10日，召开京津出版工作会议。8月29日，召开第二届全国新华书店工作会议，为即将举行的第一届全国出版会议作准备。

7月20日　中共中央转发《中央宣传部关于出版工作的通知》。

7月　《人民画报》在北京创刊。其外文版名为《中国画报》，至1989年已出版15种外文版。

7月27日　中共中央批转《中央宣传部关于目前出版工作的指示》，对当前出版发行工作存在的缺点提出改进意见。

9月15日—25日　第一届全国出版会议在北京举行，中央人民政府副主席朱德莅会并发表重要讲话，出版总署署长胡愈之作《论人民出版事业及其发展方向》的报告。会议通过"关于发展人民出版事业的基本方针""关于改进和发展出版工作""关于改进和发展书刊发行工作""关于改进期刊工作""关于改进书刊印刷业"等5项决议。会上着重讨论了出版、印刷、发行事业的分工专业问题以及调整公私关系问题。

10月28日　政务院发布《关于改进和发展全国出版事业的指示》。出版总署发出《关于发布第一届全国出版会议五次决议的通知》《关于国营书刊出版印刷发行企业分工专业化与调整公私关系的决定》。

11月24日　经出版总署批准，新华书店总管理处发出《书稿报酬暂行办法》（草案）。

12月9日　商务印书馆、中华书局、开明书店、三联书店和联营书店五个单位的发行部门联合组成公私合营的中国图书发行公司，并于1951年1月1日正式开业。后公司私股先后退出，该公司于1954年1月1日并入新华书店。

1951年

1月12日　出版总署发出《关于出版翻译书籍应刊载原本版权说明的通知》。

1月17日　出版总署发出《关于新华书店总管理处改组及成立人民出版社、新华印刷厂总管理处、新华书店总店等三企业单位的通报》，将原新华书店总管理处的出版部与该署编审局的一部分组成人民出版社，将厂务部、发行部等分别改组成新华印刷厂总管理处和新华书店总店。

2月　《解放军画报》杂志创刊。

3月12日　《人民出版社图书成本及定价核算暂行办法》出台。

3月21日　新闻总署和出版总署联合发出《关于全国报纸期刊应建立书报评论工作的指示》。《人民日报》于3月23日发表社论：《书报评论是领导出版工作和报纸工作的最重要的方式之一》。

3月26日—4月3日　人民教育出版社、新华书店总店在北京联合举行第一次全国教科书出版工作会议和课本发行会议。

3月28日　人民文学出版社在北京成立。

4月17日　出版总署发出《关于认真做好〈毛泽东选集〉的出版印刷发行工作的指示》，并决定成立《毛泽东选集》出版、印刷、发行工作委员会。

5月7日—23日　中共中央宣传部召开第一次全国宣传工作会议，会上讨论了通俗读物的出版工作。

5月　中共中央批转了中央宣传部《关于全国出版事业发展情况给中央的报告》。

6月15日　《解放军文艺》杂志创刊。

8月27日至9月4日　第一届全国出版行政会议在北京举行。8月28日，中宣部副部长胡乔木作了题为《改进出版工作的几个问题》的报告。

10月12日　《毛泽东选集》第1卷出版发行。第2卷于1952年4月10日出版，第3卷于1953年4月10日出版，第4卷于1960年10月1日出版。

10月18日　文化部与出版总署联合发出《关于加强年画工作的指示》。

10月　《中国文学》杂志（英文版）创刊。

11月5日—12日　第一届全国翻译工作会议在北京举行。

11月26日　出版总署发出《关于查禁书刊的规定》，规定禁售书刊须经该署批准。

12月21日　政务院通过《关于建立全国报纸书刊发行网的决定》《期刊登记暂行办法》《国外印刷品进口暂行办法》《管

理书刊出版业印刷业发行业暂行条例》。

1952 年

1月1日　宋庆龄主持的中国福利会出版的《中国建设》英文版创刊。1990年1月改名为《今日中国》，用6种外文和中文繁体字出版。

2月12日　新闻总署撤销，其报纸管理有关工作划归出版总署。

3月17日　作家丁玲的小说《太阳照在桑乾河上》，周立波的小说《暴风骤雨》，贺敬之、丁毅执笔的歌剧《白毛女》，获苏联1951年斯大林文学奖。这是新中国出版的著作首次在国外获奖。

4月22日　中央人民政府委员会任命陈克寒为出版总署副署长。

5月31日　新华印刷厂总管理处撤销，所属在北京的各业务厂合并，于6月1日改名为北京新华印刷厂。

7月1日　出版总署发出《关于禁查书刊问题的指示》，指出对一本书的存废必须极端郑重，决不能任意采用禁查手段，不能以禁查代替批评，一般只禁查直接反对《共同纲领》而对国家和人民有重大危害的书刊。

同日　新闻总署国际新闻局改组为外文出版社。

8月7日　中央人民政府委员会第17次会议通过任命萨空了为出版总署副署长。

8月16日　政务院颁布《管理书刊出版业印刷业发行业暂行条例》《期刊登记暂行办法》及批准《国外印刷品进口暂行办法》。

9月8日　出版总署发布《关于公营出版社编辑机构及工作制度的规定》，首次明确提出出版社对书稿应实行编辑初审、编辑主任复审、总编辑终审的"三审制"。

9月9日　出版总署发出《关于举办出版业、印刷业、发行业和期刊的核准营业和登记工作的补充指示》。9月25日，又发出《关于核准营业和登记工作中的注意事项》。

10月25日—31日　出版总署召开第2届全国出版行政会议，着重讨论了出版计划化问题。署长胡愈之作了《为进一步地实现出版工作的计划化而奋斗》的讲话。

10月　出版总署作出《关于国营出版社编辑机构及工作制度的规定》，强调保证国家出版的政治质量和技术质量。

11月1日　专营古旧书业务的中国书店在北京成立。

11月27日　出版总署发出《实行出版计划初步办法》。

12月8日　出版总署发出《关于编写、出版、推荐宣传婚姻法书籍的指示》。

12月20日　中共中央印发《关于加强报纸、期刊出版发行工作的规定》。

12月23日　中共中央印发《关于报刊发行问题的指示》。

12月28日　出版总署和邮电部发布《关于改进出版物发行工作的联合决定》，确定从1953年1月1日起，定期出版物（报、刊）由邮局总发行。

同日　出版总署和邮电部发布《关于改进发行工作具体办法的联合决定》。

1953年

1月29日　中共中央马克思恩格斯列宁斯大林著作编译局在北京成立，开始有计划、有步骤、系统地重新组织翻译马克思、恩格斯、列宁、斯大林著作。

3月28日　出版总署发出《关于图书、杂志版本记录的规定》，5月1日起实施。1954年4月1日，该署将本规定修订成《关于图书版本记录的规定》，于1954年4月19日颁布实施。

5月25日　国际书店与英国劳伦斯出版公司签订协议书，

委托该公司在英国出版《毛泽东选集》英文版。

6月29日—7月7日　出版总署印刷管理局召开全国各大行政区新华印刷厂厂长会议。副署长陈克寒作了《贯彻整顿巩固的方针，为提高企业管理而奋斗》的讲话。

7月1日　中华全国文学工作者协会主办、茅盾主编的《译文》杂志在北京创刊。

9月　由本年1月29日成立的中共中央马克思恩格斯列宁斯大林著作编译局翻译的《斯大林全集》开始由人民出版社分卷出版。全集13卷，于1956年4月出齐。

10月15日　出版总署在上海创办上海印刷学校，以培养印刷技术人才。

11月12日　出版总署颁发《关于纠正任意翻印图书现象的规定》。

12月31日　出版总署函告时代出版社，该社已由苏联塔斯社移交中国政府，出版总署委托中苏友好协会领导该社工作。1957年，该社并入商务印书馆。

1954 年

1月8日　出版总署发出《关于加强纸张管理工作的通知》。

4月19日　出版总署发出《应该重印一些有价值有内容的近代学术著译、文化知识读物的通知》。

5月15日　出版总署向政务院文化教育委员会送审《保障出版物著作权暂行规定》（草案）。

5月20日　出版总署发出《关于出版物应注意保密的通知》。

6月28日　出版总署向各地出版行政机关发出《限制私商非法出版图书的通报》。

7月3日　教育部、出版总署发布《关于出版中学、小学、师范、幼儿园课本、教材、教育参考书和工农兵妇女课本、教材的规定》。

7月22日　出版总署就《改造木刻书业问题》复告西南新闻出版局、四川省新闻出版处，并抄送各地新闻出版行政机关等。8月6日，该署又发出《改造木刻书业的补充通知》。

7月　中共中央宣传部发出《关于加强报纸杂志上的图书评论的指示》。

8月14日　中宣部批转出版总署《关于改造私营图书发行业的报告》。

8月15日　中宣部批转出版总署《关于整顿和改造私营出版业的报告》。

9月10日　出版总署发出《对于私营图书发行业进行社会主义改造的方针、步骤、方法和1954年工作要点》的指示。

11月30日　出版总署正式结束，原有工作移交给文化部。

11月　《中华人民共和国宪法》由人民出版社出版。

12月1日　文化部设立出版事业管理局。

12月31日　文化部发布《中央级出版社一般书籍、课本定价标准表》《中央级出版社封面、插页定价标准表》，自1955年3月1日起实行。

本年　全国私营出版业、印刷业、发行业，按照国家对资本主义工商业改造的政策，开始有步骤地进行了社会主义改造，到1956年基本完成。

1955年

2月　中国出版代表团访问苏联。

2月　《民族画报》杂志创刊。

4月11日　文化部印发《关于加强对新华书店领导的通知》。

7月10日　文化部、中国文字改革委员会联合发出《关于各省、市报纸、杂志试用第一、二批简化汉字及铜模的供应问题的联合通知》；12月7日，联合公布第一批汉字简化字260个，自1956年1月1日起试用。

7月22日 国务院发出《关于处理反动的、淫秽的、荒诞的书刊图画的指示》。

9月15日 文化部出版局发出《填报1956年度选题计划和出书计划的通知》，并附发《中央一级出版社编制选题计划、出书计划暂行办法》（草案）。10月14日，又发出《翻译选题计划报送办法补充说明》。

10月6日 文化部发出《关于我国处理国际著作权问题的通知》。1957年10月29日，该部又发出《关于支付外国作家稿酬问题的补充规定》。

11月8日 第一届全国人民代表大会常务委员会第23次会议通过《关于处理违法的图书杂志的决定》。

11月25日 文化部发布《关于文化行政部门所属文化事业领导关系的规定》，提出自1956年1月1日起，新华书店各省、市分店及其所属的支店、门市部交由地方文化行政机关领导和管理。新华书店总店仍然对全国新华书店具有领导和监督的责任，同时直接管理北京、上海、沈阳、武汉和重庆5个发行所。

12月6日 文化部出版事业管理局召集北京、上海、天津三市文化行政机关汇报私营出版业社会主义改造工作情况。

12月12日 文化部发出《关于书籍、杂志使用字体的原则规定》，对各类书籍、杂志使用的字体作出规定。

同日 中共中央宣传部同意文化部制定的《文学和科学书籍稿酬暂行规定的报告》。

12月27日 由中共中央马恩列斯著作编译局翻译的《列宁全集》开始由人民出版社分卷出版，全书39卷，1963年2月出齐。

12月30日 文化部发出《关于推行汉文书籍、杂志横排的原则规定》。

1956 年

1月6日 中国文字改革委员会、文化部联合发出通知，从2月1日起废除一批异体汉字。

1月9日—20日 新华书店召开第二次分店经理会议，讨论加强农村发行工作的问题。

1月19日 文化部发出《赶快对私营木版画出版商进行改造》的通知。

1月20日 文化部就《关于处理反动、淫秽、荒诞图书工作中的一些问题》批复上海市文化局。2月16日，就《关于一些反动、淫秽、荒诞图书的处理界限问题》批复江西省文化局。3月13日，向各地出版行政机关发出《关于各省市处理反动、淫秽、荒诞书刊工作中的一些问题》的通知。

1月23日 文化部向中宣部并中央上报《关于加强农民通俗读物出版发行工作向中央的请示报告》。

1月30日 文化部、供销合作总社发出《关于加强农村图书发行工作的联合指示》，并附发《关于供销合作社担负农村图书发行工作的实施办法》。10月22日，又发出《关于巩固供销社农村图书发行业务的联合指示》。

2月16日 文化部出版事业管理局发出《1956年4月1日起出版的图书一律加印统一编号》的通知。

2月18日 文化部发出《全国杂志、书籍定价标准的通知》，附发《全国出版社一般书籍、课本正文定价标准表》《全国杂志正文定价标准表》等件。1958年5月16日，文化部发文通知废止杂志定价标准，各杂志可自行定价。

2月20日 中央宣传部向中央并主席报送了《关于加强农民读物的出版发行工作的报告》。

3月15日—22日 文化部召开私营文化企业社会主义改造情况汇报座谈会。

3月21日—4月12日　文化部召开部务会议分别讨论《出版、电影、社会文化、文物、艺术、艺术教育事业15年远景规划》（草案）。

4月28日　毛泽东在中共中央政治局扩大会议上提出"百花齐放、百家争鸣"的方针。5月26日，中共中央宣传部长陆定一在会上作了题为《百花齐放、百家争鸣》的讲话。6月9日，文化部召集中央一级出版社和书店负责人，讨论在出版工作中贯彻执行"双百"方针。

4月30日　文化部发出《关于发挥印刷潜力以解决目前印刷生产力不足的困难及进行书刊印刷业长远规划的通知》。

4月　文化部决定建立北京印刷技术研究所。1977年，该所改名为中国印刷科学技术研究所。

5月25日　文化部、中国人民解放军总政治部发出《关于加强部队图书发行工作的联合指示》。

6月5日—7日　文化部召开关于北京、上海、天津、成都、重庆、江苏、浙江、湖南等地对古旧书业社会主义改造工作的座谈会。7月7日，该部发出了《关于加强对古书业的领导、管理和改造的通知》。

6月29日　以亚洲文化交流出版会会长、平凡社社长、日本出版俱乐部会长下中弥三郎为团长的日本出版交流代表团一行8人来我国进行访问。这是新中国成立后第一个来华访问的资本主义国家出版代表团。

8月28日　文化部出版事业管理局发出通知，决定自1956年9月份起，人民出版社等45个出版机构可直接同苏联的相关出版社联系。

9月3日—9日　新华书店总店和国际书店在北京联合召开全国图书发行先进工作者代表会议。

9月30日—11月16日　以文化部出版局副局长金灿然为团长的中国出版界参观访问团访问了苏联。

10月 为纪念鲁迅逝世20周年，《鲁迅全集》注释本开始分卷出版发行。1958年出齐10卷。

11月12日 为纪念孙中山诞生90周年，人民出版社编辑的《孙中山选集》出版。

11月30日 文化部和全国供销总社联合发出《关于加强农村图书发行业务的指示》。

12月 由中共中央马恩列斯著作编译局翻译的《马克思恩格斯全集》共50卷开始分卷出版，于1985年出齐。

1957年

1月25日 《诗刊》在北京创刊。毛泽东在致该刊主编臧克家的信中说："诗刊出版，很好，祝它成长发展。"

3月12日 毛泽东在中共中央召开的全国宣传工作会议上讲话，着重讲了知识分子、准备整风和加强党的思想工作等问题，继续强调贯彻"百花齐放、百家争鸣"的方针。

3月 《沫若文集》（17卷）开始由人民出版社分卷出版。

4月7日—16日 文化部副部长陈克寒率中国出版代表团参加在民主德国莱比锡举行的社会主义国家出版业会议。

4月12日 文化部发出《关于地方出版社工作问题的意见》。

7月 国家民族事务委员会主办的《民族团结》月刊创刊。

7月 中国作家协会上海分会主办的《收获》杂志创刊。

11月4日 文化部发出《关于社会主义国家出版业会议情况的通知》。

12月4日 文化部整风领导小组发出《关于精简机构下放干部问题的通知》。随后，出版界有不少人员下放。

1958年

1月6日 文化部发出《关于处理反动、淫秽、荒诞书刊图画问题的通知》，要求各地继续贯彻执行1955年7月22日和

1956年1月13日国务院印发的关于处理反动的、淫秽的、荒诞的书刊图画的指示。

2月9日—11日　国务院科学规划委员会古籍整理出版规划小组举行成立会。该小组由国务院副秘书长齐燕铭任组长，以中华书局为办事机构，协助规划小组拟订《中国古籍整理和出版的计划要点》。

3月10日—15日　"全国出版工作跃进会议"在上海举行，全国出版界掀起了"大跃进"的热潮。会议通过了跃进的倡议书、竞赛书。

3月　《茅盾文集》《巴金文集》《叶圣陶文集》开始分卷出版。

4月29日　中国文字改革委员会、文化部发出联合通知，推行第三批70个简化汉字。

5月1日　国际书店北京分店更名为北京外文书店。

6月1日　中共中央主办的《红旗》半月刊创刊。

6月26日　文化部发出《关于改变新华书店体制的通知》，决定新华书店各省、自治区、直辖市分店彻底下放，由地方文化、出版行政机关全权管理。自1958年7月1日起，新华书店总店对各地新华书店不再发布指示和决定，但仍负责交流图书发行工作经验和帮助训练干部。北京发行所改组成立新华、科技、外文三个发行所，仍由新华书店总店领导和管理；设在上海、沈阳、武汉和重庆的四个发行所，分别划归地方领导；各地新华书店的体制机构，由各地文化、出版行政部门自行决定。

7月5日　文化部发出《降低书籍定价，并将一般书籍和课本的定价标准改为参考标准》的通知。

7月14日　文化部颁发《关于文学和社会科学书籍稿酬的暂行规定》（草案），自8月1日起，在北京、上海两地有关出版社试行。

9月15日—10月19日　文化部、教育部、民族事务委员会联合召开全国少数民族出版工作会议。

9月19日　全国报纸书刊印刷工作会议在北京举行,明确了报纸书刊印刷工作为政治服务、为出版事业服务的方针。

9月22日　文化部出版事业管理局在上海召开第1次全国印刷技术革新经验交流会,并举办了全国印刷技术革新展览。

10月10日　文化部发出《关于北京各报刊、出版社降低稿酬标准的通报》。

10月23日　中国印刷器材公司成立。

11月23日　文化部文化学院在北京成立。1961年9月16日,文化部决定该院停办。

12月28日　周恩来总理对文化部在发展群众文化事业中,要求过高过急,违背创作规律,大放文艺"卫星",不按"两条腿"走路的方针处理普及和提高的关系等问题进行了批评,并指示调整压缩事业指标、取消放文艺"卫星"的口号,认真执行"双百方针"和知识分子政策。出版系统遵照周总理的指示,采取了相应的措施,纠正了一些错误的做法。

1959年

2月28日　文化部、教育部、民族事务委员会联名发出《关于民族出版工作的基本情况和对今后的方针任务问题的意见向中央的报告》。

3月7日—23日　民族事务委员会在北京召开少数民族辞书工作会议,讨论辞书编写及新词术语问题。

3月24日　文化部发出《关于降低稿酬标准的几个问题的通知》,指出1958年10月10日关于降低稿酬一半的倡议推行后所出现的问题。要求使一般作者的实际稿酬收入不减少一半以上;对专业著译者的稿酬可以少降,甚至不降;对印数稿酬仍恢复文化部于1958年7月14日颁发的《关于文学和社会科学书籍稿酬的暂行规定草案》(草案)的计算办法。

3月30日　中共中央发出《关于报刊书籍出版发行工作的

几个问题的通知》，指出出版物的发展必须根据国家和人民群众的真实需要，不能盲目发展；必须首先注意质量，考虑它的实际效果等。

同日 中共中央和国务院联合发出《关于中小学和师范学校课本供应工作的通知》。

3月 国务院科学规划委员会古籍整理出版规划小组开会决定，委托北京大学中文系设置古典文献专业，培养古籍整理和编辑人才。

5月11日 文化部发出《关于提高书刊印刷质量的通知》。

5月18日 文化部发出《关于颁发图书进发货试行章程的通知》，以改革图书的进发货工作。新华书店总店先后在京、沪召开了图书进发货工作协作会议，向文化部作了报告，文化部于8月9日转发了这个报告。

6月29日 中国文字改革委员会和文化部联合发出通知，推行第4批92个简化汉字，连前已公布简化汉字共517个。

7月31日 1959年莱比锡国际书籍艺术展览会开幕，文化部副部长夏衍率中国出版代表团参加。中国送展的展品获得金质奖章10枚，银质奖章9枚，铜质奖章5枚。

8月14日 近现代著名出版家张元济在上海逝世。

9月 中共中央宣传部向中共中央报送《关于修订〈辞海〉〈辞源〉问题的请示报告》。

9月 点校本《史记》由中华书局出版。至1977年12月，该局将点校本《二十四史》出齐，同年8月还出版了点校本《清史稿》。

10月19日 文化部发出《关于在北京、上海两地有关出版社继续试行〈关于文学和社会科学书籍稿酬暂行规定〉的通知》。《通知》指出该部于1958年10月10日通报了降低稿酬一半的办法后，实践证明，对于繁荣创作和提高书籍质量都有不利影响，决定自1959年11月1日起，继续试行1958年7月14日发出的稿酬规定。

12月10日 文化部出版局在上海召开第二次全国印刷技术革新经验交流会，并举办全国印刷技术革新展览。

本年 中华书局影印出版《永乐大典》730卷，后来又影印出版67卷和残本零页5页（此书原有22937卷，今残存于国内外公私收藏者手中共约800卷）。1986年6月，该局又出版了此书的16开精装本。

1960年

1月19日 中共中央宣传部开会讨论有计划地出版中外文化遗产问题。会后起草了《关于加强和改进出版中国古籍与翻译出版外国学术和文艺著作问题的意见》（草稿）。5月10日—12日，文化部为贯彻会议精神，召开中外遗产出版工作座谈会。

2月10日—17日 文化部出版事业管理局召开地方出版社座谈会，着重讨论了地方出版社的方针、出书范围、通俗读物规划等问题，明确了地方出版社继续贯彻地方化、群众化、通俗化的方针。

2月28日 中共中央转发文化部党组于2月24日提交的《关于〈毛泽东选集〉和毛泽东著作单行本增加出版问题的报告》，要求人民出版社在上半年再版《毛泽东选集》（1—3卷）100万套。

3月15日 中共中央批转文化部党组和共青团中央书记处《关于进一步改善少年儿童读物的报告》。

3月29日—4月1日 人民出版社关于《毛泽东选集》第四卷出版工作的情况向中央进行了汇报。

4月4日—7日 文化部协同第一机械工业部召开"印刷机械重大项目协调会议"，安排了轮转机等的研究试制任务。

4月5日 中共中央发出《关于推广注音识字的指示》。5月23日，文化部发出《关于密切配合注音识字运动认真做好教材和注音读物的出版发行工作的通知》。

4月22日 文化部在北京召开出版工作座谈会，副部长钱俊瑞作《出版工作必须继续革命》的报告，主张坚持"大力提高质量，适当发展数量"的方针和政治质量第一的原则；要使编辑有时间组稿、看稿、读书、讨论等。

4月22日 为纪念列宁90周年诞辰，中央编译局编译的《列宁选集》（1—4卷）由人民出版社出版。

6月10日 文化部发出《关于进一步加强城市租书铺摊整顿改造的意见》。

7月15日 文化部发出《关于出版工作支援农业的通知》。

10月7日 文化部发出《请组织有关部门改进和创造新的印刷字体》的通知。

10月11日 中共中央批转文化部党组、中国作家协会党组《关于废除版税制、彻底改革稿酬制度的请示报告》。《报告》建议废除按印数付酬的版税制度，一律按作品的字数和质量付一次稿费，重印不再付酬；专业作者由国家给予工资和福利待遇。

10月 中共中央宣传部成立整顿出版工作小组。

11月23日 文化部发出《关于纠正目前图书发行工作中某些非政治倾向的通知》。

11月24日 文化部党组送发《〈关于人民出版社等7个出版社整顿工作的报告〉的通知》。

12月14日 文化部转发《中共中央宣传部通报批准文化部党组提出的对于有政治错误书籍的处理原则》。

1961年

1月14日—18日 中共八届9中全会决定对国民经济实行"调整、巩固、充实、提高"的方针。中共中央宣传部随即布置调整出版工作，开始整顿出版社。

3月31日 文化部党组向中共中央宣传部报送《关于提高书籍质量、改进出版工作的意见》。《意见》提出13项改进出版工作的措施。

4月11日—24日 中共中央宣传部召开高等学校文科教材编选计划会议，开始筹划大专学校文科教材的编写工作。

4月13日 文化部发出《关于对历年出版的图书进行重点清理的通知》。

7月4日 司马光编写《资治通鉴》时的几页亲笔手稿《宋司马光通鉴稿》由文物出版社影印出版。

12月16日 对外文化联络委员会、文化部转发国务院外事办公室《〈关于中文书籍贸易出口问题的报告〉的批示》。

1962年

3月2日 在广州召开的全国科学工作会议和全国戏剧创作会议上，国务院总理周恩来作《论知识分子问题》的报告，重新肯定我国知识分子的大多数已经是劳动人民的知识分子。国务院副总理陈毅在会上也对新中国知识分子的贡献作了很高的评价。在座谈会上，对曾受批判而停演、停售等不同处理的一些剧作和图书，作了公正的评价，使这些书得以继续发行或再版。

4月16日—5月3日 文化部在北京召开全国图书发行工作会议，着重交流和研究缓和图书供需矛盾的办法。

4月26日 民族文化工作指导委员会召开少数民族文字图书发行工作者座谈会。

5月20日—6月6日 国家科学技术委员会、文化部共同在北京召开科技出版工作会议。

5月22日 经中共中央批准，文化部发出《关于恢复1959年颁发施行的稿酬暂行规定的通知》，规定自本年5月1日起，恢复基本稿酬和印数稿酬相结合的稿酬办法。

8月 刘少奇著《论共产党员的修养》经修订后由人民出版社再版。该书在"文革"中被污蔑为"黑《修养》"。1980年3月15日，该书重新出版发行。

11月10日　文化部出版局制订《出版社工作条例试行草案》。

12月　《中国丛书综录》第3册由中华书局出版。该书由上海图书馆编辑，共收录中国41个主要图书馆所藏历代丛书2797种，编成"总目分类目录"，为中国历来收录最广泛的古籍目录书籍。

1963年

2月12日　为纪念曹雪芹逝世200周年，影印本《乾隆抄本一百二十回〈红楼梦〉稿》出版。

3月30日　文化部发出《关于出版少数民族文字版年画的通知》。

3月　《毛泽东选集》（1—4卷）合订本和大字号线装本在上海排印。

4月17日—30日　中共中央宣传部召开出版工作座谈会，总结几年来的出版工作，检查了出版工作中的缺点和错误。7月31日，中共中央批转《中宣部关于出版工作座谈会情况和改进出版工作问题的报告》。

4月26日　文化部、供销合作总社发出《为支援农业进一步加强供销社兼营图书工作的联合通知》。

4月　《毛主席的好战士——雷锋》一书由中国青年出版社出版。

5月20日—6月6日　国家科委和文化部联合召开全国科学技术出版工作会议，讨论科学技术出版工作的方针任务、出版规划等问题。随后，中共中央批转了《国家科委党组和文化部党组关于进一步加强科学技术出版工作的报告》。

5月　根据中共中央指示，中央宣传部选定《共产党宣言》《国家与革命》等马列著作30种供干部选读。这30种书由人民出版社重新校订印行。

7月　中共中央宣传部批准人民出版社影印8种革命历史报刊。至1966年7月影印出版《中国青年》《中国农民》《共产党人》《解放》《中国文化》等5种后，因"文化大革命"停止。

8月1日　文化部党组向中共中央宣传部报送《有关出版〈鲁迅手稿〉的问题》的报告，拟由文物出版社影印鲁迅文学创作和书信手稿。中宣部批准了这个报告。

8月8日　文化部、国家科学技术委员会发出《关于改进科学技术书籍的发行工作的联合通知》。

8月17日　中共中央宣传部转发文化部党组《关于整顿新华书店基层单位的请示报告》。

9月10日　经中共中央宣传部批示同意，文化部、国家科委联合发出《关于科学技术书籍采用现行文学和社会科学书籍稿酬办法的通知》。

9月14日　文化部颁发《新华书店县店工作条例》（试行草案）。

9月　外文出版社改组为中国外文出版发行事业局。

10月29日　中国印刷公司在北京成立。

10月　《儿童文学》杂志创刊。

11月9日　中共中央批转《国家科委党组和文化部党组关于进一步加强科学技术出版工作的报告》。

12月23日　文化部发出《关于加强新华书店总店对各地新华书店业务指导的通知》，以恢复1958年6月以前新华书店总店与省店的业务关系。

12月26日　中国美术家协会在北京举行全国连环画创作评奖、授奖大会，53部画本获绘画奖。

1964年

1月13日　文化部、教育部、共青团中央发出《关于农村中心小学适当购备学生课外阅读的公共图书的联合通知》，以切实解决农村少年儿童读物的供应问题。

1月14日—31日 文化部召开农村读物出版工作座谈会。4月25日，中宣部批转了《文化部党组关于农村读物出版工作座谈会的报告》，要求有关出版社的领导和编辑人员深入农村，了解情况，组织作者队伍，编写适合于农村需要的书籍。

1月 北京外文书店与新华书店北京发行所合并，成立中国外文书店。

2月26日 文化部发出《关于1964年重印〈毛泽东选集〉工作的通知》，3月14日又发出《关于〈毛泽东选集〉发行工作的通知》。

4月18日—5月23日 应日中文化交流协会的邀请，中国印刷代表团赴日本参观访问。这是新中国成立后第一个到日本考察印刷技术的代表团。

4月22日 文化部发出《关于出版〈毛泽东著作选读〉甲、乙种本的通知，请依限编报租型计划》。7月10日起，两书在全国各地发行。

5月20日—6月8日 文化部召开全国农村图书发行工作会议。文化部副部长胡愈之在会上要求新华书店坚决把工作重点放到农村图书发行上。

6月20日 文化部发出《附送〈简化字总表〉，请在报刊图书中尽量使用已经推行的简化汉字》的通知。

6月25日 文化部召开全国印刷工作会议，讨论1965年和第三个五年计划期间书刊印刷事业发展规划等问题。

10月27日 文化部发出《关于暂行停付印数稿酬的通知》。11月18日，中共中央批转《文化部党组关于改革稿酬制度的请示报告》。12月21日，文化部发出《关于改革稿酬制度的通知》，认为社会主义制度下的稿酬仅属奖励补贴性质，决定废除印数稿酬，只按字数一次付酬，再版不再付酬。

11月13日 文化部、外文出版发行事业局转发经国务院外事办公室批示同意的《修改补充〈关于中文书籍贸易出口问题的报告〉的请示》。

本年 外文出版社用英、法、西、俄、德、日、越、泰、缅、印尼、乌尔都、波斯、土耳其、塞尔维亚、意大利、葡萄牙、瑞典、阿拉伯、斯瓦希里、世界语等21种文字出版以毛泽东著作和政治理论读物为主的图书341种。

1965年

1月22日 文化部、手工业管理局发出《关于加强对木版年画管理工作的联合通知》。

1月30日 文化部、文字改革委员会发出《关于统一汉字铅字字形的联合通知》，并附送《印刷通用汉字字形表》，共有印刷通用宋体字6196个。

3月4日 文化部发出《关于1965年做好〈毛泽东著作选读〉出版工作的通知》，要求把毛泽东著作的出版、印刷和发行当做出版工作的首要任务。

3月30日 文化部在北京召开农村图书发行工作会议。

5月25日 文化部转发《新华书店总店对1965年农村图书发行工作的意见》。

7月22日 文化部发出《关于进一步加强〈毛泽东著作选读〉和毛主席著作单篇本出版工作的通知》。

7月 文化部、一机部在上海联合召开全国印刷机械生产规划会议。

11月10日 姚文元写的《评新编历史剧〈海瑞罢官〉》在上海《文汇报》发表，随即印成小册子，揭开了"文化大革命"的序幕。

11月 文化部指定农村读物出版社每年从各出版社出版的图书中，选择几批切合农村读者需要的读物，印成"农村版"，发行到农村俱乐部（文化室）。第一批"农村版"图书15种，共印 1200 万册。

12 月 文化部召开年画、连环画出版工作座谈会。

本年 《毛泽东选集》《毛泽东著作选读》的蒙古、藏、维吾尔、朝鲜和哈萨克 5 种民族文字版本由民族出版社出齐。

1966 年

1 月 3 日 中共中央批转文化部党委《关于进一步降低报刊图书稿酬的请示报告》。《报告》认为书籍和报刊的稿酬标准仍然偏高,不符合文化革命的要求,必须进一步降低。

2 月 2 日—20 日 江青与林彪炮制了《林彪同志委托江青同志召开部队文艺工作座谈会纪要》,以中共中央文件下发。《纪要》极力抹杀新中国前 17 年文艺界所取得的巨大成绩,污蔑文艺界被一条黑线专了政,"要坚决进行一场文化战线上的社会主义大革命,彻底搞掉这条黑线"。不久,"文化大革命"全面发动,大批出版物被诬为"毒草",许多出版工作者被打成"黑线人物"。1979 年 5 月 3 日,中共中央正式印发文件撤销了这个《纪要》。

2 月 10 日 文化部党组向中共中央宣传部提出《关于 1966 年〈毛泽东选集〉印刷、发行工作的请示报告》。3 月 11 日,又向中宣部并中央提出《关于〈毛泽东语录〉印制发行工作的请示报告》。

4 月 1 日 开始执行经国家科委批准的《图书、杂志开本及其幅面尺寸》国家标准(编号 GB788-65)。

4 月 《毛泽东选集》(1—4 卷)盲文版全部出齐。

5 月 15 日—22 日 中国出版界参加了在波兰华沙举行的第十届国际图书博览会的图书展出活动。

5 月 16 日 中共中央政治局扩大会议通过由毛泽东主持制定的《中国共产党中央委员会的通知》(即《五一六通知》。《通知》要求"高举无产阶级文化革命的大旗,彻底揭露那批反党反社会主义的所谓'学术权威'的资产阶级反动立场，彻底批判学术界、教育界、新闻界、文艺界、出版界的资产阶级反动思想，夺取在这些文化领域中的领导权。"中国从此进入"文化大革命"的十年动乱时期，出版事业遭受严重挫折和损失。

6月30日 文化部党组向中央上报《关于加速印制毛主席著作的请示报告》，提出1966、1967两年的印制计划，并提出具体措施，"要把一切可以用于印制毛主席著作的纸张全部拿出来印制毛主席著作"。

8月8日 全国报纸在头版头条发表新华社消息，宣布："中共中央决定加速大量出版毛泽东著作，号召全国出版、印刷、发行部门的广大干部和职工立即动员起来，全力以赴，把出版和发行毛主席著作为压倒一切的任务。"文化部为此于7月12日至16日在京召开"毛主席著作印制工作会议"，制定了1966—1967年印制《毛泽东选集》（1—4卷）3500万部的计划。本年底，中共中央又决定1967年印制《毛泽东选集》8000万部。

1967年

1月10日—16日 国务院文教办公室于1966年11月29日批准文化部召开全国"毛主席著作印制计划会议"的筹备会于本年1月10日在北京召开。16日，会议因被人民出版社、农村读物社的一个"造反"群众组织造了反而停顿。文化部机关于1月19日被"造反派"群众组织夺了权，包括出版局在内的各部门业务工作全部陷于瘫痪。

5月11日 中共中央文化革命小组组成"毛泽东著作出版办公室"，负责管理有关毛泽东著作出版工作，并向全国有关部门发出通知，称暂定由这个办公室"代行原出版局的领导职权"。

5月 《毛泽东语录》14种外文本由外文出版社翻译出版，另有7种外文本《语录》也将陆续出版。

本年 出版《毛泽东选集》各种文本共8640多万部，《毛泽东著作选读》4750多万册,《毛主席诗词》5700多万册,《毛主席语录》3.5亿万册。

1968年

7月20日 毛泽东派女儿李讷看望范文澜,并向他传话:中国需要一部通史,在没有新的写法以前,还是按照你那种体系、观点写下去。通史不光是古代、近代,还要包括现代。

8月 "首都工人、解放军毛泽东思想宣传队"进驻毛主席著作出版办公室。各省、自治区、直辖市革命委员会也在此前后成立了相应机构,负责"毛著"和其他图书的出版工作。

9月 《毛泽东选集》(1—4卷)袖珍合订本出版。

本年 《毛泽东选集》《毛泽东军事文选》《毛主席语录》又有多种外文版出版。

1969年

1月3日 据统计:从1966年到1968年11月底,中国共出版发行汉、蒙古、藏、维吾尔、哈萨克、朝鲜等各种民族文版的《毛泽东选集》1.5亿多部,《毛泽东著作选读》1.4亿多册,《毛主席语录》7.4亿多本,"毛著"的各种汇编本、单篇本近20亿册,《毛主席诗词》9600多万册。

3月 "首都工人、解放军驻文化部毛泽东思想宣传队指挥部"成立生产组,负责管理文化部在京直属单位的出版业务工作。8月1日,根据中央文革提出"出版工作要抓一下"的指示,从直属出版单位抽调12名编辑、出版、印刷、发行工作人员,组成出版小组,处理日常出版业务。

6月 《毛泽东选集》英、法、西班牙、日、俄、缅、泰、印尼文版第1至4卷全部出齐,德、朝鲜文版已出版第1、2、3卷,阿拉伯文版已出版第1、2卷,意大利文已出版第1卷。

8—9月 文化部及其直属出版单位的工作人员,除少数留京外，全部下放湖北咸宁文化部"五七"干校，各地出版工作人员也纷纷下放"五七"干校或工厂。

10月 《毛泽东军事文选》已用8种外文出版，《毛泽东论人民战争》用21种外文及世界语出版，《毛主席的六篇军事著作》用4种外文出版。

1970年

5月23日 国务院批准成立"出版口三人领导小组"，下设办事组、政工组、业务组。原文化部工人、解放军毛泽东思想宣传队总指挥部撤销，出版小组并入出版口。

9月17日 周恩来总理同文化教育部门一些负责人谈话时说："中华书局、商务印书馆就不能要了？那样做，不叫为群众服务。青年一代着急没有书看，他们没有好书看，就看坏书。""《新华字典》也是从《康熙字典》发展来的嘛！编字典可以有创造，但创造也要有基础。要古为今用，推陈出新。新的出不来，旧的又不能用，怎么办？"周总理后来还亲自审阅了新版《新华字典》的校样。

10月 周恩来总理指示将毛主席著作出版办公室与"出版口三人领导小组"合并成立"出版口五人领导小组"（简称"出版口"），直属国务院值班室领导。

本年 出版毛泽东著作等为数仍极可观。自1966年至本年，已累计出版各种文本（含汉文、盲文、5种少数民族文、36种外文及世界语）的毛泽东著作42.06亿册，毛泽东像和单张语录62.27亿张，平均每年出版20.86亿多册（张）。

1971年

2月11日 周恩来总理接见出版口领导小组负责人，对出版工作作了重要指示。他指示出版口做些调查研究，召开一个座谈会。

2月27日 由周恩来亲自签发，国务院发出特急电报给各省、自治区、直辖市革命委员会，通知：国务院委托出版口领导小组于3月15日在北京召开出版工作座谈会。

3月15日—7月22日　国务院出版口在北京召开全国出版工作座谈会，讨论了以后二三年的图书选题。4月12日和6月24日，周恩来总理两次接见会议代表，对纠正出版工作中的极左思潮作了重要指示。

4月2日—5月13日　经毛泽东主席同意，周恩来总理决定恢复《二十四史》和《清史稿》的点校出版工作，并批示"由顾颉刚先生总其成"。

6月　新华书店总店外文发行所并入中国外文书店。

7月　国务院发出《关于出版工作座谈会的报告》。中共中央随后转发了这个《报告》。由于"四人帮"在《报告》中塞进了两个反革命"估计"（即"文化大革命"前17年的出版工作是"反革命专政"，"出版队伍基本上是资产阶级的"），为随后提出的"重建出版队伍""大换班"制造根据，致使许多出版工作者继续遭受迫害。

8月13日　经毛泽东批准，中共中央1971年43号文件转发了《关于全国出版工作座谈会的报告》。

8月　国务院出版口领导小组发出《关于收集、翻译、出版世界各国历史书籍的情况的报告》。

9月8日　经毛泽东同意，中共中央转发出版口领导小组《关于收集、翻译、出版世界各国历史书籍的情况》。11月6日，各国历史书籍翻译出版领导小组成立。世界各国历史书籍由全国14家出版社联合承担出版工作，于1971年冬至1973年间陆续出版。

1972年

5月5日　中共中央马恩列斯著作编译局重编并校订译文的《马克思恩格斯选集》（1—4卷）由人民出版社出版；《列

宁选集》（1—4卷，第二版）于10月出版。

10月　在周恩来总理亲自过问下，湖北咸宁文化部"五七"干校原出版部门的一批老干部开始得到解放和使用，充实和加强到各出版单位。1974年12月，咸宁"五七"干校结束，原文化部出版局及直属单位的职工除已在湖北等地分配工作的，全部回到北京。

12月23日　北京纸张供应站和中国印刷器材公司合并为中国印刷物资公司。

1973年

1月　光华出版社与中国外文书店合并成立中国图书进口公司。

8月20日—10月23日　以严文井、王仿子为正、副团长的中国出版印刷代表团赴日本参观访问。这是"文革"开始后我国出版界派出的第一个访日代表团。这次考察的重点是印刷方面。

9月26日　经国务院批准，国务院出版口撤销，国家出版事业管理局（简称国家出版局）成立。

11月20日　国家出版事业管理局、商业部联合发出《关于进一步加强农村图书发行工作的意见》。

12月20日　国务院批准国家出版局制定的《1974—1975年印刷技术改造规划》。

1974年

5月　日本相贺彻夫、译村嘉一率日本印刷代表团访华。外交部顾问廖承志接见了代表团。

7月5日—8月8日　国务院科教组、国家出版局在北京召开"法家著作注释出版规划座谈会"。

8月　国家科学技术委员会决定研究制造激光输出记录的中文照相排字机。在电子工业部的协作下，于1981年研制出原理样机华光Ⅰ型。

11月4日—12月19日　国家出版局在北京召开少数民族文字图书翻译出版规划座谈会。国务院于1975年3月29日批转了座谈会的报告。

1975年

1月5日—13日　国务院科教组、国家出版局在天津联合召开翻译联合国文件座谈会。

5月23日—6月17日　国家出版局在广州召开"中外语文词典编写出版规划座谈会",制定了1975—1985年出版中外语文词典160种的规划。国务院于8月22日批转了座谈会的报告。

9月1日—5日　国家出版局在上海召开编写《汉语大词典》的座谈会。

10月11日—29日　国家出版局在长春召开"全国书刊装订技术革新经验交流会",提出主要书刊印刷厂要在三五年内实现精装、平装、骑马钉3条联动生产线。

11月5日　国家出版局传达毛泽东主席批准周海婴关于出版鲁迅著作的建议,并于12月初与国家文物局就调集人员、建立机构等事宜联合向中共中央提交了报告,获得批准。

10月24日—29日　国家出版局在福州召开部分省市出版局负责人座谈会。

1976年

1月　《思想战线》正式出刊。

4月23日—5月10日　国家出版局在济南召开"鲁迅著作注释工作座谈会"。

7月　经校勘后重新排印的《鲁迅日记》出版。8月,新版《鲁迅书信集》出版。

10月6日　中共中央政治局执行党和人民的意志,采取断然措施，一举粉碎了"四人帮"。延续十年的"文化大革命"结束。

10月8日　中共中央作出关于出版《毛泽东选集》和筹备出版《毛泽东全集》的决定。

1977年

3月2日—15日　日本出版界友好访华团一行13人在中国参观访问。

4月15日　《毛泽东选集》第5卷出版发行。1982年4月10日，国家出版局发出通知，称根据中央宣传部通知，《毛泽东选集》第五卷内容有些提法（包括出版说明和注释）不符合党的十一届三中全会精神，决定予以停售。

5月　中央派王匡、王子野到国家出版局主持工作。

9月11日　国家出版局向中共中央呈送《关于鲁迅著作注释出版工作的请示报告》。中央批准了《报告》提出的各项建议。在中国社会科学院院长胡乔木、原中宣部副部长林默涵的领导和主持下，鲁迅著作出版工作大大加快。重新整理、注释的《鲁迅全集》新版16卷本，于1981年9月鲁迅100周年诞辰前夕，由人民文学出版社出版。

10月5日—15日　国家出版局在武汉召开"全国图书发行工作座谈会"。

10月12日　国家出版局发出《关于试行〈新闻出版稿酬及补贴办法〉的通知》，使停顿了11年之久的稿酬制度重新得到恢复。

11月20日　上海订书机械厂试制的精装书籍装订联动线在北京通过鉴定。

11月　中共中央马列著作、毛泽东著作民族语文翻译局在北京成立。

12月3日—17日　国家出版局在北京召开全国出版工作座谈会。会上批判了"四人帮"的"黑线专政"论，推倒了两个反革命"估计"（即"文革"前17年的出版工作是"反革命专政"，"出版队伍基本上是资产阶级的"），讨论了出版工作的路线、方针、政策等问题，提出了1978年至1980年的出版计划和1978年至1985年的出版规划设想。国务院随后批转了报告。

12月20日—28日　教育部、国家出版局在河北涿县联合召开全国教材出版发行工作会议。1978年4月3日国务院批转了会议的报告。

12月　历时20年的《二十四史》点校本连同《清史稿》全部出齐。

1978年

2月15日　国务院批转教育部《关于高等学校教材编审出版工作的请示报告》。

2月17日　国务院批转国家出版局、教育部《关于加快和改进词典编写出版工作的请示报告》。

2月22日　国家科委、国家出版局向国务院上报《关于大力加强科技图书出版工作的报告》。国务院于3月7日同意并批转了这一报告。

3月18日—3月31日　全国科学大会在北京举行，印刷系统有18项科研成果获奖。

3月—6月　为尽快扭转严重书荒现象，国家出版局两次组织全国十余个省、市和部分中央级出版社重印92种中外文学作品和科技书、少儿读物、工具书等共计4700万册，用纸1.3万多吨，集中于5月1日、国庆节前后在全国大中城市同时发行，受到广大读者的热烈欢迎。

4月12日　国务院批转国家计委等部门《关于开展节约纸张工作的报告》，其中规定了关于出版期刊审批办法。

4月　美国书商访华代表团一行16人来中国参观访问。此后，海内外出版、印刷、发行的交流活动逐渐增多。

7月9日—21日　英国出版商协会访华团一行24人来中国访问。

7月14日　新华书店总店印发《关于新华书店与外文书店分工问题的暂行规定》。

7月18日　国务院批转国家出版局《关于加强和改进出版工作的报告》。

8月11日—19日　国家出版局在石家庄市召开全国科技图书发行工作会议和印刷科研工作会议。

9月9日　中国出版印刷代表团赴日本访问。

10月4日　中宣部印发《关于改变期刊审批办法的通知》。

10月11日—19日　国家出版局在江西庐山召开全国少年儿童读物出版工作座谈会。这是党的十一届三中全会以后出版界最早召开的一次拨乱反正会议。会议初步澄清了被"四人帮"搞乱了的思想是非，讨论、制定了《1978至1980年部分重点少儿读物出版规划》。12月21日，国务院批转国家出版局等7个部门为贯彻这次会议精神所写的《关于加强少年儿童读物出版工作的报告》。它不仅对少儿出版，而且对整个出版界的思想解放都起了重要的推动作用。

11月8日　国务院转发了国家出版局、中国科学院、中国社会科学院《关于编辑出版〈中国大百科全书〉的请示报告和补充报告》，同意成立以中国社会科学院院长胡乔木为主任的《中国大百科全书》总编辑委员会。不久又成立了中国大百科全书出版社，开始分卷出版《中国大百科全书》。

12月28日　国务院批准成立北京印刷学院。学院于1980年9月8日举行开学典礼。

1979年

1月—4月　国家出版局在北京、上海分别召集部分社会科学、科学技术和地方出版社的负责人及编辑座谈，着重讨论出版工作如何适应全党工作重点转移的需要，努力提高编辑工作质量和人员质量，促进出版工作大干快上等问题，并就地方出版社的方针任务等问题交换意见。

1月17日—3月14日 中国印刷技术考察组在英国、联邦德国、瑞士、瑞典、荷兰5国考察。

4月13日—21日 国家出版局在北京召开全国图书发行工作会议。

5月8日 由杨宪益、戴乃迭合译的《红楼梦》英译本由外文出版社分3册陆续出版。

6月17日—7月1日 陈翰伯率中国出版代表团访问英国。这是中华人民共和国成立后我国出版界访问英国的第一个代表团。

6月 在第五届全国人民代表大会第二次会议和第五届中国人民政治协商会议第二次全体会议上，人大代表、政协委员共提出有关加强出版工作的提案18件，内容涉及出版法、稿酬制度、图书出版、印刷、发行等方面。

7月27日 王选等设计的计算机激光汉字编辑照排系统研制成功，输出了第一张中文报纸版面。

8月27日—9月10日 国家出版局在太原召开全国书刊印刷工作会议。

9月7日 国家出版局、财政部印发《关于各地新华书店试行利润留成的通知》。

12月8日—19日 国家出版局在湖南长沙召开全国出版工作座谈会。会议围绕地方出版社方针展开了热烈的讨论。国家出版局代局长陈翰伯作会议结论时说，地方出版社"立足本省，面向全国或兼顾全国"的方针可以试行。地方出版社出书不受"三化"（地方化、通俗化、群众化）的限制。这次会议大大调动了地方出版社的积极性，促进了全国出版业的迅速发展。

12月20日—21日 中国出版工作者协会（简称中国版协）

在长沙举行成立大会。协会理事会第一次会议推举胡愈之为名誉主席，陈翰伯为主席。

1980 年

2月9日　中国出版工作者协会举办迎春茶话会，党和国家领导人胡耀邦、王震、方毅、许德珩等出席。

3月12日—13日　中国印刷技术协会成立大会在北京举行。王益任协会第一届理事会理事长。

4月22日　中宣部转发国家出版局《关于颁发〈出版社工作暂行条例〉的请示报告》。

5月4日—9日　国家出版局在北京召开全国出版工作座谈会，就如何加强和改善党对出版工作的领导，把握社会主义的出版方向，正确处理经济效益和社会效益的关系等重要问题进行了讨论。

5月8日　中宣部发出《关于加强对刊物管理工作的通知》。

5月24日　中宣部转发国家出版局《关于书籍稿酬的暂行规定》，自7月1日起实行。

5月26日　国家出版局印发《关于加强同国外合作出版的报告》。

6月7日—12日　全国书刊印刷先进集体和先进个人代表会议在北京举行。

6月22日　国务院批转国家出版局、公安部、财政部等8个单位《关于制止滥编滥印书刊和加强出版管理工作的报告》。

6月25日　国家出版局印发《图书租（供）型造货工作的暂行规定》。

7月17日　经国务院批准国家测绘总局修订的《我国地图编制出版管理办法》出台。

9月2日—10月23日　中国出版工作者协会派版权研究人员到英国、联邦德国考察版权工作。

9月8日　邓小平副总理会见由查尔斯·斯旺森率领的美国《不列颠百科全书》出版公司董事会代表团。

10月7日—21日　新华书店总店和北京市新华书店在北京举办1980年全国书市。这是新中国成立后首次举办的全国规模的图书展销活动。全国100多家出版社的1.3万多种图书参加展销。

10月22日　中国出版对外贸易总公司成立。

11月13日　国务院批转国家出版局、国家人事局制定的《编辑干部业务职称暂行规定》。

11月27日—12月6日　国家民委和国家出版局在北京联合召开全国少数民族文字图书出版工作座谈会。会议着重讨论了新时期民族出版工作的方针任务。国务院于1981年3月14日批转国家民委、国家出版局《关于大力加强少数民族文字图书出版工作的报告》。

12月2日　国家出版局发出《〈建议有计划有步骤地发展集体所有制和个体所有制的书店、书亭、书摊和书贩〉的通知》。

12月　首卷《中国出版年鉴（1980）》由商务印书馆出版。政协全国委员会副主席胡愈之写了《发刊词》。

1981年

1月1日　中国图书进口公司更名为中国图书进出口总公司。

同日　国家出版局颁发的《出版企业会计制度》《书刊印刷企业成本核算办法》开始试行。

1月15日—19日　国家出版局在北京召开政治理论读物出版工作座谈会。

3月9日—17日　国家出版局在北京召开全国农村读物出版发行工作会议。4月29日，中宣部批转国家出版局《全国农村读物出版发行工作会议纪要》。

3月17日—24日　中共中央书记处两次召开儿童和少年工

作座谈会，提出全党、全社会都要重视少年儿童的健康成长，为少年儿童创作一些好的文学作品、电影、戏剧、歌曲等。

4月28日　中宣部发出《关于认真检查和整顿刊物的通知》。

5月9日—16日　国家出版局在成都召开对外合作出版工作座谈会。

5月22日、7月2日　陈云同志两次指示要把古籍整理工作抓紧抓好，要制定一个长远规划，组织人力，分期分批进行。9月17日中共中央书记处根据陈云同志的意见，讨论整理我国古籍的问题。中央决定，由中纪委副书记李一氓同志主持此事，并由文化部、教育部、中国社会科学院、国家出版局、中华书局等单位负责同志参加，组成古籍整理出版规划小组，直属国务院。12月10日，国务院发出《关于恢复古籍整理出版规划小组的通知》。

9月1日　中宣部召集国家出版局和部分中央一级出版社开会，听取贯彻全国思想战线问题座谈会精神的汇报，着重讨论了坚持出版方针、加强出版工作领导等问题。

10月12日　国务院批转国家出版局于8月5日颁发的《加强对外合作出版管理的暂行规定》。

10月26日—11月11日　中国出版代表团访问朝鲜民主主义人民共和国。

11月12日—18日　中国科协在北京召开首次学术期刊编辑工作经验交流会。

11月25日　中宣部转发国家出版局党组《关于加强政治理论书籍发行工作的报告》。

12月16日　中国国际书店更名为中国国际图书贸易总公司。

12月29日　国家出版局发出《关于颁发〈校对符号及其用法〉的专业标准的通知》，决定于1982年起在出版印刷业中试行。

1982 年

2月4日 中共中央书记处召开会议，由胡耀邦总书记主持。会议讨论了国家出版局党组《关于三中全会以来出版工作的汇报提纲》。中央领导同志对新时期出版工作的方针和方向等问题作重要指示。中央书记处决定，由中宣部牵头，有关部门参加，代中共中央、国务院起草一个关于加强出版印刷发行工作的决定。国家出版事业管理局陈翰伯、王子野、许力以、王益列席会议。

2月17日 1977—1981年度全国优秀科技图书评奖颁奖大会在北京举行。这是我国第一次对科技图书进行全国性的评选活动。

3月17日—24日 国务院古籍整理规划小组在北京召开全国古籍整理出版规划会议，讨论制定了1982年到1990年的古籍整理出版规划，共3119种。国务院于8月23日原则批准了这一规划。

3月29日 中国微缩出版物进出口公司在北京成立。

5月5日 根据国务院部委机构改革的决定，文化部、国家出版事业管理局、国家文物事业管理局、外文出版发行事业局、对外文化联络委员会五个单位合并，组成新的文化部。国家出版事业管理局改为文化部出版事业管理局。此后，一些省区市的出版局或撤销或与文化局合并，或改为出版总社。

6月12日—18日 文化部在北京召开全国图书发行体制改革座谈会。

7月10日 文化部发出《关于图书发行体制改革工作的通知》，提出图书发行体制改革的根本目标是：在全国组成一个以国营新华书店为主体，多种经济成分，多条流通渠道，多种购销形式，少流转环节的图书发行网，即"一主三多一少"。多种经济成分就是允许集体经济和私营经济成分参与图书发行，多种流通渠道主要是支持出版社自办发行，多种购销形式就是推广寄销和试销。

7月21日　中宣部发出《关于改变期刊审批办法的通知》。10月4日，文化部发出《审批期刊实施办法》。

10月28日　由中国出版工作者协会举办的生活书店、读书出版社、新知书店革命出版工作50年纪念会在北京举行。

11月8日—13日　文化部出版局在北京召开全国评定编辑业务职称工作座谈会。1983年2月9日，文化部印发了《全国评定编辑业务职称座谈会纪要》。

11月26日　为了调动社会力量和发挥专家的作用，文化部党组根据中共中央书记处的决定，设置国家出版委员会，为政府的咨询机构。王子野任主任委员。

12月23日　国务院批转广播电视部制订的《录音录像制品管理暂行规定》。

12月28日　文化部转发国家标准局发布的《中文书刊名称汉语拼音拼写法》国家标准，全国出版单位从1983年2月1日起施行。

12月28日—1983年1月8日　中宣部、文化部联合在北京召开全国出版工作会议。会议总结了党的十一届三中全会以来出版工作的基本经验，讨论了《关于加强出版工作的决定》及文化部提出的《关于制定1983至1990年图书出版规划的意见》。

1983年

1月5日　中国专门为港澳台同胞、海外侨胞和华裔及其外国籍亲属的学者、作家服务的专业出版社——中国友谊出版公司在北京成立。

2月10日　文化部通知各有关出版社，要求根据《中共中央关于加强农村思想政治工作的通知》，做好农村读物的出版工作。

2月21日　中共中央书记处开会讨论《关于加强出版工作的决定》。

3月25日—4月4日　新华书店总店在北京召开全国新华书店表彰先进大会。

4月1日　我国第一个图书发行专业在武汉大学设立。

4月30日　文化部召开科技成果授奖大会，其中52项出版、印刷科技成果获奖。

6月6日　中共中央、国务院发布《关于加强出版工作的决定》。明确规定："出版工作要在统一领导下，发挥中央和地方出版部门的积极性。地方出版社立足本地，面向全国，要把出版具有本地特点的图书，满足本地读者特别是农村读者的需要，作为经常性的重要任务。"《决定》的主要精神还有：废除"以阶级斗争为纲"的提法，出版方针不再提"为政治服务"，改为"为人民服务，为社会主义服务"。确立了出版工作的五条指导思想。此外，还强调了出版的专业分工等。中共中央和国务院就出版工作作出决定，新中国成立以来还是第一次。这个决定对出版业进行了全面的拨乱反正，明确了出版改革方向，对出版界明确方针、统一思想产生了深远影响。

7月1日　《邓小平文选》（1975—1982年）由人民出版社出版，在全国发行。

7月8日　文化部外文出版局召开外文图书出版会议。

10月2日　中宣部转发文化部党组《关于从严控制新创办期刊和新建出版社两个报告通知》。

10月5日—16日　第一届全国科技图书书市在北京举行。

10月29日　中宣部转发文化部党组《关于大力加强农村科技读物出版、发行工作的报告》。

11月5日、12月1日和12月16日　中宣部分别印发关于治理整顿文艺刊物、报纸、对期刊进行检查整顿的三个通知。

11月13日—19日　中国出版工作者协会在广西阳朔召开首届出版研究年会。

12月10日　文化部出版局局长边春光函复世界知识产权

组织总干事鲍格胥，同意通过人员培训、资料交换等方式，继续发展世界知识产权组织与中国出版界的友好合作。

12月　《辞源》修订本（1—4卷）出齐。

1984年

1月27日　中宣部转发国家科委党组关于《全国性自然科学技术期刊管理办法》（试行稿）的报告。

3月11日—17日　莱比锡国际图书博览会开幕，中国出版代表团参展。

4月24日　由中国出版工作者协会、中国印刷技术协会、中国书法家协会联合举办的首届全国印刷新字体评选颁奖会在北京举行。

5月27日　中国首次用计算机编排的刊物《中国药学文摘》出版。

6月15日　文化部颁发《图书、期刊版权保护试行条例》，在内部试行。这是新中国成立后正式颁发的第一个有关版权保护的条例。

6月18日—28日　全国新华书店工作会议在南京举行。10月12日，文化部转发这次会议拟定的《关于在全国新华书店进一步开展企业整顿的意见》和《关于进一步改革新华书店经营体制的若干意见》。

6月21日—27日　文化部在哈尔滨召开全国地方出版工作会议，正式提出要使出版社由单纯的生产型逐步转变为生产经营型；适当扩大出版单位的自主权；出版单位要实行岗位责任制；出版行政部门要做到"大的方面管住管好，小的方面放开搞活"。这些要求，对出版体制的改革起了推动作用。

7月5日　邹韬奋逝世40周年纪念会在北京举行，会议决定设立"韬奋出版奖"。

7月25日　中央政治局委员胡乔木致函教育部，提出要在高校设立出版专业。当年，南开大学、北京大学、复旦大学建立编辑出版专业，此后高校的编辑、出版、印刷系科日益发展。

9月24日 中央编译局编译的新版《列宁全集》由人民出版社出版。全集共60卷，于1990年出齐。

10月8日 中国版协副主席王仿子和英国培格曼出版公司在伦敦签署了《邓小平文集》的出版协议。12月6日，英文版《邓小平文集》在英国首次出版并向世界各国发行。1985年1月24日，《邓小平文集》英文版在美国出版发行。

10月19日 文化部批准出版局制订的《书籍稿酬试行规定》。

11月5日 文化部印发《关于调整图书定价的通知》，提出在"保本微利"的原则下，调整图书定价的管理体制和定价标准，其中最主要的是为适应从计划经济体制向市场经济体制的转轨，对图书定价权力的逐步下放，规定地方出版社的图书定价由地方管理，中央一级出版社图书定价在一定的标准幅度内由各出版社自己决定。这使出版社对图书价格有了相对灵活性。

12月29日 国务院发出《关于对期刊出版实行自负盈亏的通知》，提出中央及省区市的部分期刊继续试行补贴，但要实行经济核算（人员、行政开支均应计入成本），积极改善经营管理，精打细算，杜绝浪费，逐步减少亏损，争取早日实现自负盈亏；其他各种期刊，要实行独立核算、自负盈亏，一律不得给予补贴。期刊由国家补贴为主向市场转变。

1985年

1月1日 文化部发出《关于在协作出版中需要注意的问题的通知》，肯定协作出版这一形式，后来又具体规定了协作出版的对象和内容，主要是各类学术著作以及社会急需的推广科研成果的读物，专业面窄、印量较少，在教学科研上确有需要的品种，协作的单位必须是国家企事业单位、党政机关、人民团体和教育科研单位，不能接受个人和集体的协作出版业务。5月2日，又发出《关于开展协作出版业务的补充通知》。

1月21日 中央宣传部印发《关于加强对报刊出版发行管理的通知》。

3月21日 经国务院批准，我国第一个从事出版科学研究的专门机构——中国出版发行科学研究所在北京成立。1989年8月5日，改名为中国出版科学研究所。

4月17日 国务院印发《关于严禁淫秽物品的规定》。

6月6日 中共中央办公厅、国务院办公厅转发中宣部《关于整顿内容不健康报刊的请示》。

6月7日 文化部印发《关于出版社兼办自费出版业务有关事项的通知》，规定自费出版是一条补充的出书渠道，书稿主要限于非营利性的学术著作，出版社可以根据情况收取适当的管理费，各省区市都可以指定一家出版社试办自费出版。

7月25日 国务院批准文化部设立国家版权局。文化部出版事业管理局改称国家出版局，与国家版权局为一个机构，两块牌子，均隶属文化部领导。

8月13日 文化部出版局发布《关于控制出版和发行裸体作品挂历的通知》。

9月10日 邓小平同志在人民大会堂会见美国不列颠百科全书编委会副主席弗兰克·吉布尼，祝贺中美双方合作出版《简明不列颠百科全书》中文版。

10月 国务出版局发出通知，经国务院批准，我国宣布加入国际连续出版物数据系统（ISDS），并建立中国ISDS中心。

11月18日 胡耀邦总书记主持中共中央书记处会议，讨论《关于出版工作为精神文明建设服务的汇报提纲》，对出版工作在政治上、思想上提出了严格要求，对如何保证大中小学教科书出版等实际问题作出决定，给予出版工作有力的支持。

12月12日—22日 由中国出版工作者协会和生活·读

书·新知三联书店、中华书局、商务印书馆香港总管理处联合举办的"中国书展"在香港举行。

12月20日—26日 中国出版发行科学研究所在重庆举行首届全国出版科学学术讨论会。

1986年

1月16日 中国进步文化出版事业先驱者、新中国出版事业主要开创人之一胡愈之在北京逝世。

1月17日 国家教育委员会、国家出版局、国家工商行政管理局联合发出《关于严禁擅自编写、出版、销售学生复习资料的规定》。

3月4日 国家出版局、国家工商行政管理局、公安部联合发出《关于严厉打击非法出版活动的紧急通知》。

3月6日—9日 中国出版工作者协会第二次会员代表大会在北京召开。大会讨论通过了中国版协章程（修订稿），选举了由171人组成的第二届理事会，选举陈翰伯为第二届名誉主席、王子野为主席。

3月30日 中央职称改革工作领导小组转发文化部《出版专业人员职务试行条例》及其《实施意见》。

4月20日—5月4日 国家出版局在北京举办全国图书展，共展出图书3500余种。

4月25日—5月3日 国家出版局在北京召开全国图书发行工作会议。会议讨论了《关于推行图书多种购销形式的试行方案》《全国新华书店改革试行方案》《关于发展集体、个体书店和加强管理的原则规定》等三个文件。《全国新华书店改革试行方案》规定新华书店把三权或人权等下放给区县。国家出版局分别于7月1日、9月9日发布了这三个文件。

5月5日 中国翻译出版界经过30年的努力，《马克思恩格斯全集》中文版50卷全部出齐。

6月5日　国家出版局印发《关于整顿协作出版工作的通知》，要求加强对此项工作的管理。

6月24日　国务院批转国家语言文字工作委员会《关于废止〈第二次汉字简化方案（草案）〉和纠正社会用字混乱现象的请示的通知》。

7月11日　中国印刷技术协会第二届理事会二次会议决定设立"毕昇奖"。

7月14日　国家出版局发出《关于实施〈中国标准书号〉的通知》，规定从1987年1月1日起在全国实施。

9月5日—11日　首届北京国际图书博览会在北京举行，这是新中国成立后首次举办的国际性图书博览会。来自世界35个国家、地区和国际组织的1055家出版社、5万余种图书参展。

9月6日—25日　中国出版代表团在瑞士等国参加《伯尔尼公约》100周年纪念活动。

9月8日　国家出版局印发《关于审批新建出版社的条件的通知》。

9月10日　由中国大百科全书出版社与美国不列颠百科全书出版公司合作出版的《简明不列颠百科全书》中文版出齐，向国内外发行。

10月6日　国务院发出通知，决定国家出版局和国家版权局脱离文化部，国家出版局恢复为国务院直属机构的建制。12月26日，国务院任命宋木文为国家出版局局长。

10月10日　国家语言文字工作委员会作《关于重新发表〈简化字总表〉的说明》。12月，语文出版社出版了《简化字总表》新版本。

10月24日　我国第一座新闻出版纪念馆——延安清凉山新闻出版革命纪念馆在延安清凉山举行开馆典礼。

12月14日—19日　国家出版局在南宁市召开全国出版局（社）长会议。会议提出出版事业要深入进行改革，努力提高图书质量，调整出书结构，更好地为社会主义现代化服务。

1987 年

1月1日 国家语言文字工作委员会、国家出版局、国家标准局、国家计量局、国务院办公厅秘书局、中宣部新闻局、中宣部出版局公布《关于出版物上数字用法的试行规定》。规定自1987年2月1日起试行。

1月13日 国务院发出《关于成立中华人民共和国新闻出版署的通知》。提出"为加强对全国新闻、出版事业的管理，决定成立中华人民共和国新闻出版署，为国务院直属机构"。新闻出版署成立后，国家出版局撤销，国家版权局保留。3月9日，中央任命杜导正为新闻出版署署长。

4月20日—5月1日 "中国古今图书展"在美国华盛顿展出；5月20日起又在洛杉矶展出。中美两国领导人为书展写了题词或祝贺信。

5月3日 中国教育图书进出口公司成立。

5月 《经济日报》使用改进的华光三型激光照排系统出版了中国第一张整版组成的中文报纸，从此我国新闻出版业告别铅与火、走入光与电的新时期。

6月25日 中国韬奋基金会在北京成立。

7月6日 国务院发出《关于严厉打击非法出版活动的通知》。《通知》指出：除国家批准的出版单位外，任何单位和个人不得出版在社会上公开发行的图书、报刊和音像出版物，违者属非法出版活动。7月30日，新闻出版署、广播电影电视部、文化部、公安部、司法部、国家工商行政管理局、轻工业部、铁道部、交通部、邮电部、中国民用航空局、财政部等12个部门联合发出《关于贯彻落实国务院〈关于严厉打击非法出版活动的通知〉的通知》。

7月17日 首届"中国图书奖"颁奖大会在北京举行。

7月20日　中央宣传部、中央统战部、中央对台办印发《关于在文艺作品中反映和宣传国民党历史人物问题的几点意见》的通知。

7月21日　中宣部新闻出版署印发《关于报刊整顿工作的情况和若干具体政策问题的请示报告》的通知。

8月8日　国家经济委员会印发《关于从严控制去港澳印刷若干具体办法的通知》。

9月9日　中国出版工作者协会在北京举行首届"韬奋出版奖"颁奖大会。"韬奋出版奖"是中国出版界个人奖中的最高荣誉奖。从第二届开始，中国版协与中国韬奋基金会联合，由中国版协主持评选，每两年一次。

10月1日　新华书店总店、新华书店北京发行所、新华书店储运公司三个单位合并为一个经济实体——新华书店总店。

11月3日　首届中国印刷技术协会"毕昇奖"和日本照相排字机发明家森泽信夫所设"森泽信夫印刷奖"颁奖仪式在北京举行。王选等7人获奖。

11月27日　最高人民法院、最高人民检察院发布《关于依法严惩非法出版犯罪活动的通知》。

12月25日　中共中央宣传部、中央对外宣传小组、新闻出版署、文化部、国家科委关于印发《关于港澳台报刊进口管理的规定》的通知。

1988年

2月25日　中国出版工作者协会国际合作出版促进会在北京成立，许力以任会长。

3月26日—4月4日　首届全国图书交易会暨上海出版社第二届联合书市、全国地方科技出版社首届联合书市、全国古籍出版社首届联合书市、全国大学出版社第二届联合书市、港台图书展销等书市在上海举行。

4月1日　中宣部、新闻出版署发布《出版社改革试行办法》，指出：出版社可以试行承包责任制，"继续试行和完善出版社内部的各种承包责任制"，"有条件的出版社可以试行向国家（上级主管机关）的承包经营责任制，承包的主要内容包括出书品种、质量、数量和利润"。

4月20日　中华版权代理总公司在北京成立。

5月6日　中宣部、新闻出版署发出《关于当前出版社改革的若干意见》和《关于当前图书发行体制改革的若干意见》，吹响出版改革的号角。《关于当前出版社改革的若干意见》提出："要逐步实行社长负责制。社长是法人代表，党组织起监督保证作用。社长全面领导出版社的编辑工作和经营管理工作。国家规定的出版社应有的人权、财权和选题审批权，由社长行使。编辑部门和经营管理部门都对社长负责。""出版社是否设总编辑，是单独设置还是由社长兼任，可以因社而异，不做统一规定。"

《关于当前图书发行体制改革的若干意见》将改革的基本目标确定为建立和发展开放式的、效益高的、充满活力的图书发行体制。提出了"三放一联"的改革思路，即：放权承包，搞活国营书店；放开批发渠道，搞活图书市场；放开购销形式和发行折扣，搞活购销机制；推行横向经济联合，发展各种出版发行企业群体和企业集团。"三放一联"的思路，是在国家改革开放的大背景下，顺应发行事业的发展而提出来的，也是"一主三多一少"的延伸和发展。

7月1日　中共中央委托中央党校主编的《求是》创刊。1989年9月改为中共中央主办。

8月4日　新闻出版署转发国家物价局《关于改革书刊定价办法的意见》，重新确立了图书定价办法，改控制印张定价为控制利润率，出版单位的书刊定价按全年书刊定价利润率控制在5%—10%的幅度内自行定价，把图书的定价权进一步下放给出版社。

11月5日　新闻出版署、公安部、国家工商行政管理局、文化部、轻工业部联合发出《关于印发〈印刷行业管理暂行办法〉的通知》。

11月9日　新闻出版署印发《关于加强对报纸、期刊、图书审读工作的通知》。

11月21日　新闻出版署印发《关于出版台港澳作品和翻印台港澳图书的规定》。

11月24日　新闻出版署发出《关于印发〈期刊管理暂行规定〉的通知》。

12月10日　中共中央宣传部、新闻出版署印发《关于出版"文化大革命"图书问题的若干规定》。

12月27日　新闻出版署颁发《关于认定淫秽及色情出版物的暂行规定》。

1989年

2月27日　国务院办公厅发出通知，要求对编辑出版"年鉴"等工作加强管理，除正式出版社外，杂志社、报社及其他非出版单位一律不得出版"年鉴"。

2月28日　新闻出版署发出通知，严禁以书号出刊。

5月5日—6月11日　在德国莱比锡举行的"国际书籍艺术展览会"上，上海书画出版社（朵云轩）出版的《十竹斋书画谱》豪华本获最高奖——高于金奖的"国家大奖"。中国送展本届展览会的150种图书中有12种获奖。

5月23日—26日　由上海、江苏、浙江、辽宁等14个省市新华书店和新华书店总店联合举办的新华书店系统首届发行科学研讨会在杭州举行。

7月5日　国务院任命宋木文为新闻出版署署长。同时免去杜导正的新闻出版署署长职务。

7月11日　新闻出版署发布《关于检查、整顿书刊市场的紧急通知》。新闻出版署发布《关于在全国出版社整顿协作出版、代印代发的通知》。8月14日又发出其"补充说明"。

8月19日—30日 由新闻出版署主办的"第二届全国图书展览"在北京举行。这次书展是对中国出版界改革开放10年成果的一次大检阅。近600家出版社（包括香港、澳门、台湾部分出版社）的2万余种图书参展。在展出的12天中，参观者达16万人次。

8月24日 中共中央、国务院在北京召开全国整顿清理书报刊和音像市场电话会议，部署整顿清理书报刊及音像市场工作。会后成立全国"扫黄"办公室，设在新闻出版署。

9月16日 中共中央办公厅、国务院办公厅发出《关于整顿、清理书报刊和音像市场，严厉打击犯罪活动的通知》。

10月9日 中共中央办公厅、国务院办公厅在北京人民大会堂召开中央和国务院各部委负责同志会议，部署报刊和出版社压缩整顿工作。并于10月14日联合发出《关于压缩整顿报刊和出版社的通知》。

11月25日 新闻出版署、国家工商局联合发布《关于加强集体、个体、私营书店（摊）管理的暂行规定》。

12月21日—23日 七届人大常委会第十一次会议分组审议《中华人民共和国著作权法》（草案）。国家版权局局长宋木文受国务院委托在会上作了说明。

12月25日 新闻出版署印发《加强书报刊印刷管理的若干规定》。

1990年

2月24日 由中国版协、全国记协、中国印协、中国印刷设备及器材工业协会和新闻出版署联合举办的首届书刊封面设计大奖赛颁奖会在北京举行。

3月22日 国家语言文字工作委员会、新闻出版署联合发出《关于修订发布〈标点符号用法〉的通知》。

4月9日　新闻出版署印发《关于对涉及苏联、东欧国家的图书的出版加强管理的通知》。

5月5日　中宣部、新闻出版署联合发布《关于对描写党和国家主要领导人的出版物加强管理的规定》；1993年2月15日，中宣部和新闻出版署对此又作出补充规定；1994年8月26日，新闻出版署对期刊发表上述内容作出相应的规定。

5月16日　中宣部、新闻出版署印发《关于压缩整顿内部报刊的通知》。

6月15日　经国务院批准，国家版权局发布《书籍稿酬暂行规定》，适当提高稿酬标准，自1990年7月1日起实行。

8月26日—9月7日　应中国版协邀请，由台北市出版商业同业公会组织的"台北出版人访问团"一行40余人来大陆访问。中国版协与中国出版对外贸易总公司于9月1日联合举行招待会，并召开了"海峡两岸出版交流研讨会"。

9月2日—9日　新闻出版署主办的"全国期刊展览"在北京举行。这是中华人民共和国成立以来举办的第一次全国性的纯期刊大型展览，全国4000余种期刊参加展出。

9月7日　第七届全国人民代表大会常委会第十五次会议审议通过《中华人民共和国著作权法》，自1991年6月1日起实行。这是中华人民共和国成立以后制定的第一部著作权法。

11月14日　新闻出版署印发《关于对出版台港澳作品和翻印台港澳图书加强管理的通知》。

12月3日　《汉语大字典》8卷全部出齐。新闻出版署在北京人民大会堂召开出版总结表彰大会。

12月25日　新闻出版署发布《报纸管理暂行规定》。

1991年

1月31日　新闻出版总署印发《关于认定、查禁非法出版物的若干问题的通知》。

2月11日 中共中央办公厅、国务院办公厅联合发出通知，进一步明确由新闻出版署归口管理音像出版业，并部署在全国开展压缩整顿音像出版单位的工作。

3月6日 中国书刊发行业协会在北京成立。刘杲任会长。

4月2日 新闻出版署印发《关于出版党代会、党中央全会和全国人代会文件及学习辅导材料的暂行规定》。

4月8日 新闻出版署发出《关于缩小协作出版范围的规定》，规定协作出版的图书只限于自然科学或工程技术类图书，协作单位只限于国家机关、全民所有制的科研单位等，不得与集体和个人进行协作出版。

4月26日 中宣部、新闻出版署在人民大会堂联合举行座谈会，庆祝《列宁全集》中文第二版60卷全部出齐。这是目前世界上收载列宁文献最多的版本。

4月 《中国大百科全书·新闻出版》卷由中国大百科全书出版社出版。本卷中的出版部分由许力以主编，从提出编撰到组稿和出版共历时10年，前后参与撰稿和审定校阅工作的不下300人。

5月11日 新闻出版署、国家工商局印发《图书总发行管理的暂行规定》。5月20日，又印发《关于加强国营书店多种经营管理的暂行规定》。

5月24日 国务院批准《中华人民共和国著作权法实施条例》，从6月1日起正式实施。

7月1日 中共中央文献编辑委员会修订的《毛泽东选集》（一至四卷）第二版由人民出版社出版，邓小平题写了书名。

7月10日 海关总署发布对个人携带和邮寄印刷品及音像制品进出境管理规定。

8月12日 新闻出版署、国家工商局联合发布《关于出版社自办发行的暂行规定》，允许出版社自办发行。

8月31日—9月13日　由文化部、新闻出版署、广播电影电视部、国家文物局、中国革命博物馆五单位联合举办的"新民主主义革命时期革命文化史料展览"在北京中国革命博物馆展出。这是1949年以来，我国首次举办的大规模文化和出版史料的展览。

10月10日　财政部、新闻出版署联合发布《关于建立出版企业发展专项资金的规定》。

1992年

1月17日　中美两国签署了保护知识产权的谅解备忘录。其中涉及著作权（版权）、专利、行政保护措施和防止不正当竞争等条款。

1月21日　中国印刷博物馆筹备委员会在北京成立。

3月2日　新闻出版署颁布《报社记者站管理暂行办法》。

3月10日　全国首届古籍整理图书奖颁奖大会在北京举行。

4月18日　新闻出版署印刷产品质量监督检测中心在北京成立。

5月20日　中宣部在北京举行1991年度"五个一工程"奖颁奖大会，10种优秀图书获奖。这是中宣部主办的首届"五个一工程"奖评选。

5月28日　中国期刊协会成立，有林任会长。

6月1日—5日　首届北京国际儿童图书博览会举行。

8月11日　新闻出版署信息中心在北京成立。

9月9日　《中华大典》编纂和工作会议在北京召开，会上组建了《中华大典》工作委员会和编纂委员会。《中华大典》全书收集的文献上起先秦，下止清末，总计选收中国历代古籍2万余种，7亿多字，全书共分22典，首批书于1997年4月开始陆续出版。这项跨世纪的中国古籍整理工程，是中国学术、出版界的一件盛事。

9月25日　国务院发布《实施国际著作权条约的规定》，自1992年9月30日起施行。

10月13日　中国编辑学会在北京成立。刘杲任会长。

10月14日　国家版权局在北京举行"中国加入国际著作权公约"新闻发布会。《伯尔尼保护文学和艺术作品公约》和《世界版权公约》分别于10月15日和30日起在中国实施。

11月4日　新闻出版署颁布《图书质量管理规定》(试行)。

12月17日　中国音乐著作权协会在北京成立，王立平任主席。

1993年

3月16日　《新闻出版署出版物鉴定规则》出台。

3月22日　国家税务局印发《关于进一步支持宣传文化事业的通知》。

4月8日　国家物价局、新闻出版署发出《关于改革书刊价格管理的通知》，规定大中专教材和中小学课本实行国家定价，与课本配套的教辅、党和国家重要文献由出版单位定价，但须经新闻出版主管部门和物价部门批准或备案，其他出版物由出版单位自行定价。这一规定自1993年4月20日起实行。

4月30日　我国加入《保护录音制品制作者防止未经许可复制其录音制品公约》，于本日起在我国生效。

5月5日—15日　应台湾"两岸图书出版合作研讨会"筹委会邀请，以中国出版工作者协会副主席许力以为团长的祖国大陆出版工作者访问团赴台湾访问，并在台北召开了"两岸图书出版合作研讨会"。这是海峡两岸隔断40多年后出版界第一次在台湾举行的研讨会。

5月29日　国务院、中央组织部任命于友先为新闻出版署署长、国家版权局局长；免去宋木文的新闻出版署署长、国家版权局局长职务。

6月29日　新闻出版署印发《关于出版单位的主办单位和主管单位职责的暂行规定》。

7月31日　中宣部、新闻出版署发出《关于加强新闻队伍职业道德建设，禁止"有偿新闻"的通知》。

8月24日—25日　中国出版工作者协会第三次会员代表大会举行，宋木文当选新一届版协主席。

8月26日　新闻出版署转发财政部《关于进一步支持宣传文化企业发展的通知》，其中确定从1993年至1997年宣传文化企业上缴的所得税原则上返还宣传文化部门，用于建立"文化企业发展专项资金"。

10月8日　《中国大百科全书》74卷于1993年9月全部出齐。新闻出版署召开庆祝会，中共中央总书记江泽民、国务院总理李鹏接见了参加编撰的与会专家学者。

10月19日　中宣部、统战部、新闻出版署、国家民委、国务院宗教局印发《关于对涉及伊斯兰教的出版物加强管理的通知》。

10月26日　中宣部、新闻出版署联合发布《关于禁止"买卖书号"的通知》。

11月2日　《邓小平文选》第三卷由人民出版社出版，在全国各地发行。

11月4日—8日　由中国书刊发行业协会和台湾地区"1993年台湾图书展览委员会"联合主办的"1993年台湾图书展览"在北京举行，这是海峡两岸开放文化交流以来台湾出版界第一次来祖国大陆举办的大规模图书展览。

1994年

1月24日　在北京举行的全国宣传思想工作会议上，中共中央总书记江泽民指出："宣传思想工作要以科学的理论武装人，以正确的舆论引导人，以高尚的精神塑造人，以优秀的作品鼓舞人。"全国新闻出版局长会议同期举行。新闻出版署署长于友先在报告中提出新闻出版业的发展要从以规模数量增长为主要特征的阶段向以优质高效为主要特征的阶段转移。

1月30日 新闻出版署在北京举行第一届"国家图书奖"颁奖大会。"国家图书奖"是新闻出版署主办的表彰优秀图书的最高奖,从1993年起每两年举办一次。

3月12日 中央宣传部、新闻出版署、总政治部印发《关于加强军事题材出版物出版管理的规定》。

3月29日—4月4日 由中国书刊发行业协会主办、中国图书进出口总公司承办的"1994年大陆图书展览"在台北市举行,大陆赴台代表团共99人。这是海峡两岸隔绝了40多年后,大陆图书首次在台湾展出。181家出版社的1.7万余种、2.6万余册图书展出。

4月29日 中国音像协会成立,刘国雄任会长。

5月16日—21日 第一届中国国际印刷设备及器材展览会在北京举行。

5月26日 新闻出版署印发《关于对书号使用总量进行宏观控制的通知》。

6月6日 新闻出版署印发《对台出版交流管理暂行规定》的通知。

6月16日 国务院新闻办公室发表《中国知识产权保护状况》白皮书,详细阐述了中国保护知识产权的基本立场和态度,介绍了中国知识产权立法和执行的现状,以及中国积极承担知识产权保护国际义务等方面的情况。7月5日,国务院作出《关于进一步加强知识产权保护工作的决定》。

7月21日 中宣部、新闻出版署、邮电部、国家工商局印发《关于加强内部报刊管理的通知》。

8月25日 国务院颁发《音像制品管理条例》,自本年10月1日起施行。

9月2日 "海峡两岸和香港地区出版座谈会"在北京举行。大陆、香港、台湾的出版协会负责人商定，今后三地出版界以"华文出版联谊会"的形式进行交流。

1995年

1月12日 中共中央总书记江泽民主持中共中央政治局常委会会议，听取新闻出版署党组关于进一步加强和改进出版工作的报告。会议提出："出版物是特殊商品，不能完全交给市场去调节。"4月12日，中共中央办公厅、国务院办公厅转发了新闻出版署党组的《关于进一步加强和改进出版工作的报告》。

3月11日 中美两国关于保护知识产权协议签字仪式在北京举行。国家版权局指定美国电影协会为其会员电影作品著作权认证机构。

5月15日—17日 中国出版工作者协会与台湾图书出版事业协会、香港出版总会的代表在香港联合举办第一届"华文出版联谊会"。

5月29日 国家版权局发布第3号公告。并于30日举行新闻发布会：自1995年6月1日起，计算机软件著作权登记工作由国家版权局管理。

6月11日—14日 "国际书商联盟年会"在荷兰阿姆斯特丹举行。中国书刊发行业协会于1995年3月正式加入国际书商联盟。

7月 湖北新华书店集团成立。从20世纪90年代中期开始，发行集团发展很快，河北新华书店集团、黑龙江图书音像发行集团、北京市新华外文发行集团、辽宁省发行集团、广东新华发行集团、江苏新华发行集团、四川新华书店集团等相继成立。

9月11日 国家版权局发布第4号公告。台湾居民按照国家法律与祖国大陆居民享有同样权利，可就其开发的计算机软件向软件登记管理机构申请著作权登记。

9月24日　由新闻出版署、广电部、文化部等单位联合主办的我国规模最大的音像制品、音响设备综合性展览——95北京国际音乐、音像博览会在北京举行。

12月14日　中宣部、新闻出版署为落实中共中央总书记江泽民、国务院总理李鹏为少年儿童创作动画艺术精品的指示而实施的"中国儿童动画图书出版工程"全面启动。这一出版工程旨在全国建立5个儿童动画图书出版基地、出版15套大型系列儿童动画图书、办好5个儿童动画（漫画）刊物，简称"5155工程"。新闻出版署为顺利实施"5155工程"，建立了中国儿童动画出版发展中心。

12月25日　新闻出版署与中宣部、国家教委、人事部联合发布《关于在出版行业开展岗位培训实施持证上岗制度的规定》。

1996年

2月1日　新闻出版署发布《音像制品出版管理办法》《音像制品复制管理办法》《音像制品进口管理办法》。广电部、文化部联合发布《音像制品内容审查办法》。

3月14日　新闻出版署发布《电子出版物管理暂行规定》。

4月15日　国家版权局、国家工商管理局联合发布《著作权涉外代理机构管理暂行办法》。

4月23日　联合国教科文组织第28届大会通过决议，宣布今后每年的4月23日为世界图书和版权日。

5月6日—10日　全国新闻出版系统跨世纪人才培养工程工作会议在江西井冈山举行，会议确定了"九五"期间以及2010年新闻出版行业人才培养的总体目标、指导思想和主要措施。

5月15日　新闻出版署教育培训中心在北京成立。

6月1日　新闻出版署印发《关于培育和规范图书市场的若

干意见》，提出"三建二转一加强"（重视批发市场建设、推行多种购销形式建立新型购销关系，建立和完善市场规则，转换出版社自办发行的观念和机制，转换国有书店的经营机制，加强农村发行），要求"批发进场"。之后全国各地的图书批发市场如雨后春笋般相继建立。到1999年，全国共建立批销中心120多个，其中最为典型的是长沙黄泥街、武汉武胜路、西安东六路、北京金台路四大书刊批发市场。

同日 中国印刷博物馆落成典礼在北京举行。博物馆占地5000平方米，分为源头古代馆、近代馆、新技术及装备馆三大部分，此外还有证券、港澳台以及精品等专题展，再现了中国印刷术发明和印刷工业发展的过程。

6月12日 中宣部、新闻出版署、国家计委、外经贸部、海关总署、国家工商局、国家版权局联合发出《关于进一步加强光盘复制管理的通知》。

7月13日—17日 新闻出版署主办的"中国出版成就展"在北京举办。江泽民、乔石等党和国家领导人参观了展览，并就进一步做好出版工作作出重要指示。

8月9日 国内首例面向概念的多功能综合性中国百科术语数据库一期工程在北京通过验收。这标志着中国出版业利用高科技进入了新阶段。

9月5日 国务院印发《关于进一步完善文化经济政策的若干规定》，提出拓宽文化事业资金投入渠道。

10月2日—5日 由中宣部和新闻出版总署主办的"中国少儿出版物成就展"在北京举办。展览集中展示了党的十一届三中全会以来，特别是"八五"期间我国少儿读物出版的成就。

10月23日 中共中央办公厅、国务院办公厅印发《关于加强全国性文艺新闻出版评奖管理工作的通知》。

12月27日 中宣部、新闻出版署根据中央领导同志的提议，为表彰出版界的先进人物，委托中国版协举办"全国百佳出版工作者"评选表彰活动。从1996年开始每两年一次，每次评选出100名优秀出版工作者。

1997年

1月1日　《新闻出版统计管理办法》出台。

1月2日　国务院发布《出版管理条例》，自2月1日起实施。《条例》对出版事业的方向、指导思想、任务，以及对出版单位的设立与管理，出版物的出版、印制或复制、发行等作出明确的规定。

1月28日　新闻出版署、中国出版工作者协会在北京联合召开全国出版系统电视电话会议，公布重新修订的《中国出版工作者职业道德准则》《关于严格禁止买卖书号、刊号、版号的若干规定》。

3月3日　新闻出版署发布《图书质量管理规定》。

3月8日　国务院发布《印刷业管理条例》，自本年5月1日起施行。

3月11日　财政部拨出专款，首次设立了科技著作出版基金。

4月13日　第六届世界印刷大会在澳大利亚悉尼举行，决定第七届世界印刷大会于2001年5月在中国北京举行。

4月18日—21日　中国图书音像展览在澳门举行。这是中华人民共和国成立以来我国内地在澳门举办的首次大型图书、音像展。

5月28日　我国首家网上直销书店——中国现代书店（亚太网络）在美国纽约国际互联网上开通。

6月26日　新闻出版署发布《图书质量保障体系》，制定了编辑出版责任机制、出版管理宏观调控机制、社会监督机制等50项条款。

7月23日—28日　香港回归后第一次书展——第八届香港

书展在香港举行。本届书展首次举办了"国际版权交易会及印刷服务展览会"。

8月18日　新闻出版署发布《出版物印刷管理规定》。

10月5日　新闻出版署发布《出版行业跨世纪专业技术人才选拔培养实施办法（试行）》，提出用10年至15年时间在我国出版专业技术队伍中，选拔培养2000名左右优秀人才，80名左右杰出人才，10名左右卓越人才。

10月6日　《中国日报·香港版》在香港正式创刊。这是香港回归祖国后经中央政府批准的第一份在香港出版印行的内地英文报纸。

10月10日　新闻出版署发出《关于印发〈图书、期刊、音像制品、电子出版物重大选题备案办法〉的通知》。

11月5日　我国首家国家级音像制品批发市场在广州市正式开业，建筑面积为1.2万平方米。

12月26日　"中国图书奖"设奖10周年纪念大会在北京举行。该奖设立10年来，共有200多家出版社的700余种图书、1081名责任编辑获奖。该奖从第11届开始，评选工作改由中央宣传部、新闻出版署直接领导，中国版协主办，中国图书评论学会承办。

12月30日　新闻出版署发布《内部资料性出版物管理办法》《电子出版物管理规定》《出版管理行政处罚实施办法》，自1998年1月1日起施行。

1998年

1月19日　新闻出版署批准同意中国印刷公司归并重组后更名为中国印刷总公司。

1月26日　"全国出版物信息网络"正式启动。该网络以北京为中心，8个省、市为分中心，集批发、零售、订购、查询于一体，形成覆盖全国的大批量、高速度传输图书信息的出版物作者"评选表彰活动。从 1996 年开始每两年一次，每次评选出 100 名优秀出版工作者。

1997 年

1 月 1 日　《新闻出版统计管理办法》出台。

1 月 2 日　国务院发布《出版管理条例》，自 2 月 1 日起实施。《条例》对出版事业的方向、指导思想、任务，以及对出版单位的设立与管理，出版物的出版、印制或复制、发行等作出明确的规定。

1 月 28 日　新闻出版署、中国出版工作者协会在北京联合召开全国出版系统电视电话会议，公布重新修订的《中国出版工作者职业道德准则》《关于严格禁止买卖书号、刊号、版号的若干规定》。

3 月 3 日　新闻出版署发布《图书质量管理规定》。

3 月 8 日　国务院发布《印刷业管理条例》，自本年 5 月 1 日起施行。

3 月 11 日　财政部拨出专款，首次设立了科技著作出版基金。

4 月 13 日　第六届世界印刷大会在澳大利亚悉尼举行，决定第七届世界印刷大会于 2001 年 5 月在中国北京举行。

4 月 18 日—21 日　中国图书音像展览在澳门举行。这是中华人民共和国成立以来我国内地在澳门举办的首次大型图书、音像展。

5 月 28 日　我国首家网上直销书店——中国现代书店（亚太网络）在美国纽约国际互联网上开通。

6 月 26 日　新闻出版署发布《图书质量保障体系》，制定了编辑出版责任机制、出版管理宏观调控机制、社会监督机制等 50 项条款。

7 月 23 日—28 日　香港回归后第一次书展——第八届香港

书展在香港举行。本届书展首次举办了"国际版权交易会及印刷服务展览会"。

8月18日　新闻出版署发布《出版物印刷管理规定》。

10月5日　新闻出版署发布《出版行业跨世纪专业技术人才选拔培养实施办法（试行）》，提出用10年至15年时间在我国出版专业技术队伍中，选拔培养2000名左右优秀人才，80名左右杰出人才，10名左右卓越人才。

10月6日　《中国日报·香港版》在香港正式创刊。这是香港回归祖国后经中央政府批准的第一份在香港出版印行的内地英文报纸。

10月10日　新闻出版署发出《关于印发〈图书、期刊、音像制品、电子出版物重大选题备案办法〉的通知》。

11月5日　我国首家国家级音像制品批发市场在广州市正式开业，建筑面积为1.2万平方米。

12月26日　"中国图书奖"设奖10周年纪念大会在北京举行。该奖设立10年来，共有200多家出版社的700余种图书、1081名责任编辑获奖。该奖从第11届开始，评选工作改由中央宣传部、新闻出版署直接领导，中国版协主办，中国图书评论学会承办。

12月30日　新闻出版署发布《内部资料性出版物管理办法》《电子出版物管理规定》《出版管理行政处罚实施办法》，自1998年1月1日起施行。

1998年

1月19日　新闻出版署批准同意中国印刷公司归并重组后更名为中国印刷总公司。

1月26日　"全国出版物信息网络"正式启动。该网络以北京为中心，8个省、市为分中心，集批发、零售、订购、查询于一体，形成覆盖全国的大批量、高速度传输图书信息的出版物综合信息系统。

3月6日　新闻出版署、劳动部联合发出《关于对图书发行员实行职业资格证书制度的通知》。

3月11日　新闻出版署印发《新闻出版业2000年及2010年发展规划》。

4月6日　新闻出版署批准同意人民美术出版社、中国连环画出版社、荣宝斋重组改革实施方案，重组后更名为中国美术出版总社。

4月30日　新闻出版署批准组建南方日报报业集团、羊城晚报报业集团。5月18日，这两家报业集团在广州分别举行挂牌成立仪式。

5月14日　新闻出版署批准组建光明日报报业集团、经济日报报业集团。6月8日，这两个报业集团分别在北京正式挂牌。

5月18日　全国最大的国有零售书店——北京图书大厦开业仪式在北京举行。

6月3日　新闻出版署发出通知，统一核发"中华人民共和国新闻出版行政执法证"。6月15日，又发出关于"执法证"的管理办法，自本年8月1日起施行。

6月26日　新闻出版署批准组建文汇新民联合报业集团，7月25日集团在上海宣告成立。

9月2日　新闻出版署、中国音像协会在北京联合举办首届全国优秀文艺音像制品颁奖大会。

9月22日　中国版权保护中心在北京成立。

12月2日　新闻出版署发出《关于加强书号总量宏观调控的通知》，提出书号总量核定、核发、调控的原则和办法。

12月4日　"国家金版工程信息软件及技术开发研究项目——国家新闻出版工作文件数据库"在北京通过国家鉴定。这个数据库中收录了1949年10月新中国成立至1997年12月31日期间，中共中央、全国人大、国务院各部委、新闻出版署及其前身颁发的有关新闻出版、版权工作法律法规共 7148 个文件。

12 月 15 日 新闻出版署批准组建广东新华发行集团。1999 年 6 月 29 日，广东新华发行集团成立；9 月 20 日，正式挂牌。

12 月 23 日 九届全国人大第六次常委会在北京举行。国务院向全国人大常委会提交了《中华人民共和国著作权法修正案（草案）》。受国务院委托，新闻出版署署长兼国家版权局局长于友先就《中华人民共和国著作权法修正案（草案）》作了说明。

12 月 28 日 新闻出版署批准组建广东省出版集团、上海世纪出版集团。1999 年 2 月 24 日，上海世纪出版集团挂牌。这是经新闻出版署批准成立的第一个出版集团。

12 月 29 日 新闻出版署批准组建四川新华书店集团、江苏新华发行集团。1999 年 4 月 20 日，江苏新华发行集团在南京成立。

1999 年

1 月 7 日 科学技术部公布 1998 年度国家技术发明奖、国家科技进步奖及国际科技合作奖的评审结果，共评出 543 项优秀科技成果。其中，出版界有 1 个项目、20 种图书获奖。

1 月 11 日 《中国现代美术全集》编辑出版座谈会在北京召开。《全集》分绘画、雕塑、工艺美术、书法篆刻和建筑艺术五个方面，共 48 卷，由全国 13 家出版社分工出版。每卷遴选 20 世纪中各个时期有代表性的作品 200 余件，以及相关的论文及图版说明。

3 月 8 日 新闻出版署发出《关于在全国各出版社实施图书在版编目（CIP）有关问题的通知》，指出自 1999 年 4 月 1 日起，全国各出版社发排的图书均应向新闻出版署信息中心填报"图书在版编目（CIP）数据工作单"。

4 月 5 日 国家版权局颁发《出版文字作品报酬规定》，自本年 6 月 1 日起实行。这是我国依照《著作权法》制定的第一部关于图书报刊使用文字作品付酬标准的规定，体现了谁使用作品谁支付报酬的原则；变指令性的付酬标准为指导性和指令性相结合，以指导性为主、指令性为辅的付酬标准。

4月22日—5月4日 新中国成立以来我国出版界首次在美国举办"中青年业务骨干培训调研班"。

5月12日 新闻出版署批准组建北京出版集团。7月6日，北京出版集团揭牌成立。

6月15日 新闻出版署作出决定，成立"全国古籍整理出版规划领导小组"，负责古籍整理出版规划工作。

6月18日 拥有我国最大、最完备的期刊文献全文数据库的中国期刊网第一中心网站在北京开通。这是以清华大学1996年创办的《中国学术期刊（光盘版）》的全文数据库为基础建设的；9月，第二中心网站在Chinanet上正式开通。

6月22日 《文渊阁四库全书电子版》出版座谈会暨赠送仪式在北京举行。《文渊阁四库全书电子版》由上海世纪集团、上海人民出版社、香港迪志文化出版有限公司联合制作出版，收入古籍3642种、79300卷，约8亿字。

6月28日 由中国大百科全书出版社与美国不列颠百科全书公司合作出版的《不列颠百科全书》国际中文版竣工出版座谈会在北京举行。

6月30日 "当代中国丛书"暨电子版完成总结大会在北京举行。这套丛书共150卷，208册，1亿多字，3万多幅图片，其内容全部包容在20张光盘中。丛书从1983年开始启动，经10万多万人的共同努力，历时15年，于1998年12月全部出齐。

7月22日 新闻出版署发出《关于重申有关"法轮功"出版物处理意见的通知》。新闻出版署、公安部、国家工商局、海关总署、全国"扫黄"工作小组办公室联合发出《立即集中清理"法轮功"类出版物的紧急通知》。全国新闻出版部门对"法轮功"非法出版物进行集中检查、清理、销毁。

10月16日　1999年版《辞海》在全国发行。全书收词12万条，近2000万字，涉及109个学科。新版《辞海》比1989年版《辞海》增加了6000多个词条、400多万字。共出版彩图珍藏本、彩图本、普及本和缩印本四种版本。

12月15日—16日　新闻出版署同意组建大众日报、辽宁日报、沈阳日报、解放军日报、北京日报、浙江日报、哈尔滨日报、四川日报等报业集团。

12月23日　中央出版局旧址修复暨全国新闻出版系统革命传统教育基地揭牌仪式在江西瑞金举行。中央出版局成立于1931年12月，是新中国出版事业的发祥地。

2000年

2月14日　新闻出版署转发《财政部、国家税务总局〈关于宣传文化单位出版物增值税优惠政策的补充通知〉》。

2月29日　国家版权局同意成立中国文字作品著作权协会。

3月29日　新闻出版署发布《出版物条码管理办法》。

4月26日　在2000年WIPO（世界知识产权组织）成员国大会第35届系列会议上，WIPO通过一项提案，确定每年的4月26日为"国际知识产权日"。

6月13日　新闻出版署发文，决定撤销改革出版社。

6月25日　中国科学出版集团在北京成立。

7月27日　新闻出版署印发《出版物批发市场管理暂行办法》。

8月29日　首次在中国举行的亚洲太平洋地区出版商联合会年会在北京举行。来自亚太地区12个国家的50余位代表出席会议。

9月21日　中共中央任命石宗源同志为新闻出版署党组书记。10月5日，国务院任命石宗源同志为新闻出版署署长、国家版权局局长。免去于友先的新闻出版署署长、国家版权局局长。

10月20日，中宣部常务副部长刘云山、中组部副部长张柏林在新闻出版署中层以上干部大会上宣布上述任命决定。

11月22日 国务院第33次常务会议审议并原则通过了《中华人民共和国著作权法修正案（草案）》，并提交全国人大常委会审议。12月22日，第九届全国人大常委会第十九次会议审议了《著作权法修正案（草案）》。

12月1日 全国"知识工程"领导小组举办首届"全民读书月"活动，并确定每年12月为"全民读书月"。

12月20日 浙江出版联合集团成立。

12月25日 山东省出版总社暨山东人民出版社建社50周年庆祝大会暨山东出版集团揭牌仪式在济南举行。

2001年

4月30日 国务院将新闻出版署升格为新闻出版总署，为正部级单位。总署署长为石宗源。6月1日，中华人民共和国新闻出版总署挂牌。

5月21日—25日 第七届世界印刷大会（WPC7）在北京举行。大会的主题是：21世纪知识经济对印刷业的挑战。

5月23日—28日 第五届北京国际印刷技术展览会在北京举行。来自20个国家及香港和台湾地区的近600家厂商参加。展出的新产品、新技术、新工艺体现了当今印刷技术的发展方向：数字、网络化；多色、高效化；多样、自动化；高质、系列化。

6月7日 教育部、新闻出版总署印发《中小学教材价格管理办法》和《中小学教辅管理办法》。

同日 新闻出版总署、教育部、国家质量监督检验检疫总局联合发出《中小学教科书幅面尺寸及版面通用标准》和《中小学教科书用纸、印刷质量标准和检验方法》的通知。

7月3日 新闻出版总署发出《关于印发〈关于坚决制止报刊摊派，切实做好当前减轻农民负担工作实施方案〉并开展专项检查的通知》。

8月2日 国务院重新修订的《印刷业管理条例》颁布实施。《条例》明确规定,新闻出版总署主管全国印刷业监管工作。1997年3月8日国务院发布的《印刷业管理条例》同时废止。

8月22日 新闻出版总署、公安部、国家工商行政管理总局、国家质量监督检验检疫总局、全国"扫黄打非"工作小组办公室联合发出《关于整顿和规范印刷市场秩序的通知》。

9月7日 人事部、新闻出版总署联合发出《关于印发〈出版专业技术人员职业资格考试暂行规定〉和〈出版专业技术人员职业资格考试实施办法〉的通知》。

10月25日 新闻出版总署、教育部、国家计委发布中小学教材出版和发行招标投标试点实施办法。

10月27日 中华人民共和国国家主席江泽民签署第58号令,公布《全国人民代表大会常务委员会关于修改〈中华人民共和国著作权法〉的决定》。经过修改的《著作权法》由原来的56条增改为60条,修改的条款共有53条。

11月1日—4日 中国期刊展在北京举行,7000多家期刊社参展。

12月13日 中央政治局常委、国务院总理朱镕基,中央政治局常委、国务院副总理李岚清,中央政治局委员、中央书记处书记、中宣部部长丁关根视察新闻出版总署。

12月19日 新闻出版总署发出《关于公布"中国期刊方阵"名单及加强期刊方阵建设的通知》。

12月25日 国务院重新修订的《出版管理条例》颁布。条例自2002年2月1日起施行,1997年1月2日国务院发布的《出版管理条例》同时废止。

同日 国务院重新修订的《音像制品管理条例》颁布。条例自2002年2月1日起施行,1994年8月25日国务院发布的《音像制品管理条例》同时废止。

12月28日　我国首家出版要素市场东方出版交易中心开业典礼在上海举行。上海书市同时开幕。

2002年

1月25日　首届中国大陆杂志展在台北开幕。来自祖国大陆的1100多种、8000多份杂志参加展出。

2月20日　国家版权局发布《计算机软件著作权登记办法》。

4月9日　中国出版集团成立大会在北京人民大会堂举行。中宣部常务副部长刘云山、新闻出版总署署长石宗源出席大会并讲话。

5月9日　《续修四库全书》出版座谈会在北京人民大会堂举行。中共中央政治局常委、全国政协主席李瑞环出席并讲话。

5月17日　新闻出版总署印发《关于贯彻落实〈关于深化新闻出版广播影视业改革的若干意见〉的实施细则》的通知。

6月22日　由中国音像协会主办的行业大奖"首届中国唱片金碟奖"在浙江慈溪颁奖，这是我国历史上第一次举办的唱片分类大奖和行业奖。该奖项是由音像界和唱片公司自己主办和评出的奖项，不同于政府奖和媒介奖。

6月27日　新闻出版总署、信息产业部印发《互联网出版管理暂行规定》。

7月29日　中共中央办公厅、国务院办公厅转发了《中央宣传部、新闻出版总署关于进一步加强和改进出版工作的若干意见》。

9月15日　新《著作权法实施条例》开始施行。

9月22日　首次全国出版专业职业资格考试在北京、天津、重庆和各省会城市的33个考区同时开考，1.7万人参加。自此考试每年举行，标志着我国出版专业技术人员持证上岗制度走向规范。

2003年

1月6日　经中华人民共和国民政部批准的中国新华书店协会（英文名称：China Xinhua Bookstore Association）在北京成立，简称：中新协（英文缩写：CXBA）。

2月28日　中国印刷集团公司成立大会在北京举行。该集团公司由中国印刷总公司、中国印刷物资总公司和中国印刷科学技术研究所等单位联合组建成立。

3月17日　新闻出版总署、对外经济贸易合作部联合公布了《外商投资图书、报纸、期刊分销企业管理办法》，将于2003年5月1日起施行。这标志着我国的图书、报纸、期刊分销市场将向世贸组织成员开放。

4月—5月　全国新闻出版界贯彻落实中共中央、国务院关于防治"非典"工作的部署和要求，在短时期内出版了预防"非典"的各类图书近百种、总发行量超过1200万册。

6月27日—28日　全国文化体制改革试点工作会议在北京召开。会议按照党的十六大关于深化文化体制改革的要求，研究部署文化体制改革试点工作。

7月18日　新闻出版总署、公安部发布《印刷品承印管理规定》，自2003年9月1日施行。

7月24日　新闻出版总署发布《出版物市场管理规定》，自2003年9月1日起施行。

7月—11月　新闻出版总署为进一步贯彻落实《中共中央办公厅、国务院办公厅关于进一步治理党政部门报刊散滥和利用职权发行，减轻基层和农民负担的通知》的精神，制定了实施细则，进行治理工作，实现了"停办一批、分离一批、整合一批"的目标，切断部门职权和报刊经营之间的经济利益关系，坚决制止各种摊派和变相摊派行为。

9月15日—26日　由全国古籍整理出版规划领导小组主

办的"新中国古籍整理出版成就展"在国家图书馆举办。截至2002年，我国整理出版的古籍图书已逾1万种，其中，近20年整理出版的古籍图书，占古籍整理出版物总量的80%。

9月19日　经新闻出版总署批准，国内首家获得报刊总发行权的民营企业——文德广运发行集团在北京组建成立。

10月1日　中国书刊发行业协会重新修订的《全国书刊发行行业公约》开始实行。

10月12日　全国出版专业技术人员职业资格考试在全国各直辖市和各省会城市举行。

11月5日—9日　在希腊雅典举办的第11届"莫必斯"多媒体作品国际大奖赛上，由我国清华大学出版社出版的《中华太极》，荣膺本届大奖赛的最高奖项——"莫必斯"大奖。这是我国首次在国外荣获此项国际比赛的大奖。

12月22日　第八届华文出版联谊会议在澳门举行。由于澳门出版界的首次加入，本届联谊会议成为祖国大陆、台湾、香港、澳门出版界高层人士的一次盛会。

2004年

2月24日—25日　中国出版工作者协会四届五次常务理事（扩大）会议暨颁奖大会在北京举行。会上，颁布了经中宣部和新闻出版总署批准的《中国出版工作者职业道德准则》。

3月18日—24日　作为"中国文化年"在法国的重要组成部分，第24届法国图书沙龙在巴黎举行。中国作为主宾国参加。为期6天的书展期间，近20万法国读者参观了中国展区的书展及文化活动。法国总统希拉克于18日晚莅临中国展台。

3月25日　经国务院批准，全国文化体制改革试点单位中国出版集团转制为中国出版集团公司。

4月10日　北京世纪天鸿书业有限公司首获出版物国内总发行权和全国性连锁经营权许可证。

5月17日　新闻出版总署印发《关于进一步规范新闻出版单位出版合作和融资行为的通知》。

6月15日　新闻出版总署下发国务院公布取消的新闻出版总署行政审批项目（28项）后续监管措施、国务院公布下放的新闻出版总署行政审批项目（5项）管理措施。6月18日，新闻出版总署发布《关于修改〈出版物市场管理规定〉的决定》《关于实施〈中华人民共和国行政许可法〉清理有关规章、规范性文件的决定》《新闻出版总署废止第二批规章、规范性文件的决定》。

6月17日　新闻出版总署发布新修订的《音像制品出版管理规定》，自8月1日起施行。

7月15日　新闻出版总署发布第1号公告公布36项行政许可事项。

8月5日　中宣部、新闻出版总署在人民大会堂联合举行纪念邓小平100周年诞辰图书出版工作座谈会，并集中展示了有关邓小平的百种重点图书。

8月31日　中宣部、中央编办、国务院法制办、新闻出版总署、文化部、广电总局、财政部等七部门经过一年的认真调研和广泛征求意见，制定公布了《关于在文化体制改革试点地区建立文化市场综合执法机构的意见》，决定在广东、浙江、北京、上海、深圳等9个地区进行文化市场综合执法的改革试点工作。

10月19日—21日　新闻出版总署接连两次召开有关新闻出版单位参加的体制改革座谈会。10月19日，总署在北京召开有国家民委、中央统战部、外文局、中国残疾人联合会等主管单位部门负责人，以及部分党报党刊和涉及各民主党派、民族语言文字、对外宣传、残疾人福利事业等方面出版内容的新闻出版单位负责人参加的座谈会，听取他们对公益性出版内容的新闻出版单位体制改革的建议，探讨有利于公益性出版事业单位发展的相关政策。10月21日，总署召开报业试点单位体制改革座谈会，听取了大众日报报业集团等报业试点单位负责人的工作汇报。

12月24日　新闻出版总署颁布实施新的《图书质量管理规定》。本规定自2005年3月1日起实施。新闻出版署于1997年3月3日公布的《图书质量管理规定》同时停止执行。

12月28日　国务院总理温家宝签署第429号国务院令，颁布《著作权集体管理条例》，自2005年3月1日起施行。它标志着在欧美发达国家建立著作权集体管理制度已有近两百年历史，并已成为著作权保护不可或缺的重要机制，开始以实践可操作的法律形式引入中国。

12月31日　新闻出版总署发布《订户订购进口出版物管理办法》，自2005年2月1日施行。

2005年

1月27日—28日　新闻出版总署在北京召开国家重大图书出版工程项目评审会，这是新闻出版总署首次组织评审国家重大图书出版工程项目。

2月7日　新闻出版总署、国家统计局发布《新闻出版统计管理办法》。自2005年4月20日施行。

2月18日　新闻出版总署向全国各省、自治区、直辖市新闻出版局，解放军总政宣传部新闻出版局，中央、国家机关及人民团体出版主管部门、中国出版集团发出《关于对含有虚假宣传信息的图书进行专项检查的紧急通知》，要求各地彻查"伪书"。5月、7月，总署分两批向社会公布68种"伪书"名单，涉及16家出版社。

2月24日　"坚决制止虚假图书，营造诚信出版环境"的座谈会在北京举行。会上，中国出版工作者协会向出版界发出《倡议书》，号召全国出版界制止虚假图书，提倡诚实守信，坚决反对唯利是图、见利忘义的行为。

3月15日　国新出版物发行数据调查中心第一届理事会第一次会议在北京召开，石峰当选为理事长。这也标志着一个独立于政府部门、出版商之外，监管、核实出版物发行量及相关数据的中介机构正式成立。4月25日，中心在北京国际会议中心举行了揭牌仪式。12月20日核查启动仪式举行。新闻出版总署署长石宗源在仪式上向最先接受发行量核查的出版单位——《车友报》颁发中国第一份出版物发行量数据核查报告证书。

3月31日 劳动和社会保障部正式向社会发布第三批10个新职业，网络编辑员入列其中。

4月9日 经新闻出版总署、商务部批准，台湾康轩文教集团投资的南京康轩文化用品有限公司获得了由江苏省新闻出版局颁发的《出版物经营许可证》，成为取得《出版物经营许可证》的第一家台资企业。

4月24日 "新华出版物流通有限公司"正式挂牌，新华书店吸收外资重组。重组后的公司是与一家外资企业以及国有出版社、国内民营资本共11家股东组建的公司。

5月23日 国际书商联盟（IBF）2005年年会在北京举行。这是我国于1995年正式加入该联盟后，首次在我国召开的年会。来自21个国家的80位代表，以"变化中的图书市场"为主题，主要围绕国际上图书发行方式的变化和中国图书发行体制改革过程中外资的进入展开讨论。

7月8日—10日 由新闻出版总署、国家版权局主办，中国出版科学研究所和北京卓鹏企业管理顾问有限公司承办的首届中国数字出版博览会在北京举行。

7月14日 国务院新闻办公室与新闻出版总署联合发布《"中国图书对外推广计划"实施办法》，并公布《2005中国图书对外推广计划推荐书目》，"中国图书对外推广计划"正式启动。

7月29日—31日 由厦门市政府、福建省新闻出版局、中国出版工作者协会、台湾图书出版事业协会和台湾图书发行协进会联合主办的首届海峡两岸图书交易会在厦门国际会展中心举行。

8月19日 由中宣部、新闻出版总署联合召开的纪念中国人民抗日战争暨反法西斯战争胜利60周年出版座谈会在北京人民大会堂举行。

8月30日 《狼图腾》英文版权授权企鹅出版集团签字仪式在北京举行。世界最大的出版机构培生出版集团下属的企鹅出版集团支付10万美元预付款和10%的版税，购得由湖北长江出版集团下属的长江文艺出版社出版的《狼图腾》一书的全球英文版权。

8月31日 我国历史上首次系统全面地向世界推出的中国古籍整理和翻译国家重大文化工程"大中华文库"（汉英对照）编纂出版座谈会在北京举行，历经10年已推出54种经典名著。

同日 教育部、新闻出版总署在北京联合召开纪念我国高等院校编辑出版学专业创办20周年座谈会。

10月19日 新闻出版总署为了奖励、表彰优秀出版物和在新闻出版领域做出突出贡献的先进单位和优秀人物，决定设立"中国出版政府奖"并公布了评奖章程。该奖设6个子项，每3年评选一次。

12月1日 新闻出版总署于本年9月30日颁布的《报纸出版管理规定》《期刊出版管理规定》自本日起开始施行。

12月21日 中共中央和国务院决定龙新民同志任新闻出版总署党组书记、署长、国家版权局局长。

12月23日 中共中央、国务院颁布《关于深化文化体制改革的若干意见》。

2006年

1月5日—6日 "中国图书对外推广计划"工作小组正式成立并召开第一次会议，深入探讨中国图书"走出去"战略。该计划是由国务院新闻办公室和新闻出版总署联合实施的。

1月12日　新华社刊发中共中央、国务院发出《关于深化文化体制改革的若干意见》的新闻，并刊发了《意见》的主要内容。随后，中宣部发出通知，要求认真学习深化文化体制改革的若干意见，全面准确把握精神实质，做好改革各项准备工作。

1月18日　以知名品牌杂志《读者》刊名冠名的读者集团有限公司在兰州正式成立。

1月19日　中国出版集团公司和河南出版集团宣布达成战略伙伴关系并正式签署合作协议。此举开创了我国文化体制改革中出版集团跨地区合作的先河。

1月　由上海文艺出版总社历时8年出齐、共16卷本的大型中国历史文化百科全书《话说中国》，出版2年多来已销售超过10万册，码洋超过1亿元，创下出版奇迹。

3月28日—30日　全国文化体制改革工作会议在北京召开。中共中央政治局常委李长春在会议上强调要以发展为主题，以改革为动力，以体制机制创新为重点，以创造更多更好适应人民群众需求的精神文化产品为目标，深入推进文化体制改革，解放和发展文化生产力，促进文化事业全面繁荣和文化产业快速发展。

4月7日　浙江教育出版社有限公司下属的国有全资的浙江教育书店以380万元的价格，向民营资本出让65%的股权，这个价格几乎是原定130万元标的的3倍。这一举措开启了浙江文化领域国有资产以公开拍卖方式出让的先河。

4月23日　"世界读书日"来临之际，中宣部、中央文明办、新闻出版总署、文化部、教育部、解放军总政宣传部、全国总工会、共青团中央、全国妇联、中国科协、中国作协等11个部门共同向全社会发出倡议，在全国开展全民阅读活动。新闻出版总署还向有关单位发出通知，在"世界读书日"期间开展优惠售书活动。

4月　《读者》的发行量突破1000万册大关，达到1003万册，这是改革开放以来我国期刊发行量的最高纪录。《读者》创刊于1981年4月，到本月该刊创刊25周年。

5月11日　人民出版社划归新闻出版总署交接仪式举行。人民出版社从中国出版集团划出由新闻出版总署直接管理，是我国文化体制改革的重要举措。

5月27日　"2006年首届海外华文书市"在马来西亚吉隆坡城中城会议中心开幕。

6月1日　经新闻出版总署批准的国家网络游戏动漫产业（北京）发展基地挂牌仪式在中关村举行。

8月10日　由中共中央文献编辑委员会编辑，人民出版社出版的《江泽民文选》第一、二、三卷在全国发行。

9月7日　《天津日报》作为国内首份中文卫星报上星，全球同步发行。读者在世界任何角落借助出报机花5美元即可打印出当天报纸。

9月13日　新华社刊发中共中央办公厅、国务院办公厅印发《国家"十一五"时期文化发展规划纲要》的消息。这是我国第一个专门部署文化建设的中长期规划。《纲要》中有关出版业的发展涉及了积极发展电子书、手机报刊、网络出版物，培育一批具有较强竞争力和实力的出版企业集团，支持出版物发行企业开展跨地区、跨行业、跨所有制经营，加强"三农"读物出版工作，依法严厉打击侵犯知识产权行为，加强文化市场综合执法等内容。

9月22日—24日　由中国出版科学研究所、中国期刊协会主办，《出版发行研究》杂志社承办的中国首届期刊创新年会在北京举行。

9月26日　由机械工业出版社投资创办的大型综合性图书零售卖场——北京百万庄图书大厦正式开业。这是我国第一家由出版社出资创办的大型图书大厦。

10月17日　上海新华传媒股份有限公司正式揭牌上市。这是我国出版发行业第一家在国内上市的公司。上海新华传媒成功"借壳"上市，公司上市当天股票简称由"S华联"变更为"新华传媒"，公司主营业务由商业连锁变更为文化传媒。

10月21日—30日 由中国印刷博物馆主办，美国亚洲文化中心、中华文化基金会、上海当纳利印刷有限公司等协办的我国首次在美国举办的印刷史专题展览——"中华印刷之光"在纽约亚洲文化中心举办。

11月1日 中国邮政报刊发行信息系统正式启用，实现了对全国报刊订阅数据的网络化集中处理。截至2006年10月底，中国邮政发行报刊达10600多种，占全国总量的90%，年发报刊达180多亿份。

11月6日 深圳书城中心城开业，这是深圳书城的品牌旗舰店，也是目前世界单店经营面积最大的书城。

11月9日 国家版权局正式公告卡拉OK经营行业版权使用费标准：以包房为单位，支付音乐作品、音乐电视作品版权使用费，基本标准为12元/包房/天。全国不同区域以及同一地域卡拉OK经营的不同规模和水平，可以根据上述标准在一定范围内适当下调。

12月30日 《新闻出版业"十一五"发展规划》正式印发。

2007年

1月1日 根据财政部、国家税务总局于2006年12月5日印发的《关于宣传文化增值税和营业税优惠政策的通知》（财税〔2006〕153号），音像制品和电子出版物的增值税税率从即日起由17%下调至13%。

同日 新闻出版总署（国家版权局）行政审批受理中心正式对外受理审批业务。

1月9日 接力出版社有限公司在广西南宁揭牌，接力出版社整体转企改制。这也是我国第一个转企改制的地方出版社。

1月12日 《大中华文库》（汉英对照）全球发行工程正式启动。这是我国历史上首次系统全面地向世界推出的中国古籍整理和翻译的重大文化工程，主要选收我国历代在文学、历史、哲学、经济、军事、科技等各个领域最具代表性的经典著作，由古文译成白话文，再由白话文译成英文。该文库第一批51种92册，共计5800万字。

1月19日　国务院办公厅印发《关于进一步加强古籍保护工作的意见》，其中提出大力实施"十一五"国家古籍整理重点图书出版规划，全面、科学、规范地开展保护工作。

3月13日　新闻出版总署等八部委印发《农家书屋工程实施意见》，农家书屋工程成为国家进行公共文化服务体系建设的五项重大工程之一，被写进《政府工作报告》和中央办公厅、国务院办公厅印发的《关于加强公共文化服务体系建设的若干意见》。

4月22日—23日　教育部与新闻出版总署在北京召开高校出版体制改革试点工作会议，并出台了具体实施方案。全国22家出版单位，包括19家高校出版社和3家高校期刊社被列入首批改革试点单位。

4月24日　新闻出版总署召开党组扩大会议。会上宣布党中央、国务院调整新闻出版总署主要领导的决定：柳斌杰同志任新闻出版总署党组书记、署长、国家版权局局长；龙新民同志任中央党史研究室副主任（正部长级），不再担任新闻出版总署党组书记、署长、国家版权局局长职务。

5月13日—15日　第36届世界期刊大会在北京举办。本届主题为"杂志丰富你的世界"。世界期刊大会有"期刊界的奥运会"之称，每两年举办一次。此次是继1997年在日本举办后第二次在亚洲国家举办。

5月30日　四川新华文轩连锁股份有限公司在香港挂牌上市，发行3.694亿股H股。这是港股中首支纯书店股。新华文轩也成为国内首家进入国际资本市场的图书发行业零售企业。

5月31日　江苏新华发行集团与海南省新华书店系统"联

合投资意向书"正式签约。这是我国出版业首次以资本为纽带的跨省合作。其中江苏新华发行集团控股新公司51%。

6月6日 商务印书馆成立110年纪念会在北京人民大会堂举行。商务印书馆是我国历史最悠久的现代出版机构,为中国出版事业作出了重要贡献。

6月9日 《世界知识产权组织版权条约》和《世界知识产权组织表演和录音制品条约》在我国正式生效。截至2006年10月13日,加入《世界知识产权组织版权条约》的国家已达60个,加入《世界知识产权组织表演和录音制品条约》的国家已达58个。

7月12日 首届中国出版政府奖启动。该奖设立了出版物奖、先进出版单位奖和优秀出版人物奖等共6个子项奖,奖励数额共计200个。

9月14日 农家书屋工程发展基金在北京设立。这是新闻出版总署委托中国光华科技基金会设立的。

9月20日 中国出版集团与法国博杜安图书出版公司合资成立的中国出版(巴黎)有限公司挂牌。这标志着中国出版集团公司的海外第一家合资出版公司正式投入运营。

9月27日 机电商报社整体转制为文化企业,成立北京卓众出版有限公司的揭牌仪式在北京举行。作为由中国农业机械化科学研究院独资设立的国有文化企业,公司拥有《机电商报》《汽车与驾驶维修》等一种报纸和十种期刊的出版权。

10月9日 在原湖北长江出版集团基础上组建的湖北长江出版传媒集团有限公司挂牌成立。

10月 由中国新华书店协会注册的新华书店服务商标被国家工商行政管理总局商标评审委员会认定为中国驰名商标。

11月5日 经新闻出版总署和证监会批准,由广州日报报业集团控股的广东九州阳光传媒股份有限公司(简称"粤传媒")在深圳证券交易所首次挂牌网上发行。

11月20日 第八届深圳读书月期间,由海天出版社与深圳发行集团重组建成的深圳出版发行集团正式挂牌成立。这是国内出版界第一家出版发行集团，也是"下游整合上游"的先例。

12月17日 中国出版集团公司协同下属中国出版对外贸易总公司在2007年9月与澳洲多元文化出版社合资成立的"中国出版（悉尼）有限公司"（CPG International. Sydney）在澳大利亚悉尼揭牌。

12月21日 国内出版传媒第一股——辽宁出版传媒股份有限公司在上海证券交易所正式挂牌上市。

2008年

1月8日 新闻出版总署批复中华工商联合出版社与吉林出版集团合作设立中华工商联合出版社有限责任公司。这是我国出版界第二例地方性出版集团与中央出版单位进行改制重组的案例。2009年4月17日，公司成立大会在北京举行。

2月21日 新闻出版总署召开新闻发布会公布首届中国出版政府奖评选结果，共评选出100个出版物奖、50个先进出版单位奖、50个优秀出版人物奖。这是依据2005年《全国性文艺新闻出版评奖管理办法》整合若干奖项后设立的我国新闻出版领域的最高奖，每三年评选一次，旨在表彰和奖励国内新闻出版业优秀出版物、出版单位和个人。

3月24日 由江西出版集团和中国宋庆龄基金会所属中国和平出版社改制重组的中国和平出版社有限责任公司在北京人民大会堂举行揭牌仪式。这是出版发行体制改革跨地区、跨行业发展方面取得的又一实质性成果。

4月15日 新闻出版总署颁布的《音像制品制作管理规定》《电子出版物出版管理规定》开始施行。

5月1日 《图书出版管理规定》施行，其中包括图书出版单位实行分级管理的内容。

5月9日 全国出版发行业首家跨地区战略重组的企业——

江苏省新华书店集团和海南省新华书店集团有限公司联合组建的海南凤凰新华发行有限公司成立。

5月28日　筹备时间长达十年之久的中国音像著作权集体管理协会在北京召开成立大会，并将接手卡拉OK版权收费工作。

6月1日　《出版专业技术人员职业资格管理规定》施行。出版专业技术工作人员将实行职业资格制度。

6月5日　国务院发布《国家知识产权战略纲要》，明确到2020年把我国建设成为知识产权创造、运用、保护和管理水平较高的国家。

6月17日　新闻出版总署出台《经营性图书出版单位等级评估办法》并于2008年首次进行等级评估工作。

6月25日　书号实名申领试点单位工作会议召开，书号实名申领试点工作正式启动。7月15日开始56家出版社作为第一批试点单位实行。2009年书号管理全面实行网上实名申报，出版单位可随时通过网上申领书号。

7月8日　人民卫生出版社在人民大会堂举办"北京2008科技·医学·教育国际出版与合作论坛"及人民卫生出版社美国有限责任公司收购加拿大BC戴克出版公司全部医学图书资产签约仪式。人民卫生出版社投资设立美国有限责任公司并成功收购加拿大BC戴克出版公司全部医学图书资产。

7月21日　新闻出版总署出台《农家书屋工程建设管理暂行办法》。《办法》涵盖了农家书屋工程实施部门及职责、建设标准与要求、实施计划申报与制定、社会捐赠管理、出版物选配、农家书屋管理、验收与检查等内容。

8月1日　于1月9日正式发布的《中国标准书号条码》（GBT12906—2008）从即日起正式实施，将代替原来的《中国标准书号条码》（GBT12906—2001）。

8月27日—29日　首次举办的2008中国国际版权博览会在北京举行。

9月1日 创办22年来首次异地举办的北京国际图书博览会在天津开幕。这是北京奥运会后我国出版界举办的首个重大活动。图书博览会首次提倡"绿色书展"理念。

9月18日 中国证监会正式批复核准安徽出版集团重组上市，成为"科大创新"第一大股东。11月18日，上市公司更名为"安徽时代出版传媒股份有限公司"。

9月26日 财政部、中宣部、新闻出版总署下发《关于中央出版单位转制和改制中国有资产管理的通知》，确保国有资产安全完整保值增值。

10月 由中国出版科学研究所下属的《出版发行研究》杂志与全球最著名的英文学术期刊——美国《出版研究季刊》（Publishing Research Quarterly）合作编辑的《出版研究季刊》"中国专号"（英文版）正式出版，并向全球发行。

10月8日 为鼓励支持优秀的公益性出版物出版，繁荣发展社会主义文化事业，新闻出版总署、财政部依据国家有关法律法规制定的《国家出版基金资助项目管理办法》公布实施。

10月12日 国务院办公厅印发文化体制改革中经营性文化事业单位转制为企业和支持文化企业发展的两个规定的通知。

10月19日 德国当地时间下午15:30，法兰克福书展土耳其主宾国代表在主宾国主题馆将象征性标志物——卷轴，交给2009年法兰克福书展中国主宾国，标志着2009年中国主宾国活动正式启动。

10月26日 中共中央任命蒋建国同志为新闻出版总署党组副书记；11月6日，国务院任命蒋建国同志为新闻出版总署副署长。

10月27日 由世界知识产权组织（WIPO）、国家版权局主办，中国新闻出版报社和北京国家版权交易中心承办的2008国际版权论坛在北京开幕。世界知识产权版权创意金奖首次在中国颁发。

同日　新闻出版总署集中开展的"十行百家"专题调研活动正式启动。

10月30日—11月6日　由中国印刷博物馆举办的"中华印刷之光"展览在澳大利亚墨尔本开始了第五站海外巡展历程。这是中国首次在澳大利亚举办的印刷史专题展览。

11月5日　四川出版集团有限责任公司在成都正式挂牌成立。新闻出版总署署长柳斌杰出席并授牌。这标志着四川出版集团旗下17家成员单位1700多名职工与50多年的传统出版管理体制告别。

11月5日—6日　新闻出版系统对口支援灾后恢复重建工作会议在成都召开。新闻出版总署署长柳斌杰作题为"大力弘扬抗震救灾精神，推动灾区新闻出版业恢复重建和繁荣发展"的重要讲话。

11月11日　墨西哥当地时间下午3点，经过美国、英国、澳大利亚等48个国家和地区的发行量稽核机构投票，国新出版物发行数据调查中心作为中华人民共和国新闻出版总署唯一认定的出版物发行量核查机构，在墨西哥坎昆市正式加入国际发行量核查组织联盟（IFABC），成为其第49位成员。

11月13日　财政部、国家发展改革委发出通知，自2009年1月1日起，在全国统一取消和停止征收100项行政事业性收费，新闻出版部门三个行政事业性收费项目被取消。

11月19日和28日　由新闻出版总署主办，广西壮族自治区新闻出版局承办的中国图书展销会分别在越南、柬埔寨举行。这是我国首次正式在越南、柬埔寨举办中国图书展销会，是新闻出版总署推动出版文化产品和服务"走出去"的具体体现，对开拓东盟图书市场具有重要意义。

11月24日—25日　教育部与新闻出版总署在北京联合召开"第二次高校出版体制改革工作会议"，第二批大学出版社体制改革启动。

12月26日　中宣部、新闻出版总署联合召开纪念改革开放30周年重点图书暨《强国之路——纪念改革开放30周年重点书系》出版座谈会。

2009年

1月8日　书号实名申领全面推开启动仪式在新闻出版总署举行。这标志着全国书号实名申请正式启动，也标志着书号管理改革从试点阶段进入到全面实施阶段。

1月9日　第二届"三个一百"原创出版工程表彰大会暨原创出版高层论坛在北京举行，197家出版社的293种优秀原创图书受到表彰。

1月27日—2月2日　温家宝总理对瑞士、德国、西班牙、英国和欧盟总部进行正式访问。在此期间，温家宝总理莅临剑桥大学作精彩演讲，并将一套由其亲笔题字的方正阿帕比（Apabi）电子书及数字图书馆系统——"中华数字书苑"作为国礼，赠送给剑桥大学。

2月5日　新闻出版总署下发通知，决定从2009年2月25日起统一换发全国新闻机构记者证。

2月6日　新闻出版总署印发《关于进一步加强和改进报刊出版管理工作的通知》，就进一步加强和改进报刊出版管理工作的重点、措施提出具体要求。

2月9日　我国图书出版行业首家专业国际会展中心挂牌。它的成立标志着图书出版行业的会展业务正朝着国际化、专业化、规范化的道路发展。

同日　国家出版基金管理委员会成立。

3月25日　新闻出版总署印发《关于进一步推进新闻出版体制改革的指导意见》的通知。

3月26日　世界知识产权组织与国家版权局在南通签署了"世界知识产权组织版权保护优秀案例示范点调研项目合作协

议"。这是 WIPO 首次在全球针对一个国家特定地区的一个行业而进行的版权保护微观调研项目。

4月1日　从即日起，全国所有出版社全部实行书号网上实名申领，一书一名。它标志着出版管理的一个新开端，也标志着书号定额发放将成为历史。

4月10日　为进一步推动文化体制改革，财政部、国家税务总局公布了《关于文化体制改革中经营性文化事业单位转制为企业的若干税收优惠政策的通知》。其中指出：文化单位转制后将享受税收优惠，经营性文化事业单位转企后将免征企业所得税，相应收入将免征增值税。

4月27日　新闻出版总署发布《新闻出版总署立法程序规定》《著作权行政处罚实施办法》，废止一批规章、规范性文件。

5月7日—8日　新闻出版总署在重庆召开全国出版专业技术人员职业资格登记注册会议。会议的召开标志着出版职业资格登记注册工作全面启动，2009年9月底前完成首次登记注册。

5月8日　首个国家级版权交易系统在国际版权交易中心正式开通，首日有30个项目挂牌交易，金额超亿元。

5月12日—16日　第七届北京国际印刷技术展览会开幕式在中国国际展览中心馆举行。本次展会是2009年亚太地区规模最大的国际印刷展览会。

6月15日　由上海联合产权交易所、解放日报报业集团、上海精文投资公司联合投资创立的上海文化产权交易所在上海外高桥保税区正式揭牌，促进了文化产业与资本市场对接。

6月18日　由中国图书进出口（集团）总公司与美国时代国际文化发展公司合资成立的新华书店（北美）网上书店正式开通。该书店可供应书刊、音像制品及文化用品近2万种，试运行期日销五六百美元。

6月　江西教育出版社和"绝色中文"双方开发的"绝色中文"系列中文学习教材开始登陆海外。20余所海外中文学校决定从9

月起使用该套教材。江西教育出版社拟在 3 年内推广到全球中文学校。

8 月 11 日 新闻出版总署首次开展的全国经营性图书出版单位等级评估工作，经过全国出版界和各方面专家一年的共同努力圆满结束，评估结果顺利产生。

10 月 13 日 正在德国进行正式访问的国家副主席习近平与德国总理默克尔共同出席了第 61 届法兰克福国际书展开幕式，并发表了题为《加强文化交流促进世界和平》的重要演讲。

10 月 15 日 与全国新闻媒体和新闻从业人员密切相关的《新闻记者证管理办法》，颁布近 5 年后第一次进行了修订。根据新闻出版总署令，修订后的新版《新闻记者证管理办法》于即日起施行。

10 月 20 日 中国图书进出口（集团）总公司在欧洲的第一家新华书店在伦敦开业。伦敦新华书店是欧洲首家使用新华书店品牌经营中国内地图书的书店，由已在伦敦设立 20 余年的中图英国代表处负责具体运营。

10 月 28 日 国家版权局、文化部、教育部、全国"扫黄打非"工作小组办公室联合发布《关于加强图书馆著作权保护工作的通知》，强调切实加强图书馆著作权保护工作。这是中国首次针对图书馆版权保护专门出台的规定。

11 月 5 日 新闻出版总署发布《关于加快推进经营性图书、音像和电子出版单位转制工作的通知》。其中指出，对于 2010 年 1 月 1 日前尚未完成转制的地方和高校经营性图书、音像和电子出版单位，将陆续终止其出版资格。对于 2011 年 1 月 1 日前尚未完成转制的中央各部门各单位经营性图书、音像和电子出版单位，视其为自动退出出版行业，将按规定注销，遗留问题由主办单位自行解决。

12 月 2 日 "新中国 60 年百名优秀出版人物"和"新中国 60 年杰出出版家"评选结果从即日起开始公示。胡愈之、周建人、胡绳、叶圣陶等 22 人获评"新中国 60 年杰出出版家"，王仿子、任慧英、李朋义、武文祥等100人获"新中国60年百名优秀出版人物"称号。

12月30日　海峡出版发行集团成立揭牌仪式在福州举行。集团是以文化创意、出版发行、印刷复制为主业，出版外贸、旅游、会展等多元化发展的国有大型文化企业。

12月31日　中国出版集团公司与宁夏回族自治区人民政府签署对黄河出版传媒集团有限公司进行联合重组的协议。这标志着中国出版集团公司、宁夏出版体制改革迈出了新的步伐，走上了跨地区联合重组的发展道路。

2010年

1月1日　新闻出版总署印发《新闻出版总署关于进一步推动新闻出版产业发展的指导的意见》。

1月13日—14日　全国新闻出版工作会议在北京召开。会议将"向新闻出版强国迈进"定为今后十年我国新闻出版工作的主攻方向和发展目标。

1月15日　新闻出版总署条码中心出版物条码胶片生产设备捐赠仪式在中国印刷博物馆举行。此举标志着在我国出版业持续15年之久的制作出版物条码胶片、人工邮寄发放成为历史，全国出版物条码管理步入信息化、标准化、规范化轨道。

1月18日　安徽新华传媒股份有限公司（简称皖新传媒）成功在上海证券交易所登陆A股市场，成为全国发行业主板首发上市"第一股"。

1月25日　中国音像著作权集体管理协会在北京举行了第二次会员大会。会议通过了首次大规模分配卡拉OK版权费的方案。

2月12日　新闻出版总署印发《关于进一步加强和改进新闻出版统计工作的意见》，从8个方面对进一步加强和改进新闻出版统计工作提出了具体要求。

2月26日　第十一届全国人大常委会第十三次会议表决通过了全国人大常委会《关于修改〈中华人民共和国著作权法〉的决定》，国家主席胡锦涛签署第26号主席令予以公布。修改后的《著作权法》将于4月1日起施行。

2月　佛山市中级人民法院认定人民教育出版社注册商标（"手捧绿芽"）为中国驰名商标。这是我国出版业首枚中国驰名商标。

3月15日　粤传媒发布公告，公司实际控制人广州日报拟将采编与经营分开，并将广州日报社及其下属企业所控制的42亿元报刊经营业务资产整体注入粤传媒，实现广州日报社传媒类主营业务的整体上市。

3月22日　国务院学位委员会发出通知，决定在我国设置新闻与传播、出版等硕士专业学位。

3月　全国出版单位专业技术人员职业资格首次登记注册工作结束。35462名出版专业技术人员进行了登记注册，其中3309名经注册取得责任编辑证书。

4月26日　重庆北部新区国家数字出版基地揭牌。这是继上海张江之后，我国获准建立的第二个国家级数字出版基地。

5月13日—16日　中国出版界组团参加了第16届布拉格国际书展暨国际文学节。这是新闻出版总署首次组团参加该活动，目的是推动中国出版走进东欧市场。

5月21日　新闻出版总署召开新批直属事业单位组建工作会议，对部分直属事业单位机构职能进行了调整：新设国家出版基金规划管理办公室，单设新闻出版总署出版产品质量监督检测中心，中国版本图书馆加挂条码中心牌子，新闻出版总署信息中心加挂互联网出版检测中心牌子。

6月7日　新闻出版总署办公厅转发《文化产业发展专项资金管理暂行办法》。

6月23日　四川新华文轩连锁股份有限公司发布公告，以总价人民币12.55亿元重组四川出版集团出版业务，获得其旗下15家全资子公司全部股份。重组完成后，公司更名为新华文轩出版传媒股份有限公司。

6月26日　北方联合出版传媒（集团）股份有限公司分别与天津出版传媒集团有限公司、内蒙古新华发行集团股份有限公司在北京签署股权合作协议。这是我国出台《关于进一步推进新闻出版体制改革的指导意见》后，我国出版业国有独资、国有控股出版发行企业与出版上市公司之间的首次跨地区合作。

7月21日　新闻出版总署与中国电信集团公司在北京签署《推动数字出版产业发展战略合作备忘录》。这标志着国家新闻出版主管部门与中国信息服务龙头企业强强联合，共同致力于推动我国数字出版产业发展。

7月26日　新闻出版总署在北京发布了《2009年新闻出版产业分析报告》。这是新中国成立以来，政府行业主管部门首次发布新闻出版产业年度分析报告。

同日　中国图书进出口（集团）公司的网络服务平台——"中国在线"开始上线运行。这是我国最大的进口出版物信息服务网络平台，也是国内首家销售进口书报刊及音像制品的网上书店。

8月3日　数字阅读平台读览天下正式入驻iPad，这是我国入驻iPad的首个正版电子杂志平台。

8月16日　新闻出版总署印发《关于加快我国数字出版产业发展的若干意见》。

8月19日—20日　国家古籍整理出版十年规划项目论证会在北京举行。论证项目初步确定为743种。这是继1960年、1982年、1992年后，第四次制定国家古籍整理出版规划。国家古籍整理出版十年规划是开放性的，以后每年增补一次。

8月26日　江苏省版权综合服务中心信息平台（一期）开通仪式在南京举行。这标志着全国首个省级版权公共服务和行政监管一体化的信息平台正式建立。

8月31日 中国出版集团公司、中国图书进出口（集团）总公司、日本东贩株式会社、日本纵横集团中国媒体株式会社在北京签署合作协议，正式在东京成立中国出版东贩股份有限公司。此前中国出版集团公司已相继在悉尼、巴黎、温哥华、伦敦、纽约、法兰克福、首尔成立7家合资或独资公司。

同日 全球第一本"有芯"图书——《古画》出版。该书由中南出版集团与中国物联网应用方案提供商哲麒科技有限公司联合推出，是物联网解决方案在出版业的一次成功实践。

9月2日 国务院学位委员会公布了2010年新增硕士专业授权点名单。新闻与传播、出版、图书情报等18种硕士专业学位作为新增专业类别，首次纳入全国研究生统一招生。81所高校获得新闻出版相关专业硕士学位授权资格。其中，北京印刷学院、中国传媒大学等14所学校成为首批获得出版硕士专业学位授权资格单位。

9月3日 新闻出版总署署长柳斌杰与英国知识产权大臣朱迪斯·威尔考克斯男爵在伦敦签署了《中华人民共和国国家版权局和英国知识产权局版权战略合作协议》。该协议的签署，标志着中英两国版权交流与合作进入了常态化、制度化阶段。

9月11日 海峡两岸关系协会与台湾海峡交流基金会互致函电，通报双方已完成相关准备工作，确认《海峡两岸知识产权保护合作协议》于9月12日生效。

9月17日 中央机构编制委员会办公室批复，同意中国出版科学研究所更名为中国新闻出版研究院。11月11日，新闻出版总署发文，决定原中国科学出版研究所所长郝振省、副所长魏玉山、范军分别改任中国新闻出版研究院院长、副院长。11月25日，"中国出版科学研究所二十五华诞暨中国新闻出版研究院揭牌仪式"在新闻出版总署举行。新闻出版总署署长柳斌杰为更名后的中国新闻出版研究院揭牌。

10月9日 新闻出版总署《关于发展电子书产业的意见》

正式下发。《意见》就发展电子书产业提出了具体要求和新的目标。

10月28日 "中南传媒"首次公开发行股票成功登陆A股主板市场。中南传媒成为中国A股市场第一支全产业链整体上市的出版传媒类股票。

11月4日 新闻出版总署向首批21家企业颁发电子书相关业务资质证书。

11月15日 经联合国教科文组织保护非物质文化遗产政府间委员会第五次会议审议通过，中国申报的《活字印刷术》等3个项目被列入2010年急需保护的非物质文化遗产名录。

11月30日 亚洲发行量最大的期刊《读者》杂志即日起获准在台湾发行，成为大陆地区第一本进入台湾公开发行的杂志。

12月1日 经国家标准化管理委员会和新闻出版总署批准，全国出版物发行标准化技术委员会（SAC/TC505）成立大会在北京召开。这是我国新闻出版领域的第二个国家级标准化技术委员会。

12月8日 中国书业B2C网站当当网及视频网站优酷网共同在纽约证券交易所正式挂牌上市。

12月13日 国家版权局发布公告：根据《著作权质权登记管理办法》（国家版权局令第8号，2010年11月25日公布，2011年1月1日实施）第二条规定，国家版权局决定委托中国版权保护中心办理著作权质权登记工作。

12月15日 湖南天舟科教文化股份有限公司正式登陆深市创业板（证券简称："天舟文化"），被称为"民营出版传媒第一股"。

12月18日 中国教育出版传媒集团有限公司在北京挂牌成立。

2011年

1月7日 北京出版集团有限责任公司与北京九州英才图书

策划有限公司共同投资组建的京版北教控股有限公司正式挂牌成立。这标志着教育出版领域国有民营合作步入了新阶段。

1月10日　新闻出版总署印发《数字印制管理办法》。

3月11日　根据《出版管理条例》等有关规定和《中共中央国务院关于深化文化体制改革的若干意见》的有关精神，新闻出版总署下发了《关于进一步加强出版单位总编辑工作的意见》，对总编辑的岗位设置、任职条件以及工作职责等提出了具体要求。

3月19日　国务院颁布《关于修改〈出版管理条例〉的决定》，对2001年颁布的《出版管理条例》进行了修改。

3月25日　新闻出版总署印发新的《出版物市场管理规定》和《订户订购进口出版物管理办法》。

4月6日　《音像制品进口管理办法》经新闻出版总署和海关总署通过，即日公布并开始实施。

4月20日　新闻出版总署正式发布了《新闻出版业"十二五"时期发展规划》，对之后五年新闻出版业的发展蓝图进行了总体布局。

4月26日　中国文字著作权协会新版网站暨"稿酬查询系统"http://www.prccopyright.org.cn/ComityServices.aspx 正式上线。著作权人可以随时随地上网查询和申领报刊转载的稿酬，足不出户便可了解自己作品被转载的情况和其他最新的版权资讯。

5月2日　新闻出版改革发展座谈会在合肥举行。

5月5日—6日　经民政部批准，"中国出版工作者协会"从第六届起更名为"中国出版协会"。按照行业协会负责人的规范要求，协会主席、副主席也相应更改为理事长、副理事长。

5月14日　广东国家数字出版基地在广州举行揭牌仪式，国家数字出版基地正式落户广东。

5月17日　中央办公厅、国务院办公厅印发《关于深化非时政类报刊出版单位体制改革的意见》。

6月21日　中宣部、新闻出版总署、住建部联合下发了《关于加强城乡出版物发行网点建设的通知》，要求各地在城乡建设和文化建设规划中必须保证有足够的出版物发行网点，政府在推动各类零售书店建设方面要给予政策、资金、占地等方面的支持。

6月28日　中国最大的盲文图书馆——中国盲文图书馆（中国视障文化资讯服务中心）建成开馆。图书馆占地面积2.8万平方米，共有4个书库，将极大满足盲人的阅读需求。

7月13日　当地时间，中国新闻出版总署与古巴共和国图书委员会签署了《中华人民共和国新闻出版总署与古巴共和国图书委员会合作谅解备忘录》。这是中国和拉美地区国家正式签署的第一个出版合作文件。

7月15日　国内首家获准上市的民营出版物印刷企业盛通印刷股份有限公司上市。

7月19日　中国科技出版传媒集团有限公司暨中国科技出版传媒股份有限公司成立大会在北京举行。这是继中国出版集团公司、中国教育出版传媒集团公司之后，经中央批准组建的又一国家级大型出版传媒集团。

7月25日—27日　"数字版权保护技术研发工程研发工作启动大会"在北京召开。这标志着该工程已从筹备阶段进入实质性全面研发建设阶段。

7月26日　"中华字库"工程研发工作正式启动，工程从筹备阶段进入到全面研发建设阶段。

8月8日　非时政类报刊出版单位体制改革工作联席会议办公室出台了《中央各部门各单位非时政类报刊出版单位转制工作基本规程》，大力推进非时政类报刊的改革。

8月29日　国内最大的数字出版云计算中心——"天津国家数字出版基地云计算中心"正式在天津空港经济区上线运营，并对外向用户提供服务。

9月1日　新闻出版总署在北京召开"人民出版社创建90周年纪念大会"。人民出版社是中国共产党成立后的第一家出版单位，1921年9月1日在上海成立，建社初期，掀起了中国共产党历史上第一个出版马克思主义著作的高潮。

9月29日 亚马逊"中国书店"合作项目启动仪式在北京举行。这是由中国国际图书贸易集团有限公司和美国亚马逊公司共同合作的项目。中国图书成为亚马逊网站有史以来唯一的国家主题书店。

同日 浙报传媒在上海证券交易所上市。

10月24日 国家版权局下发了《关于进一步规范作品登记程序等有关工作的通知》。《通知》赋予了中国版权保护中心承担全国作品登记信息统计、查询及公告等新任务。

10月29日 民营书业企业云南昆明新知集团第53家连锁书城金边华文书局在柬埔寨隆重开业。这是中国民营书业企业走出国门，在境外开设的首家实体书城。

11月1日 新闻出版总署和环保部在北京联合召开绿色印刷推进会，发布《绿色印刷手册》（2011年绿皮书），并向首批获得环境标志产品认证的60家企业授牌。

11月10日—11日 全国数字出版工作会议在安徽合肥召开。这是新闻出版总署召开的第一次全国数字出版工作会议。

11月30日 江苏凤凰出版传媒股份有限公司（证券代码601928）在上海证券交易所正式挂牌交易。其IPO发行价为8.8元，融资规模达44.8亿元。

12月2日 中原大地传媒股份有限公司在深圳证券交易所主板上市（证券简称"大地传媒"），实现了河南文化企业上市零的突破，也是继辽宁、安徽、湖南、江西、江苏之后的第六家在境内上市的出版传媒企业。

12月6日 设在中国图书进出口（集团）总公司的中国首家进口出版物专用保税库在北京正式启用。

同日 新闻出版总署公布《国家印刷复制示范企业管理办法》，首次提出被认定为示范企业的中外合资、中外合作出版物印刷企业，外方可以控股或者占主导地位，突破了以往该类企业必须由中方控股的要求。

12月26日 北京国家音乐产业基地授牌暨入园重大项目签约仪式在北京举行。

2012年

1月1日 《〈中国标准录音制品编码〉国家标准实施办法》和《音像电子出版物专用书号管理办法》即日起实施。

1月9日 新闻出版总署发布《关于加快我国新闻出版业"走出去"的若干意见》。《意见》提出了今后一段时期新闻出版业"走出去"的主要目标与8项重点任务，提出推动新闻出版业"走出去"的10条"新政"。

2月16日 "中国ISRC（国际标准录音制品编码）中心揭牌仪式"在"2012CPCC中国版权服务年会开幕式"上举行。该中心是新闻出版总署批准设立的中国标准录音制品编码（GB/T13396—2009）国家标准的执行机构，由中国版权保护中心建设和管理，具体负责录音制品和音乐录像制品的国际唯一标识符——ISRC编码的分配、管理与维护以及相关数据库的建立和运行维护。

2月24日 新闻出版总署印发《关于加快出版传媒集团改革发展的指导意见》。这是新闻出版总署首次针对出版传媒集团的改革发展出台专门的指导意见。

3月1日 《出版物发行术语》正式实施。这是出版物发行领域的第一个国家标准，包括出版物发行基础术语等共450个术语。

3月22日 "中华书局成立100周年庆祝大会"在北京人民大会堂举行。中共中央总书记胡锦涛致信中华书局，向全体员工和离退休同志表示热烈的祝贺和诚挚的问候。中共中央政治局常委李长春会见与会代表并讲话。

4月6日　新闻出版总署、教育部、环保部印发《关于中小学教材书实施绿色印刷的通知》。9月，24个省（区、市）1000多种、2亿册教科书实现绿色印刷。

4月11日　全国首家数字出版实体店——文轩数字出版体验店在四川成都正式营业。用户可以通过网站直接提交断版绝版书的印制订单，或通过在线工具制作相册、日历等个性化印品，享受"一本起印，立等可取"的自助出版服务。

4月16日—18日　"第42届伦敦书展"在英国伦敦举办。本届展览主题为"让文字走得更远"。中国以"市场焦点"主宾国身份参展，举办了300多场活动，展出图书1万多种，为伦敦书展历届主宾国活动中规模最大的一次。

4月27日　人民网股份有限公司在上海证券交易所上市。

5月28日　西藏传媒集团有限公司在拉萨举行成立及揭牌仪式。该集团是西藏文化体制改革和文化产业发展的首家国有文化试点单位。

6月6日　"西安国家数字出版基地、西安国家印刷包装产业基地揭牌仪式"在西安举行。西安国家印刷包装产业基地是经新闻出版总署批准组建的第二个国家级印刷包装产业基地。

6月19日　粤传媒向《广州日报》定向增发3.42亿股股份正式在深圳交易所上市。

6月20日—26日　由世界知识产权组织（WIPO）主办，国家版权局和北京市人民政府共同承办的世界知识产权组织保护音像表演外交会议在北京举行。会议为近16年来世界知识产权组织在版权领域召开的首个外交会议，也是中华人民共和国成立以来首次承办的第一个涉及版权条约缔结的外交会议。会议正式签署了《视听表演北京条约》。

6月28日　新闻出版总署发布了《关于支持民间资本参与出版经营活动的实施细则》，就民间资本参与出版经营活动发出明确支持信号，具体扶持内容有10项。

同日 "全国新闻出版标准化技术委员会成立大会"在北京召开。标委会是由国家标准化管理委员会直接管理的一级国家标准化技术委员会,将负责书、报、刊、音像电子出版物、数字出版物、网络出版物领域的国家标准制修订工作。

7月2日 新闻出版总署与中国联通集团公司在北京签署了《推进数字出版产业发展战略合作备忘录》。至此,新闻出版总署已经和国内三大运营商皆达成战略合作协议,并对分成比例作出明确规定:出版方和内容提供方获得的分成不低于60%。

7月30日 新闻出版总署印发《关于报刊编辑部体制改革的实施办法》。

9月27日 "全国农家书屋工程建设总结大会"在天津举行。截至2012年8月底,农家书屋已覆盖全国具备条件的行政村,提前三年完成了"农家书屋村村有"的任务。

10月19日 新闻出版总署印发《关于进一步加强学术著作出版规范的通知》。

11月23日 经国家发改委批准,我国出版行业的第一只企业债券——2012年重庆出版集团公司公司债券公开发行。这标志着我国出版业在企业债券市场融资方面取得了实质性突破。

11月29日—30日 "数字环境下版权集体管理国际研讨会"在杭州举办。本次研讨会是国家版权局与国际复制权组织联合会首次合作在华举办的国际会议。

11月 时代出版企业技术中心通过了国家发改委的审核与答辩,获批成为第19批国家认定企业技术中心之一。这是文化企业首家获批入选国家认定企业技术中心。

12月8日 由《中国三峡工程报》《中国三峡》杂志和《中国三峡建设年鉴》组建而成的"长江三峡集团传媒有限公司"在北京揭牌成立。这是第一家新闻出版总署批准的由报刊编辑部合并组建而成的新闻出版企业。

12月10日 "《汉语大词典》(第二版)编纂出版启动

大会"在北京召开。本次修订工作预计 2015 年出版第二版第一册，2020 年完成全书 25 册、约 6000 万字的编纂出版工作。《汉语大词典》（第一版）于 1993 年编纂完成，全书 12 卷，共收词目 37.5 万条。

12 月 28 日　"华中国家版权交易中心"在武汉正式运营。这是继北京之后，经国家版权局批准建立的全国第二家国家级版权交易中心。

2013 年

3 月 1 日　国务院新修改的《计算机软件保护条例》《中华人民共和国著作权法实施条例》《信息网络传播权保护条例》正式施行。

3 月 19 日　国家新闻出版广电总局召开机关领导干部会议，宣布中共中央关于新组建的国家新闻出版广电总局主要负责同志任职的决定。中央决定：蔡赴朝同志任国家新闻出版广电总局局长、党组副书记、国家版权局局长；蒋建国同志任国家新闻出版广电总局党组书记、副局长。3 月 22 日，新组建的国家新闻出版广电总局挂牌仪式分别在原国家广电总局、原新闻出版总署举行。

4 月 19 日—22 日　第 23 届全国图书交易博览会在海南国际会展中心开幕。本次书展新书和重点图书占到 60%，民营书业首次统一组团参展。

6 月 28 日　我国签署世界知识产权通过的《马拉喀什条约》。

6 月　由法国书业杂志《图书周刊》赞助、国际出版咨询公司吕迪格·魏申巴特执笔的《2013 全球出版业 50 强收入排名报告》发布。中国出版集团、凤凰出版传媒集团、中国教育出版传媒集团 3 家出版企业入选全球出版业 50 强。这是中国出版业首次有 3 家企业入选。

8 月 26 日　《中国出版物在线信息交换》行业标准（简

称"CNONIX 标准")出版首发式暨新闻发布会在北京举行。CNONLX 标准是中国发布的首个出版物信息交换行业标准。

10月1日　国家版权局新修订的《全国版权示范城市、示范单位和示范园区（基地）管理办法》即日起正式实施。2010年国家版权局发布的原《办法》同时废止。

10月19日　中华书局版《史记》修订本首发式在北京、上海、香港、台北以及新加坡、伦敦、东京、纽约等25座城市的31家书店同步举行。这是点校本《史记》初版问世54年后首次出版修订本。

10月21日　联合国教科文组织授予深圳"全球全民阅读典范城市"称号。深圳成为即时唯一获此殊荣的中国城市。

10月28日　由解放日报报业集团和文汇新民联合报业集团整合重组的上海报业集团正式成立。

11月2日—10日　"2013年第32届伊斯坦布尔国际书展"在土耳其举办，中国首次以主宾国身份参展。中国主宾国的主题语为"新丝路，新篇章"。2000多种、5000多册当代中国出版业的精品力作和文化发展成果在书展上展示。

12月5日　国家版权局在北京召开《教科书法定许可使用作品支付报酬办法》宣传贯彻座谈会。该《办法》自12月1日起正式实施。

12月7日　经国家新闻出版广电总局（国家版权局）批准，全国版权标准化技术委员会在北京成立。该委员会的成立填补了我国版权标准化建设领域的一项空白。

2014年

1月2日　第三届中国出版政府奖评选揭晓。

2月1日　由国家新闻出版广电总局发布的《新闻出版行业标准化管理办法》正式施行，原新闻出版署于2001年1月6发布的《新闻出版行业标准化管理办法》同时废止。

2月17日　《2013年出版物发行产业发展报告》由国家新闻出版广电总局印刷发行司发布。这是我国首部出版物发行产业年度报告。

同日　2014"世界最美的书"评选在德国莱比锡揭晓。由"中国最美的书"评委会选送的两部作品《刘晓东在和田·新疆新观察》和《2010—2012中国最美的书》分别荣获铜奖和荣誉奖。这是我国图书参评该奖以来第一次获得双奖。

3月5日　"全民阅读"首次写入国务院《政府工作报告》。

3月21日　青岛国家数字出版产业基地在青岛海尔文化馆授牌并正式运营。这是国家新闻出版广电总局成立后批准设立的第一家国家级产业基地。

3月27日　中宣部、国家新闻出版广电总局等9部门联合印发《关于深入开展打击新闻敲诈和假新闻专项行动的通知》。

4月23日　北京三联韬奋书店24小时书店正式挂牌营业。

4月24日　国家新闻出版广电总局、财政部联合发布《关于推动新闻出版业数字化转型升级的指导意见》，提出用3年时间，支持一批新闻出版企业、实施一批转型升级项目，带动和加快新闻出版业整体转型升级步伐。

5月6日　全国文化行业首家企业集团财务公司——湖南出版投资控股集团财务公司正式挂牌运营。

6月1日　根据国家质量监督检验检疫总局、国家标准化管理委员会发布的中华人民共和国2013年第27号国家标准公告，《印刷技术术语第8部分：数字印刷术语》等7项印刷国家标准正式实施。

6月23日　《习近平总书记系列重要讲话读本》出版发行，截至2014年12月中旬，该书发行突破1500万册。

7月16日　凤凰出版传媒股份有限公司与美国出版国际公司在美国芝加哥举行资产交割仪式。至此，历时9个月的中国出版业最大跨国并购案圆满收官，凤凰传媒实现电子有声童书全球市场的崭新布局。

7月29日 国务院以653号令公布了《国务院关于修改部分行政法规的决定》，对21部行政法规的部分条款予以修改，其中涉及《出版管理条例》的3个条款。

9月10日—17日 "第16届斯里兰卡科伦坡国际书展"在班厦展览馆举行，中国以主宾国身份参展。9月16日，中共中央总书记习近平亲自为书展中国主宾国活动揭幕，并向斯里兰卡政府赠送中国图书。

9月17日—19日 由国家新闻出版广电总局、国家版权局和四川省人民政府共同主办的"第五届中国国际版权博览会"在成都举办。这是自2008年起，版博会首次在北京以外的城市举办。

9月25日 国家新闻出版广电总局出台《深化新闻出版体制改革实施方案》。《方案》就五个重点方面的改革任务提出政策措施，并制定了23项具体措施。

9月29日 第65届美国印制大奖在芝加哥颁出。中国雅昌文化集团荣获6项金奖，并蝉联全场大奖，成为近5年来全球连续荣获金奖总数最多的企业。

10月11日—15日 "感知西藏——2014尼泊尔中国书展"在尼泊尔首都加德满都举行。本次书展是中国政府在尼泊尔举办的规格最高、规模最大的一次。

10月19日 2014年全国出版专业技术人员职业资格考试在各地同时开考。2014年首次将互联网出版单位从业人员纳入考试报考范围，考试内容增加了数字出版、互联网出版有关内容的分值比例。

11月1日 由国家版权局与国家发展和改革委员会联合发布的《使用文字作品支付报酬办法》正式施行。《办法》中将原创作品的基本稿酬标准，由1999年《出版文字作品报酬规定》的每千字30—100元提高到80—300元，而原创作品的版税率依然为3%—10%。

11月13日 国家版权贸易基地（上海）揭牌仪式在上海自贸区举行。这是长三角区域第一家国家级版权贸易基地，也是国家版权贸易基地首次开进海关特殊监管区域。

11月18日 北京出版集团旗下的京版北教文化传媒股份有限公司在北京举行挂牌仪式，成为全国首家登陆"新三板"的国有控股图书发行企业。

11月27日 财政部、国家税务总局、中宣部等三部门联合发布的《关于继续实施文化体制改革中经营性文化事业单位转制为企业若干税收政策的通知》。《通知》指出，经营性文化事业单位转制为企业，在2014年1月1日—2018年12月31日期间，可继续享受相关税收优惠政策。

同日 江苏省人大十二届常委会第十三次会议审议通过了《江苏省人大常委会关于全民阅读的决定》，于2015年1月1日起正式实施。自此，我国有了首个全民阅读地方性法规。

11月 国家新闻出版广电总局出台《全国图书交易博览会申办办法》，对全国图书交易博览会申办工作进行了规范。《办法》自2015年1月1日起实施。

12月1日 二十一世纪出版社集团有限公司在江西南昌正式挂牌成立。这是经国家新闻出版广电总局批准组建的第一家少儿出版集团公司。

12月5日 "丝路书香"工程获中宣部批准立项。

12月10日 经国家新闻出版广电总局严格审定的第一批认定学术期刊名单正式向社会公布。首批公布名单共5737种。

12月18日 国家新闻出版广电总局印发《关于推动网络文学健康发展的指导意见》。

2015年

1月14日 中共中央办公厅、国务院办公厅印发《关于加快构建现代公共文化服务体系的意见》。《意见》明确规定，深入开展全民阅读活动，推动全民阅读进家庭、进社区、进校园、进农村、进企业、进机关。

1月21日　北京中文在线数字出版股份有限公司登陆深交所创业板，正式挂牌上市，成为中国内地数字出版第一股。

1月29日　上海博林文化股份有限公司在上海股权托管交易中心E板挂牌，成为国内第一家在E板挂牌的民营实体书店，也是全国专业图书馆配服务商中，第一家在E版挂牌的企业。

3月1日　《湖北省全民阅读促进办法》正式实施。《办法》共32条，是我国首部关于全民阅读的地方政府规章。

3月15日　国务院总理李克强会见采访第十二届全国人大第三次会议的中外记者并回答记者提问。在谈到把全民阅读连续两年写入政府工作报告时，李克强表示，书籍和阅读是人类文明传承的主要载体，希望全民阅读能够形成一种氛围，无处不在。

3月18日　由腾讯文学和盛大文学合并成立的"阅文集团"正式挂牌。

3月31日　国家新闻出版广电总局、财政部联合印发《关于推动传统出版和新兴出版融合发展的指导意见》。《意见》提出，力争用3至5年的时间，建设若干家具有强大实力和传播力、公信力、影响力的新型出版传媒集团。

4月1日　由国家新闻出版广电总局新修订的《内部资料性出版物管理办法》正式施行。

4月22日　国家版权局在北京召开规范网络转载版权秩序座谈会暨传统媒体与新媒体版权合作签约仪式。会上，国家版权局发布《关于规范网络转载版权秩序的通知》，就规范网络转载行为出台了9条新规。

4月25日　《辞海》第七版编纂出版工作启动大会在上海举行。中共中央政治局委员、上海市委书记韩正，全国人大常委会原副委员长、《辞海》主编陈至立，国家新闻出版广电总局副局长吴尚之等出席会议并讲话。

6月18日　中宣部和国家新闻出版广电总局在北京召开纪念抗战胜利70周年出版专题工作会。会上发布了纪念中国人民抗日战争暨世界反法西斯战争胜利70周年重点选题120种，同时启动"百种经典抗战图书"重印再版计划。

7月9日　中宣部、中国作协在北京召开全国儿童文学创作出版座谈会。

8月4日　美国有线电视新闻网选出17家"全球最酷书店"，中国3家书店上榜，分别是台北诚品书店、南京先锋书店和广州1200bookshop。

8月23日　在美国华盛顿州斯波坎市举行的第73届世界科幻小说大会宣布，中国作家刘慈欣凭借科幻小说《三体》获得科幻文坛最高荣誉雨果奖。

9月14日　中办、国办印发《关于推动国有文化企业把社会效益放在首位、实现社会效益和经济效益相统一的指导意见》。

9月17日　青岛碱业正式更名为"城市传媒"。这标志着青岛出版集团旗下青岛城市传媒股份公司借壳青岛碱业上市正式收官，成为全国首家定位于城市出版社的文化传媒类上市公司。

9月25日　由全国25家人民出版社共同出版的25卷《中国抗日战争全景录》正式宣布出齐。该书全景式再现了中国人民奋起抵抗日本侵略者的艰难历史。

12月10日　读者出版传媒股份有限公司A股股票正式在上海证券交易所挂牌上市。

12月16日　中信出版集团股份有限公司在全国中小企业股份转让系统挂牌敲钟仪式在北京举行。公司正式登陆新三板资本市场，成为该市场首家国有出版股。

12月24日　《辞源》第三版在北京首发，"《辞源》出版百年暨《辞源》第三版出版座谈会"同时举行。《辞源》第三版经过百余位学者8年修订，收单字14210个、复音词92646个、插图1000余幅，共1200万字。

2016年

1月8日 "《中国通史》（五卷本）新书发布会"在北京举行。该书创作历经8年，用100个专题叙述了从中国境内的人类起源到晚清的中国历史，以专题综合体构建中国通史体系。

2月15日 南方出版传媒股份有限公司A股股票在上海证券交易所挂牌上市。

3月1日 由国家新闻出版广电总局制定的《新闻出版许可证管理办法》正式施行。对于新闻出版许可证的设立、设计、印刷、制作与发放，《办法》均进行了具体说明。

3月10日 《网络出版服务管理规定》正式施行。《规定》对网络出版服务许可、网络出版服务管理、监督管理、保障与奖励，以及法律责任作出说明。

3月11日 北京市新闻出版广电局网站发布消息，北京市提升出版业传播力奖励扶持专项资金设立，其资金总额达到3000万元。这是我国首个地方促进出版业走出去的专项资金。

4月4日—7日 "第53届博洛尼亚国际童书展"在意大利博洛尼亚会展中心举行。书展上，国际安徒生奖评委会宣布中国作家曹文轩获2016年国际安徒生奖。他成为首次获得这一殊荣的中国作家。

4月12日 《新华字典》吉尼斯世界纪录发布仪式在英国伦敦吉尼斯总部举行。吉尼斯世界纪录有关负责人正式确认《新华字典》是世界"最受欢迎的字典"和"最畅销的书"。截至两项纪录统计的计算时间（2015年7月28日），《新华字典》全球发行量共达5.67亿本。

5月24日 国家新闻出版广电总局发布《关于移动游戏出版服务管理的通知》。根据通知，总局对移动游戏实施分类审批管理。

6月1日 国家新闻出版广电总局与商务部于2016年5月

31日发布的《出版物市场管理规定》从即日起正式施行，原新闻出版总署、商务部于2011年3月25日发布的《出版物市场管理规定》同时废止。

6月16日　中宣部、国家新闻出版广电总局、国家发改委、教育部、财政部、住房和城乡建设部、商务部、文化部、人民银行、税务总局、工商总局11部门联合印发了《关于支持实体书店发展的指导意见》。

7月1日　新修订的《新闻出版统计管理办法》正式施行，原新闻出版总署、国家统计局于2005年2月7日颁布的《新闻出版统计管理办法》同时废止。

7月5日　俄罗斯第一家中文书店——尚斯博库莫斯科店开业，尚斯博库图书网站同时开通。

7月16日　长江出版传媒集团旗下长江传媒非洲公司——英爵意文化传媒有限公司在肯尼亚首都内罗毕成功注册，成为国内出版传媒企业在非洲注册的第一家出版传媒公司。

7月29日　安徽新华发行（集团）控股有限公司可交换公司债券（16皖新EB）上市仪式在上海证券交易所举行。这是安徽省内企业在可交换公司债券融资上的首次突破，也是全国文化产业公募第一单。

8月3日　《北京市实体书店扶持资金管理办法（试行）》《北京市实体书店扶持项目管理规定（试行）》《北京市实体书店扶持项目评审细则（试行）》出台。实体书店资金扶持工作已纳入北京市"十三五"时期公共文化服务体系建设之中，预计5年资金总投入逾亿元。

8月8日　新华文轩出版传媒股份有限公司（新华文轩）在上海证券交易所挂牌上市，成为我国首家"A+H"股上市的出版发行企业。

9月10日　目前国内单体规模最大的课本博物馆在山东淄博正式开放。

11月4日　国家版权局发布了《关于加强网络文学作品版权管理的通知》。

12月27日　国家新闻出版广电总局发布《全民阅读"十三五"时期发展规划》。这是我国首个国家级全民阅读规划。

12月29日　《大辞海》出版暨《辞海》出版80周年座谈会在上海举行。中共中央总书记、国家主席、中央军委主席习近平致信祝贺《大辞海》出版暨《辞海》第一版面世80周年，并向为这两项重大文化工程付出大量心血的广大专家学者及同志们致以诚挚的慰问。

2017年

1月4日　《新闻单位驻地方机构管理办法（试行）》在国家新闻出版广电总局网站公布，自6月1日起施行。2009年8月6日新闻出版总署颁布的《报刊记者站管理办法》同时废止。

1月18日　中国科技出版传媒股份有限公司成功登陆A股市场（股票代码为601858），在上海证券交易所正式挂牌上市。

2月6日　中央全面深化改革领导小组第三十二次会议在北京召开。会议审议通过了《关于深化中央主要新闻单位采编播管岗位人事管理制度改革的试行意见》。

4月10日　由国家新闻出版广电总局开展的第二批学术期刊认定工作确定了712种学术期刊。

4月27日　国务院任命周慧琳为国家新闻出版广电总局副局长、国家版权局专职副局长；任命张宏森为国家新闻出版广电总局副局长。免去阎晓宏的国家新闻出版广电总局副局长、国家版权局专职副局长职务；免去孙寿山的国家新闻出版广电总局副局长职务。

8月21日　中国出版界的"国家队"——中国出版传媒股份有限公司A股股票在上海证券交易所成功挂牌上市，股票名称为"中国出版"，股票代码601949。

11月4日　十二届全国人大常委会第三十次会议表决通过《中华人民共和国公共图书馆法》，将于2018年1月1日起施行。这部法律，是公共文化领域继《中华人民共和国公共文化服务保障法》之后的又一部重要法律。

11月8日　阅文集团于香港联合交易所正式挂牌上市。阅文集团上市后首日市值达928亿港元。

11月22日　山东出版传媒股份有限公司成功登陆A股市场，正式在上海证券交易所挂牌交易。公司股票简称"山东出版"，股票代码为601019。

12月7日　《习近平谈治国理政》第二卷面向海内外发行。

12月18日　农家书屋全面建设10周年经验交流会召开。截至2017年10月末，全国有农家书屋58.7万家。10年来向广大农村配送图书突破11亿册。

2018年

2月1日—11日　"第27届哈瓦那国际书展"在古巴圣卡洛斯城堡开幕，中国作为主宾国参加。这是中国首次在拉美国家和地区举办大型国际出版交流活动。

2月26日　财政部、中宣部印发《中央文化企业公司制改制工作实施方案》。

3月17日　第十三届全国人大一次会议表决通过了第十三届全国人大一次会议关于国务院机构改革方案的决定。随后，中共中央印发了《深化党和国家机构改革方案》。根据方案，由中宣部统一管理新闻出版工作，统一管理电影工作，对外加挂国家新闻出版署（国家版权局）、国家电影局牌子；组建国家广播电视总局，组建中央广播电视总台；不再保留国家新闻出版广电总局。

3月22日　新华社授权播发李克强总理代表国务院在十三届全国人大一次会议上所作的《政府工作报告》，"倡导全民阅读，建设学习型社会"成为其中的重要内容。这是自2014年起"全民阅读"连续5次写入《政府工作报告》。

4月16日　中共中央政治局委员、中宣部部长黄坤明出席国家广播电视总局、国家新闻出版署（国家版权局）和国家电影局揭牌仪式并召开座谈会。

5月3日　中宣部、中央党史和文献研究院在北京举办纪念马克思诞辰200周年重点图书出版座谈会。

5月24日　国务院任命中宣部副部长庄荣文兼任国家新闻出版署（国家版权局）署长（局长）。

7月19日　由国家新闻出版署、广东省人民政府、深圳市人民政府共同主办的"第28届全国图书交易博览会"在深圳开幕。本届书博会以"新时代新阅读"为主题，吸引了全国31个省（区、市）以及中央部委、行业协会、出版集团等41个展团的800余家出版单位参展。

8月15日　我国首部3D中国地图集《立体视界 三维中国——中华人民共和国3D地图集》由哈尔滨地图出版社出版发行。

8月30日—9月1日　国际儿童读物联盟（以下简称"IBBY"）第36届世界大会在希腊首都雅典举行。中国儿童文学研究会常务副会长张明舟获选IBBY主席，成为该组织最高领导岗位上的首位中国人。

9月8日—9日　由国家新闻出版署主办的首届中国印刷业创新大会在北京举行。大会以"聚焦智能化"为主题，发布了我国首个印刷业智能化报告。

10月26日　中宣部印发《关于进一步做好新形势下出版物重大选题备案工作的意见》。

11月18日　与改革开放同行——中国大百科全书出版社成立40周年暨中国百科出版事业发展座谈会18日在京召开。中共中央政治局委员、书记处书记、中宣部部长黄坤明出席会议并发表重要讲话。

12月16日 中国出版协会在京举行2018中国出版年会暨改革开放四十周年出版座谈会，会议以习近平新时代中国特色社会主义思想和党的十八大、十九大精神为指导，回顾在党的领导下中国出版业改革开放40年取得的辉煌成就，交流出版改革经验，激励出版人在新的历史起点上为建设社会主义文化强国作出更大的贡献。

同日 中国新闻出版研究院范军和李晓晔同志主编的《中国新闻出版业改革开放40年》一书，由中国书籍出版社出版发行。

12月25日 国务院办公厅印发《文化体制改革中经营性文化事业单位转制为企业和进一步支持文化企业发展的规定》（国办发〔2018〕124号），将2014年5月国务院办公厅所印发国办发〔2014〕15号的优惠政策延至2023年12月31日。

12月25日 中国新闻出版研究院发布了2017年中国版权产业的经济贡献调研结果。数据显示，2017年中国版权产业的行业增加值已达60810.92亿元，占全国GDP比重为7.35%。

2019年

1月1日 中宣部印发的《图书出版单位社会效益考核评价试行办法》开始施行。

1月10日 2019北京图书订货会高层论坛在中国国际展览中心（老馆）举行。本次高层论坛主题为：新时代、新改革；新供给、新空间。

1月 中央和国家机关工委机关刊《旗帜》杂志在原《紫光阁》杂志的基础上，于2019年1月创刊。

3月10日 中央办公厅、国务院办公厅印发《关于加强和改进出版工作的意见》。

4月13日 农家书屋工作领导小组会议在京召开，中宣部副部长梁言顺出席会议并讲话。会议主要任务是推动中宣部等

10部门印发的《农家书屋深化改革创新 提升服务效能实施方案》落实,成立农家书屋工作领导小组,部署近一个时期的重点工作,推动农家书屋提质增效、转型升级、深化服务,开创新时代农家书屋工作新局面。

4月23日 以"阅读中国"为主题的第32届伊朗德黑兰国际书展中国主宾国活动在德黑兰霍梅尼大清真寺拉开帷幕。

4月25日 中宣部印发《报刊出版单位社会效益评价考核试行办法》。

5月16日—20日 第十五届中国(深圳)文博会在深圳会展中心举办。

5月30日 《习近平谈治国理政》第二卷蒙古、藏、维吾尔、哈萨克、朝鲜等5种少数民族文字版,完成全部翻译工作,在全国出版发行。

6月9日 《习近平新时代中国特色社会主义思想学习纲要》出版发行。

8月19日 第十五届精神文明建设"五个一工程"奖颁奖大会在北京举行。《〈共产党宣言〉与新时代》等5部图书获特别奖;《主角》等10部图书获优秀作品奖。

8月21日 中共中央政治局委员、中宣部部长黄坤明参观第26届北京国际图书博览会。他强调,要坚持以习近平新时代中国特色社会主义思想为指导,坚持正确政治方向、出版导向、价值取向,坚定文化自信,树立精品意识,在把握时代潮流、紧扣时代脉搏中创作更多弘扬中华文化、展现时代风采的出版精品,为人民群众奉献丰富有益的精神食粮。

8月21日 正在甘肃考察的中共中央总书记、国家主席、中央军委主席习近平来到位于兰州市区的读者出版集团有限公司,了解企业历史沿革、出版发行、经营管理等情况,看望《读者》编辑部工作人员。习近平指出,要提倡多读书,建设书香社会,不断提升人民思想境界、增强人民精神力量,中华民族的精神世界就能更加厚重深邃。为人民提供更多优秀精神文化产品，善莫大焉。要牢牢把握正确导向，在坚守主业基础上推动经营多元化，努力实现社会效益和经济效益双丰收。

（范军：中国新闻出版研究院副院长、研究员；
尚烨：中国新闻出版研究院助理研究员）

附录二
新中国新闻出版业70年统计数据摘要

1949—2018年图书出版情况统计

年份	种数（种）合计	新出	总印数（亿册、亿张）	总印张（亿印张）	定价总金额（亿元）
1949年	8000		1.05		
1950年	12153	7049	2.75	5.91	
1951年	18300	13725	7.03	12.63	
1952年	13692	7940	7.86	17.01	
1953年	17819	9925	7.54	21.40	
1954年	17760	10685	9.39	25.23	
1955年	21071	13187	10.79	28.06	
1956年	28773	18804	17.84	43.57	
1957年	27571	18660	12.75	35.00	
1958年	45495	33170	23.89	51.08	
1959年	41905	29047	20.92	54.47	
1960年	30797	19670	18.01	48.69	
1961年	13529	8310	10.16	29.24	
1962年	16548	8305	10.85	30.73	
1963年	17266	9210	12.93	37.18	
1964年	18005	9338	17.07	45.63	
1965年	20143	12352	21.71	56.16	
1966年	11055	6790	34.96	65.99	
1967年	2925	2231	32.32	70.48	
1968年	3694	2677	25.01	39.98	
1969年	3964	3093	19.12	39.44	
1970年	4889	3870	17.86	37.00	
1971年	7771	6473	24.21	62.05	
1972年	8829	7395	23.89	72.81	

续　表

年份	种数（种） 合计	种数（种） 新出	总印数 （亿册、亿张）	总印张 （亿印张）	定价总金额 （亿元）
1973 年	10372	8107	28.01	84.18	
1974 年	11812	8738	29.89	88.26	
1975 年	13716	10633	35.76	101.77	
1976 年	12842	9727	29.14	89.97	
1977 年	12886	10179	33.08	117.71	
1978 年	14987	11888	37.74	135.43	
1979 年	17212	14007	40.72	172.50	
1980 年	21621	17660	45.93	195.74	
1981 年	25601	19854	55.78	217.68	
1982 年	31784	23445	58.79	221.95	
1983 年	35700	25826	58.04	232.41	
1984 年	40072	28794	62.48	260.61	
1985 年	45603	33743	66.73	282.75	
1986 年	51789	39426	52.03	220.31	
1987 年	60213	42854	62.52	261.25	
1988 年	65962	46774	62.25	269.03	
1989 年	74973	55475	58.64	243.62	
1990 年	80224	55254	56.36	232.05	76.64
1991 年	89615	58467	61.39	266.11	95.54
1992 年	92148	58169	63.38	280.38	110.75
1993 年	96761	66313	59.34	282.26	136.74
1994 年	103836	69779	60.08	297.16	177.66
1995 年	101381	59159	63.22	316.78	243.66
1996 年	112813	63647	71.58	360.45	346.13
1997 年	120106	66585	73.05	364.00	372.56
1998 年	130613	74719	72.39	373.62	397.97
1999 年	141831	83095	73.16	391.35	436.33
2000 年	143376	84235	62.74	376.21	430.10
2001 年	154526	91416	63.10	406.08	466.82
2002 年	170962	100693	68.70	456.45	535.12
2003 年	190391	100812	66.70	462.22	561.82
2004 年	208294	121597	64.13	465.59	592.89
2005 年	222473	128578	64.66	493.29	632.28
2006 年	233971	130264	64.08	511.96	649.13

续　表

年份	种数（种） 合计	种数（种） 新出	总印数（亿册、亿张）	总印张（亿印张）	定价总金额（亿元）
2007 年	248283	136226	62.93	486.51	676.72
2008 年	274123	148978	70.62	561.13	802.45
2009 年	301719	168296	70.37	565.50	848.04
2010 年	328387	189295	71.71	606.33	936.01
2011 年	369523	207506	77.05	634.51	1063.06
2012 年	414005	241986	79.25	666.99	1183.37
2013 年	444427	255981	83.10	712.58	1289.28
2014 年	448431	255890	81.85	704.25	1363.47
2015 年	475768	260426	86.62	743.19	1476.09
2016 年	499884	262415	90.37	777.21	1580.96
2017 年	512487	255106	92.44	808.04	1731.25
2018 年	519250	247108	100.10	882.53	2002.91

1950—2018 年出版社机构数量统计

单位：家

年份	全国	中央	地方
1950 年	211	6	21
1951 年	385	13	51
1952 年	426	16	54
1953 年	352	21	41
1954 年	167	30	40
1955 年	96	37	40
1956 年	97	50	47
1957 年	103	55	48
1958 年	95	48	47
1959 年	96	46	50
1960 年	79	30	49
1961 年	80	30	50
1962 年	79	31	48
1963 年	78	30	48
1964 年	84	36	48
1965 年	87	38	49

续 表

年份	全国	中央	地方
1966 年	87	38	49
1967 年			
1968 年			
1969 年			
1970 年			
1971 年	46	17	29
1972 年	51	22	29
1973 年	65	29	36
1974 年	67	33	34
1975 年	75	39	36
1976 年	75	40	35
1977 年	82	41	41
1978 年	105	53	52
1979 年	129	63	66
1980 年	169	89	80
1981 年	191	100	91
1982 年	214	109	105
1983 年	260	120	140
1984 年	295	125	170
1985 年	371	143	228
1986 年	395	148	247
1987 年	415	160	255
1988 年	448	173	275
1989 年	462	176	286
1990 年	501（39）	188	313
1991 年	504（39）	191	313
1992 年	519（39）	196	323
1993 年	542（37）	210	332
1994 年	550（36）	212	338
1995 年	563（36）	219	344
1996 年	564（36）	220	344
1997 年	565（37）	220	345

续　表

年份	全国	中央	地方
1998年	566（36）	219	347
1999年	566（36）	220	346
2000年	565（37）	220	345
2001年	562（37）	218	344
2002年	568（36）	219	349
2003年	570（35）	220	350
2004年	572（35）	219	353
2005年	573（34）	220	353
2006年	573（34）	220	353
2007年	578（34）	220	358
2008年	579（34）	220	359
2009年	580（35）	221	359
2010年	581（33）	221	360
2011年	580（33）	220	360
2012年	580（33）	220	360
2013年	582（33）	221	361
2014年	583（33）	221	362
2015年	584（33）	219	365
2016年	584（33）	219	365
2017年	585（33）	219	366
2018年	585（24）	219	366

注：1.1990年至2018年括号中的数据为出版社副牌数。

2.根据《新闻出版统计历史资料简明手册（1949—1994）》显示，其中私营出版社为：1950年184家；1951年321家；1952年356家；1953年290家；1954年97家；1955年19家。

1949—2018年期刊出版情况统计

年份	种数（种）	平均期印数（万册）	总印数（亿册）	总印张（亿印张）	定价总金额（亿元）
1949年	257		0.20		
1950年	295		0.35	0.79	
1951年	302		1.77	2.62	
1952年	354		2.04	2.80	

续　表

年份	种数（种）	平均期印数（万册）	总印数（亿册）	总印张（亿印张）	定价总金额（亿元）
1953年	295		1.72	3.07	
1954年	304		2.05	4.28	
1955年	370		2.88	6.16	
1956年	484		3.53	7.63	
1957年	634		3.15	6.89	
1958年	822		5.29	12.04	
1959年	851		5.28	12.05	
1960年	442		4.67	10.31	
1961年	410		2.32	5.11	
1962年	483		1.96	4.20	
1963年	861		2.34	5.39	
1964年	856		3.53	8.19	
1965年	790		4.41	9.35	
1966年	191		2.34	4.15	
1967年	27		0.91	3.26	
1968年	22		0.28	1.05	
1969年	20		0.46	2.34	
1970年	21		0.69	3.78	
1971年	72		1.60	7.37	
1972年	194		2.32	9.47	
1973年	320		3.22	12.00	
1974年	382		4.00	14.75	
1975年	476		4.39	14.73	
1976年	542		5.58	18.07	
1977年	628		5.59	18.80	
1978年	930		7.62	22.74	
1979年	1470		11.84	30.14	
1980年	2191		11.25	36.72	
1981年	2801		14.62	45.40	
1982年	3100		15.14	46.05	
1983年	3415		17.69	52.47	
1984年	3907		21.82	64.33	
1985年	4705		25.60	77.29	
1986年	5248		24.02	68.13	
1987年	5687		25.90	72.67	

续　表

年份	种数（种）	平均期印数（万册）	总印数（亿册）	总印张（亿印张）	定价总金额（亿元）
1988年	5865		25.50	71.20	
1989年	6078		18.44	50.74	
1990年	5751	16156	17.90	48.12	
1991年	6056	18216	20.62	54.44	
1992年	6486	20506	23.61	62.73	
1993年	7011	20780	23.51	64.21	
1994年	7325	19763	22.11	63.86	
1995年	7583	19794	23.37	67.02	
1996年	7916	19300	23.10	68.06	
1997年	7918	20046	24.38	73.30	
1998年	7999	20928	25.37	79.87	
1999年	8187	21845	28.46	96.78	
2000年	8725	21544	29.42	100.04	
2001年	8889	20697	28.95	100.92	
2002年	9029	20406	29.51	106.38	
2003年	9074	19909	29.47	109.12	
2004年	9490	17208	28.35	110.51	129.91
2005年	9468	16286	27.59	125.26	135.50
2006年	9468	16435	28.52	136.94	152.23
2007年	9468	16697	30.41	157.93	170.93
2008年	9549	16767	31.05	157.98	187.42
2009年	9851	16457	31.53	166.24	202.35
2010年	9884	16349	32.15	181.06	217.69
2011年	9849	16880	32.85	192.73	238.43
2012年	9867	16767	33.48	196.01	252.68
2013年	9877	16453	32.72	194.70	253.35
2014年	9966	15661	30.95	183.58	249.38
2015年	10014	14628	28.78	167.78	242.97
2016年	10084	13905	26.97	151.95	232.42
2017年	10130	13085	24.92	136.66	223.89
2018年	10139	12331	22.92	126.75	217.92

1949—2018年报纸出版情况统计

年份	种数（种）	平均期印数（万份）	总印数（亿份）	总印张（亿印张）	定价总金额（亿元）
1949年	315		4.12		
1950年	382		7.98	6.51	
1951年	390		12.58	10.64	
1952年	296		16.09	13.33	
1953年	265		16.72	14.67	
1954年	253		17.11	14.91	
1955年	285		19.54	17.13	
1956年	347		26.12	24.47	
1957年	364		24.42	23.78	
1958年	491		39.13	35.13	
1959年	463		48.97	45.92	
1960年	396		50.88	47.84	
1961年	260		30.83	29.14	
1962年	273		25.83	22.13	
1963年	289		32.97	28.26	
1964年	329		41.36	36.39	
1965年	343		47.41	40.30	
1966年	49		36.72	38.02	
1967年	43		34.91	41.46	
1968年	42		35.77	40.99	
1969年	42		41.11	46.04	
1970年	42		46.48	50.28	
1971年	195		83.97	75.00	
1972年	185		97.60	86.20	
1973年	192		100.51	87.72	
1974年	189		101.42	87.73	
1975年	180		109.68	96.45	
1976年	182		124.29	112.27	
1977年	180		123.74	109.10	
1978年	186		127.76	113.52	
1979年	69		130.82	123.03	
1980年	188		140.42	141.70	
1981年	242		140.65	133.60	
1982年	606		166.43	146.57	
1983年	773		186.99	163.66	

续 表

年份	种数（种）	平均期印数（万份）	总印数（亿份）	总印张（亿印张）	定价总金额（亿元）
1984年	1041		220.13	186.45	
1985年	1445		246.78	202.81	
1986年	1574		242.66	203.54	
1987年	1611		264.54	223.62	
1988年	1537		267.78	231.27	
1989年	1576		206.98	179.45	
1990年	1444	14670	211.25	182.79	
1991年	1524	16393	236.51	205.77	
1992年	1657	18031	257.85	238.78	
1993年	1788	18478	263.83	287.14	
1994年	1953	17736	253.19	310.75	
1995年	2089	17644	263.27	359.62	
1996年	2163	17877	274.28	392.41	
1997年	2149	18259	287.59	459.81	
1998年	2053	18211	300.38	540.00	
1999年	2038	18632	318.38	636.68	
2000年	2007	17914	329.29	799.83	
2001年	2111	18130	351.06	938.96	
2002年	2137	18721	367.83	1067.38	
2003年	2119	19072	383.12	1235.58	
2004年	1922	19522	402.40	1524.80	252.66
2005年	1931	19549	412.60	1613.14	261.02
2006年	1938	19703	424.52	1658.94	276.09
2007年	1938	20545	437.99	1700.76	306.53
2008年	1943	21155	442.92	1930.55	317.96
2009年	1937	20837	439.11	1969.40	351.72
2010年	1939	21438	452.14	2148.03	367.67
2011年	1928	21517	467.43	2271.99	400.44
2012年	1918	22762	482.26	2211.00	434.39
2013年	1915	23696	482.41	2097.84	440.36
2014年	1912	22265	463.90	1922.30	443.66
2015年	1906	20968	430.09	1554.93	434.25
2016年	1894	19495	390.07	1267.27	408.20
2017年	1884	18669	362.50	1076.24	398.85
2018年	1871	17585	337.26	927.90	393.45

1996—2018年音像制品出版情况统计

年份	录音制品 种数（种）	录音制品 出版数量（亿盒、亿张）	录音制品 发行数量（亿盒、亿张）	录像制品 种数（种）	录像制品 出版数量（亿盒、亿张）	录像制品 发行数量（亿盒、亿张）
1996年	8916	1.46	1.41	7306	0.18	0.15
1997年	10872	1.49	1.51	11596	0.57	0.48
1998年	8148	1.20	1.12	8990	0.60	0.46
1999年	8946	1.13	1.10	9721	0.64	0.50
2000年	8982	1.22	1.16	8666	0.81	0.58
2001年	9526	1.37	1.16	11445	1.44	1.09
2002年	12296	2.26	2.00	13576	2.18	1.74
2003年	13333	2.20	1.96	14891	3.54	2.60
2004年	15406	2.06	1.72	18917	3.62	2.45
2005年	16313	2.30	1.89	18648	3.86	3.00
2006年	15850	2.60	2.20	17856	3.23	2.41
2007年	15314	2.06	2.00	16641	2.85	2.36
2008年	11721	2.54	2.49	11772	1.79	1.61
2009年	12315	2.37	2.62	13069	1.55	1.22
2010年	10639	2.39	2.57	10913	1.85	1.19
2011年	9931	2.46	2.60	9477	2.18	1.28
2012年	9591	2.28	2.32	8894	1.66	1.17
2013年	9576	2.39	2.39	7396	1.67	1.05
2014年	9505	2.24	2.82	5850	1.05	0.79
2015年	9860	2.34	2.14	5512	0.60	0.61
2016年	8713	2.14	1.88	5671	0.62	0.53
2017年	8259	1.87	1.80	5293	0.69	0.66
2018年	6391	1.78	1.66	4672	0.64	0.60

2000—2018年电子出版物出版情况统计

年份	种数（种）	出版数量（亿张）	发行数量（亿张）
2000年	2254	0.40	
2001年	2396	0.45	
2002年	4713	0.97	
2003年	4961	0.93	
2004年	6081	1.48	

续 表

年份	种数（种）	出版数量（亿张）	发行数量（亿张）
2005年	6152	1.40	
2006年	7207	1.60	
2007年	8652	1.36	
2008年	9668	1.58	1.18
2009年	10708	2.29	1.28
2010年	11175	2.59	1.98
2011年	11154	2.13	2.06
2012年	11822	2.63	2.17
2013年	11708	3.52	3.05
2014年	11823	3.50	3.14
2015年	10091	2.14	2.49
2016年	9836	2.91	2.67
2017年	9240	2.81	2.73
2018年	8403	2.59	2.46

1996—2018年音像制品出版单位、电子出版物出版单位机构数量统计

单位：家

年份	音像制品出版单位	电子出版物出版单位
1996年	297	
1997年	296	
1998年	293	
1999年	292	
2000年	290	
2001年	294	
2002年	292	
2003年	320	121
2004年	320	162
2005年	328	170
2006年	339	198
2007年	363	228
2008年	378	240
2009年	380	250
2010年	374	251
2011年	369	268

续 表

年份	音像制品出版单位	电子出版物出版单位
2012 年	369	268
2013 年	370	273
2014 年	371	285
2015 年	368	292
2016 年	372	309
2017 年	381	307
2018 年	385	316

1950—2003年图书发行流转情况统计

年份	图书购进 数量（亿册）	图书购进 金额（亿元）	图书销售 数量（亿册）	图书销售 金额（亿元）	图书库存 数量（亿册）	图书库存 金额（亿元）
1950 年	2.4	0.5	2.0	0.5		
1951 年	8.1	1.2	5.4	0.9	3.5	0.4
1952 年	8.2	1.4	7.8	1.3	2.5	0.4
1953 年	7.6	1.6	7.3	1.5	2.8	0.5
1954 年	9.1	2.2	8.2	1.9	3.6	0.8
1955 年	11.6	2.5	10.0	2.2	4.3	1.0
1956 年	20.3	3.9	14.8	3.0		1.8
1957 年	14.6	3.2	13.0	2.8	9.8	2.1
1958 年	27.7	4.6	21.7	3.8	13.2	2.6
1959 年	22.8	4.5	20.8	4.3	15.6	3.1
1960 年	20.3	4.1	21.4	4.6	14.2	2.9
1961 年	11.6	2.5	11.9	2.8	12.4	2.5
1962 年	13.7	3.2	11.9	2.8	12.4	2.6
1963 年	15.4	3.8	15.2	3.8	11.7	2.6
1964 年	18.2	4.2	16.8	4.0	11.6	2.5
1965 年	22.0	4.6	18.6	4.3	13.9	2.8
1966 年	39.7	4.7	35.8	4.8	17.1	2.4
1967 年	50.8	5.5	29.3	3.6	35.7	4.1
1968 年	39.1	4.5	38.6	4.9	36.5	3.8
1969 年	38.6	6.0	27.9	4.3	41.3	5.0
1970 年	24.8	4.2	22.0	4.1	40.3	4.7
1971 年	24.9	4.7	21.5	4.0	38.4	4.8

续 表

年份	图书购进 数量（亿册）	图书购进 金额（亿元）	图书销售 数量（亿册）	图书销售 金额（亿元）	图书库存 数量（亿册）	图书库存 金额（亿元）
1972年	26.1	5.1	20.0	4.0	28.0	4.4
1973年	31.2	6.6	27.1	5.8	23.5	4.4
1974年	33.8	6.4	30.8	5.9	23.1	4.2
1975年	38.4	7.3	35.3	6.7	24.6	4.5
1976年	34.6	6.7	34.1	6.7	24.3	4.3
1977年	36.4	8.3	33.8	7.6	23.5	4.4
1978年	36.6	10.4	33.1	9.3	20.0	4.3
1979年	41.5	14.5	37.9	12.7	17.4	4.8
1980年	45.4	16.9	42.5	15.5	15.7	5.1
1981年	53.3	19.0	49.0	17.0	17.9	6.3
1982年	59.5	20.3	54.0	18.5	21.0	7.4
1983年	58.0	22.1	56.4	20.8	22.6	8.3
1984年	59.9	25.7	59.2	24.0	22.7	9.6
1985年	64.7	40.3	61.2	33.5	28.3	15.6
1986年	54.8	39.2	57.3	38.8	26.5	16.8
1987年	59.6	44.8	59.4	43.2	24.6	18.2
1988年	62.1	58.5	62.2	54.1	22.7	21.6
1989年	57.6	72.4	60.7	68.7	21.2	25.7
1990年	56.94	73.85	60.22	76.70	19.09	25.12
1991年	64.18	99.33	65.34	96.93	20.66	35.72
1992年	67.34	114.73	67.90	115.23	21.76	40.24
1993年	67.65	146.63	71.06	143.91	27.45	60.06
1994年	117.44	263.51	117.83	259.06	25.16	58.01
1995年	138.21	386.77	133.42	372.30	27.95	69.00
1996年	156.53	596.25	151.80	557.42	27.76	117.52
1997年	163.11	703.68	157.57	660.48	31.69	173.00
1998年	168.77	782.97	165.74	747.84	34.18	206.88
1999年	174.11	865.82	170.38	825.31	34.62	241.63
2000年	160.68	888.22	158.04	847.88	36.47	272.68
2001年	159.51	964.63	156.12	920.93	35.54	297.58
2002年	165.52	1052.21	160.60	993.93	36.89	343.48
2003年	162.41	1146.33	157.54	1070.20	38.54	401.38

注：从1990年至2003年，图书发行流转统计数据精确至小数点后两位。

2004—2018年出版物发行流转情况统计

单位：亿册（张、份、盒）、亿元

年份	购进 数量	购进 金额	销售 数量	销售 金额	库存 数量	库存 金额
2004年	159.58	1183.95	156.10	1131.35	41.64	449.13
2005年	160.19	1276.00	157.98	1229.81	42.48	482.92
2006年	160.51	1336.05	156.53	1290.94	44.59	524.97
2007年	161.57	1406.07	161.19	1366.67	44.78	565.90
2008年	170.19	1543.84	166.43	1456.39	51.10	672.78
2009年	162.09	1600.58	159.42	1556.96	50.62	658.21
2010年	172.53	1775.40	169.70	1754.16	53.00	737.80
2011年	184.06	2024.89	178.17	1953.49	55.86	804.05
2012年	189.04	2160.91	190.08	2159.88	56.00	841.88
2013年	205.35	2418.21	199.33	2346.15	65.19	964.40
2014年	199.86	2447.86	199.05	2415.52	66.39	1010.11
2015年	203.09	2669.38	199.45	2563.74	67.83	1082.44
2016年	207.78	2857.11	208.27	2771.34	65.75	1143.01
2017年	211.02	3042.19	213.19	2954.43	62.59	1220.97
2018年	223.61	3360.57	217.08	3213.37	69.06	1375.40

1950—1983年图书发行机构数量统计（1）

单位：处

年份	合计	国营书店售书点	供销社、商业部门售书点
1950年	742	742	
1951年	1052	1052	
1952年	1384	1384	
1953年	1959	1959	
1954年	2470	2470	
1955年	2576	2576	
1956年	2105	2105	
1957年	3584	3584	
1958年	6843	3876	2967
1959年	11509	5747	5762
1960年	9719	5872	3847

续　表

年份	合计	国营书店售书点	供销社、商业部门售书点
1961 年	10893	5776	5117
1962 年	9361	3852	5509
1963 年	15783	3791	11992
1964 年	26769	3863	22906
1965 年	52198	3911	48287
1966 年	72758	4076	68682
1967 年	98100	4268	93832
1968 年	126917	4223	122694
1969 年	120871	4199	116672
1970 年	113375	4230	109145
1971 年	106376	4430	101946
1972 年	106930	4794	102136
1973 年	100566	4751	95815
1974 年	102623	4718	97905
1975 年	99227	4645	94582
1976 年	108183	4702	103481
1977 年	98402	4755	93647
1978 年	86109	4887	81222
1979 年	71135	5129	66006
1980 年	64266	5321	58945
1981 年	65290	5790	59500
1982 年	73335	6137	67198
1983 年	75983	6435	69548

1984—1994 年图书发行机构数量统计（2）

单位：处

年份	国有书店机构数	国有书店售书点	供销社售书点	集个体书店	其他售书点
1984 年	2610	7312	67688	23914	11979
1985 年	2637	8374	58139	29604	14398

续　表

年份	国有书店机构数	国有书店售书点	供销社售书点	集个体书店	其他售书点
1986 年	2671	8865	57563	27898	14242
1987 年	2674	9194	56507	28053	13183
1988 年	2658	9499	54590	29706	12450
1989 年	2700	9608	48455	29590	14249
1990 年	2679	9773	46531	28253	14506
1991 年	2755	10320	44738	27291	15242
1992 年	2776	10517	42775	29309	14613
1993 年	2976	11449	38108	31540	15160
1994 年	2743	10700	32030	30198	13327

1995—2003 年图书发行机构数量统计（3）

单位：处

年份	国有书店机构数	国有书店售书点	供销社售书点	出版社售书点	集、个体书店（摊）	其他售书点
1995 年	2741	10389	28160	825		13083
1996 年	2741	10515	26531	748		11683
1997 年	2786	11033	23792	861		11197
1998 年	2779	10846	20565	703		9526
1999 年	2734	10839	17707	722		9348
2000 年	2711	10922	14155	672		10302
2001 年	2806	10665	11786	627		11903
2002 年	2773	10595	9640	620	36035	12161
2003 年	2785	10082	7731	599	34384	11775

2004—2018年出版物发行机构数量统计（4）

单位：处

年份	合计	新华书店及其发行网点	供销社	出版社	网上书店	邮政系统	新华书店系统外批发网点	集个体零售
2004年	139150	11665	4265	549		13718	4687	104266
2005年	159508	11897	3200	585	64	30529	5103	108130
2006年	159706	11041	2431	561	91	29883	5137	110562
2007年	167254	10726	2103	562	936	32016	5946	114965
2008年	161256	10302	1868	534	19	37516	5454	105563
2009年	160407	9953	1636	508	26	38215	5800	104269
2010年	167882	9985	1520	462	174	39264	6483	109994
2011年	168586	9513	997	447	101	36455	7141	113932
2012年	172633	9403	748	446	619	37821	7505	116091
2013年	172447	9255	839	447	728	38062	7984	115132
2014年	169619	8922	700	444	724	37785	8462	112582
2015年	163650	8918	537	425		37586	8368	107816
2016年	163102	8996	75	420		39358	8381	105872
2017年	162811	9633	59	437		40523	8969	103190
2018年	171547	9591	10	398		41146	13611	106791

注：图书发行网点1976—1994年包括商业部门售书点。

2004—2018年版权引进情况统计

单位：项

年份	引进合计	图书	期刊	录音制品	录像制品	电子出版物	软件	电影	电视节目	其他
2004年	11746	10040	411	331	159	143	483	176	2	1
2005年	10894	9382	749	90	114	155	401	0	3	0
2006年	12386	10950	540	150	108	174	434	29	1	0
2007年	11101	10255	0	270	106	130	337	1	0	2
2008年	16969	15776	0	251	153	117	362	0	2	308
2009年	13793	12914	0	262	124	86	249	2	155	1

续　表

年份	引进合计	图书	期刊	录音制品	录像制品	电子出版物	软件	电影	电视节目	其他
2010年	16602	13724	0	439	356	49	304	284	1446	0
2011年	16639	14708	0	278	421	185	273	37	734	3
2012年	17589	16115	0	475	503	100	189	12	190	5
2013年	18167	16625	0	378	538	72	169		381	4
2014年	16695	15542	0	208	451	120	46	8	316	4
2015年	16467	15458	0	133	90	292	34	324	136	0
2016年	17252	16587	0	119	251	217	8	4	66	0
2017年	18120	17154	0	147	364	372	12	10	61	0
2018年	16829	16071	0	125	192	214	114	15	98	0

2004—2018年版权输出情况统计

单位：项

年份	输出合计	图书	期刊	录音制品	录像制品	电子出版物	软件	电影	电视节目	其他
2004年	1362	1314	0	4	4	39	0	0	0	1
2005年	1517	1434	2	1	2	78	0	0	0	0
2006年	2057	2050	2	0	0	5	0	0	0	0
2007年	2593	2571	0	0	19	1	0	0	2	0
2008年	2455	2440	0	8	3	1	3	0	0	0
2009年	4205	3103	0	77	0	34	0	1	988	2
2010年	5691	3880	0	36	8	187	0	0	1561	19
2011年	7783	5922	0	130	20	125	5	2	1559	20
2012年	9365	7568	0	97	51	115	2	0	1531	1
2013年	10401	7305	0	300	193	646	20	0	1937	0
2014年	10293	8088	0	139	73	433	5	0	1555	0
2015年	10471	7998	0	217	0	650	2	0	1511	93
2016年	11133	8328	0	201	18	1264	0	16	1249	57
2017年	13816	10670	0	322	102	1557	8	2	1152	3
2018年	12778	10873	0	214	0	743	19	1	928	0

2004—2018年从原版版权所在地引进版权情况统计

单位：项

年份	引进合计	美国	英国	德国	法国	俄罗斯	加拿大	新加坡	日本	韩国	中国香港特别行政区	中国澳门特别行政区	中国台湾地区	其他
2004年	11746	4623	2144	551	344	22	128	174	931	347	612	18	1248	604
2005年	10894	4522	1823	428	345	49	42	151	815	627	441	43	1134	474
2006年	12386	3423	1406	358	315	38	48	164	588	348	498	2	852	4346
2007年	11101	4069	1667	657	412	96	39	240	912	454	467	25	966	1097
2008年	16969	4151	1799	611	477	56	76	296	1237	811	492	11	6106	846
2009年	13793	4709	1875	711	421	82	80	395	1306	832	500	0	1573	1309
2010年	16602	5284	2429	739	737	58	111	335	1766	1027	877	24	1747	1468
2011年	16639	5182	2595	895	720	57	140	265	2161	1098	658	1	1497	1370
2012年	17589	5606	2739	941	846	61	138	293	2079	1232	590	5	1558	1501
2013年	18167	6210	2698	763	787	84	114	330	1905	1619	509	7	1215	1926
2014年	16695	5451	2842	841	779	98	165	213	1783	1216	229	8	1270	1800
2015年	16467	5251	2802	815	999	87	153	242	1771	883	333	1	1117	2013
2016年	17252	5461	2966	895	1100	104	152	262	1952	1067	248	1	979	2065
2017年	18120	6645	2991	951	1164	93	170	259	2232	183	165	0	946	2321
2018年	16829	5047	3496	881	1024	83	127	228	2075	124	266	1	824	2653

2004—2018年版权输出至国家或地区情况统计

单位：项

年份	输出合计	美国	英国	德国	法国	俄罗斯	加拿大	新加坡	日本	韩国	中国香港特别行政区	中国澳门特别行政区	中国台湾地区	其他
2004年	1362	16	17	20	4	0	0	30	22	117	316	94	656	70
2005年	1517	19	74	9	7	6	0	43	16	304	187	62	673	117
2006年	2057	147	66	104	14	66	25	47	120	363	121	53	702	229
2007年	2593	215	109	14	50	100	13	171	73	335	116	38	630	729
2008年	2455	126	45	96	64	116	29	127	58	303	299	47	603	542
2009年	4205	299	241	180	26	81	13	87	119	267	370	10	737	1775
2010年	5691	1147	178	120	121	11	86	375	214	360	534	6	1395	1144
2011年	7783	1077	433	146	129	40	16	221	187	507	448	37	1656	2886
2012年	9365	1259	606	354	130	104	122	292	405	310	511	1	1796	3475
2013年	10401	1266	731	452	243	125	157	532	388	695	1051	143	1899	2719
2014年	10293	1216	507	408	371	226	129	416	388	642	437	107	2412	3034
2015年	10471	1185	708	467	199	135	144	555	313	654	499	99	1857	3656
2016年	11133	1483	353	346	164	360	143	403	356	719	710	179	2110	3807
2017年	13816	1213	496	498	222	309	273	363	330	540	1177	141	2035	6219
2018年	12778	1228	533	507	286	477	226	430	424	587	805	67	1552	5656

1997—2018年出版物出口情况统计

年份	图书（万册）	期刊（万册）	报纸（万份）	录音制品（盒、张）	录像制品（盒、张）	电子出版物（张）	图书（万美元）	期刊（万美元）	报纸（万美元）	录音制品（万美元）	录像制品（万美元）	电子出版物（万美元）	数字出版物（万美元）
1997年	220.50	256.49	19.74	13951	6800	907	927.44	267.53	14.58	11.17	7.87	3.10	
1998年	244.63	175.91	99.35	12303	48757	7400	1116.01	210.44	154.42	2.60	22.21	7.50	
1999年	224.20	168.70	91.05	49602	157193	10193	1248.00	231.31	109.25	10.21	33.07	4.88	
2000年	240.40	218.87	131.21	87163	143452	123619	1233.70	339.84	98.81	13.93	37.24	8.34	
2001年	305.85	183.00	116.58	199275	184590	72684	1370.58	285.69	107.67	8.94	47.80	20.18	
2002年	320.93	205.93	93.67	16234	819299	49503	1363.44	303.22	73.92	2.77	175.49	38.70	
2003年	465.02	221.42	79.61	124871	1164889	37534	1866.74	365.22	98.38	17.79	93.76	27.45	
2004年	468.49	229.25	70.22	237646	968097	70996	2084.49	386.46	75.28	43.19	144.43	32.67	
2005年	517.68	155.73	59.00	396738	288252	66806	2920.87	228.87	137.45	92.04	84.00	35.06	
2006年	735.63	216.46	55.70	405613	557409	90272	3191.99	305.58	133.87	69.48	152.41	63.10	
2007年	714.14	235.57	78.12	176403	451278	9715	3298.39	354.68	134.39	42.08	123.89	14.54	
2008年	653.42	92.05	56.35	98804	172226	174	3130.59	218.13	138.53	23.36	77.14	0.82	
2009年	624.84	211.65	48.67	39250	60673	130	2962.03	351.13	124.56	7.36	53.19	0.56	
2010年	707.23	194.79	43.61	3645	1014224	818	3232.11	423.97	54.91	4.26	42.72	0.18	

续表

年份	数量							金额						
	图书(万册)	期刊(万册)	报纸(万份)	录音制品(盒、张)	录像制品(盒、张)	电子出版物(张)	图书(万美元)	期刊(万美元)	报纸(万美元)	录音制品(万美元)	录像制品(万美元)	电子出版物(万美元)	数字出版物(万美元)
2011年	855.76	252.89	35.52	1345	75746	0	3276.61	573.44	55.46	0.25	34.93	0	
2012年	1325.69	220.31	93.27	136	93312	0	4250.09	556.00	57.06	0.04	33.50	0	
2013年	1737.58	215.68	39.59	800	33236	100	5216.38	744.85	51.17	0.40	32.16	0.16	89.71
2014年	1465.75	188.07	35.60	937	19755	0	5060.59	544.35	44.73	0.09	27.62	0	128.75
2015年	1278.75	240.35	33.53	5403	3722	284	5221.67	461.64	43.43	7.53	2.36	14.77	112.10
2016年	1450.28	265.69	49.55	11975	1295	0	5407.37	443.78	35.52	34.67	1.11	0	120.65
2017年	1232.71	335.19	302.82	18123	1171	0	5460.53	504.37	59.76	30.49	0.78	0	132.07
2018年	1067.17	325.23	85.69	10795	1559	0	5084.06	595.54	43.40	34.39	1.76	0	176.05

注：以上数据为全国有出版物进出口经营许可证的出版物进出口经营单位的统计数据。

1997—2018年出版物进口情况统计

年份	图书（万册）	期刊（万册）	报纸（万份）	录音制品（盒、张）	录像制品（盒、张）	电子出版物（张）	图书（万美元）	期刊（万美元）	报纸（万美元）	录音制品（万美元）	录像制品（万美元）	电子出版物（万美元）	数字出版物（万美元）
1997年	112.53	37.47	55.47	248968	10737	631403	1192.29	2294.42	253.11	208.58	18.70	185.58	
1998年	179.84	32.29	38.36	52854	1112	388821	2073.43	2572.35	329.27	35.79	3.33	263.09	
1999年	152.22	19.32	85.55	104015	214	400726	2263.28	2495.86	896.66	75.39	0.19	283.35	
2000年	208.17	646.05	558.91	270530	1108	901082	2430.39	2734.20	626.99	117.81	0.47	383.63	
2001年	249.04	713.59	719.85	605556	14102	327213	2825.13	3211.88	867.12	396.54	16.88	659.32	
2002年	258.17	512.18	648.28	656678	0	172833	2622.02	6120.12	745.23	328.00	0	894.89	
2003年	285.35	471.56	1120.55	767256	0	272902	3749.75	9700.35	1158.17	148.29	0	2124.35	
2004年	338.07	319.82	1317.00	228332	318206	86886	3870.41	11021.51	1363.01	118.65	74.61	1942.94	
2005年	403.65	171.49	854.11	125990	1835	20806	4196.96	10736.73	1484.66	194.72	1.04	1737.15	
2006年	360.60	378.49	1656.24	131864	223	45878	4324.41	11660.67	2108.43	88.05	9.48	2981.79	
2007年	366.38	424.71	1594.91	104852	410	45644	7812.91	11188.10	2104.43	88.06	0.76	4251.44	
2008年	437.65	448.86	2566.03	108216	4082	51524	8155.24	13290.74	2615.42	95.22	5.34	4456.25	
2009年	533.53	448.09	1812.91	93655	8507	65266	8316.65	13661.47	2527.15	91.65	33.89	6401.52	

续 表

年份	数量							金额						
	图书(万册)	期刊(万册)	报纸(万份)	录音制品(盒、张)	录像制品(盒、张)	电子出版物(张)	图书(万美元)	期刊(万美元)	报纸(万美元)	录音制品(万美元)	录像制品(万美元)	电子出版物(万美元)	数字出版物(万美元)
2010年	568.57	420.66	1892.65	100639	355992	172911	9402.01	13828.96	2777.61	111.55	118.91	11152.24	
2011年	754.85	439.93	1785.10	147281	75489	173517	11666.91	13906.17	2800.18	130.79	13.32	13990.67	
2012年	743.51	490.33	1904.23	123396	62093	157	13707.99	14120.03	2293.63	103.73	42.37	106.73	16433.12
2013年	857.89	397.14	1106.51	164671	16780	103619	12054.66	14620.06	1373.92	128.93	13.26	73.86	19806.29
2014年	977.81	396.68	1164.36	130769	3611	0	12588.38	14232.07	1561.13	99.32	5.22	0	20895.59
2015年	1418.78	357.66	1035.31	108666	7547	0	14499.25	14323.10	1735.18	99.54	9.19	0	24098.94
2016年	1551.63	338.37	1218.18	98261	9835	0	14421.60	14137.21	1492.92	95.92	17.32	0	25746.14
2017年	2033.59	311.74	910.27	130951	4600	0	17036.94	13595.01	1346.81	119.85	10.10	0	34454.51
2018年	2995.39	305.84	786.79	82248	6196	0	21577.06	13526.85	1098.28	87.75	9.98	0	37922.20

注：以上数据为全国有出版物进出口经营许可证的出版物进出口经营单位的统计数据。

（孔娜：中国新闻出版研究院助理研究员）

后 记

无论走得多远，都不能忘记来时的路。在新中国迎来70华诞之际，我们眼前不时浮现出70年来新中国新闻出版业所经历的一幕幕历史画卷，所跨越的一重重万水千山。作为新闻出版人，我们深深感到有责任梳理这些波澜壮阔的发展历程，有义务记录那些令人难忘的历史瞬间。

由中国书籍出版社社长王平提议并策划，中国新闻出版研究院副院长范军主持，中国新闻出版研究院传媒研究所所长李晓晔和中国书籍出版社副总编辑游翔组织，特邀业内外专家学者担纲，撰写了《新中国新闻出版业70年》一书，致敬我们伟大的祖国，致敬我们崭新的时代，致敬我们辉煌的事业。

在本书策划、撰写、修改、成稿、出版过程中，我们时常被先贤们筚路蓝缕、砥砺奋进的精神所感动，为事业能薪火相传、生生不息而欢呼。不忘初心、方得始终。此时此刻，我们能有幸完成本书，为所付出青春与汗水的新闻出版业贡献绵薄之力，感到无上的光荣与无比的骄傲！

但由于70年历史浩如烟海，同时我们学识水平有限，本书一定存在不少缺点错误和疏漏之处，还请读者批评指正。

本书各部分供稿情况如下：绪论：范军；第一章：刘兰肖、王曦；第二章：陈国权；第三章：董毅敏、秦洁雯；第四章：刘积英、刘成芳；第五章：王志、孔娜；第六章：杨虎；第七章：周蔚华；第八章：范军、赵冰；第九章：刘兰肖；第十章：施勇勤、黄思颖、周彦宏；第十一章：李文娟；第十二章：何明星。附录一：范军、尚烨；附录二：孔娜。全书统稿：范军、李晓晔、王平。

中国书籍出版社总编辑刘向鸿，编辑庞元、李新、杨铠瑞为本书的出版做了大量工作，在此一并表示感谢！

范　军
2019 年初秋于北京

图书在版编目（CIP）数据

新中国新闻出版业70年 / 范军主编. -- 北京：中国书籍出版社, 2019.9
ISBN 978-7-5068-7414-4

Ⅰ.①新… Ⅱ.①范… Ⅲ.①出版工作—成就—中国 Ⅳ.①G239.2

中国版本图书馆CIP数据核字（2019）第178329号

新中国新闻出版业70年

范　军　主编

责任编辑	庞　元　李　新　杨铠瑞
责任印制	孙马飞　马　芝
封面设计	许惟一
出版发行	中国书籍出版社
地　　址	北京市丰台区三路居路 97 号（邮编：100073）
电　　话	（010）52257143（总编室）　　（010）52257140（发行部）
电子邮箱	eo@chinabp.com.cn
经　　销	全国新华书店
印　　厂	河北省三河市顺兴印务有限公司
开　　本	787毫米×1092毫米　1/16
字　　数	424千字
印　　张	31.75
彩页印张	0.75
版　　次	2019年9月第1版　2019年9月第1次印刷
书　　号	ISBN 978-7-5068-7414-4
定　　价	198.00元

版权所有　翻印必究